Marcel Wüst

SPRINTERJAHRE

*Glanz und Schatten
einer
Radsportkarriere*

Delius Klasing Verlag

Bibliografische Information Der Deutschen Bibliothek
Die Deutsche Bibliothek verzeichnet diese Publikation in der
Deutschen Nationalbibliografie; detaillierte bibliografische
Daten sind im Internet über »http://dnb.ddb.de« abrufbar.

1. Auflage
ISBN 3-7688-5240-7
ISBN 978-3-7688-5240-1
© Moby Dick Verlag, Postfach 3369, D-24032 Kiel

Titelfotos: Hennes Roth
Umschlaggestaltung: Buchholz/Hinsch/Hensinger, Hamburg
Layout: Karin Buschhorn
Druck: Clausen & Bosse, Leck
Printed in Germany 2006

Alle Rechte vorbehalten! Ohne ausdrückliche Erlaubnis
des Verlages darf das Werk, auch nicht Teile daraus, weder
reproduziert, übertragen noch kopiert werden, wie z. B.
manuell oder mithilfe elektronischer und mechanischer
Systeme inklusive Fotokopieren, Bandaufzeichnung und
Datenspeicherung.

Vertrieb: Delius Klasing Verlag, Siekerwall 21, D-33602 Bielefeld
Tel.: 0521/559-0, Fax: 0521/559-115
E-Mail: info@delius-klasing.de
www.delius-klasing.de

Inhalt

Vorwort 7
Von Anfang an 10
Das erste Mal Radsport: Sommer 1973 14
Frühjahr 1978: Die erste Lizenz beim PSV Köln 18
Die Amateurzeit – harte Schule bei Dieter Koslar (1986–1988) 33
Vertragsunterzeichnung in Paris (Juli 1988) 53
Das erste Profirennen: Paris–Tours (Oktober 1988) 59
Winter 1988: Training wie noch nie! 64
Erstes Rennen, erster Sieg! 73
Erfahrungen sammeln im Profi-Radsport (1989) 77
Lehrjahre der angenehmen Art: RMO (1990–1992) 89
Histor Novémail 1993/94: Wer weiß, wofür es gut war 104
Le Groupement 1995: Ein halbes Jahr und nicht viel mehr 115
Kolumbien: Das Blut des kölschen Gringos 119
Castellblanch/MX-Onda: drei Etappensiege
bei der Vuelta 1995 132
1996: Viva España – aber mit Beigeschmack! 136
Festina 1997–2001: die »superjeile Zick« 148
Südafrika und Kalifornien 165
Chile-Rundfahrt und Giro d'Italia 1998 172
Tour de France 1998 – Festina unter Druck 189
Vaterfreuden und Vuelta-Siege 193
Tour de France 2000: Sprint ins Bergtrikot 212
Sieg bei der fünften Etappe – und Grün nach der siebten! .. 222
Die Tour zieht weiter, aber ohne mich 234
Der 11. August 2000: Das Ende meiner Karriere 237
Der lange Weg zurück beginnt 250
Ein herber Rückschlag 259
Es geht bergauf – wenn auch langsam 268
2001: Für die ARD bei der Tour de France 275
Team Coast – oder: Hinterher weiß man mehr 279
Die ARD und der freischaffende Tausendsassa
in Sachen Radsport 301
Epilog 315

Für alle, die dazu beigetragen haben, dass der kleine Schülerfahrer Marcel seinen großen Traum – ein Radprofi zu sein – verwirklichen konnte. Ihr wisst schon, wer gemeint ist ...

Vorwort

Es gibt Zeiten, da gehen das berufliche und das private Leben einen eher gemächlichen Gang. Die Entwicklungen sind einigermaßen absehbar und man hat sich damit eingerichtet. Es gibt aber auch Zeiten, in denen viele und überraschende Dinge fast gleichzeitig geschehen, gute wie schlechte; Zeiten, in denen alles möglich zu sein scheint, und nichts sicher. Dann geht es plötzlich nicht mehr um Lebenspläne und Karrierestrategien, sondern ganz einfach darum, was wohl die nächsten Minuten, Stunden oder Tage geschehen wird.

Der Sommer 2000 war für mich ganz persönlich genau solch eine Zeit. Beim Auftaktzeitfahren der Tour de France fuhr ich mich – als Sprinter! – ins Bergtrikot und am 5. Juli gewann ich mit einem optimal gefahrenen Schlussspurt die fünfte Etappe, trotz vieler anderer Erfolge ganz sicher der Höhepunkt meiner Laufbahn als Radprofi. Ich war unbeschreiblich froh über diesen Sieg. Es war die Verwirklichung eines Kindertraumes, den ich schon als kleiner Junge im Kölner Vereinsradsport geträumt hatte

Aber nur wenige Wochen später, am 11. August, stürzte ich auf einem Kriteriumsrennen in Südfrankreich so schwer, dass ich nur knapp mit dem Leben davon kam und schließlich auf Dauer mein rechtes Augenlicht verlor. Das war das unvorhergesehene Ende meiner Karriere als Radrennfahrer, in der ich noch viel vorgehabt hatte.

From hero to zero – das geht manchmal ganz schnell. Ich hatte das schon bei anderen Radsportlern beobachten können, und nun hatte es mich selbst getroffen. Es dauerte schon eine Weile, bis ich begriff, dass mein Leben vollständig anders werden würde. Ich war Radsportler mit Leib und Seele gewesen – aber alle Träume, alle Hoffnungen, alle Ziele dieser »aktiven« Zeit waren nun zerstoben.

Andererseits: Ich hatte mein Leben, und den allergrößten Teil meiner Gesundheit behalten. Und auch die Liebe zum Radsport hatte ich keineswegs verloren. Meine kölsche Frohnatur, für die ich in der Szene ja schon immer bekannt gewesen war, hatte ebenfalls keine ernsthafte Delle gekriegt. Und vor allem hatte ich eine tolle Familie an meiner Seite, die mich stets unterstützte und mir über manche traurige Stunde hinweghalf, von denen es natürlich auch so einige gab.

»Es macht nichts, wenn du mal zu Boden gehst. Du musst nur wieder aufstehen!« Diese alte Weisheit kann ich nur unterschreiben; sie gilt im Box- wie im Radsport, und sicher auch weit darüber hinaus.

Und so wurde das Ende des einen dann auch der Anfang eines neuen Lebensabschnittes, der ebenfalls eng mit dem Radsport verbunden ist. Ich begleitete die spannendste Phase des Teams Coast als deren Pressesprecher hautnah, als sich große Erfolge einstellten und schließlich auch Jan Ullrich dort unter Vertrag war. Aber auch das Scheitern dieses enthusiastischen Versuchs, ein weiteres großes deutsches Team aufzubauen, durfte und musste ich erleben.

Dann konnte ich meine journalistischen Tätigkeiten weiter ausbauen und schrieb und berichtete über meinen Lieblingssport für viele Medien. Ich moderierte Radsportveranstaltungen und begann, dem Kölner Radsportnachwuchs unter die Arme zu greifen. So entstand hier inzwischen das Marcel Wüst Juniorteam.

Es ist ja so, dass das Interesse am Radsport landesweit ziemlich auf und ab geht. Auch in Köln ist das so. Als ich mein erstes Vereinsrad bekam, war der Frankfurter Dietrich »Didi« Thurau das große Idol – der Radsport hatte Aufwind und die Vereine brauchten über Nachwuchsmangel nicht zu klagen. Dann blieben die großen Erfolge deutscher Namen lange aus, und das Interesse am Radsport schwand. Mit dem wachsenden internationalen Erfolg des Teams Telekom wechselte Genosse Trend aber wieder die Richtung, und spätestens seit Jan Ullrichs Toursieg 1997 ist Radsport erneut eine spannende Sache geworden – auch für Jugendliche.

Heute sehen wir die Erfolge: Eine neue Generation ist flügge geworden und fährt den schon etablierten Stars um die Ohren. Das ist gut so! Das ist lebendiger Sport! Die großen Namen sind wichtig, um das Interesse zu wecken und wach zu halten. Aber wenn es keinen Nachwuchs gibt, dann kommt es gar nicht erst zur Entwicklung von Ausnahmetalenten, die einmal Spitzenfahrer werden könnten.

Während der langen Krankenhausaufenthalte nach meinem Sturz hatte ich viel Zeit, über mich und den Radsport nachzudenken. Ich fand bald, dass es eine Menge zu erzählen gab, was nicht nur für mich und nähere Bekannte von Interesse war. Vieles von dem, was ich erlebt habe, war ganz typisch für den Radsport und seine Anhänger. Dazu kommt, dass ich den Radsport in einer sehr interessanten Zeit ganz direkt und von innen heraus kennen lernen durfte. 1986, zum Beginn meiner Amateurzeit, waren wir außerhalb der Sportszene eher Exoten; im Jahre 2000 rollten wir im Mittelpunkt des Interesses durch die Primetime-Sendeplätze des Fernsehens – was für eine Entwicklung!

Aber das Fernsehen kann immer nur einen kleinen Teil der wirklichen Abläufe zeigen, nur einen Ausschnitt des großen Bildes wiedergeben. Dabei gibt es soviel zu erzählen, was für das Verständnis des Sports und seiner aktiven und passiven Anhänger wichtig ist! Das jedenfalls kristallisierte sich bei mir als Ergebnis langen Nachdenkens immer deutlicher heraus. Und erzählen – das konnte ich schon immer ganz gut, wenn ich den Äußerungen meiner Sportsfreunde Glauben schenken darf.

So entstand dann langsam der Gedanke, meine Erlebnisse niederzuschreiben und in Buchform zu bringen. Und tatsächlich: Das Projekt gelang, das Buch liegt nun vor und hat, so scheint es, schon mindestens einen Leser gefunden.

Herzlich willkommen!

Dies ist die Geschichte von Marcel Wüst, dem »kölsche Jung«, der mit dem Rennrad durch die Welt sprintete, bis er irgendwann einmal etwas zu heftig herunterfiel. Dabei (und auch noch danach) hat er viel erlebt, und wenn sich die Geschichte auch vordergründig meist um ihn dreht, so erzählt sie doch auch viel über die faszinierende Welt des Radsports um ihn herum. Ich hoffe, sie ist spannend und vergnüglich zu lesen – möglichst zu gleichen Teilen.

Marcel Wüst

P.S.: Inzwischen dreht sich bei mir viel um meine Tätigkeit als Co-Kommentator und Radsportexperte bei der ARD, die mir die einmalige Möglichkeit gibt, dem Sport so nahe zu sein, wie es außerhalb der aktiven Teilnahme nur irgend möglich ist. Gerade kehre ich von der Begleitung der Deutschland-Tour zurück, und bei Drucklegung des Buches werde ich zum vierten Mal als Journalist mit dem großen Tross der Tour durch Frankreich reisen und Jan Ullrich bei seinem diesmal hoffentlich erfolgreichen Versuch beobachten, schneller als Lance Armstrong in Paris zu sein.
Inzwischen habe ich auch eine eigene Internet-Seite www.marcelwuest.com eingerichtet, wo ich mich sehr über Besuch und Rückmeldung von Lesern und am Radsport interessierten Leuten freue. Dort gibt es auch immer wieder Aktuelles zum Thema Rennrad zu lesen und zu sehen. Wenn es mir mit diesem Buch und der Website gelänge, einen kleinen Beitrag zur Popularität und auch zur Transparenz des Radsports zu leisten – ja, dann wäre ich ziemlich zufrieden.

Von Anfang an ...

Am Vormittag des 6. August 1967 kam ich im Krankenhaus Hohenlind in Köln auf einigermaßen unspektakuläre Art und Weise auf die Welt. Somit bin ich aber zumindest ein echter kölscher Jung, eine Tatsache, die mir heute noch wichtig ist.

Meine Eltern wohnten damals in Köln-Klettenberg, allerdings habe ich an unsere dortigen Wohnverhältnisse keinerlei Erinnerung mehr. Mein Vater arbeitete als Isolierer, besuchte aber gleichzeitig die Abendschule, um sich nach der Meisterprüfung so bald wie möglich selbstständig zu machen.

Irgendwann zogen wir dann um in den Kölner Westen, gegenüber dem Westfriedhof in die Daimlerstraße. Dort verbrachte ich meine Lebensjahre drei bis zehn und hatte außer einem etwa zwei Kilometer langen Fußweg zur Grundschule keinen wirklichen Grund zum Meckern. Ich erinnere mich an die elektrische Eisenbahn, die mir das Christkind brachte, und auch daran, dass ich die Carrerabahn, die in einem folgenden Jahr unter dem Weihnachtsbaum stand, schon am Vormittag durch das Schlüsselloch des abgeschlossenen Wohnzimmers erspähte – erste Zweifel am Christkind kamen auf, die auch von den größeren Kindern in der Nachbarschaft bestätigt wurden.

Ich war sehr flink, was Klettern, Laufen und Springen anbelangte, hatte aber keinerlei Pläne, mich einem Sportverein anzuschließen. Das Weglaufen vor aufgebrachten Hausmeistern, die uns aus den tollen Kletterbäumen verjagen wollten, war sportliche Betätigung genug.

Natürlich war ich abenteuerlustig und neugierig und wollte, wie Kinder nun einmal sind, immer alles ganz genau wissen. Vermutlich habe ich dabei meine Eltern genauso oft zur Verzweiflung getrieben, wie mein Sohn Alexander es mit seinen fünf Jahren heute mit mir tut.

Etwas über dem Limit war aber wohl meine Auto-Einlage mit gerade mal vier Jahren.

Meine Eltern waren begeisterte Enten-Fahrer (Citroen 2CV, für die Spätgeborenen), denn schließlich war die Kiste nicht nur preiswert, sondern auch ein halbes Cabrio. Als es im Winter mal eine neue Ente gab – rot, langsam und laut –, saß ich neben meinem Vater auf dem Vordersitz (Gurte waren damals noch nicht vorgeschrieben ...) und schaute genau zu, wie der Startvorgang vor sich ging und wie mein Vater mit den verschiedenen Pedalen hantierte.

Das wollte ich auch mal können, Autofahren – aber noch vierzehn Jahre warten wollte ich nicht.

An einem der nächsten Sonntage wurde ich recht früh wach und erkannte meine Chance.

Der Entenschlüssel hing an der Garderobe, für einen Vierjährigen in unerreichbarer Höhe.

Also schleppte ich meinen kleinen Tisch aus dem Kinderzimmer heran, stellte darauf den dazugehörigen Stuhl, und schon hatte ich das Objekt der Begierde an mich gebracht.

Der Wohnungsschlüssel steckte innen, und mit einer Drehung war die Tür aufgeschlossen.

Es war mir im Treppenhaus zwar schon etwas kalt, als ich aus dem zweiten Stock hinab stieg, aber schließlich hatte ich eine Mission: Autofahren, wie der Papa ...

Die Haustüre fiel hinter mir ins Schloss, und ich schlich auf Socken durch eine dünne Schneeschicht zum Auto. Es dauerte zwar ein wenig, bis die Tür auf war, aber dann war ich drin und am Ziel meiner Träume: Autofahren, wie der Papa ...

Ich steckte den Schlüssel ins Zündschloss und drehte ihn um. Da mein Vater den Rückwärtsgang eingelegt hatte, machte die funkelnagelneue Ente einen großen Satz rückwärts und stand mitten auf der Straße. Zum Glück war es nur eine Sackgasse für Anlieger, aber trotzdem.

Ich beeilte mich auszusteigen, ließ die Tür offen und lief zurück zur ins Schloss gefallenen Haustür. Mit meinen vier Jahren kam ich knapp an die unterste Klingel. Ich schellte die im Erdgeschoss wohnende Familie aus dem Bett und erklärte den verblüfften Nachbarn, dass ich Autofahren gewesen wäre, wie der Papa ...

Herr Lorenz staunte nicht schlecht und begleitete mich zurück in unsere Wohnung, wo er dann so gegen halb acht meine Eltern weckte.

Ich sei Autofahren gewesen, wie der Papa, verkündete ich – und der Blick aus dem zweiten Stock bestätigte diese Behauptung: kleine Fußtapsen im Schnee und die Ente mitten auf der Straße. Glücklicherweise hatte die Situation wohl so etwas Groteskes, dass meine Eltern mir den Ausflug verziehen; allerdings musste ich versprechen, so etwas nie mehr zu tun – woran ich mich auch hielt.

Einige Zeit später wurde dann das Thema Schule aktuell. Ich wollte unbedingt hin, und so stand ich im Sommer 1973 auf dem Schulhof der Gemeinschaftsgrundschule Erlenweg. Hier begann für mich also der angebliche »Ernst des Lebens«. Ich bekam einen grünen Ranzen, denn Grün war schon damals definitiv meine Lieblingsfarbe, aber als wirklichen Ernst habe ich die Schule damals nicht empfunden, denn ich war ohne viel zu tun immer auf der Höhe des Lehrstoffs.

Es war die Zeit von »Uli, der Fehlerteufel«, der uns Kindern mit der Rechtschreibung vertraut machen sollte. Den fand ich richtig klasse, aber es langweilte mich, dass wir eine ganze Zeit nur mit Zahlen bis fünf rechneten.

In dieser Zeit bekam ich auch mein erstes Fahrrad, ein 18-Zoll Peugeot-Kinderfahrrad, und ich lernte das Radfahren ohne Stütz-

Der Ernst des Lebens begann mit einem Ranzen in meiner Lieblingsfarbe: Grün.

Das erste Mal Tour de France: 8. Etappe 1973 nach Les Orres.

räder an einem Nachmittag mithilfe meiner Mutter. Sie hielt mich einige Zeit am Sattel fest, bis ich dann irgendwann davon düste ... geradewegs in einen Begrenzungspfahl, dem ich nicht auszuweichen vermochte. Die Tränen trockneten schnell und am nächsten Tag war die Mama zum Radfahren nicht mehr nötig. Von da an war das Rad mein ständiger Begleiter, denn es eröffnete auch ganz neue Horizonte, was das Territorium des Spielens betraf. Musste ich vorher lange Zeit zu Fuß investieren, um etwas weiter entfernt liegende Spielplätze auszuchecken, ging es mit dem Rad nun viel schneller.

Auch als es im vierten Schuljahr nachmittags zwei Stunden Sportunterricht gab, war der Weg mit dem Rad viel schneller zurückgelegt, auch wenn ich mit meinen Eltern aus verkehrstechnischen Gründen einen anderen Weg erkunden musste, der etwas länger, dafür aber ungefährlicher war.

Während dieser frühen Jahre hatte ich auch das erste Mal Kontakt mit dem Mythos Tour de France. Das hatte einen großen Einfluss auf alles, was dann noch kommen sollte.

Das erste Mal Radsport: Sommer 1973

Meine Eltern und ich waren wie jedes Jahr damals in den französischen Seealpen am Lac de Serre-Ponçon zum Sommerurlaub. Camping hieß das Zauberwort, und ich liebte es. Unser Zelt stand neben einer Hecke, nur wenige Meter vom Wasser entfernt. Das Seeufer war weder überlaufen noch war das Verhalten besonders reglementiert, also konnte ich als damals Fünfjähriger meine Abenteuerlust ohne Bedenken stillen.

Eines Tages fuhren wir zur Tour de France, die nur 15 Kilometer entfernt vorbeikommen sollte. Die Etappe führte damals zur Skistation Les Orres. Ich erinnere mich nicht mehr an allzu viel, nur dass es furchtbar heiß war und dass schließlich, als endlich etwas passierte, nicht etwa Radrennfahrer kamen, sondern Michelinmännchen auf Motorrädern stehend vorbeirollten. Aber wenn man als noch nicht Sechsjähriger fast eine Stunde in sengender Hitze darauf wartet, dass endlich etwas passiert, ist das natürlich eine Riesenattraktion und willkommene Abwechslung.

Plötzlich kam Unruhe unter den Zuschauern auf. Der erste Rennfahrer kurbelte heran und war auch schon vorbei. Wir standen nicht am Schlussanstieg, sondern auf einem Flachstück kurz davor, und der Spanier Luis Ocaña kam an uns vorbeigedüst. Nicht, dass ich ihn erkannt hätte, das habe ich erst Jahre später anhand von diversen Radsportbüchern rekonstruiert.

Nach ihm kam erst mal ganz lange nichts, dann noch einer oder zwei, die allerdings schon gut sieben Minuten Rückstand hatten, und dann alle paar Minuten wieder eine kleinere Gruppe.

Schließlich kam der Besenwagen und alle gingen nach Hause, wir fuhren zurück zum Campingplatz.

Ich war trotz des für heutige Verhältnisse recht kleinen Spektakels tief beeindruckt von meiner ersten Begegnung mit der Tour de France. Das hatte zur Folge, dass ich auf alle meine hinteren

Hosentaschen »Tour de France 1973« schrieb, als Beweis für meine Anwesenheit. Stände am Straßenrand, wo man Tour-Andenken hätte kaufen können, gab es noch nicht. Aber ich hatte die Helden der Landstraße gesehen und identifizierte mich damals schon mit dem Event. Wir waren schließlich in Frankreich, und dies war die Tour de France ... und ich war ihr neuester Fan.

Den ganzen Nachmittag hörte ich den Live-Berichterstattungen zu, die über fast alle Radiosender liefen – ohne wirklich etwas zu verstehen, gerade einmal für einen oder zwei Namen reichte es, aber immerhin. Mit unserem Kofferradio auf dem Arm drehte und wendete ich mich so gut es ging, um etwas zu hören, denn unsere damalige Ente hatte noch gar kein Radio. Die Lust an dieser neuen Sensation verging dann aber auch ziemlich schnell wieder, und nach dem Tourende war mir diese schon wieder fast egal.

Unsere Ente, mit der wir in Urlaub gefahren waren, war nach heutigen Sicherheitsstandards eigentlich ein rollendes Grab. Es war eine Lieferwagen-Ente, mit einem Aufbau hinten versehen und mit nur zwei Sitzplätzen ausgestattet. Im Laderaum hinter den beiden Vordersitzen hatte ich eine Art Lager mit Decken und Fellen ausgelegt zur Verfügung, und dahinter stapelten wir bis zur Decke unser Gepäck. In diesem Jahr reiste ich noch solo in dieser »Räuberhöhle«, wie mein Sitzplatz familienintern genannt wurde, aber da

Wasserholen im Urlaub. Im Hintergrund das Wüstmobil mit meiner Räuberhöhle.

Zelten am See.

nach unserer Rückkehr ein Rauhaardackel namens Bautz zur Familie stoßen sollte, waren er und ich bei allen zukünftigen Urlaubsreisen die gemeinsamen Herrscher der Räuberhöhle.

Diese langen Sommerurlaube waren über viele Jahre hinweg das familiäre Highlight. Ob am See, wie der Lac de Serre-Ponçon bei uns nur genannt wurde, oder auch einige Jahre später beim Hüttenurlaub in Norwegen: Es war, soweit ich mich erinnere, immer harmonisch und auch immer etwas abenteuerlich, wenn wir mit der voll gepackten Ente loszogen und – man glaubt es kaum – auch jedesmal wieder wohlbehalten zurückkamen. Und das ohne Seitenaufprallschutz, Sicherheitsgurte oder Kindersitze. Glück gehabt, möchte man heute sagen.

All die Erinnerungen an meine Grundschulzeit sind mit über 25 Jahren Abstand eigentlich nur schön, ob es nun die Tatsache war, beim Klassenkasperletheater bei beiden Vorstellungen die »Hauptrolle« des Unterteufels spielen zu dürfen, oder beim ersten Diktat, das aus drei Sätzen bestand, ein »sehr gut« bekommen zu haben. Da der Unterricht nicht wirklich lange dauerte, freute ich mich über viel Freizeit.

Im dritten Schuljahr wurde dann eine Frau Meier meine

Klassenlehrerin, und es stellte sich heraus, dass sie eine Klassenkameradin meiner Mutter gewesen war. All die Vergünstigungen und guten Noten, die sich daraufhin die blühende Fantasie eines gerade Achtjährigen ausmalte, blieben natürlich aus. Das war sozusagen die erste echte Erweiterung meines Horizonts, nämlich die praktische Erfahrung, dass man im Leben nichts geschenkt bekommt, auch nicht wenn man gute Connections hat.

Zum zehnten Geburtstag bekam ich dann ein neues Fahrrad, ein weißes Peugeot mit Rennlenker und Kettenschaltung. Der 6. August des Jahres 1977 war ein wunderschöner Sommertag, und bevor meine Eltern an diesem Samstagmorgen aufstanden, war ich schon um kurz nach 5.00 Uhr mit meinem neuen Rad unterwegs. Ich fuhr vor dem Frühstück viermal um den Westfriedhof, eine Runde waren etwa vier Kilometer. Dann kam ich nach Hause zum gemeinsamen Essen, und kurz darauf gab ich schon wieder Gummi. Am Ende des Tages zeigte der Kilometerzähler sage und schreibe 101,7 km.

Ich war den ganzen Tag unterwegs, durchkurvte Stadtteile von Köln, die ich vorher noch nicht gesehen hatte. Abends war ich zwar völlig platt, aber alleine die Tatsache, dass ich über 100 Kilometer gefahren war, machte mich unheimlich stolz.

In diesem Jahr hatte Didi Thurau Deutschland ins Tour de France-Fieber versetzt, und ich hatte nun auch endlich so ein Rad mit gebogenem Rennlenker. Ich war jeden Tag mit meinem Flitzer unterwegs und überholte einmal sogar die Trainingsgruppe von Dieter Koslar kurz nach deren Start in Köln-Vogelsang, ohne zu ahnen, dass in weniger als einem Jahr genau dort meine Radsportkarriere beginnen sollte.

Als ich mit einer viel zu hohen Übersetzung an den Rennfahrern vorbeizog, kam vielstimmiges Johlen auf, und natürlich riefen die Jungs: »Schneller, Didi!« Ich dachte nur: ach was, Didi ...

Ich bin der Thevenet, stellte ich mir vor, denn der Franzose hatte die vor kurzem zu Ende gegangene Tour gewonnen, und – Didi hin oder her: Ich hatte die Tour schon 1973 gesehen, war immer in Frankreich im Urlaub; wer sollte ich schon sein, wenn ich meine Rennmaschine durch meine Heimatstadt prügelte? Doch wohl mindestens der Toursieger ...

So war das als Zehnjähriger, und auch in den nächsten Jahren hat sich daran noch wenig geändert.

Frühjahr 1978:
Die erste Lizenz beim PSV Köln

Meine erste Begegnung mit dem Radsport in Deutschland hatte ich im April 1978. Wir waren gerade von unserer Mietwohnung am Westfriedhof in ein Zweifamilienhaus in Vogelsang umgezogen, und an einem Sonntagnachmittag war auf der Straße vor dem Haus die Hölle los. Überall parkten Autos, Polizeimotorräder fuhren vor, und in unserem Garten hörte ich Stimmenfetzen aus einem Lautsprecher. Ich zog los, um herauszufinden, worum sich das Chaos drehte.

200 Meter von unserem Haus entfernt war die Straße abgesperrt, und alle zwei Minuten kam eine Gruppe von Radrennfahrern vorbei. Das es sich dabei um den Klassiker »Rund um Köln« handelte, wusste ich ebenso wenig, wie mir die Tatsache bekannt war, dass es knapp zehn verschiedene Rennklassen gab, die auf der kleinen Runde an der Wilhelm-Mauser-Straße ihre Rennen bestritten. Die Königsklasse der Amateure, die Junioren und die Jugendklasse fuhren ein Straßenrennen durch die Eifel (bzw. Voreifel), und nur deren Start und Ziel befanden sich hier.

Dazwischen fanden Rennen aller Altersklassen statt, und eine bestimmte Szene gab letzten Endes den Ausschlag für meine schnell entflammte Begeisterung: Ein Fahrerfeld von etwa 50 Fahrern, alle ungefähr in meinem Alter, raste in der letzten Runde Richtung Zielgerade, und in der Hektik passierte ein Sturz. Ein Knäuel Fahrer lag auf dem Boden, die Straße war komplett dicht, und nur ein kleiner Teil konnte unbehelligt weiterfahren.

Im Haufen der Gestürzten gab es einen Fahrer mit einem blauweißen Trikot, der sofort wieder aufsprang, sein Rad aus den ineinander verkeilten Rennmaschinen herausriss und sich hinauf schwang und losdüste, um eventuell noch eine Platzierung zu machen. Das waren ja wohl harte Jungs, und nicht älter als ich. Ich war schwer beeindruckt.

Wieder zu Hause im Garten konnte ich dann beobachten, wie ein

Vater mit seinem Sohn vor dem offenen Kofferraum ihres Autos standen. Sie verstauten neben dem Fahrrad auch einen Siegerkranz, und auf die Bemerkung meines Vater: »Na, habt ihr gewonnen?« hin kam die Antwort »Ja, ja, wir gewinnen fast immer«. Später sollte sich herausstellen, dass Uwe – der betreffende Junge – im PSV Köln fuhr und einer der erfolgreichsten Fahrer in der Schülerklasse C, also den Acht- bis Zehnjährigen, war – und zwar bundesweit.

Das war ein spannender Sonntag, und nachdem am späten Nachmittag die Eliteamateure ihr Rennen beendet hatten, setzte ich mich auch auf mein Peugeot-Rennrad und kurbelte los. Das hatte allerdings neben Licht und Schutzblechen auch einen Gepäckträger, Klingel und all das andere Zeugs, was man zum Rennen fahren nicht braucht. Na ja, irgendwann würde ich das alles abbauen, und dann hätte ich auch ein richtiges Rennrad ...

Am darauf folgenden Sonntag fand in Köln-Vogelsang wieder ein Radrennen statt. Die Rennstrecke war wieder nur etwa 500 Meter von unserer Haustür entfernt, nur in die andere Richtung, und an diesem Muttertag 1978 ergab sich eine zufällige Begegnung, die mich zum Radrennfahrer machen sollte.

Wir gingen zu Fuß zur Rennstrecke, und auf halbem Weg sprach mein Vater einen Mann an, den ich nicht kannte: »Mensch Rolf, was machst du denn hier?« Der bärtige Mann war ein alter Freund, und die beiden hatten sich lange Zeit nicht gesehen. »Tja«, sagte er, »mein Sohn fährt Radrennen«. Sein Sohn Markus kam gerade mit seinem Rennrad von einer Aufwärmrunde zurück, und ich beäugte ihn natürlich interessiert.

Er war zwei Monate älter als ich und fuhr seit etwa zwei Jahren Radrennen. Seine Rennmaschine war fantastisch. Superleicht, höchstens 8 Kilo, was zu dieser Zeit fast die unterste Grenze des Machbaren war. Ob ich mal eine Runde drehen wollte, wurde ich gefragt.

Markus war ungefähr so groß wie ich, und schon schwang ich mich auf das edle Gefährt. Das Gefühl war nicht zu beschreiben. Die dünnen, mit 8 bar aufgepumpten Reifen vermittelten mir den Eindruck, sie berührten den Boden gar nicht. Die Felgen und der Rahmen waren blank poliert, und alle Komponenten wie Bremsen und Schaltung funktionierten unglaublich leicht und präzise. Ich wollte gar nicht mehr absteigen, aber Markus musste ja noch sein Rennen fahren, das ich daraufhin mit großem Interesse verfolgte.

Mein Vater sagte nur: »Wenn du willst, kannst du ja auch mal Radrennen fahren, dann hast du irgendwann auch mal so ein Rad.« Durch die vielen Kilometer, die ich als Bernard Thevenet der Domstadt schon unter die dicken Reifen meines Renners gebracht hatte, war sich mein Vater wohl einigermaßen sicher, dass es mir Spaß machen würde und dass ich mich, obwohl für mein Alter nicht groß, nach einer Anpassungszeit auch durchsetzen würde.

Wir vereinbarten eine Woche Bedenkzeit, denn es war ja schon ein großer Schritt, sich einem Verein anzuschließen und vor allem das erste Rennrad zu kaufen, eine Investition, um die meine Eltern dann aber nicht herumkamen.

Ich wollte aber dann doch unbedingt Radrennfahrer werden, und so kam irgendwann in der zweiten Maihälfte das erste Zusammentreffen zwischen Dieter Koslar und mir zustande.

Mit meinem Vater besuchten wir ihn in seinem kleinen Laden auf der Vogelsangerstraße, nur wenige hundert Meter von unserer Haustür entfernt. Er war nicht nur in der Vergangenheit ein ausgezeichneter Radrennfahrer gewesen, sondern inzwischen der Trainer des sehr erfolgreichen Vereins PSV Köln, und genau zu diesem Verein wollte ich. Nachdem ich schüchtern mein Anliegen formuliert hatte, dass ich Radrennfahrer und später auch Profi werden wolle, kam er hinter seiner Ladentheke hervor und schlug mir mit der flachen Hand auf den Brustkorb. Dass ich kaum zuckte und gerade stehen blieb, muss ihn damals beeindruckt haben. »Aus dir mache ich einen Rennfahrer, du schaffst das!« sagte er, und noch 20 Jahre später kamen wir immer wieder auf diese erste Begegnung zu sprechen. Wie ich bald erfuhr, machte er das bei allen Neuankömmlingen, und die meisten klappten erstmal zusammen.

Auf seine Empfehlung hin landeten mein Vater und ich bei Rufa-Sport, einem großen Radsportfachgeschäft in Köln, das es heute leider nicht mehr gibt. Dort bekam ich mein erstes echtes Rennrad, Marke Peugeot. Schließlich war Peugeot nicht nur der Sponsor des Vereins, sondern auch alle meine eigenen Fahrräder entstammten dem französischen Traditionshaus. Dass Bernard Thevenet bei seinem Toursieg auch so ein Rad fuhr und sein Trikot fast genauso aussah wie das PSV-Vereinstrikot, war für mich damals noch ein zusätzlicher Anreiz.

Nach langer Beratung bekam ich ein eigentlich zu großes Rad, aber ich sollte ja auch nicht in einem halben Jahr herausgewachsen sein. So hatte ich einen grauen Renner, bei dem man nur den Sattel, nicht aber die Sattelstütze sah, weil diese komplett im Rahmen verschwand.

Ein paar Radschuhe gab es auch, und so kam ich als stolzer Rennfahrer nach Hause.

Das Rad parkte natürlich nicht im Keller, sondern in meinem Zimmer, und auf dem gleichfalls erworbenen Radständer ließ ich stundenlang die Kettenschaltung die Zahnkränze auf und ab wandern. Es war so, dass ich entweder auf dem Rad saß oder davor hockte und die Kurbeln bewegte und alle Details in mich aufsog.

Anfang Juni fuhr ich das erste Mal mit meinem Vater zum gemeinsamen Training des Vereins. Die Kinder in meinem Alter trafen sich dienstags und donnerstags zum gemeinsamen Training in der Nähe von Stommeln, etwa 20 Kilometer vor den Toren Kölns.

Dort gab es eine Runde durch die Felder, die 1,8 km lang war und je nach Intensität 10- bis 20-mal absolviert wurde. Als ich dort das erste Mal mittrainierte, waren wir ungefähr ein Dutzend Schülerfahrer, und natürlich wollte man mich testen.

Es standen fünf »Bergrunden« an, und dann zehn Runden durch die Knollenfelder.

Ich kam erstaunlich gut mit, und nach der zweiten Bergpassage (ein Anstieg von etwa 300 m) waren zwar vorne drei weg, aber hinten auch, und ich kam immer noch gut mit.

Nach dem letzten Mal war ich ungefähr 6. oder 7., also im Mittelfeld, und ich raste in der Abfahrt auf die Kurve zur Hauptstraße zu. Einer der Väter rief: »Vorsicht, langsam, ein Auto!« und ich bremste ... leider mit der Vorderradbremse, und auf dem etwas sandigen Untergrund rutschte ich weg und krachte auf den Asphalt. Kaum aufgeschlagen rappelte ich mich hoch und zog mein Rad heran, um zu schauen ob an dem tollen Teil auch ja nichts kaputt war. Die Knie und der Ellbogen bluteten etwas, aber ich hatte nur Augen für mein Rad. Alles war in Ordnung, und später hörte ich den Vater, der mich vor dem Auto gewarnt hatte, zum Trainer sagen: »... und der ist direkt wieder aufgesprungen, das ist ein ganz Harter«. Ich war geschmeichelt. Gut mitgekommen, obwohl die anderen versucht hatten mich abzuhängen, und mit dem Ruf ein Harter zu sein wieder nach Hause gekommen – das war doch ein voller Erfolg bei meinem ersten Training.

Eigentlich hätte ich laut unserem Trainer Erich Behnke erst mal drei oder vier Monate trainieren und dann mein erstes Rennen fahren sollen, aber nach gut sechs Wochen und zwölfmal Training mit der Gruppe wollte ich endlich mal eine Rückennummer an meinem Trikot haben. Die Tour de France lief, und ich wollte auch Rennen fahren. Nach einem Gespräch mit dem Trainer willigten meine Eltern ein.

Am 16. Juli 1978 war es dann so weit, in Heinsberg-Oberbruch. Es war ein Renntag, an dem alle Schülerklassen, Jugendklassen und schließlich auch die Amateure fuhren. Ich war beeindruckt von dem Spektakel. Überall fuhren Rennfahrer mit blitzenden Rennmaschinen herum, die verstärkte Stimme des Streckensprechers hallte die Zielgerade herunter, und es wuselte überall, besonders an der Nummernausgabe. Das war allerdings ein Schock: 120 Fahrer in meiner Rennklasse, das ergab ja ein Feld, fast so groß wie das der Tour de France.

Als sich die Startzeit näherte, schaute ich erst mal danach, was denn die anderen so machten. Etwas warmfahren, Schaltung noch mal testen, Trinkflasche auffüllen. Ich begab mich in die Seitenstraße, in der die Startaufstellung vorgesehen war, und erfuhr, dass in der Reihenfolge der Rückennummern aufgestellt wurde. Das hieß, dass meine Vereinskollegen und ich ziemlich weit hinten standen, denn ich hatte eine Nummer oberhalb Einhundert.

Bei diesem speziellen Rennen wurde dann sogar jeder einzeln zum Start gerufen, wahrscheinlich hatte man sich im Zeitplan etwas verrechnet und musste jetzt Zeit schinden. Das hat es danach bei keinem anderen Rennen mehr so gegeben, aber als damals aus den Lautsprechern tönte: »Die Nummer Einhundertsoundso, Marcel Wüst vom PSV Köln!«, da war ich der stolzeste und glücklichste Junge dieser Welt.

Das Rennen selbst war sehr schnell, aber durch die Übersetzungsbeschränkungen endeten die Schülerrennen auf flachen Rundkursen oft im Massensprint. Ich kam irgendwo zwischen

Platz 17 und 22 ins Ziel, meine Mutter, die die Platzierung zählte, hatte mich an 19. Stelle gesehen. Dass es einige Zeit dauern würde, bis ich meine erste Platzierung unter den ersten Zehn erreichen würde, war klar, aber dieser Renntag machte Lust auf mehr.

Danach kamen Rennen in Dortmund, in Aachen und die Nummer vier an meinem Geburtstag, in Mölsheim in der Pfalz. Wir hatten damals ein Wohnmobil, und auch im weiteren Verlauf meiner Schülerfahrerkarriere kam es häufiger vor, dass meine Eltern die Rennen mit einem Urlaubswochenende verknüpften. Ich war mir damals überhaupt nicht darüber im Klaren, dass meine Eltern einen Riesenaufwand betrieben, um mir meine neue Passion zu ermöglichen.

Wenn wir unter der Woche zweimal Training hatten, war das jeweils mit wenigstens 30 Minuten Autofahrt aus der Stadt heraus und 20 Minuten wieder hinein verbunden. Es gab zwar viele Rennen im Raum Köln, aber sich die Wochenenden an irgendwelchen Rennstrecken herumzutreiben, das taten sie nur mir zuliebe. Früher waren wir öfter zum Angeln in die Eifel gefahren, aber jetzt standen die beiden in abgelegenen Stadtteilen irgendwelcher schmutziger Großstädte herum und sahen zu, wie der Filius im Kreis fuhr.

Heute ist mir nicht nur bewusst, was für ein Riesenopfer es damals für die beiden war, sondern vor allem die Tatsache, dass ich ohne diese Unterstützung die Verwirklichung des Kindertraums vom Radprofi komplett in den Wind hätte schreiben können. Kinder, die es im Sport weit bringen, haben den Erfolg zu allererst ihren Eltern zu verdanken, die eigenen Vergnügungen entsagen und stattdessen ihre Kinder von Pontius nach Pilatus karren!

Häufig wurden Renneinsätze mit Familienbesuchen verbunden. Ende August besuchten wir meine Tante in Krefeld und fuhren von dort aus zum Rennen nach Kaarst. Ich war gut drauf, aber da ich in der Schülerklasse B zum jüngeren Jahrgang gehörte, war ich einer der Kleinsten. Ich studierte an der Nummernausgabe die Startliste und sah nur 24 gemeldete Fahrer; ein Durchzählen beim Start bestätigte mir, dass ich »nur« vierzehn Fahrer hinter mir lassen musste, um meine erste Platzierung zu erreichen.

Das Rennen begann, und nach der Hälfte der Strecke waren wir nur noch zwölf Fahrer in der ersten Gruppe. Als die letzten beiden Runden begannen, waren es (ich zählte schnell durch) nur noch zehn. Ich war also »drunter«, wie eine Platzierung kurz hieß, und wer sagte denn, dass ich nicht noch den einen oder anderen im Sprint versagen würde? In der vorletzten Kurve war ich zu eifrig und setzte mit dem linken Pedal auf, stürzte zwar nicht, aber die Kette sprang ab. Ich fummelte sie hektisch wieder auf das Blatt und schaute nach hinten, ob denn die Luft auch wirklich rein war und nicht doch noch irgendjemand aus dem »Verfolgerfeld« meine Platzierung zunichte machen konnte.

Ich sprintete ins Ziel und war Zehnter. Leider gab es bei der Preisverteilung keine Schleife mit Aufschrift, sondern nur einen Briefumschlag mit DM 10,–. Dass ich in den Folgejahren immer weniger scharf auf Schleifen oder Siegerkränze war und mir die Briefumschläge wichtiger wurden, sollte sich erst noch entwickeln.

Am Ende meiner ersten Saison schmückten drei Dinge die Wand meines Kinderzimmers: die Urkunde zur Teilnahme an den deutschen Meisterschaften in Hamburg (mit Foto und einer Fahrzeit von 19:01:47 Minuten für die zehn Kilometer), eine Schleife in Grün/Weiß für den 8. Platz beim Rennen in Köln-Chorweiler, außerdem eben jener Briefumschlag aus Kaarst mit der Aufschrift: Schüler B – 10. Platz.

Es war ein toller Auftakt gewesen, der vor allem Spaß gemacht hat. Ich hatte neue Freunde im Verein gefunden und freute mich schon auf das Wintertraining, das Mitte November aus einigen Radausfahrten am Wochenende, einem Hallentraining und einem Lauftraining bestand. Ich trainierte im Winter fleißig, aber das war kein Problem, denn es machte mir einen Riesenspaß.

Ich fuhr auch im Jahr 1979 noch in der Schülerklasse B, war in diesem Jahr der ältere Jahrgang und hatte mir fest vorgenommen, nicht allzu lange auf einen Sieg zu warten.
Zu dieser Zeit, kurz nach Didi Thuraus toller Tour, hatte ein Boom auf den Radsport eingesetzt. Beim Saisonauftakt in Köln, dem Klassiker Köln–Schuld–Köln, mussten beispielsweise die Schülerklassen nach geraden und ungeraden Rückennummern getrennt starten ... und es waren jeweils 150 Kids auf der 1 km langen Rundstrecke unterwegs. Dass 15 Jahre später teilweise nur 20 Fahrer bei Radrennen der Schülerklassen starten sollten, war damals nicht vorauszusehen, wurde aber später traurige Wahrheit.

Bei diesem Auftakt wurde ich Zehnter, und auf den ersten Sieg musste ich dann doch bis in den Spätsommer warten.

Ich hatte gute Platzierungen, kam auch das eine oder andere Mal aufs Treppchen. Und dann ging es auf eine ganz neue Art und Weise in Sommerurlaub: Mein Vater und ich fuhren zusammen mit Rolf und Markus Unkhoff, deren Verdienst es war, dass ich Radrennen fuhr, mit dem Rad nach Italien. Die Routenplanung war mir egal, wir fuhren in gut einer Woche von Köln nach Süden, gelegentlich kurz mit dem Zug, wenn es morgens regnete, aber es war eine wunderbare Reise. Mittags machten wir immer eine lange Pause, richtig schnell gefahren wurde nie, und wenn es bergauf ging, hatten wir mit unseren Vätern immer leichtes Spiel und hängten sie ab.

Vor allem in der Schule war es cool, auf die Frage, was man denn im Urlaub machen würde, zu antworten: »Ich fahre mit dem Rad nach Italien!«

Danach war ich richtig heiß darauf, wieder Rennen zu fahren und schaffte endlich den ersten Sieg, in Köln-Lindweiler. »Rund um den Lino-Club« hieß dieses Rennen, und es kam zum Sprint.

Der erste Sieg: Juli 1979 bei »Rund um den Lino-Club« in Köln-Lindweiler (neben mir Markus Unkhoff als Dritter, auf dessen Rennrad alles begann).

Der zweite Sieg, im August 1979 in Mönchengladbach, vor Rainer Ernst (Deutscher Meister) und dem damaligen Straßenmeister von Niedersachsen. David siegt über zwei Goliaths ...

Seriensieger Rainer Ernst aus Euskirchen lag vorne und hatte (wie mir Freunde später sagten) schon den Arm hochgerissen, als ich rechts an ihm vorbeizog und ganz knapp gewann.

Ich wusste erst nicht, ob ich Erster oder Zweiter geworden war. Nach unendlich langem Warten hieß es über den Lautsprecher: »Siegerehrung der Schülerklasse B: die 76, die 78 und die 6.« Ich hatte die 76 und somit mein erstes Rennen gewonnen, mein Freund Markus Unkhoff war Dritter geworden.

Auf dem Siegerfoto stand ich mit meinem Pokal freudestrahlend in der Mitte, während der zwei Köpfe größere Rainer Ernst, der später auch Deutscher Meister wurde, ein langes Gesicht zog. Der Pokal, den ich auf dem Foto stolz präsentiere, ist einer der wenigen, die sich heute überhaupt noch bei mir im Haus befinden, aber dieser ist mir immer noch der wichtigste.

Zwei Wochen später gelang mir wieder ein Sieg vor Ernst und dem amtierenden Meister von Niedersachsen. Ich stand auf dem Treppchen zwar in der Mitte auf der höchsten Stufe, auf dem Foto waren wir aber alle gleich groß. Gerade im Alter zwischen 11 und 16 gibt es eben enorme Unterschiede in der körperlichen Entwicklung. Den Großen ein Schnippchen zu schlagen war also

Mein erster richtiger Siegerkranz: »Rund um Köln« 1981 – prominent platziert im Kinderzimmer.

nicht nur machbar, sondern natürlich auch immer eine ganz besondere Genugtuung.

In der ganzen Schülerzeit gab es zwar nur wenige dieser Erfolgserlebnisse, aber die eine oder andere Platzierung auf dem Treppchen war auch schon eine schöne Entschädigung.

Im ersten Jahr der Jugendklasse 1982 hatte ich ohne es recht zu wissen einen Durchhänger. Es hatte sich viel Routine eingeschlichen; ich fuhr zu den Rennen, bzw. meine Eltern fuhren mich, ich startete, rollte mit und kam unter ferner liefen ins Ziel. Es war kein richtiger Biss meinerseits dabei, und meist war ich zufrieden damit, dass man mich nicht abgehängt hatte.

In einem Gespräch mit meinem Vater fiel es mir dann wie Schuppen von den Augen: Er könne sich auch gut vorstellen, wieder in die Eifel zum Angeln zu fahren. Ich müsse bestimmt nicht wegen ihm Radrennen fahren, solle mir aber mal den Input anschauen, die Wochenenden, die Trainingskilometer und den schon erheblichen Zeitaufwand. Da wurde ich plötzlich wach. Ich machte meine Schule, war nicht Klassenbester, sondern irgendwo so im Mittelfeld, und im Radsport war ich trotz des ziemlich großen Inputs auch nur Mittelmaß. Ohne dass ich mehr oder anders trainiert hätte, fuhr ich nach dieser Erkenntnis auf einen Schlag viel besser, zeigte wieder Kampfgeist und hatte Freude an dem, was ich tat.

Hätte mein Vater mich an dieser Stelle nicht aus der aufgekommenen Lethargie gerissen, hätte ich vermutlich wie so viele andere irgendwann die Brocken hingeworfen. Im Laufe der Jahre wurde der Input, den ich leisten musste, um meine Ziele zu erreichen, auch immer umfangreicher. So war beispielsweise das Wintertraining schon im Juniorenbereich so weit über die ganze Woche verteilt, dass es nur einen freien Tag gab. Montags war Lauftraining, dienstags und donnerstags war Zirkeltraining im Kraftraum angesagt, freitags zwei Stunden Hallentraining und samstags und sonntags ging es aufs Rad, bei Wind und Wetter wohlgemerkt.

Gerade das Hallentraining am Freitag war ein Indikator für mich, dass ich es wirklich ernst mit meinem Sport meinte. Nach den Zirkeleinheiten, dem Stretching und der letzten Stunde Hallenfußball auf Biegen und Brechen führte mich mein Weg eigentlich immer direkt nach Hause, wo ich dann entweder noch etwas las oder das Fernsehprogramm checkte. Für viele meiner Vereinskollegen war am Freitag regelmäßig Party in diversen Diskos angesagt, Alkoholexzesse und Schlafdefizit inklusive. Das wäre meiner weiteren Karriere sicher nicht zuträglich gewesen. Aber vor allem hatte ich neben Schule und Sport keine Lust, in zu lauten und verqualmten Örtlichkeiten schlecht zu tanzen ... denn das konnte ich wirklich nicht.

Allerdings war mir nie so, als würde ich etwas verpassen. Ich war zufrieden, und wenn ich am darauf folgenden Wochenende schon das eine oder andere Mal als Junior die Amateurfahrer versenkte, war das eine Bestätigung, dass es sich lohnte, für den Sport zu leben.

Gerade in diesem Alter ist es für Jugendliche unglaublich wichtig, in ihrem Leben eine Richtung zu haben. Oft sah ich im Sommer, wenn ich nachmittags um kurz vor 17.00 Uhr zu Dieter Koslars Minilädchen fuhr (wo wir uns regelmäßig zum Training trafen), eine Gruppe von Gleichaltrigen, die mit ihren Mofas und einem Kasten Bier an der Straßenecke standen. Wenn ich gegen 20.00 Uhr wieder nach Hause kam, standen die meist immer noch da. Das war für mich nur umso mehr Anreiz, es in meinem Sport und auch in der Schule zu etwas zu bringen. Gerade im Alter von 14 bis 18 Jahren ist es sehr wichtig, dem Leben einen Inhalt zu geben, und was wäre ein besserer Ausgleich zum Schulalltag mit dem vielen

Speed ist cool! Lloret de Mar 1984.

Stillsitzen, als sich nachmittags im Training auszupowern und einen Freundeskreis zu haben, der genauso denkt.

1984 war ein besonderes Jahr, weil ich als Juniorenfahrer wegen meiner guten Leistungen zum ersten Mal von Dieter Koslar ein Rad zur Verfügung gestellt bekam. Es war zwar ein Ersatzrad aus dem vorangegangenen Jahr, aber trotz allem war ich mächtig stolz. Es sah aus wie neu, und noch nie vorher hatte ein Fahrer überhaupt ein Rad bekommen, ehe er nicht in der Amateurklasse und wirklich gut fuhr.

In diesem Jahr sammelte ich dann auch die erste eigene internationale Erfahrung bei einer Rundfahrt in Luxemburg, mit dem Resultat, dass ich die erste Etappe gewann und das gelbe Trikot bekam. Durch totale Selbstüberschätzung und taktische Fehler verlor ich es prompt am nächsten Tag wieder und war um eine Erfahrung reicher. Zwar hatten viele Luxemburger Zeitungen von diesem Juniorenrennen ganze Seiten gebracht, somit auch große Überschriften mit dem Namen Marcel Wüst und Fotos von mir, und doch half mir das nichts, als ich im Finale abreißen lassen musste. Das war eine wichtige Erfahrung, denn dass man sich die Schlagzeilen in der Zeitung täglich neu verdienen muss, das hat sich bis heute nicht geändert.

Diese Saison verlief im Ganzen sehr erfolgreich, gleichzeitig ärgerte ich mich aber darüber, dass ich im Schulsport gerade mal eine Drei bekam. Klar fehlte ich ab und an und versuchte beim Nachmittagssport so wenig Input wie möglich zu bringen, um dadurch nicht die Leistung beim wichtigen Radrennen am Wochenende zu gefährden. Die Lehrer konnten aber doch in der Lokalpresse nachlesen, dass ich sportlich eher Top als befriedigend war, aber das irgendwie zu berücksichtigen war wohl nicht drin ... was ich damals einfach nicht begreifen konnte.

Als ich 1985 das zweite Jahr in der Juniorenklasse mit einem Sieg begann, hielt ich die Zeit für reif, alles noch etwas professioneller zu betreiben. Ich führte mein Trainingsbuch mit noch mehr Akribie als in den vergangenen Jahren und analysierte jedes Rennen, jede Trainingseinheit.

Das war sogar für meine spätere Zukunft als Radprofi noch hilfreich, denn schon damals wusste ich, wenn es einmal mit der Form nicht stimmte, ziemlich genau warum, wenn ich meine Aufzeichnungen durchsah. Da ich den Nutzen des in den frühen Jahren so verhassten Trainingsbuches inzwischen erkannt hatte, war es jetzt eine Riesenmotivation, dieses peinlichst genau zu führen, denn es brachte mir schließlich auch etwas ein.

Ich war außerdem jetzt voll gesponsertes Vereinsmitglied; mit Rad, Trikot, Radhosen und so weiter hatte ich denselben Status wie die international erfahrenen Amateure.

Auch mit dem NRW-Team hatte ich einige internationale Rennen bestritten, das Treffen der Radsportjugend in Braunschweig sowie die Jugendtour in Böchingen. Beide Rennen blieben mir in guter Erinnerung, jedes aber auf eine andere Art und Weise.

In Braunschweig gewann ich erst das Ausscheidungsfahren auf einem Rundkurs vor zwei Tschechen und dann die Etappe als Sprintsieger einer kleinen Ausreißergruppe – zwei Siege an einem Tag und das bei internationaler Konkurrenz.

In Böchingen war es anders. Beim Straßenrennen war ich hoffnungslos abgehängt worden, aber einer unserer Fahrer war vorne, und wir führten vor der Schlussetappe in der Mannschaftswertung. Wir hatten vor, an zwei Fronten zu kämpfen: zum einen unseren Fahrer vorne zu halten und zum anderen die Mannschaftswertung zu gewinnen.

Mein erstes gelbes Trikot: Luxemburg 1984. Dieter Koslar hilft beim Tragen der Präsente.

Es gelang uns beides, und als ich mit Manfred Topp, Axel Engel und Günther Thar auf dem Podium stand und die deutsche Nationalhymne gespielt wurde, da kamen mir mit meinen siebzehn Lenzen schon die Tränen. Es war wirklich ergreifend, und seit diesem Tag kann ich die weinenden Olympiasieger und Weltmeister verstehen. So intensiv hat mich keine spätere Siegerehrung mehr mitgenommen, es war dann immer mehr überschäumende Freude. Dieser Tag in Böchingen aber war etwas ganz Besonderes und hat mich für den Rest meiner Karriere geprägt. Ich selbst hatte keine Platzierung erreicht, ich hatte aber das Team beim Sieg unterstützt und stand als Dank dafür nun ebenfalls ganz oben, obwohl ich nicht unbedingt den Eindruck hatte, etwas geleistet zu haben, das die Nationalhymne rechtfertigte.

Neben all diesen Erfolgen gab es natürlich auch Enttäuschungen. Die größte war in diesem Jahr die Deutsche Meisterschaft. Ich war mir damals schon darüber im Klaren, dass ich eher Sprinter als Bergfahrer war, dennoch hatte ich auch auf schweren Strecken schon einige Erfolge feiern können. Vor der Deutschen Meisterschaft in Heilbronn hatte ich hart trainiert und war eigentlich noch nie vor einem Rennen so nervös gewesen. Ich fuhr sehr aufmerksam immer ganz vorne mit, aber als es in der letzten

Runde am Berg zur Sache ging, bekam ich Krämpfe und musste abreißen lassen. Ganz alleine kam ich ins Ziel und hatte Mühe, die Tränen zurück zu halten. Besonders weh tat mir, dass Markus Schleicher, der schon mit seiner Mannschaft Deutscher Meister im Straßenvierer geworden war, sich auch den Einzeltitel sicherte und somit in der Rangliste des Brügelmann-Cups, der alle Rennen über das ganze Jahr wertet, in unerreichbare Ferne rückte. Am Ende des Jahres gewann ich aber noch ein wichtiges Rennen in Hannover und kam so in der Endabrechnung dieser nationalen Rangliste auf Platz zwei.

Zweitbester in Deutschland, ein halbes Jahr vor der Abiturprüfung, vor der ich höchstens Respekt, aber keine Angst hatte, das war schon eine tolle Sache. Trotzdem vergab ich mir das Versagen bei der Meisterschaft nicht so ohne weiteres und versuchte anhand meiner Trainingsaufzeichnungen zu ergründen, warum es so gekommen war. Ich schaffte es zwar nicht, führte aber meine Trainingsaufzeichnungen auch im ersten Amateurjahr weiter.

Die Amateurzeit – harte Schule bei Dieter Koslar (1986 – 1988)

Als ich dann aus der Juniorenklasse ins Amateur-Team des PSV Köln aufstieg, hatte ich natürlich einiges an Erwartungen zu befriedigen. Zuerst die eigenen, denn ich wollte selbstverständlich schon im ersten Amateurjahr schnell den Anschluss schaffen und gute Leistungen erbringen.

Dann waren da die Erwartungen meines Trainers und Entdeckers Dieter Koslar, der mich als Zehnjährigen mit den Worten: »Aus dir mach' ich 'nen Rennfahrer!« unter seine Fittiche genommen hatte. Er hatte mir sehr viel ermöglicht, und dass ich schon als Juniorenfahrer so weit gekommen war, hatte ich vor allem ihm zu verdanken.

Dann war da natürlich noch die Schule, die ja schon viele Jahre parallel zum Sport lief, die ich aber immer als erste Priorität einstufte, so verhasst wie sie mir auch manchmal war. Ich musste in diesem Jahr 1986 also den Einstieg in die Amateurklasse mit Lernen und Prüfungsstress verbinden, denn ich wollte im Mai mein Abitur machen.

Unser PSV-Team hatte über den Winter prominente Verstärkung erfahren. Andreas Kappes und Remig Stumpf waren zur Mannschaft gestoßen, und es war natürlich für uns alle, besonders die jüngeren Fahrer, eine riesige Motivation, mit Rennfahrern aus der Nationalmannschaft in einem Team unterwegs zu sein.

Wir hatten in der Winterzeit das übliche sehr harte Training mit Dieter Koslar durchstehen müssen. Schon im November ging es los, und ich nahm mir vor, alles jetzt noch professioneller zu machen. Im Kölner Winter war das nicht so einfach, denn schlechtes Wetter gab es nicht, sondern nur falsche Kleidung, wie Dieter immer zu zitieren pflegte, und daran hatte ich das eine oder andere Mal schon zu knabbern. Wer in unserer Trainingsgruppe unentschuldigt fehlte, wurde beim dritten Mal erst mal rausgeschmissen, und es war immer der eine oder andere dabei, der früh das Handtuch warf.

Das Team des PSV Köln. Ich bin der mit der uncoolen Brille!

Ich kam auch dieses Jahr gut aus dem Winter, denn das Training war zwar hart, machte aber einen Riesenspaß. Ich werde allerdings nie den Tag vergessen, an dem ich mit meiner Yamaha DT 80 LC im Dunkeln zum Hallentraining fuhr. Ich nahm natürlich den kürzesten Weg: Quer durchs »Biesterfeld«, eine Art Park mit Wiesen und Spielplätzen, der genau zwischen unserem Haus und der Schule am Kolkrabenweg lag, wo wir freitags um 19.30 Uhr die Turnhalle nutzen konnten.

Ich war viel zu schnell unterwegs und glaubte, als ich im Dunklen über die Wiese heizte, eine Bank zu sehen, auf die ich zuraste. Ich zog bei 60 km/h die Vorderbremse und hob ab in eine erdnahe Umlaufbahn ...

Mit einer Riesenprellung am Schienbein fuhr ich weiter und nahm trotzdem am Training teil – nur um von Dieter vor versammelter Mannschaft eine richtig dicke Zigarre verpasst zu bekommen. Das abschließende Fußballspielen fiel für mich flach, denn ich konnte kaum mehr auftreten. Aber so wird man aus Schaden klug!

Zum Saisonstart waren wir eigentlich alle gut in Form, und das erste Rennen für uns war wie immer der Kölner Klassiker »Köln–Schuld–Frechen«.

Es wurde ein Albtraum. Regen am Start, Schneetreiben in der Eifel, und vor lauter Angst, ich könne in den Eifelbergen abgehängt werden, weil mir wegen zu viel Kleidung zu warm wäre, wurde ich erst recht abgehängt – weil ich so durchgefroren war wie noch nie. Zum Glück stand mein Vater als einer der Betreuer der Mannschaft an der Verpflegungskontrolle. Noch ein weiterer meiner Teamkollegen und ich wickelten uns in warme Decken und rückten auf der hinteren Sitzbank eng zusammen. Obwohl die Heizung auf Hochtouren lief und es im Auto bestimmt 35 °C warm war, wurden wir auf der ganzen Rückfahrt in unseren nassen Klamotten nicht mehr warm. Das war eine heftige Erfahrung. In der Juniorenklasse war es halt selten so, dass man auf großen Runden fuhr. Meistens handelte es sich um Rundstreckenrennen oder Rundkurse von ungefähr zehn Kilometern Länge, da war man nie sehr weit von der Dusche weg. Aber in der Eifel zu stranden und vor lauter Zittern nicht in der Lage zu sein, sich koordiniert zu bewegen, das war etwas ganz Neues für mich.

Keine Woche später folgte bei einem Klassiker in Belgien der nächste Augenöffner. Nach nur 25 Kilometern und ohne auch nur einen der berüchtigten gepflasterten Anstiege gesehen zu haben, verlor ich im Gegenwind den Anschluss. Einpacken und nach Hause fahren – das war ja eine grausame Radsportwelt, in die ich da hineingeraten war.

Kurze Zeit später aber hatte ich das erste große Erfolgserlebnis. Bei einem Wertungsrennen um das »Grüne Band«, einer damals von der Dresdner Bank gesponserten Rennserie, wurde ich Dritter. Die gesamte deutsche Radelite war da, die komplette Nationalmannschaft, und ich wurde Dritter – wenn das nichts war! Ich hatte wieder Oberwasser, und kurz nach dem Rennen in Berlin fuhr ich mein einziges Rennen in der C-Klasse. Die Amateurkategorien waren unterteilt in die Klassen A, B und C, und jeweils ein Sieg oder fünf Top-Ten-Platzierungen waren für den Aufstieg nötig. Da ich aus der Juniorenklasse kam, war ich automatisch C-Fahrer – aber nur bis nach dem Rennen in Siegburg. Ich gewann vor meinem Freund und Teamkollegen Robert Matwew, der die ganze Sache anders anging. Er wurde viermal Zweiter und gewann dann

Sieg in Siegburg, 1986.

in der C-Klasse den Klassiker »Rund um Düren«, bei dem ich mich schon mit den »Großen« messen musste und Elfter wurde.

Es war in mancher Hinsicht eine Lernphase. Ich lernte zu akzeptieren, dass ich nicht mehr dominierte wie noch im Jahr zuvor; allerdings waren die Jungamateure des PSV Köln, wie wir früher genannt wurden, ziemlich schnell auch in der Amateurszene eine Hausnummer.

Gelernt habe ich während dieser Zeit aber auch für mein Abitur. Da ich auf dem Gymnasium Kreuzgasse ein bilinguales Abitur machen wollte, das es mir ermöglichen würde, an jeder französischen Uni ohne Sprachtest oder dergleichen ein Studienfach zu belegen, musste ich sogar noch die ein oder andere Vokabelsession hinter mich bringen. Französisch und Deutsch als erstes und zweites Abiturfach, dann Mathe und Geschichte (auf Französisch!) als mündliches Fach – im Ergebnis war der Gesamtschnitt sicher nicht so gut wie meine sportlichen Leistungen, aber trotzdem war es mir gelungen, bis zum Ende beide Dinge so miteinander zu verbinden, dass das Unvermeidliche, nämlich die Schule, nicht zu sehr unter meinem geliebten Sport gelitten hat.

Also, Abi geschafft, mit passablem Ergebnis; nun musste ich mir ja auch langsam darüber klar werden, was ich denn mit meiner Zukunft anfangen wollte.

Ich vereinbarte mit meinen Eltern, dass ich erst einmal bis zum 1.10.1986 weiter Rad fahren würde, um zu sehen, wie weit ich denn käme. Dann stand natürlich auch die Bundeswehr noch im Pflichtenheft, und danach sollte sich entscheiden, ob ich 1988 noch einmal alles versuchen würde, um Profi zu werden oder dann lieber in Frankreich studieren wollte ... was genau? Das war noch offen, es war ja noch etwas Zeit bis dahin.

Der Fokus lag jetzt voll beim Radsport, und das nächste Highlight war schon in Sicht. Wir sollten zur Deutschen Vierermeisterschaft nach Berlin fahren; die Sache war nur die, dass wir fünf Fahrer für vier Plätze hatten.

Dieter Koslar stand vor einer schweren Entscheidung. Remig Stumpf und Andy Kappes waren natürlich gesetzt, aber dann waren da noch Guido Eickelbeck, ein guter Freund, den ich schon seit 1978 kannte, und Robert Matwew, der in den Schüler- und Jugendzeiten auch schon immer ein besonders starker Konkurrent gewesen war.

Nach vielen Trainingskilometern mit eingebautem Zeitfahrtraining war dann eines Dienstags die Entscheidung gegen mich gefallen. Eigentlich schade, dachte ich. Aber am Mittwoch sollten wir dann auf unserer Hausstrecke noch einmal ein 8,2 km Einzelzeitfahren absolvieren, um die Selektion zu bestätigen, geändert werde an der Nominierung allerdings nichts, das war vorher ganz klar zum Ausdruck gebracht worden. Das Dumme für Dieter war nur, dass ich an diesem Tag die Bestzeit fuhr! Ich war nur

Contipreis Hanover 1986.

10 Sekunden langsamer als Thomas Freienstein, der 1981 mit dem PSV Deutscher Meister im Vierer wurde und der heute noch die Bestzeit mit 10:40 hält (im öffentlichen Straßenverkehr wohlgemerkt).

Aber ich war schneller als alle, die am Wochenende bei der Deutschen Meisterschaft den Vierer fahren sollten. Stumpf war 2 Sekunden langsamer, Kappes fast 10 und die beiden anderen waren mehr als 20 Sekunden langsamer. Ein paar Jahre später erzählte Dieter mir, die Nominierung habe ihm lange schlaflose Nächte bereitet, vor allem als einer der beiden in Berlin ziemlich einbrach und sein Team »nur« Vizemeister wurde.

Ich war nicht dabei und fuhr stattdessen ein Rennen in Siegen, das erst am Nachmittag startete. Ich hatte also den ganzen Morgen Zeit, um mir im Freibad die Sonne auf den Pelz brennen zu lassen – auch ein Trost.

Die ersten internationalen Erfahrungen sammelte ich bei der Hessenrundfahrt mit dem NRW-Team. Es war Anfang August, brütend heiß und jeder Tag fiel mir elend schwer ... außer an die Qualen auf dem Rad kann ich mich heute nur noch an einen Zwischenfall genau erinnern. Einmal gab es richtig Ärger im Team, weil wir im Hotel die Minibar geleert hatten und uns dann auch noch für extrem schlau hielten: Die leeren Colaflaschen füllten wir mit Instantkaffee auf, der in unserem Zimmer herumlag, in die Limoflaschen kippten wir die Reste von unseren Iso-Getränken und die Teebeutel, nur ganz kurz in heißes Wasser getunkt, gaben diesem die Farbe von Jonny Walker ...

Eigentlich klar, dass die Leute im Hotel das nicht so lustig fanden wie wir damals. Wir haben uns vor Lachen in die Ecken geschmissen, und als Coach Willi Belgo eines Morgens mit Grabesstimme verkündete, es sei etwas Unglaubliches vorgefallen, dachten wir nicht eine Sekunde daran, dass es sich dabei um die Sache mit der Minibar handeln könnte. Wenn das in irgendeinem Sinne unglaublich gewesen wäre, dann doch höchstens unglaublich clever und komisch.

Wir bezahlten natürlich den Schaden und waren von nun an kuriert, was die Minibars anging. Eigentlich hatten wir das ja auch nur wegen der Preise gemacht, denn die waren damals schon absolut unglaublich.

Zu dieser Zeit war ich auch noch einer der wenigen Fahrer meines Jahrgangs, der keine feste Freundin hatte. Genauer gesagt hatte ich gar keine Freundin, noch nicht mal 'ne lockere. Nicht dass ich das als der »Karriere« abträglich empfunden hätte, aber gerade die Orte, wo man in diesem Alter die Mädels trifft, nämlich die Diskos, waren mir zuwider. Tanzen war ja gar nicht mein Ding, und außerdem war es da so laut, dass man ständig brüllen musste, um sich überhaupt zu verständigen, ganz zu schweigen von dem Zigarettengestank, den man dann mitten in der Nacht mit nach Hause brachte. War ich nicht komplett abgestürzt und hatte zwanzig oder mehr Kölsch getrunken (das passierte nur in der Winterpause), musste ich vorm ins Bett gehen noch duschen, weil der Qualm in den Haaren unerträglich war.

Dann war da noch meine Kurzsichtigkeit. Eine Brille war ja mit Achtzehn total uncool, wer aber weiß, wie schlecht es sich mit minus vier Dioptrien sieht, der weiß auch, dass man dann im Dreivierteldunkel einer Disko Marylin Monroe nicht von Hella von Sinnen unterscheiden kann.

Und wie mir meine Frau Heike heute noch bestätigt, sah ich eigentlich stets aus wie ein kleiner Professor und wirkte vor allem unheimlich schlau ... einer der Gründe, warum Heike mich zu dieser Zeit auch noch nicht so prickelnd fand. Mädchen zwischen Sechzehn und Zwanzig stehen halt nicht auf 'nen Harry-Potter-

Irgendwo im Süden: deutscher Teenager mit doofer Brille und verkorkster Frisur.

Typen, der nicht tanzen, geschweige denn zaubern kann. Mir war das aber ziemlich egal. Wenn wir abends mal weggingen, dann waren wir oft Poolbillard spielen, tranken dazu ein paar Bier oder gingen eine Kleinigkeit essen. Ich hatte nie das Gefühl, irgendwas zu verpassen, denn in der Winterpause oder auch mal zum Karneval in Köln schlugen wir schon im PSV-Kollektiv das ein oder andere Mal über die Stränge.

Immer in besonderer Erinnerung wird mir ein Trainingstag im Winter bleiben. Wir trafen uns in »unserem« ziemlich angesagten Fitnessstudio mitten in der Kölner Innenstadt und trainierten etwa vier Stunden wie wild. Krafttraining, Kraftausdauer, Stretchen und all die Sachen, die nun einmal für einen Sportlerkörper (und nicht nur den) gut sind.

Danach entspannten wir uns in der Sauna, und als wir gegen 16.00 Uhr fertig waren, meinte einer von uns nur: »Jetzt ein Kölsch beim Päffgen (ein Traditionsbrauhaus einen Steinwurf vom Fitness-Club entfernt), das wär's doch!«

Wir schauten uns kurz an und zogen los. Guido Eickelbeck und ich waren aus unserem Vorort Vogelsang mit den Rollerskates in die Stadt gekommen, damit hatten wir alle Parkprobleme und auch das Aufwärmen im Studio immer direkt hinter uns gelassen.

Im Päffgen gab es das erste Kölsch sofort, das zweite nur Sekunden später. Eigentlich hatten wir uns auf zwei geeinigt, aber das dritte schmeckte dann auch noch. Da wir zu viert waren, beschlossen wir schließlich naheliegenderweise, dass jeder eine Runde bezahlen würde und wir uns dann auf den Nachhauseweg machen wollten.

Aus den anvisierten vier Kölsch wurden dann bald acht, und als wir irgendwann zurück auf die Friesenstraße torkelten, hatten wir jeder 25 Kölsch intus. Den Deckel mit den einhundert Strichen rund herum hatte ich noch lange als Andenken bei mir zu Hause an der Wand hängen. Damit war der Trainingstag allerdings noch nicht zu Ende. Guido und ich versuchten natürlich mit den Rollerskates die sechs Kilometer nach Hause unter die Räder zu nehmen.

Das Resultat waren diverse kleine Stürze sowie ein unerwartet schwerer Crash von Guido, der zu seinem Pech mit der Hand in seiner Sporttasche hängen blieb und sich somit nicht abstützen konnte. Als er den Kopf hob und mich ansah, sah er aus, als hätte er fünfzehn Runden gegen Rocky Balboa gekämpft: Platzwunde über der Augenbraue, Lippe aufgeplatzt und diverse Schrammen im Gesicht. Also blieb uns doch nichts anderes übrig, als in die nächste U-Bahn zu steigen und den Löwenanteil unseres Heimwegs mit öffentlichen Verkehrsmitteln zurückzulegen.

Wir fragten einige Leute nach Taschentüchern, um die Wunden einigermaßen abzutupfen, aber mit so viel Alkohol im Blut war selbst das nicht einfach. An unserer Haltestelle angekommen, hatte ich noch etwa eineinhalb, Guido noch gut drei Kilometer bis nach Hause. Da lag es doch nahe, uns erst noch einmal zu stärken. Mit Rollerskates an den Füßen bot sich der McDrive ja geradezu an ... Angetrunkene Skater sind dort wohl auch nicht alltäglich, aber wir bekamen, was wir bestellt hatten.

Der Rest der Strecke verlief den Umständen entsprechend langwierig, aber wir schafften es beide bis nach Hause. Heike fragte recht knapp, warum wir zwei Spinner uns denn kein Taxi bestellt hätten. Warum wir das nicht taten, weiß ich bis heute nicht. Als Guido am nächsten Morgen hereinschaute, war es eigentlich eine Überraschung, dass er, so wie er aussah, überhaupt noch laufen konnte.

Im Päffgen trafen wir uns auch am 30.9., diesmal geplant, denn drei vom PSV-Team mussten am nächsten Morgen ihren Wehrdienst antreten.

Als ich dann in der Lüttichkaserne in Köln-Longerich »einrückte«, war es erst einmal wie im Trainingslager. Viele Radsportler waren hier, denn nach der Grundausbildung hatten wir hier das Privileg, in der Sportfördergruppe der Bundeswehr 90/7 die 12 Monate abzuleisten. Frank Porst, Frank Wasmuth, Siggi Triebsees und Frank Steinebach waren ebenfalls dabei, und da man sich kannte, war die Stimmung gleich recht entspannt.

Irgendwann kam ein kleinerer Mann, der sich als unser Gruppenführer vorstellte und uns sagte, dass wir die bereits erhaltenen Trainingsanzüge anziehen sollten. O.K., sagten Wasi und ich und blieben erstmal sitzen und quatschten weiter. Als der Gruppenführer dann Minuten später wieder hereinkam, hatten wir die schäbigen Dinger noch nicht an. Es stellte sich direkt heraus, dass dieser Mann bei Led Zepplin ohne Mikro hätte singen können ... aha, doch kein Trainingslager. Wir blieben aber weitestgehend unbeeindruckt. Ich sagte mir, dass drei Monate Grundausbildung zu überstehen sein müssten, und im nächsten Jahr würde ich alle Zeit der Welt haben zu trainieren und meinen Weg Richtung Profikarriere fortzusetzen. Durch die wirklich hochklassigen Ergebnisse am Saisonende war ich auch in den Kreis der Deutschen Nationalmannschaft aufgestiegen, also lief alles genau so, wie ich es mir vorgestellt hatte.

Die Grundausbildung war relativ schnell vorbei, und nach einem kurzen Skiurlaub über Weihnachten ging der Dienst Anfang 1987 in der Sportfördergruppe weiter. Das war schon ein Riesenprivileg, denn die Dienstzeiten waren minimal. Montags erst gegen Mittag antreten und dann zwei Stunden Sauna, dienstags zwei Stunden »allgemeine militärische Ausbildung« – für uns bedeutete das meistens das Betrachten von Videos über Verhalten bei besonderen Situationen, die im nuklearen Zeitalter so nie eintreten würden. Mittwochs war nur Antreten am Morgen und dann frei fürs Training, Donnerstagmittag eine Stunde Sport, dann Stuben- und Revierreinigen. Fertig und ab ins Wochenende. Dazu gab es dann noch Sonderurlaub für alle möglichen Maßnahmen, wie etwa zwei Wochen zur Vorbereitung auf Deutsche Meisterschaften. Es gab vier Titelkämpfe: Berg, Zeitfahren, Vierer und Einzel – also alles in allem schon zwei Monate frei. Im Nachhinein betrachtet war es aber bei vielen (auch in anderen Sportarten) so, dass dieses Überbrückungsjahr bei der Bundeswehr sehr wichtig im Hinblick auf die weitere Karriere gewesen ist. Man hatte Zeit für den Sport, bekam zwar schmächtigen Sold und Sporthilfe, konnte sich aber ganz und gar auf den Sport konzentrieren. Gerade nach der Schule oder Lehre war das für viele eine Möglichkeit, noch mal alles zu versuchen, um es im Sport zu etwas zu bringen – was einigen dann auch gelang.

Diese Zeit war eigentlich ganz angenehm, bis ich am 1. Mai nachts auf einmal hohes Fieber bekam. Da freitags kein Dienst war, blieb ich übers Wochenende erst mal im Bett, das Fieber sank allerdings nie unter 38,5°, Spitzenwert war 40,5° in der Nacht zum Montag.
   Da ich nur durch einen Bundeswehrarzt behandelt werden durfte, rief mein Vater in der Kaserne an, und am frühen Nachmittag kam der Stabsarzt vorbei. Er sah allerdings eher wie ein

Grundwehrdienst leistender Medizinstudent aus, und nachdem mein Vater im Scherz sagte: »Es tut oben weh, also grüne Pillen«, zog er tatsächlich eine Schachtel heraus und die darin befindlichen Tabletten waren grün.

Er kam noch zweimal wieder, hinterließ aber auch dabei keinen überzeugenden Eindruck.

Ich konnte kaum essen, und das schon seit Tagen. Als ich dann von Mittwoch auf Donnerstag, also nach einer Woche Dauerfieber, beim Einatmen wahnsinnige Schmerzen bekam, sodass ich mich auf der Erde krümmte und glaubte zu ersticken, ging alles ganz schnell. Ein Oberstabsarzt kam und wies mich sofort ins Krankenhaus ein.

Ich war ziemlich am Ende, und erst als ich an viele Geräte angeschlossen auf der Intensivstation lag und ein intravenöses Antibiotikum verabreicht bekommen hatte, ging es mir wieder besser. Ich konnte spüren, wie mein Puls sich in kurzer Zeit von fiebrigen 130 Schlägen auf einen Normalpuls reduzierte. Ich war zwar schwach, aber von jetzt auf gleich fieberfrei zu sein, das war eine Erlösung. Eine schwere Lungenentzündung hatte ich trotzdem.

Mittags wurde ich verlegt ... in ein Achterzimmer mit sieben älteren Herren. Das war mir ja noch egal, ich wollte mich eigentlich nur gesund schlafen. Das Problem war nur, dass ich durch die ganzen Antibiotika natürlich am Morgen immer völlig durchgeschwitzt war. Um kurz nach 6.00 Uhr kam aber jeden Morgen eine resolute Schwester hereingestürmt, riss alle Fenster auf, und ich lag da mit nassen Klamotten im Durchzug. Ich entließ mich schließlich auf eigene Verantwortung und verbrachte die nächsten zwei Wochen zu Hause im Bett. Gut, dass wir damals schon Kabelfernsehen hatten ...

An dieser Sache knabberte ich noch einen ganzen Monat, ehe ich überhaupt nur daran denken konnte, wieder aufs Rad zu steigen.

Ich brauchte Urlaub, beschloss ich, denn bei der Bundeswehr war ich noch bis Ende Juni krank geschrieben. Also packte ich mein Rad und ein paar andere Dinge ein und fuhr nach Arma di Taggia an der italienischen Riviera, wo meine Großmutter ein Appartement gemietet hatte. Nicht dass ich vorher angerufen hätte – ich stand irgendwann einfach vor der Tür und meinte, ich würde für eine Woche einziehen. Meine Oma fand das toll, und ihr Lebensgefährte war auch hellauf begeistert.

Ich fing langsam an wieder Rad zu fahren, erst 30 Kilometer im Schongang, dann immer etwas mehr. Als ich eines Tages eine größere Tour plante und die dann auch durchzog, merkte ich sehr deutlich, wie platt ich noch war. Ich fuhr 80 Kilometer durch die Berge, langsam wohlgemerkt, und konnte abends nicht einschlafen, weil ich um 10 Uhr noch einen Puls von über 100 hatte ... normalerweise lag der unter 60.

Ich kam wieder zurück, schön braungebrannt natürlich, sodass man mich in der Kaserne direkt als Urlauber enttarnte. »Unter der Sonnenbank eingeschlafen« versuchte ich zu erklären, aber letzten Endes war das auch egal, denn ich bekam den nächsten Sonderurlaub für die Deutschen Meisterschaften nach nur zwei Tagen in der Kaserne.

Die ersten Rennen war schlimm, aber zum Saisonende berappelte ich mich und kam ganz gut in Form. Ich blieb auch in der Nationalmannschaft und hatte so durch die Krankheit zwar fast drei Monate verloren, aber die Aussichten, es im Jahr 1988 ohne Schule und ohne Bundeswehr nochmals zu 100 % versuchen zu können und meinen Profitraum vielleicht wahr zu machen, waren weiterhin gut. Ein wichtiger Schritt in diese Richtung war sicher auch unsere Saisonabschlussparty nach dem letzten Rennen in Köln im Oktober 1987.

Wir waren acht oder zehn Fahrer und trafen uns in der Kölner Altstadt im bekannten Brauhaus Päffgen auf ein paar Kölsch. Da die Saisonabschlusstreffen meist out of control endeten, war ich wohlweislich mit der Straßenbahn in die Stadt gekommen. Einige Fahrer hatten ihre Freundinnen mit, und zu meiner Überraschung war auch eine gewisse Heike Gasel da, die bis zum Alter von siebzehn Jahren im Kölner Raum eine radsportliche Größe war. Zum einen durch ihre Erfolge, und zum anderen, weil sie mit Abstand die hübscheste unter den Radamazonen war – das war jedenfalls meine Meinung dazu. Ich fand Heike ja schon immer toll, aber schüchtern wie ich war, hatte ich mich nie an sie herangetraut. Wir sagten einander bei zufälligen Begegnungen also zwar Hallo, aber das war's dann auch, obwohl wir uns seit zehn Jahren kannten. Also fingen wir an, die Kölsch zu leeren und ich stand – ganz zufällig –

neben Heike, was dann aber doch kein Zufall war, wie sich allerdings erst viel später herausstellte. Sie verwickelte mich dann auch gleich in ein intelligentes Gespräch über Schule und andere Dinge, und ich war natürlich unglaublich geschmeichelt, dass die meistumworbene junge Dame in der Kölner Radsportwelt gerade mit mir so intensive Gespräche führte.

Nach etwa zwei Stunden im Traditionsbrauhaus und einige Kölsch später wechselten wir die Location und versackten in der Karibik-Bar. Dort trafen wir auf einige Bahnfahrer, unter anderem den Olympiasieger Fredy Schmitdke und Manni Donike. Der halbe Laden war voll mit Radrennfahrern, die sich alle untereinander kannten, und es war richtig nett. Am besten fand ich, dass Heike immer noch an meiner Seite war und wir in unseren Gesprächen alles um uns herum nur noch unterbewusst wahrnahmen.

Wir machten dann auch aus, dass Heike, die an diesem Abend nichts trank, mich und einige andere später nach Hause fahren würde, und gegen halb eins wurde es dann auch Zeit zu gehen.

In Heikes Golf saßen wir zu fünft. Frank Steinebach mit Freundin Dagmar, die in der Stadt wohnten, dann mein Spannmann Frank Baer, der wie Heike in Hürth im Kölner Westen wohnte, und ich. Dass wir zuerst das Pärchen ablieferten war ja logisch, dass Heike dann aber beschloss, erst Frank nach Hause zu fahren und dann erst mich, das musste ja einen Grund haben. Ich hatte zwar schwer gebechert, aber diese Erkenntnis setzte sich dann doch noch durch.

Auf dem Weg zu mir nach Hause hielten wir an einem Weiher an und redeten über Dinge, von denen ich heute gar nichts mehr weiß. Schließlich stiegen wir aus und liefen Händchen haltend durch den Wald. Vermutlich sahen wir aus wie Hänsel und Gretel auf dem Weg zurück zu ihrem Elternhaus.

Wir verabredeten uns locker, irgendwann die Wochen mal ins Kino zu gehen, doch als ich am nächsten Nachmittag um 1.05 Uhr nach Dienstschluss aus der Kaserne kam, stand Heike dort und wartete auf mich. Toll, dachte ich, das sind ja gute Vorzeichen! Mittwoch Kinotag, vereinbarten wir und sahen »Blind Date« ... vom Film selber haben wir aber nicht allzu viel mitbekommen.

Es war Saisonende und die Bundeswehrsonderurlaube wurden seltener, aber bald sahen wir uns täglich. Heike arbeitete damals bei meinem Hausarzt, der natürlich auch Hobbyradsportler war, und ich holte sie oft ab. Wir gingen zusammen essen und taten all die Dinge miteinander, die Verliebte nun einmal so tun. Nach zwei Wochen überraschte ich sie mit einem Kurztrip nach Paris. Ich holte sie von der Praxis ab und wir starteten durch an die Seine. Es war zwar ein ganz bescheidenes, einfaches (und vor allem preiswertes) Hotel, in dem wir abstiegen, aber die zwei Tage waren ein Traum. Da ich schon oft in Paris gewesen war, wusste ich, dass man am besten Sonntagmorgens ganz früh eine Stadtrundfahrt mit dem Auto macht, wenn alle Parisièns noch schlafen. So fuhren wir mit offenem Dach (es war zwar nur ein Escort Cabrio, aber immerhin) über die Prachtboulevards und vom Eiffelturm zum Arc de Triomphe, von der Bastille zum Montmartre und waren glücklich!

Der folgende Winter hatte nur zwei Prioritäten: Heike und Training, und schon da war es für mich klar, dass es keine bessere Freundin für mich geben konnte als Heike. Da sie auch schon viele Jahre aktiv war, wusste sie genau: Wenn ich samstags ziemlich platt vom Training kam, war eine quengelnde Freundin, die unbedingt in die Disko wollte, nicht unbedingt das, was ich brauchte. Heike hatte dafür von Anfang an Verständnis gehabt und hatte es während der späteren Profikarriere noch mehr. Wir hatten uns gesucht und gefunden. Mir war von Anfang an klar: Diese Frau ist die richtige, für jetzt und fürs Leben.

Über Weihnachten hatte ich mit meinen Eltern einen Urlaub in Tunesien gebucht, denn gerade auf der Insel Djerba konnte man bei gutem Wetter schon einige Trainingskilometer fahren. Ich stand nach langem Klettern jetzt sozusagen auf dem Sprungbrett. 1988 sollte die Entscheidung fallen: Profi oder Student, wobei mir zweites sicher nicht zusagte, ich wusste ja nicht einmal, was ich hätte studieren sollen.

Unser PSV-Team war für das kommende Jahr gut aufgestellt, und die Saison startete für uns in Italien. Wir waren in Alassio im Trainingslager, und da geschah dann etwas, was wir alle lieber nicht hätten erleben wollen. Als wir auf der Küstenstraße unterwegs waren, überholte uns vor einer Kurve ein Wagen, der zuerst in den Gegenverkehr krachte und dann in unsere Gruppe schleuderte. Am schlimmsten erwischte es Andreas Brandl, dem der Oberschenkel brach, Kai Uwe Richter lag auf der anderen Seite der Leitplanke, wenige Zentimeter vor einem Abgrund von 30 Metern. Der Autofahrer und seine Frau starben. Andreas kam ins Krankenhaus nach Imperia, wo ihm ein Arzt bei vollem Bewusstsein durchs Bein bohrte, um eine Eisenstange hindurch zu stecken und den Bruch zu strecken. Wir fuhren ihn so oft es ging besuchen, aber die Karriere, die er hätte haben können, war damit vorbei, obwohl er zwei Jahre später noch mal ein Comeback startete. Aber seine besten Jahre waren vorbei. So schnell kann es aus sein, dachte ich, und abends auf meinem Zimmer hörte ich Eros Ramazzotti und dachte an Heike.

Nach dem Trainingslager stand für unsere Mannschaft wie immer Köln–Schuld–Frechen als Auftaktrennen in Deutschland an, und das gewann Helge Wolf. Unser Trainer Dieter Koslar war ganz aus dem Häuschen, und als ich vier Tage später den belgischen Klassiker Tiegem–Ronse–Waregem gewann, bei dem ich vor zwei Jahren so eingebrochen war, da waren wir uns sicher, dass sich all die harte Arbeit im Winter ausgezahlt hatte. Gerade mein Sieg beim Rennen in Belgien war für mich persönlich extrem wichtig, denn dieser Klassiker war gleichzeitig Vorprogramm zum Profirennen »Dwars door Belgie«. Das bedeutete, dass alle Profiteams vor Ort waren. Ich wusste, dass gerade bei diesen Rennen die Manager der Profiteams Ausschau nach jungen Talenten hielten. Ich war, so erfuhr ich später, durch diesen Sieg schon bei drei Teams auf die Talentliste gekommen, aber es war ja noch früh im Jahr.

Es folgten einige Rennen in Deutschland, zu denen ich natürlich mit Heike fuhr, obwohl Dieter Koslar nie einen Hehl daraus machte, dass er es nicht gut fand, wenn die Rennfahrer mit ihren Freundinnen anreisten. Trotzdem biss er bei mir auf Granit. Zum einen, weil ich mit Abstand der Erfolgreichste seiner Jungs war, und zum anderen, weil Heike eben nicht irgendeine Disko-Tussi war, die aus Angst um ihre Fingernägel nicht einmal eine Trinkflasche füllen konnte. Im Gegenteil, Heike war Rennmaus durch und durch, und wenn es darum ging, die Rückennummer am Trikot zu befestigen oder gar die Laufräder aufzupumpen, weil wir im Stau und spät dran waren, war auf sie immer hundertprozentig Verlass. So nützten alle Sprüche von Dieter nichts, denn im tiefsten Inneren war ich davon überzeugt, dass ich gerade wegen Heike so gut fuhr.

Als Trainer für meinen Patenonkel Gerd, der nach vielen Jahren als Kettenraucher zum erfolgreichen »Marathon-Mann« mutierte.

Anfang April sollten wir dann ein ganz besonderes Bonbon bekommen. Durch den Franzosen Maurice Portier, der in Schwerte wohnte und schon lange im Radsportmilieu war, hatten wir die Möglichkeit, als Nationalmannschaft (wir hatten sechs Nationalfahrer im Team) an so genannten »Open«-Rennen, d. h. Profirennen mit Amateurbeteiligung teilzunehmen. Drei Stück standen auf dem Programm: GP de Rennes, die Boucles Parisiennes auf dem Motodrom von Montlhèrie und der GP de Denain im Norden Frankreichs. Natürlich waren wir unglaublich motiviert, und auch die sieben Stunden Autofahrt am Tag vor dem Rennen sollten uns nicht davon abhalten, alles zu geben.

Beim 220 km langen Rennen in Rennes gab Dieter die Parole »Angriff ist die beste Verteidigung« aus. Wir sollten vom Start weg angreifen und das Rennen schnell machen, denn für große Sprünge am Ende wäre wahrscheinlich die Distanz zu lang. Also attackierten die Ersten von uns sofort nachdem die Startflagge gesenkt war, eben wie in typischen Amateurrennen. Die Profis fanden das gar nicht gut, und als ein anderer von uns bald darauf einen Angriff startete, als viele von ihnen gerade eine Pinkelpause machten, waren wir erst einmal völlig »unten durch«. Ich ließ mich zum

Materialwagen zurückfallen und erklärte Dieter, was vorne abging. Darauf entschied er, dass wir erst einmal mitrollen und abwarten sollten, was weiter passierte.

So verhielten wir uns dann auch, und als auf der vorletzten Runde eine siebenköpfige Spitzengruppe auf und davon fuhr, waren schon über 200 Kilometer bewältigt. Die sieben blieben vorne, aber den Sprint um Platz acht konnte ich ziemlich souverän gewinnen: Das nächste Erfolgserlebnis, denn bis dato war dies das längste Rennen, das ich je gefahren war. So ein Resultat bei den Profis war wirklich nicht schlecht, fand ich; auch Dieter war vor Freude ganz aus dem Häuschen.

Am Abend fuhren wir Richtung Paris und schliefen in einem Hotel Campanile in Le Mans. Damals fand ich so ein Campanile noch sehr cool, aber mit den vielen Rennen, die ich später als Profi noch in Frankreich fahren sollte, verlor sich diese erste Begeisterung schnell.

Am Morgen kamen wir dann nach Paris hinein, und auf einer sieben Kilometer langen Runde mit einer kernigen Steigung zum Ziel fand das nächste Rennen statt. Die Distanz betrug nur knapp 150 km, allerdings war der Sprint über 800 m bergauf vielleicht ein bisschen schwer für mich. Ich dachte das ganze Rennen über nur daran, dass eine weitere gute Platzierung hier mich ein Stückchen weiter in Richtung Profikarriere bringen würde. Das Tempo war mörderisch hoch, aber deshalb konnte sich auch keine Gruppe erfolgreich absetzen. In der letzten Runde setzten sich dann auf der Abfahrt vor dem Ziel drei Profis ab, und ich fand mich kurz danach im Sprint um Platz vier wieder. Ich lag lange vorne, wurde aber schließlich auf der Ziellinie vom amtierenden Amateurweltmeister Richard Vivien noch abgefangen und wurde Fünfter. Trotzdem war das ein Knaller. Ich hatte im Ziel eine Gänsehaut. Fünfter bei einem Profirennen, das war noch besser als alles bisher ...

Von Paris aus fuhren wir abends nach Hause und dann drei Tage später nach Denain zum dritten Open-Rennen in einer Woche. Um es vorweg zu nehmen: Die guten Platzierungen der ersten beiden Rennen erreichte ich nicht, aber das hatte auch seinen Grund. Es war ein sehr bewegtes Rennen, und immer wieder gab es Spitzengruppen, die sich absetzten. Als ich im Finale glücklich in einer von ihnen dabei war, hörte ich keinen Geringeren als Thierry Marie zu

einem seiner Teamkollegen sagten: »Mit dem Deutschen da fahren wir nicht, der ist Sprinter und war in Rennes und Paris ziemlich gut.«
Der Blick, den mir der Système-U-Fahrer zuwarf, ging herunter wie Öl. Gerade zwei Rennen war ich mitgefahren, und die kannten mich schon! Am Ende waren etwa zehn Fahrer vorne, im Sprint war ich »eingebaut« und kam ungefähr als Zwanzigster rein ... aber egal: Thierry Marie, ein Weltklassemann, der schon das Gelbe Trikot der Tour getragen hatte, kannte mich – das war doch wohl das Größte!

Zurück zu Hause blieb mir aber nicht viel Zeit, mich auf den Lorbeeren auszuruhen. Es gab Bundesliga-Rennen und dann zwei hochklassig besetzte Rundfahrten in Frankreich, die Tour du Loir et Cher und den Ruban Granitièr Bréton. Wieder starteten wir als Nationalteam, waren im Grunde aber nur eine hochklassige Vereinsmannschaft.

Es waren zwar keine Profis am Start, aber die Russen, Polen, die DDR und weitere Länder hatten ihre A-Mannschaften geschickt, und so waren es harte Renntage.

Ich hatte meine Form konserviert und nach zwei Etappensiegen, einem dritten und einem vierten Platz, gewann ich am Ende der ersten Rundfahrt das grüne Trikot, mit minimalem Vorsprung vor DDR-Star Olaf Jantsch, der die Gesamtwertung gewann.

Beim Granitièr Bréton war meine schlechteste Platzierung ein zehnter Platz im Zeitfahren, sonst war ich immer weiter vorne, konnte aber keine Etappe gewinnen. Trotzdem kam es danach zu einem Gespräch mit Maurice Portier, der mich fragte, ob ich denn nicht vielleicht Profi werden wolle, er habe da einige Connections. Das war natürlich Musik in meinen Ohren: Klar, sagte ich, wenn er da etwas machen könne, bitte – lieber gestern als heute. Er empfahl mir, mich weiter aufs Radfahren zu konzentrieren und versprach, seine Fühler auszustrecken.

Zurück in Deutschland war dann allerdings auch keine Pause angesagt – es ging direkt weiter. Die NRW-Rundfahrt fuhr ich im NRW-Team, aber am ersten Tag verpennte ich ziemlich alles, was es zu verpennen gab; somit konnte ich jede Hoffnung auf einen guten Rang in der Gesamtwertung begraben. Trotzdem gewann ich doch noch zwei Etappen und gab nach dem zweiten Etappensieg mein erstes Fernsehinterview für den WDR. Ich war zwar ein bisschen nervös, aber als ich mich dann abends auf dem Bildschirm sah, war ich vor allem froh, wie cool meine Haare lagen und wie flüssig ich ohne Versprecher durch das Interview kam. Ja, mit zwanzig Jahren hat man schon seltsame Prioritäten ...

Als Maurice mir dann sagte, wenn ich noch eine Etappe gewinnen würde, stünde meiner Profikarriere nichts mehr im Wege, machte mich das zwar sehr glücklich, aber auf einmal verspürte ich auch einen Riesendruck. Ich fahre hier nicht zum Vergnügen mit, wenn ich die letzte Etappe in Dortmund gewinne, dann bin ich Profi, so ging es mir ständig im Kopf herum. Dass Maurice das sicher nicht ganz so ernst gemeint hatte, ist mir heute klar, er wollte mir noch eine gewisse Extramotivation verschaffen. Sie kam auch an – aber irgendwie blockierte ich dann und machte im Finale alles falsch. Ich war zwar konditionell stark, aber taktisch nicht ausgebufft genug, einfach zu warten. Ich wurde Zehnter, und eine Welt brach zusammen. Das war's dann wohl, dachte ich, aber Maurice fand, ich sei ein Superrennen gefahren und alles sähe gut aus. War das eine Erleichterung!

Ich lebte Tag und Nacht für meinen Traum, und Heike tat alles Mögliche, mich dabei zu unterstützen. Eigentlich musste ich jetzt nur noch abwarten und solange meine Sache so gut wie möglich durchziehen.

Und dann war es tatsächlich soweit: Meine Profikarriere begann mit einem Telefonanruf an einen Sonntagmorgen im Juli 1988. Ich dachte zuerst an einen schlechten Scherz, als mich das Klingeln um viertel nach sieben an einem Sonntagmorgen weckte.

Als ich dann die Stimme von Maurice Portier hörte, von dem ich wusste, dass er bei der Tour de France war, war ich plötzlich gar nicht mehr genervt.»Ça va mome?«, fragte er, und ob ich schon trainieren sei. Natürlich lag ich noch im Bett, sagte aber:»Ja, ja, ich frühstücke gerade, und dann fahre ich los.« Seine Antwort war nur: »Ja, das ist auch gut so. Jetzt geht's los, ich hab' ein Team für dich gefunden.«

WOW, erst mal tief durchatmen und nicht gleich zu viel fragen, dachte ich.

Aber am liebsten hätte ich ihn sofort vollständig ausgewrungen: Wie war der Kontakt zustande gekommen, um welches Team ging es, wer fährt da sonst noch und so weiter – nur eines war mir eigentlich schnurzegal ...

Am Ende wusste ich immerhin, dass der Vertrag mit der französischen Mannschaft RMO zustande kommen sollte, dass mich ein RMO-Fahrer bei einem meiner Etappensiege bei der Tour Loire et Cher im April gesehen und berichtet hatte, dass das der schnellste Sprint eines Amateurs gewesen wäre, den er je gesehen hätte. Vor allem aber hatten die guten Resultate bei den Open-Rennen in Rennes und Paris dafür gesorgt, dass der junge deutsche Sprinter eine Chance bekam. Wie viel Geld ich bekommen sollte, war mir in diesem Moment ziemlich gleichgültig. Mein großer Traum sollte in Erfüllung gehen! Jetzt stand nur noch die Reise zum Tourfinale nach Paris an, wo ich mit dem Sportlichen Leiter von RMO, Bernard Vallet, den Vertrag unterzeichnen sollte.

Die Woche kroch dahin, und am Wochenende fand noch ein wichtiges Rennen in Dortmund statt. Es kursierten viele Gerüchte zu dieser Zeit. Wer wird wo Profi? Bei Toshiba fuhr Andreas Kappes, schon seit zwei Jahren, der sicherlich seinen Freund Remig Stumpf dort unterbringen wollte; bei RMO, hieß es, habe Udo Bölts schon einen Vorvertrag unterschrieben, denn sein Bruder Hartmut fuhr dort; und natürlich war das neue deutsche Team Stuttgart mit Winnie Holtmann und Wilfried Päffgen immer ein Gesprächsthema. Ich blieb so gelassen wie möglich, hatte außer meiner Freundin Heike, meinen Eltern und meinem Sportlichen Leiter Dieter Koslar niemandem etwas gesagt und auch nicht vor, das zu tun.

Direkt nach dem Rennen – ich war Achter geworden, nachdem sieben Fahrer, davon einer aus meinem damaligen Team des PSV Köln, als Spitzengruppe die Ziellinie erreicht hatten – traf ich mich dann mit Maurice. Ich saß in seinem Auto und konnte mir dann doch nicht verkneifen, auf die Frage eines der Fahrer von Olympia Dortmund, was ich denn in Maurices Auto mache, zu antworten: »Ich fahr nach Paris, zum Tourfinale.« Natürlich war ihm klar, dass die Etappe lange vorbei sein würde, wenn wir ankämen. Auf eine entsprechende Nachfrage blieb ich etwas unbestimmt: »Ach, ich kümmere mich um meine sportliche Zukunft ...«

Vertragsunterzeichnung in Paris (Juli 1988)

Wir kamen spät abends in Paris an und bezogen Quartier in Versailles. Wir gingen noch eine Kleinigkeit essen, und er erklärte mir, dass wir uns am Morgen mit Bernard Vallet, dem Sportlichen Leiter von RMO, im Hotel Concorde Lafayette treffen würden, um meinen Vertrag zu unterschreiben.

Als ich im Bett meines Hotelzimmers lag, überlegte ich, was die Fahrer der gerade zu Ende gegangenen Tour zur gleichen Zeit wohl machen würden. Eigentlich müssten sie ja wohl feiern ohne Ende, gleichgültig ob Moulin Rouge oder Lido, Hauptsache nicht mehr an Radsport denken und wenigstens zwanzig Bier trinken ...

Ich dachte allerdings auch die ganze Nacht an den Radsport und die Verwirklichung meines persönlichen Traumes und malte mir aus, wie es sich wohl anfühlen würde, morgen Abend nach Hause zu fahren.

Am Montag war ich schon um kurz vor sechs wach, und die zwei Stunden, die ich noch zu überbrücken hatte, bis unsere vereinbarte Frühstückszeit erreicht war, zogen sich in die Länge wie Kaugummi.

Einige Minuten vor acht war ich unten im Frühstücksraum. Die Tasche war fertig gepackt zum Auschecken, und ich wollte nur noch losfahren. Gegen neun waren wir endlich »on the road«, um kurz vor zehn waren wir da. Der erste Mensch, dem ich in der Hotelhalle begegnete, war Pedro Delgado! Der Mann, der tags zuvor die Tour gewonnen hatte, kam aus dem Aufzug und sagte »Hola!«. Ein knapp 170 cm kleiner Superstar, der im Fernsehen viel größer wirkte, grüßte mich mit einem spanischen »Hallo!« – aber sehr wahrscheinlich hätte er das zu jedem anderen auch gesagt.

Wir fuhren nach oben und klopften an eine Türe. »Oui«, ertönte es von drinnen, und ein freundlich lächelndes Gesicht empfing mich. Wir wechselten ein paar belanglose Worte, und Bernard war ziemlich überrascht, dass ich so gut Französisch sprach. Nach etwa fünf Minuten kam der Vierte der am Vortag zu Ende gegangenen

Tour zur Tür hinein, Charly Mottet. Mit ihm sollte ich nächstes Jahr in einem Team fahren – das wurde ja immer besser!! Schließlich kamen wir zur Sache. Bernard zückte eine Mappe und holte drei Blätter heraus. Der damalige Vertrag war ein einziges Blatt, das ich in drei Ausfertigungen zu unterschreiben hatte. Handschriftlich setzte Bernard die Laufzeit ein (1.1.1989 bis 31.12.1990) und die Summe, die ich verdienen sollte, damals 12.000 Franc brutto im Monat.

In einen kleinen Freiraum über den Linien, auf denen wir dann unterschreiben sollten, ergänzte er noch, dass diese 12.000 FRF ein Minimum für das Jahr 1990 sein würden, diese Summe aber bei guten Resultaten meinerseits nach oben anzupassen wäre. Das fand ich ziemlich fair, und ein Anreiz, diese Resultate auch zu bringen, war es allemal.

Eine Ausfertigung des Vertrages sollte nun zum Weltverband geschickt werden, eine blieb bei RMO und die dritte war für mich. Ich hatte es jetzt schwarz auf weiß: Ich würde im nächsten Jahr Radprofi sein – und war am Ziel meiner Träume.

Als ich wieder in Köln war, rief Dieter Koslar die Kölnische Rundschau und den Kölner Stadtanzeiger an, um die frohe Kunde offiziell zu verbreiten. Es kamen dann auch einige Anrufe von Journalisten. Ich war ganz zufrieden damit, dass ich im Ausland Profi werden würde. Zwar sollte es für 1989 auch ein deutsches Profiteam geben, aber das konnte dann natürlich nicht mit Mottet, Claveyrolat oder Colotti aufwarten. Es sollte ein Nachwuchsteam werden, in dem die besten deutschen Amateure und einige erfahrene ausländische Profis ihre Brötchen verdienen sollten. Ich erhielt zwar auch ein entsprechendes Angebot und hätte dort sogar ein höheres Grundgehalt bekommen, aber in einem etablierten französischen Team meine Karriere zu beginnen war so fantastisch, dass es einfach nicht besser hätte kommen können.

Die restlichen zweieinhalb Monate der Radsaison vergingen wie im Fluge, und ich hatte das Gefühl, das Wissen um meine Profilaufbahn verlieh mir tatsächlich Flügel. Bei der Hessenrundfahrt, die mit Nationalmannschaften der DDR, Russland, Frankreich und Deutschland besetzt war, fuhr ich für das NRW-Team einen zweiten Platz im Prolog sowie einen Etappensieg heraus. Dort sprach ich auch mit Thierry Laurent, der im französischen Nationalteam fuhr und für den dieses Rennen der letzte Test vor den Olympischen Spielen in Seoul sein sollte. Ich kannte ihn zwar gar nicht, aber die Tatsache, dass er im nächsten Jahr auch bei RMO fahren würde, war ja wirklich Grund genug, ein wenig mit ihm zu quatschen.

Nach der Hessenrundfahrt traf ich bezüglich der weiteren Saison eine Entscheidung, die aus heutiger Sicht vielleicht falsch war, aber sie zeigt ganz gut, wie hoch motiviert ich damals war und wie viel mir der Radsport bedeutete.

Ich hatte eine Einladung zu einer Rundfahrt in Neukaledonien bekommen, drei Wochen Südsee und ein bisschen Rad fahren. Mit meiner damaligen Form hätte ich wahrscheinlich alles in Grund und Boden gerollt.

Zur gleichen Zeit lief aber das Traditionsrennen GP Guillaume Tell in der Schweiz, wo neben den besten Nationalteams der Welt auch noch das eine oder andere Profi-Team am Start war. Das wollte ich mir nicht entgehen lassen, schließlich konnte ich hier vielleicht noch ein paar gute Ergebnisse einfahren und Erfahrungen sammeln – das konnte nur nützlich sein.

Vorher, und das war ein Wermutstropfen, sollte ich aber mit der deutschen Nationalmannschaft unter Trainer Waibel in die DDR zum 100 Kilometer Mannschaftszeitfahren nach Forst, kurz vor der polnischen Grenze. Darauf hatte ich wenig Lust. Es schien mir auch unsinnig, hier jemanden mitzunehmen, der im kommenden Jahr ohnehin Profi sein würde. Viel eher bot es sich doch an, einen jungen Fahrer für die zukünftige Vierer-Nationalmannschaft aufzubauen. Nach Olympia sollten noch einige aus dem Vierer-Team ins Profilager wechseln. Meinen Anruf bei Weibel hätte ich mir aber sparen können. Es sei halt so, dass ich fahren müsse; und dass ich nur noch zwei Monate lang Amateur sei, spiele keine Rolle. Auf meine Frage, was denn sei, wenn ich plötzlich »krank« wäre, antwortete er nur: »Ei Bub, dann fährscht auch de Grand Prix Tell net ...«

Ich war also dabei, und statt Südsee gab's Zimmer im Plattenbau, bescheidenes Essen und furchtbar schlechte Straßen. Aber ich wollte nun einmal in der Schweiz mitfahren und mich mit den Besten messen, also nahm ich den Trip an die polnische Grenze in Kauf.

Zwei Jahre zuvor war ich auf Klassenfahrt in Berlin gewesen, hatte dabei natürlich auch Ostberlin besucht. Die Bedingungen dieser Reise waren trotzdem mehr als überraschend.

Wir wohnten in einer Art Wohnheim, aber außer uns wohnten hier nur junge Frauen. Abends mischten wir vier Fahrer uns natürlich unters Volk, und das war schon ziemlich ernüchternd.

Nach etwas Smalltalk, warum wir denn da seien, stellte eines der Mädel fest, dass unser angeblicher Wohlstand im Westen von der Banane übers Auto zur Stereoanlage doch alles Propaganda sei und überhaupt nicht wahr. Wir wussten nicht, was wir davon halten sollten. Sie wollte uns allen Ernstes verklickern, dass es nicht wahr sei, dass man mit Zwanzig ein eigenes Auto haben und damit einfach so in andere Länder fahren könne ... Alle Beteuerungen, dass dem wirklich so sei und dass man sogar mit Amateursport ein bisschen Geld verdienen könne, tat sie als Propaganda ab, die Bananen auf dem Markt sowieso. Recht bald beendeten wir den Kontakt mit der dort anwesenden Jugend.

Heute würde mich natürlich interessieren, was die junge Dame denn nach dem Fall der Mauer so erlebt hat – hoffentlich ist sie nicht an Reizüberflutung gestorben.

Am nächsten Morgen ging es früh zum Rennen, und ich war nicht gerade bester Laune.

Als Trainer Waibel mich dann vor dem Start darauf hinwies, dass ich eigentlich mit Adidas-Schuhen fahren müsse, denn das sei der offizielle Sponsor des Nationalteams, antwortete ich ziemlich kurz angebunden: »Entweder fahren wir Vierer und ich mit meinen Look-Schuhen oder ihr fahrt Dreier, ist mir egal...« Wir fuhren Vierer, und ich brachte die Sache in Look-Schuhen zu Ende.

Nach einem Kurzurlaub im Allgäu fuhr ich dann zum GP Tell. Dort wurde ich einmal Etappenzweiter hinter Olaf Ludwig, ansonsten war es für einen Sprinter wie mich viel zu bergig. Zweimal am Tag über 2000 m und wieder hinunter ins Tal, das war nicht meine Welt. Als es nach der ersten Etappe dann noch hieß, der Masseur käme erst am Tag darauf und wir sollten (nach einer brütend heißen Etappe über 200 Kilometer) noch einmal über 20 Kilometer die Beine locker fahren, hatte ich die Faxen vom GP Tell und der Nationalmannschaft dicke. Wir fuhren los, und nach drei Kilometern sprang ich zuerst und dann die anderen hinterher in den Vierwaldstädter See. Etwas zu planschen, um die Hitze aus dem Körper zu bekommen, war dann doch eher nach unserem Geschmack, als in der Hitze weitere 20 Kilometer auf der Hauptstraße zu kurbeln. Dafür hatte ich nun das Südseeabenteuer in Neukaledonien in den Wind geschlagen, schön doof!

Nach dem GP Tell stand eigentlich nur noch ein internationales Etappenrennen auf dem Programm, alles andere waren kleinere Rundstreckenrennen.

Aber trotz des wie immer superschweren Profils des »Giro della Valle d'Aosta« war diese Rundfahrt für mich etwas ganz Besonderes. Wir waren mit dem Vereinsteam des PSV Köln im dritten Jahr dort eingeladen, und trotz der vielen Pässe und Bergankünfte fand ich dieses Rennen einfach klasse. Im Hotel waren wir inzwischen schon Stammgäste geworden, und die »Mamma« fuhr immer Unmengen frischer Pasta auf, gefolgt von leckerstem Scaloppa und Dolce.

Spannend wurde es, wenn Dieter Koslar mit dem Streckenbuch der Rundfahrt von der Mannschaftsleitersitzung zurückkam. Im ersten Jahr kommentierten wir nach kurzer Studie des Profils die erste Etappe vorab folgendermaßen: »Och, alles flach und am Schluss ein Sandberg.« Der Sandberg ist eine im Kölner Westen aufgeschüttete Halde mit Tagebaukies, etwa einen Kilometer lang und nicht wirklich steil.

Der Sandberg im Aostatal war aber der Colle San Carlo, fast 2000 m hoch, und wir montierten dann 42/26 für diese Etappe. Inzwischen hatten wir aber gelernt, dass man auch auf die Höhenmeter schauen sollte und nicht nur auf das Profil.

Wie immer war das Rennen superschwer, aber ich hatte einen ganz besonderen Streckenabschnitt entdeckt. Die letzte Etappe sollte vom italienischen Ende des Mont-Blanc-Tunnels nach Aosta führen, 40 Kilometer mit einer Höhendifferenz von minus 700 Metern. Während der ersten vier Tage dachte ich oft genug nur an diese eine Etappe. 40 Kilometer bergab, das war alles, was ich im Sinn hatte.

Endlich war es Sonntag, und nachdem mein Teamkollege Robert Matwew die erste Halbetappe im Alleingang gewonnen hatte und ich den Sprint des Feldes um Platz zwei für mich entscheiden konnte, war unsere Taktik für den Nachmittag klar: das Feld zusammenhalten und alles für den Massensprint vorbereiten.

Obwohl es auf der französischen Seite am Morgen noch geregnet hatte, kamen wir nachmittags aus dem Tunnel und es war warm und sonnig. Nach dem Start brauchte man erst einmal für fast 15 Kilometer gar nicht zu treten. Im Windschatten des Fahrerfeldes hatten wir permanent 60 km/h und mehr drauf. Am Ende kam es tatsächlich zum Sprint, und ich gewann nach perfekter Vorarbeit des Teams die schnellste Etappe meiner Karriere – mit einer Durchschnittsgeschwindigkeit von über 56 km/h.

Na also, die Profikarriere konnte kommen. Zurück in Deutschland gab es noch ein paar kleinere Veranstaltungen, und bei meinem letzten Rennen vor Kölner Publikum am Eigelstein wollte ich natürlich wirklich noch einmal siegen.

Allerdings wollten andere das ebenfalls, und neben mir bestritten auch Werner Stauff und Werner Wüller (die beide zwar für Nürnberg fuhren, aber Kölner waren) ihr letztes Rennen vor heimischem Publikum.

Um es kurz zumachen: Ich ließ mich verladen, es gab eine dreiköpfige Spitzengruppe, in der Werner »Wülli« Wüller mitfuhr, und der ließ seinen Mitausreißern keine Chance. Ich wurde schließlich Vierter und war ziemlich sauer, aber das Verlieren gehört eben auch zum Sport.

Das erste Profirennen: Paris–Tours (Oktober 1988)

Mit der Teamleitung von RMO war in der Zwischenzeit vereinbart worden, dass ich beim Klassiker Paris–Tours schon einmal in den Profizirkus hineinschnuppern sollte. Nachdem ich irgendwo im Ruhrgebiet mein letztes Amateurrennen gefahren war (vor dem Start hatte ich sogar einen Blumenstrauß bekommen), stand am ersten Oktoberwochenende »das Rennen der fallenden Blätter« für mich auf dem Programm.

Ich hatte zwar noch keine Rennmaschine von meinem zukünftigen Team erhalten, aber am Saisonende sah man häufiger Amateurfahrer in den Trikots ihrer zukünftigen Teams auf ihren »alten« Rädern fahren. Diese Regelung war in zweierlei Hinsicht gut: Zum einen waren viele Profis nach der langen Saison schon etwas müde, und die Motivation war nicht mehr hundertprozentig da, zum anderen kamen junge, hungrige Rennfahrer in die Teams, die so ihre zukünftigen Mannschaftskollegen schon – unter Rennbedingungen! – kennen lernen konnten und damit nicht erst im Trainingslager des kommenden Jahres.

Also fuhr ich wieder mit Maurice Richtung Paris, und zwar schon am Mittwoch (das Rennen selbst sollte dann am Samstag stattfinden). Wir blieben bei Freunden von ihm in Versailles.

Abends waren wir dann zusammen essen, und es wurde viel gefachsimpelt. Alles drehte sich um den Radsport, aber das war mir ganz recht so, schließlich sollte in wenigen Tagen mein Traum vom Profisport in Erfüllung gehen.

Am nächsten Morgen fuhr ich trainieren, natürlich auf der Strecke, über die das Rennen führen würde. Es gab einige kleine Wellen von etwa einem Kilometer Länge, aber die machten mir keine Angst. Natürlich fuhr ich noch in meinen Amateurfarben, aber da unser damaliger Sponsor Look auch ein Profiteam hatte, fühlte ich mich schon wie ein Großer, als ich von Versailles aus Richtung Süden startete und nach etwa 50 Kilometern kehrtmachte und wieder zurückfuhr.

Abends beim Essen genossen wir die Gesellschaft von André Darrigade, einem französischen Sprinter der Superklasse, der in den 1950er- und 1960er-Jahren der schnelle Mann im Fahrerfeld schlechthin gewesen war.

Von ihm habe ich etwas gehört, was ich durch die ganze noch kommende Karriere zu beherzigen versuchte. Zuerst, so Darrigade, muss man daran denken, Rennen zu gewinnen, dann kommt das Geldverdienen von alleine. Wer aber nur an das Geldverdienen dächte, der werde die Rennen verlieren – und damit schließlich auch Geld.

Dass er damit Recht hatte, sollte mir zwar erst viel später richtig bewusst werden, aber schon damals schien seine Einschätzung Hand und Fuß zu haben. An diesem Abend zählte natürlich vor allem eines: Noch zweimal schlafen und ich war unterwegs mit dem französischen Team, bei dem im kommenden Jahr auch der zweimalige Tour-Vierte Charly Mottet und Vuelta-Sieger Eric Caritoux fahren sollten.

Der nächste Tag brachte dann die erste Begegnung mit meinem zukünftigen Team.

Ich war mit Maurice schon vor dem Mittagessen im Hotel, und vor Ort waren die Mechaniker mit dem Teamtruck sowie zwei Masseure, die schon die Zimmerlisten vorbereiteten.

Mein Zimmerkollege, der Franzose Pascal Lino, war genau wie ich noch Amateur und hatte auch für die kommenden zwei Jahre bei RMO unterschrieben.

Als wir in kleiner Runde mit den wenigen anderen Fahrern, die auch schon eingetroffen waren, beim Mittagessen saßen, waren erst mal alle der Meinung, ich müsse Pascal sein, denn immerhin sprach ich damals schon ziemlich gut Französisch. Das zweisprachige Abitur auf dem Gymnasium Kreuzgasse hatte also doch seinen Zweck erfüllt. Da wohl alle davon ausgingen, ein deutscher Amateur von 21 Jahren müsse ungefähr so gut Französisch sprechen wie der Durchschnittsfranzose Deutsch (nämlich gar nicht), konnte ich logischerweise gar nicht *l'allemand* sein. Dass ich es dann doch war, überraschte positiv, und so war auch meine Integration in die Mannschaft um einiges leichter.

Das gemeinsame Training nach dem Mittagessen war dann natürlich ein kleines Highlight. Da Pascal und ich in diesem Jahr nur dieses eine Rennen für das Team fahren sollten, gab es auch nur die Basics an Ausstattung: drei kurze Trikots, zwei kurze und eine lange Hose, Armlinge, Beinlinge und eine Langarmjacke ... aber, hey, als ich im neuen Outfit vor dem Spiegel stand, konnte ich mir ein breites Grinsen nicht verkneifen: Ich hatte Rennfahrer aus diesem Team in den damals noch spärlichen Fernsehübertragungen der deutschen Fernsehsender gesehen, und jetzt sah ich genauso aus!

Nach dem Training ging es zuerst mal wieder zurück aufs Zimmer, und Pascal und ich erzählten uns gegenseitig, wie wir in diese Situation gekommen waren und tauschten uns aus – wie es eben nötig ist, wenn man sich erst noch kennen lernen muss.

Dann kam irgendwann Franck Crouseilles. Er holte mich ab zu meiner ersten Massage als Profi. Auch mit ihm lief erst mal Smalltalk. Wie alt, wann angefangen mit dem Radsport und – was alle brennend interessierte – woher kannst du so gut Französisch?

Die gute halbe Stunde verging wie im Fluge, aber da Franck in den nächsten vier Jahren, immer wenn er dabei war, mein Masseur war, sollten wir uns im Laufe der Zeit richtig gut kennen lernen ... aber wer konnte das damals schon wissen? Als abends alle Fahrer eingetroffen waren und am Tisch saßen, kamen der Sportliche Leiter Bernard Vallet und der Manager Jacques Michaud (übrigens heute immer noch im Management beim Schweizer Team Phonak dabei) zu uns und begrüßten uns ganz offiziell als neue Mannschaftskollegen. Das war ein wunderbares Gefühl!

Die letzte Nacht vor dem ersten Start in der Königsklasse war relativ kurz. Da das Rennen über 290 km lang war, plus etwa 15 km Neutralisation, war sie so früh zu Ende, dass wir und die Fahrer eines anderen Teams erst mal vor verschlossener Tür des Restaurants standen. Der Hotelchef hatte verschlafen, und morgens um 6.30 Uhr gab es normalerweise in diesem Hotel Campanile noch kein Frühstück. Mit einiger Verspätung, aber trotzdem guter Dinge, ging es zurück aufs Zimmer, die Klamotten für nach dem Rennen packen, dann umziehen und mit den Teamautos zum Start fahren. Es war furchtbar kalt, aber es wurde nun einmal 9.30 Uhr gestartet, *rain or shine*.

Es regnete zwar nicht, aber es war herbstlich und windig. Der Beiname »Klassiker der fallenden Blätter« hat wahrscheinlich selten so gut zu Paris–Tours gepasst wie in diesem Jahr.

Während der 290 km gab es einige Sprintwertungen, bei denen es jeweils 10.000 FRF für den Ersten geben sollte, und auch eine Gesamtwertung nach Punkten. Paris–Tours war zwar als Sprinterrennen bekannt, und ich hatte im Frühjahr auch bei den langen Open-Rennen mit Distanzen von 220 km gute Ergebnisse eingefahren, aber die 290 km flößten mir doch Respekt ein – obwohl (oder gerade weil?) Bernard Vallet morgens bei der Fahrerbesprechung gesagt hatte, er habe schon so viel über meine Endgeschwindigkeit gehört, dass die Mannschaft, sollte ich auf der 3 km langen Zielgeraden in Tours noch dabei sein, ganz in meinen Diensten stehen würde. Meinte der das wirklich so, wollte er mich besonders motivieren oder mich gar auf den Arm nehmen? Wie fast immer habe ich auch damals an das Gute im Menschen geglaubt. Der weitere Eindruck, den ich von Bernard in den Folgejahren gewann, bestätigte meine Einschätzung: Er hatte diese Möglichkeit ernsthaft in Erwägung gezogen!

Kaum senkte sich die rote Fahne am Auto des Renndirektors, orientierte ich mich ganz nach vorne, denn schließlich war es windig und bei den Amateurrennen gab es immer sofort Attacken, und das Feld riss auseinander. Als ich mich dann umschaute, waren unter den ersten zehn Fahrern mindestens sieben, die zwar Profitrikots trugen wie ich, aber noch keine Teamräder hatten. Genau wie ich konnten sie noch nicht wissen, wie ein Profirennen wirklich abläuft. Nach 10 km erfolgte die erste Sprintwertung. Ich war vorne, um einfach mal zu sehen, wer sich daran beteiligen würde, außerdem konnte man ja nie wissen .... Etwa einen Kilometer vor diesem Sprint griff einer der Amateure an, den wollte man aber wohl doch nicht fahren lassen. Sofort setzten einige Profis nach. Die Trikots von Superkonfex, Système U und Z Peugeot konnte ich erkennen. Fünfhundert Meter weiter war der Amateur eingeholt, und jemand lancierte den Sprint für seinen Teamkollegen. Ein Profi für einen anderen Profi; ich befand mich an vierter Position.

200 m vor der Wertung trat ich an, alles was ging. Als ich 30 m vor der Linie nach hinten schaute, hatte ich fast 10 m Vorsprung auf zwei echte Profis. O Gott, fuhr es mir durch den Kopf, du hast die Jacke ja über der Rückennummer (es war wie gesagt furchtbar kalt!!) also im letzten Moment die Jacke hoch und die Nummer freigemacht!

Erster Sprint bei den Profis und gleich gewonnen! Mir war zwar klar, dass es sicher einer der unwichtigsten Sprints überhaupt in

Profirennen gewesen war, aber trotzdem. Andere hatten es auch versucht und es nicht geschafft. Als wir wieder ins Feld zurückkamen, gab es dann auch gleich ein Lob von einem meiner Teamkollegen: »Noch Zeit, die Rückennummer frei zu machen! Von dir können wir in Zukunft ja noch was erwarten!«

Danach ging es erst mal gemächlich weiter, es gab ein paar Ausreißergrüppchen, und nach gut fünf Stunden mit unglaublichem Gegenwind ging es von jetzt auf gleich richtig zur Sache.

»Bitte stellen Sie die Rückenlehnen senkrecht und überprüfen Sie den Sitz Ihres Sicherheitsgurtes«, hätte als Ansage gut gepasst. Plötzlich ging es eine Welle hinauf, und oben blies der Wind mit 80 km/h seitlich ins Feld. Der ganze Haufen flog auseinander, ich war etwas zu weit hinten und hatte nicht mehr die Beine, um nach vorne zu fahren. Vielmehr wurde ich weiter nach hinten durchgereicht. Endlich war ich in einer Gruppe von etwa 40 Fahrern gelandet, und wir arbeiteten gut zusammen.

Als es nach 30 km Vollgas zur zweiten Verpflegung ging, bekam ich zu allem Überfluss auch noch einen Platten am Vorderrad. Wir waren sicher schon drei Minuten hinter der Spitzengruppe, aber als Amateur war es verpönt, Rennen aufzugeben. Also kam ich an das RMO-Teamauto und schrie. »Une roue, une roue, crevaison roue avant...« Unser Masseur, der später noch berühmt werden sollte, war Willi Voet. Der sagte nur: »Mome, c'est finie...« Ehe ich mich versah, war mein Rad auf den Mannschaftswagen montiert worden und zusammen mit einem meiner Teamkollegen, der in der gleichen Gruppe gewesen war, war Paris–Tours beendet. Dass hinter mir noch weitere 50 Fahrer kamen, tröstete mich wenig, aber ich hatte wieder etwas gelernt. Alle in dieser Gruppe hatten sich mit ihrem Schicksal abgefunden. Keiner wäre mehr nach vorne gekommen, es war ein Eintagesrennen, also war es völlig gleichgültig, ob man im Auto zur Dusche kam oder eine halbe Stunde nach dem Sieger mit dem Rad.

Trotzdem hatte ich daran zu knabbern, denn auch wenn ich ganz vorne in diese Windkantengerade hinein gefahren wäre, hätten die Beine doch nie ausgereicht, das Rennen mit der ersten Gruppe zu beenden.

Pascal kam durch, zwar auch etwas weiter hinten, aber immerhin. Doch auch er war ziemlich am Ende und sagte: »Na ja, da haben wir die nächsten Jahre ja noch etwas vor uns!«

Er sollte Recht behalten.

Winter 1988: Training wie noch nie!

Betreffs des wohlverdienten Urlaubs am Saisonende war schon im Sommer die Entscheidung für Tunesien gefallen. Djerba war nicht sehr weit weg, erschwinglich und das kleine Stadthotel, in dem ich mit Heike gebucht hatte, war zwar 10 km vom Strand entfernt, aber man war eben auch nicht in einem der Touristenbunker, die außer der Hotelanlage nur den Strand zu bieten hatten.

Zwischen Paris–Tours und dem Abflug stand für uns allerdings ein besonderer Tag auf dem Programm, unsere »heimliche« Verlobung. Nachdem wir uns zwar schon die ganze Schüler- und Jugendfahrerkarriere hindurch kannten und jetzt schon ein Jahr zusammen waren, haben wir uns am Jahrestag unseres nächtlichen Spazierganges auf der Hohen Straße in Köln Ringe gekauft und sind daraufhin Fritten essen gewesen. Von pompösen Verlobungen hielt ich nicht viel, denn ich war auf einigen eingeladen gewesen, wo dann kurz nach der Hochzeit schon der Termin beim Scheidungsrichter anstand.

Insofern war der Urlaub auf Djerba unsere Verlobungsreise. Unseren Eltern hatten eher weniger Verständnis dafür und konnten unsere Entscheidung füreinander noch nicht recht glauben, aber uns war das egal. Wir waren frisch verliebt und füreinander bestimmt, was sollte da noch schief gehen?

Als wir auf der tunesischen Sonneninsel ankamen, mieteten wir uns ein Moped, mit dem wir die zehn Kilometer zum Strand fahren konnten. Ich baute Sandburgen von gigantischen Ausmaßen, und wir ließen es uns richtig gut gehen. Ein Baguette, frisch aus dem Ofen und noch warm, kostete zwanzig Pfennige, und wenn wir abends in den kleinen Restaurants der Hauptstadt Houmt Souk essen waren, kamen wir mit drei Gängen plus Nachtisch, Wein und Kaffee selten über DM 10,– hinaus.

Die einzige sportliche Aktivität, der ich dort nachging, war eine Stretchingsession von etwa zwanzig Minuten jeden Morgen auf dem Dach unseres Hotels. Heike war ebenfalls mit dabei, aber ansonsten gab es für uns beide morgens, mittags und abends vor allem gut zu essen und dazwischen auch.

Vor unserer Abreise nahmen wir dann in der schmuddeligsten Burger-Bar der Welt unsere letzte tunesische Mahlzeit ein – und der Rückflug wurde zur Hölle. Heike hatte auch zu Hause noch tagelang hohes Fieber und musste sogar einen Malariatest machen. Selbst ich, der ich fast noch nie irgendwelche Probleme mit Magen und Darm hatte, litt unter Unwohlsein, hatte Durchfall und schwächelte noch einige Zeit.

Trotz dieser unfreiwilligen »Entschlackung« hatte ich sage und schreibe sieben Kilo zugenommen! Diese nun wieder loszuwerden, war meine nächste Aufgabe, denn immerhin war ich ja Profi.

Nach einer Woche strengster Diät, in der ich drei Kilo verlor, fing ich wieder normal zu essen an und begann wieder zu trainieren. Jeden Morgen eine halbe Stunde joggen mit etwas Stretching zwischendrin ließ mich den Tag dynamisch starten.

Damals gab es auch noch den »Sportkanal«, da turnten morgens von 7.30 bis 8.00 Uhr ein gewisser Gilad Janklowitz oder so ähnlich und seine leicht bekleideten Freundinnen an einem kalifornischen Strand herum. Die Sendung hieß »Bodies in Motion«, und nach zweimaligem Zuschauen vom Bett aus dachte ich: »Na ja, es guckt ja keiner zu. Ich versuch's mal.«

So begannen die Tage meist mit einem Handtuch auf dem Teppich, denn es wurde ja erst gegen 8.00 Uhr so hell, dass ich beim Laufen eventuelle Wurzeln oder andere »Fallen« erkennen konnte.

Schnell war mir klar, dass Gilad und seine Mädels verdammt fit waren. Klar war ich im vergangenen Jahr über 30.000 km Rad gefahren, aber die statischen Übungen für Rücken und Hintern brachten mich die erste Woche immer wieder zum Aufgeben – und der redete dabei wie ein Buch und grinste noch in die Kamera. Na warte, dachte ich, was du kannst, kann ich irgendwann auch. Nach zwei Wochen hielt ich die Übungen ohne größere Probleme durch, aber reden können wie Gilad hätte ich trotzdem nicht.

Das darauf folgende Lauftraining war immer der ideale Wachmacher. Egal wie kalt, grau oder regnerisch es war, die vier bis fünf Kilometer waren der Auftakt fast aller Tage. An der Mauer zum Bahndamm des Rangierbahnhofs entlang lief ich zum Biesterfeld, wie der große Park in Köln-Vogelsang genannt wurde.

Dann sprintete ich einen Steilhang hinauf, von wo man den ganzen Park überschauen konnte – und dann tanzte ich genau wie

Rocky es in seinen Filmen in Philadelphia oben auf dem Treppenabsatz tat und fühlte mich prima. Wer Sportler ist und weiß, wie weh der Sport tun kann; wer den Erfolg will und sich dafür quälen muss – für den sind die Rocky-Filme doch genauso wichtig wie die persönlichen Trainingspläne. Eigentlich war es für alle, die damals im Verein gemeinsam trainierten, immer eine Motivation, sich so zu schinden wie Sylvester Stallone als Rocky. Zu Hause hatte ich mein Kassettendeck per Audiokabel mit dem Fernseher verbunden, um so die Rockymusik bei den typischen Trainingsszenen aufzunehmen. Das war zwar nur mono, aber mit dem Sound im Ohr schafften wir trotzdem gleich zehn Liegestütz mehr als sonst! Neben dem zweimaligen Krafttraining fuhr ich etwas Rad, wenn das Wetter gut genug war, und auch auf die Radrennbahn der Kölner Sporthalle verschlug es uns das ein oder andere Mal, wenn es draußen einfach nur grausig schlecht war.

Da die Amateursaison immer erst Mitte März begann, die der Profis aber schon Anfang Februar, stellte ich eine eigentlich ganz logische Rechnung auf. Ich entschloss mich, meinen Trainingsplan, was Kilometerleistung und Intensität anging, einfach sechs Wochen nach vorne zu verlegen. Dafür konnte ich aber dann wirklich nicht in Deutschland bleiben, denn im Dezember gut 2500 Kilometer zu fahren, hätte mir sicherlich zwei fette Erkältungen eingebracht, und die konnte ich wirklich nicht brauchen.

Der Vater von einem Teamkollegen des PSV Köln hatte ein Häuschen in Malaga, und einer der Amateurfahrer des Vereins, Harald Frank, samt Freundin Andrea fanden es auch eine gute Idee, über Weihnachten in die Wärme zu fahren. Dort unten lernte ich den ersten kompletten spanischen Satz meines Lebens: »Fernando, por favor venir hoy, no luz y no aqua caliente en casa 164« (Fernando, bitte komm heute, kein Licht und kein warmes Wasser im Haus 164). Fernando war der Elektriker, auf den wir zwei Tage unter den oben übersetzten Umständen warten mussten.

Ansonsten hatten wir viel Spaß, und ich trainierte wie ein Wilder, teilweise über 200 Kilometer auf Straßen, die ich zehn Jahre später bei der Spanienrundfahrt wieder erkennen sollte. Nach über 1500 Kilometern in zwei Wochen ging es Silvester zurück nach Köln, um dann am 3.1. zum ersten Trainingslager mit dem Team zu starten. Das sollte in Font-Romeu stattfinden, in den Pyrenäen auf fast 2000 m Höhe – ohne Rad, eher Skilaufen, sagte mir Manager Jacques Michaud.

Da ich in den vergangenen Jahren mehrfach im Wintersport gewesen war (Langlauf, was sonst!), hatte ich meine Skier parat und fuhr mit Heike zusammen gen Süden. Dass die Frauen aller Fahrer mit dabei sein sollten, fand ich cool, so richtig familiär, und wer schon Kinder hatte, der brachte auch die mit.

Wir enterten also mein Escort Cabrio und fuhren erst mal bis an die Mittelmeerküste, denn 1350 Kilometer am Stück war uns doch zu viel. Bei milden Temperaturen von 13 °C gingen wir noch eine halbe Stunde joggen, dann im Hafen von Le Grau du Roi noch etwas essen und dann ins Bett. Wir hörten das Meer rauschen bevor wir einschliefen – meine Profikarriere hätte gar nicht besser anfangen können.

Als wir uns am nächsten Tag daran machten, die verbliebenen 350 km zurückzulegen, redeten Heike und ich viel darüber, was sich denn jetzt für uns ändern würde. Es schien uns aber eher ein Beibehalten des Lebensstils, den wir schon aus der Amateurzeit kannten, zu sein. Ich war auch in meinem letzten Amateurjahr über 30.000 Kilometer Rad gefahren, hatte an acht internationalen Rundfahrten teilgenommen, was immer wenigstens eine Woche weg von zu Hause bedeutete. Dann die Trainingslager mit dem Verein, der Nationalmannschaft – all das kannten wir ja schon, von daher war ich im Moment vor allem auf das Trainingslager mit einem Profiteam gespannt.

Wir kamen bald nach dem Mittagessen im Hotel an, und natürlich hielt ich erst mal Ausschau nach einem der Sportlichen Leiter oder einigen Fahrern, die ich bei Paris–Tours schon kennen gelernt hatte.

Zunächst fand ich kein bekanntes Gesicht, aber dann lief uns Bernard Vallet über den Weg, der uns direkt mitnahm und einer Gruppe von Leuten vorstellte, die in den nächsten Jahren meine Arbeitskollegen sein sollten. Jean Claude Colotti, Thierry Claveyrolat und Dante Rezze waren die Ersten, die ich traf. Dann kam der Brasilianer Mauro Ribeiro, und nach und nach trudelte der ganze Haufen ein. Beim gemeinsamen Abendessen wurden die drei Neuen erst mal offiziell vorgestellt. Neben Pascal Lino und mir war das noch Thierry Laurent, mit dem ich insgesamt acht Jahre im gleichen Team fahren sollte.

Nach dem Abendessen saß die ganze RMO-Familie in Gruppen und Grüppchen verteilt im Hotel. Natürlich wollte ich wissen, was denn die anderen bisher so trainiert hatten und wie sie sich ihren Saisonverlauf vorstellten. Aber irgendwie schienen die alle noch in Ferienstimmung zu sein, und wirklich fit und austrainiert sah niemand aus, dabei waren es doch nur noch vier Wochen bis zum Saisonstart.

Als ich Thierry Claveyrolat – ein toller Kletterer, der bei der Tour schon das Bergtrikot gewonnen hatte – fragte, wann er denn zu trainieren begonnen habe, sagte er: »Eigentlich fange ich immer am 1. Januar an, aber das Wetter war nicht so gut, also fahre ich erst mal hier Ski. Ich werde das Rad auspacken, wenn ich wieder zu Hause bin, es ist ja noch ein Monat Zeit ...«

Mir muss der Mund offen gestanden haben, denn er meinte noch, dass ich mich nicht wundern solle, aber er sei halt etwas trainingsfaul. Auf seine Rückfrage, wie es denn bei mir so stünde, antwortete ich: »Na ja, so um die 4 ...«, denn die Kilometer im November und Anfang Dezember zusammen mit der Malaganummer und den ersten drei Tagen des neuen Jahres ergaben etwa 3700 Kilometer.

»Ach ja,« meinte Thierry, »mit 400 km bist du ja im guten Mittelfeld.«

»Non, non!« beeilte ich mich zu sagen, »pas quatrecent, quatremille kilometres.«

Das war die Attraktion des Abends: Ich hatte mehr als doppelt so viele Kilometer trainiert, wie der als trainingsfleißig bekannte Belgier Michel Vermote und zehnmal mehr als der Durchschnitt.

Wahrscheinlich dachten damals alle: Die spinnen, die Deutschen – aber der guten Stimmung tat das keinen Abbruch. Nur bei mir regten sich Zweifel: Sollte womöglich alles, was ich in der Vergangenheit gemacht hatte, falsch sein? War ich womöglich dieses Jahr viel zu früh in Form? Und demzufolge bei den ersten Rennen schon wieder auf dem absteigenden Ast? Ich versuchte, nicht weiter darüber nachzudenken, aber zwischendurch kamen immer wieder solche Fragen hoch.

Da es in Font Romeu zu dieser Zeit an Schnee mangelte, war die Langlaufloipe nur knapp fünf Kilometer lang, was die meisten dazu bewog, es in höheren Lagen auf Alpinskiern zu versuchen. Einige waren begnadete Skiläufer, aber das war ja fast normal.

RMO hatte den Firmensitz in Grenoble, und viele der Fahrer kamen von dort. Wie es der Gruppenzwang mit sich brachte, fand ich mich dann auch auf Alpinskiern wieder und machte sogar eine ganz ordentliche Figur. Schade nur, dass ich damals nicht wusste, welche Farben für welchen Schwierigkeitsgrad stehen.

Also bin ich mit Colotti, Rezze und anderen einen Hang herunter gedüst, der am Einstieg mit einem großen schwarzen Schild gekennzeichnet war. Angst kennt man ja als Sprinter ohnehin nicht, und Schnee ist allemal weicher als Asphalt. Nun denn, da die Piste etwas vereist war (von wegen weicher Schnee!) und ich noch nicht einmal Stemmbögen beherrschte, haute es mich bei etwa 60 km/h aufs Gesicht, Zerrung durch Überstreckung inklusive ... Aua, aua, aber bloß nichts anmerken lassen.

Ich fuhr weiter, und es kam schlimmer. Der Hang wurde immer eisiger und steiler, ich fiel sicher zehnmal hin, allerdings meist kontrollierter als beim ersten Mal.

Nur beim Schlusshang, da war ich mit meinem Latein am Ende: Es ging steil abwärts, und von oben aus dem Sessellift hörte ich meine Teamkollegen johlen: »*Allez Marcel, à bloc ... Schuss!*«

Eine Gruppe von Sechs- bis Achtjährigen kam von oben herunter, Skilehrer inklusive. In diese Gruppe integriert schaffte ich dann auch den letzten Steilhang und das so wichtige Umsteigen, heute noch danke ich diesem Skilehrer, der mich davor bewahrte, mir alle Knochen zu brechen.

Als Heike, die eine gute Skifahrerin war, mir dann auf der Babypiste zeigen wollte, wie man wedelt, kam sie auf dem teils per Schneekanonen aufgehäuften Schnee auf eine Eisplatte, rutschte weg, und abends wurde dann vom Teamarzt ein Kreuzbandriss diagnostiziert. In der letzten Nacht, bevor alle nach Grenoble zur Teampräsentation fahren sollten, schlitzte man uns noch das Cabrio auf und klaute das Radio und alles, was sonst noch nicht niet- und nagelfest war.

Ich war bedient! Mit Klebeband flickte ich fluchend bei zehn Minusgraden das Dach und war heilfroh, endlich aus Font Romeu weg zu kommen.

Am nächsten Tag war dann die Teampräsentation. Alle im Anzug, ausgesucht von Jacques, sahen wir ein bisschen aus wie Förster mit der Lodenjacke darüber. Mir war das egal, ich wollte eigentlich nur wieder trainieren. Das Abendessen wurde zusammen mit den geladenen Journalisten und den Leitern der RMO-Filialen eingenommen. Immer zwei Fahrer saßen mit acht Gästen an einem Tisch. Ich kannte keinen von denen, die da saßen, aber durch die guten Französischkenntnisse interessierten sich dann doch viele für mich und meinten, meist schmatzend und mit vollem Mund, dass es ja »exceptionel« sei, dass ein Deutscher so gut Französisch spreche. Ich fand es aber nicht so exceptionel, dass man bei allen nicht nur genau sehen konnte, was sie sich gerade in den Mund gesteckt hatten, sondern auch die Verarbeitung der Speisen zu schluckgerechten Stücken akustisch genau zu verfolgen war.

Einige der Filialleiterinnen machten den Fahrern dann im Aufzug noch ziemlich eindeutige Angebote, aber in Anbetracht der Tatsache, dass die Frauen zwar nicht am gemeinsamen Essen teilnahmen, aber im Hotel auf uns warteten, kamen höchstens ein paar Singles auf ihre Kosten. Mich verwirrte das alles ein wenig, aber wenn's denn so sein sollte, bitte schön – es hatte ja ein bisschen was von Glanz und Glamour ...

Der nächste Morgen bescherte uns noch das Mannschaftsfoto auf der Bastille, einer alten Festung hoch über den Dächern von Grenoble, und danach wollten wir endlich nach Hause. Heike führte seit fünf Tagen mit dickem Knie ihre Gehhilfen spazieren, und ich war seit fast zehn Tagen ohne Fahrrad, langsam hatten wir die Faxen dicke.

Beim Fotoshooting war es eiskalt, und wir standen da mit kurzem Trikot und kurzer Hose in der Morgensonne, die noch überhaupt keine Wärme entwickelte. Eine gute Stunde dauerte das Procedere, und als wir mit den Teamfotos fertig waren, nahm ich mir nicht einmal die Zeit mich umzuziehen. Hinein in die Trainingshose und die warme Winterjacke und nach einer kurzen Verabschiedung ins Auto und gen Köln.

Da es ja auch zu schön gewesen wäre, nun ohne Zwischenfälle nach Hause zu gelangen, kam es am Péage von Villefranche zur nächsten unerfreulichen Überraschung: Die Freunde und Helfer aus unserem Nachbarland fanden es gar nicht gut, dass ein junger Deutscher mit 170 km/h auf ihren Autobahnen unterwegs war. Da ich die 900 France nicht in bar dabei hatte und Kreditkarten (fast) nur aus Filmen kannte, mussten wir auf den Chef du Service warten.

Als ich dann loslegte von wegen Kreuzband gerissen, Autodach aufgeschnitten, Radio geklaut und Radprofi bei RMO, hatte ich schnell gewonnen. Er war Radsportfan und wollte alles über Charly Mottet und Eric Caritoux hören, meine Saisonplanung wissen, und schließlich sagte er noch: »Un peu moins vite et ça ira« ... Merci, erwiderte ich und bretterte weiter, natürlich mit 170 km/h ... Minimum!

Wieder in Köln begann ich so gut zu trainieren, wie es das Wetter zuließ. Heikes Knie wurde durchgecheckt, und unglücklicherweise wurde die Diagnose Kreuzbandriss bestätigt.

Das Wetter ließ zu wünschen übrig, und so war ich heilfroh, nach zehn Tagen in Köln endlich zum ersten richtigen Trainingslager zu fahren. Im Safari-Hotel in Carpentras sollten wir zehn Tage verbringen und von dort aus in die Rennsaison starten.

Mein Zimmerkollege war damals der Däne Alex Pedersen, und zusammen mit Hartmut Bölts und dem nicht verwandten Per Pedersen hatten wir auch abends nach den langen Trainingsfahrten einiges an Spaß. Gern spielten wir ein Kartenspiel, das so ähnlich funktionierte wie 17 und 4.

Einer hielt die Bank, und der Einsatz waren 50 Centimes (ca. 15 Pfennige). Da der sensationelle (und auch einmalige) Gewinn von 80 Francs für Thierry Claveyrolat, der auch Gefallen daran gefunden hatte, allerdings gerade mal für eine Runde Café au lait für die Mitspieler reichte, kann man nicht wirklich sagen, dass wir gezockt hätten, aber Spaß hatten wir – und das war etwas, wodurch sich dieses Team wirklich auszeichnete.

Trainingstechnisch war ich etwas überrascht. Ich hatte gut trainiert, sicher besser als jeder andere, aber sobald es bergauf ging, hatte ich meine liebe Not. Dabei war ich als Amateur zwar kein guter, aber immerhin ein passabler Bergfahrer gewesen. Bei den Profis waren die Kategorien dann etwas anders eingeteilt.

Bei den Sprintwettkämpfen, die wir uns unterwegs gerne lieferten, waren Michel Vermote, der schon Etappenzweiter bei der Tour und der Topsprinter der Mannschaft war, und ich fast immer gleichauf. Natürlich fragte ich ihn, wie das denn so liefe bei den Sprints, und er gab bereitwillig alle Auskünfte und mir noch einen Haufen guter Ratschläge mit auf den Weg. Keine Spur davon, dass er mich etwa argwöhnisch als internen Konkurrenten betrachtet hätte. Einfach ein prima Typ, dieser Michel, der als Belgier den Spitznamen »La frite« ertragen musste, aber selbst das schien ihm nicht wirklich etwas auszumachen.

Nach fünf Tagen war ich ziemlich platt, denn wir fuhren den ganzen Tag nur rauf und runter, und obwohl wir vom Teamarzt alle Pulsuhren bekommen und aufgrund der ermittelten Leistungsdaten auch Herzfrequenzvorgaben hatten, ignorierte ich das alles völlig. Ich wollte nicht Letzter oben auf dem Berg sein, also hieß es kämpfen, aber mit all den Bergziegen durch das provenzalische Hinterland zu fahren, war dann doch etwas zu viel für meine Sprinterbeine. Ich bekam mit einigen anderen zwei Tage Regenerationstraining »verschrieben«. Das tat richtig gut, und ich fühlte mich wieder wesentlich besser. Noch einen weiteren Tag Trainingslager hatte ich vor mir, dann sollten die individuellen Fotos für die Autogrammkarten gemacht werden. Danach stand Perpignan auf dem Programm, mit der »Ronde des Pyrénées« am 5. Februar 1989 sollte ich mein erstes Profirennen bestreiten.

Das Fotoshooting zog sich in die Länge, denn wir fuhren alle gemeinsam dorthin. Die Fotos wurden in alphabetischer Reihenfolge geschossen. Wer fertig war, konnte mit dem Rad nach Hause fahren. Wie schon oft zu Schulzeiten hatte ich bei diesem System schlechte Karten.

Die Sonne stand tief, es wurde schon kühl, und ich war immer noch nicht dran, aber das war mir egal. Jetzt war es wirklich so weit, das erste Autogrammfoto als Profi sollte gleich geschossen werden, und in zwei Tagen würde ich ins Geschehen eingreifen. Und zwar nicht mit einem Amateurfahrrad wie bei Paris–Tours, sondern mit meinem RMO-Liberia-Teamrad, das passend zum Trikot grün und weiß lackiert war. Bis auf die Tatsache, dass bei Heike in der nächsten Woche eine Knieoperation vorgenommen werden sollte, war alles wie geschmiert gelaufen. Ich war 21 Jahre alt und Radprofi.

Erstes Rennen, erster Sieg!

Die erste Starterliste als Profi: Ronde des Pyrénées, 5.2.1989.

Am kommenden Tag ging es für alle, die beim ersten Rennen starten sollten, früh los. Es waren zwölf Starter pro Team zugelassen, und neben unserem Leader Mottet war auch der Vorjahressieger Michel Vermote mit in unserem Aufgebot.

Wir waren zum Mittagessen im Hotel, und da Franck nicht als Masseur dabei war, sollte ich von Michel Aguilanin massiert werden. Auf der Suche nach ihm lief ich Willy Voet über den Weg, der mir sagte, ich solle Michel nachher nach dem »test de forme« fragen, das wäre vor dem ersten Rennen wichtig.

Ich sagte O.K. und zog weiter. Aguilanin war Verpflegung für den nächsten Tag einkaufen, und ich ging zurück auf mein Zimmer. Ein bisschen nervös war ich schon, morgen würde es losgehen, ein fast flaches Rennen, das mir ja eigentlich liegen sollte. Dazu den Vorjahressieger im Team, eine Riesenmotivation und gute Form – nein, ich war mehr als ein bisschen nervös. Vor lauter Aufregung vergaß ich natürlich die Frage nach dem Formtest.

Nach einer Nacht, in der ich keinen rechten Tiefschlaf fand, ging es dann früh aus den Federn, denn der Start war schon um 9 Uhr. Wir fuhren auf einer drei Kilometer langen Runde dreimal durch den Startort. Er lag auf 700 m Höhe, und dementsprechend kalt war es, 3 °C. Danach eine Abfahrt, dann eine Sprintwertung, bei der ich mich – wie der sportliche Leiter Bernard Vallet bei der Mannschaftsbesprechung angeordnet hatte – nicht müde machen sollte.

Die Rollen im Team waren klar verteilt. Michel war der Kapitän, ich war der Joker, und alle anderen hatten die Freiheit, sich bei den Ausreißergruppen in Szene zu setzen.

Nach etwa 90 Minuten im Bummeltempo ging das Tempo plötzlich hoch. Eine Attacke jagte die nächste, und das Feld bildete immer eine lange Reihe. Es kehrte zwischendurch kurz Ruhe ein, und ich orientierte mich langsam nach vorne. Wieder eine Attacke, und ehe wir uns versahen, waren wir mit sechzehn Fahrern dem Feld enteilt, und es sah ganz so aus, als würden die anderen uns auch nicht mehr einholen.

Für einen Moment wurde es nochmals brenzlig, als fünf von uns dem Motorradfahrer um den Kreisverkehr herum folgten, die anderen aber innen hindurch stießen und wir in der Folge einiges an Rückstand hatten. Der Polizist fuhr halt den Straßenverkehrsregeln entsprechend dreiviertel um den Kreisverkehr herum, aber die anderen nutzten die komplett gesperrten Straßen und fuhren (zu Recht) den kürzesten Weg.

Ich war am Limit, das Tempo war sehr hoch, das Loch nach vorne etwa 50 m groß, nicht eine Führung hätte ich in der Gruppe fahren können. Zum Glück war Phillipe Casado da, ein großer Typ, hinter dem man viel Windschatten hatte. Der fuhr mit einem Megasprint über zwei Kilometer das Loch wieder zu. Ich sah an seinem Hinterrad Sternchen, hörte Glocken klingeln und weiß ich was, und für kein Geld der Welt hätte ich vorne im Wind so lang so schnell fahren können. Aber wir waren wieder dran, und die Chancen waren gewahrt. Der Wind, der im Profipeloton blies, war doch ein anderer als bei den Amateuren.

Im Finale kam Charly Mottet, der auch in der Spitzengruppe war, zu mir gerollt und sagte: »Wir halten alles zusammen, achte auf Henrik Redant von Lotto, der ist schnell!«

Neben Michel Vermote waren auch noch Alex Pedersen und Mauro Ribeiro von unserem Team vorne.

Alle Angriffe wurden von ihnen zunichte gemacht, und die meisten in unserer Gruppe achteten auf Michel, denn als Vorjahressieger trug der natürlich die Nummer eins.

Wir kamen nach Perpignan auf die Zielrunde, immer noch alle zusammen. Jetzt hieß es die Nerven bewahren, genau hinschauen und keinen Antritt verpassen. Mauro, Alex und Charly sprangen mit jeder Gruppe mit, ohne Führungsarbeit zu übernehmen, und verurteilten sie so zum Scheitern. Es kam zum Sprint. Mauro war vorne, dann Michel Vermote, dahinter Redant und dann Ludwig Willems, ebenfalls von Lotto. Michel zog an, etwas zu früh, hatte ich den Eindruck. Redant und Willems setzten fast zeitgleich an, um ihn zu überholen. Ich sah das Zielbanner, noch 150 m, ich wartete noch immer, dann kam ich mit Schwung von hinten heran, und gerade als alle drei Fahrer vor mir auf gleicher Höhe um den Sieg zu kämpfen schienen, schoss ich an allen vorbei und gewann mit einer guten Radlänge Vorsprung.

Ich hatte alle Zeit der Welt, beide Arme hochzureißen und vollführte im Zielauslauf Freudensprünge auf dem Fahrrad. Erstes Rennen, erster Sieg, das war ein Auftakt, der viel versprechend war. Es war richtig gewesen, so viel zu trainieren ... welch ein Einstand! Alle Teamkollegen, Masseure und wer da sonst noch von uns im Zielbereich war, kamen herbei und freuten sich mit mir. Sogar meine Eltern waren da, auf Kurzurlaub. Ich wollte vor allem Heike

Erstes Rennen – erster Sieg! Perpignan, 5.2.1989.

Mein Sportlicher Leiter Bernard Vallet mit mir auf dem Siegerpodest in Perpignan.

anrufen, die in Köln darauf wartete, in drei Tagen unters Messer zu kommen.

Abends im Hotel gab es Champagner, und es war ein tolles Gefühl, der Mannschaft bereits im ersten Rennen bewiesen zu haben, was ich konnte. Ich fühlte mich, als wäre ich schon viele Jahre lang dabei.

An diesem Abend erfuhr ich dann auch, was der erwähnte »test de forme« ist. Ich erzählte Patrick Vallet, einem jungen Franzosen im zweiten Profijahr, dass ich vergessen hätte, den Masseur danach zu fragen. Das wäre wohl ganz gut gewesen, bekam ich zur Antwort. Wenn ein Neuprofi seinen Masseur nach eben diesem Test fragt, bereitet dieser eine Mixtur aus Massageöl und Mercurochrom vor, das eigentlich zur Wunddesinfektion verwendet wird. Dann wird das Licht ausgemacht, denn der junge Rennfahrer soll sich völlig entspannen. Dann wird der Ahnungslose mit dieser Mixtur massiert – mit dem Resultat, dass er tagelang krebsrote Beine hat; abwaschen lässt sich diese Einfärbung nicht.

Nicht auszudenken, was mit meiner weiteren Karriere passiert wäre, wenn ich eingeschüchtert und von allen ausgelacht am Start des ersten Rennens gestanden hätte. Gewonnen hätte ich sicher nicht, und damit vermutlich auch nicht das Selbstbewusstsein entwickelt, das mir dieser erste Sieg nun gab.

Erfahrungen sammeln im Profi-Radsport (1989)

Nach diesem ersten großen Erfolgserlebnis hatte ich natürlich Lust auf mehr. Die nächsten Rennen waren nicht sonderlich schwer, und eigentlich sollten Sprintankünfte an der Tagesordnung sein. Beim zweiten Rennen setzte sich eine Spitzengruppe ab, und es gewann wieder jemand von RMO, und zwar Thierry Claveyrolat, der sich über mein ausgiebiges Wintertraining so amüsiert hatte. Es lief also auch bei ihm inzwischen schon ganz gut.

Der »Stern von Bessèges« war dann mein erstes Etappenrennen. Während des Rennens kam kein Geringerer als der Kanadier Steve Bauer vorbei gerollt und gratulierte mir zum Sieg bei der Ronde des Pyrénées – obwohl sein Team gar nicht mitgefahren war, kam einer der etablierten Rennfahrer zu mir, gratulierte mir und wünschte mir alles Gute für die weitere Karriere. Tolle Typen, diese Radprofis, dachte ich. Weil ich nie vergessen werde, wie geschmeichelt ich mich fühlte und wie schön diese Erfahrung war, habe ich im Verlauf meiner weiteren Karriere – speziell nach den großen Siegen bei Giro, Tour und Vuelta – immer mal dem einen oder anderen Neuprofi ein paar freundliche Worte gesagt oder einfach auch nur über etwas Belangloses geredet. Oft schaute ich dann in ein zuerst etwas verdutztes Gesicht, aber ich hatte immer das Gefühl, ich hätte jemandem ein wenig weitergeben können, wie ich mich in Bessèges gefühlt hatte.

Dann war ich aber wieder voll konzentriert bei der Sache, denn schließlich musste ich nun zeigen, dass der Sieg vor drei Tagen kein »Ausreißer« gewesen war. Wir kamen geschlossen auf die Zielrunde, und ich hatte mir richtig viel vorgenommen. Fahrer wie Van Poppel und Etienne de Wilde waren mit dabei, da konnte ich also wirklich zeigen, was ich drauf hatte.

Als es etwa 300 m vor dem Ziel eng wurde und ich mich in der Außenkurve befand, dachte ich bei meiner Übermotivation gar nicht daran zu bremsen. Wer bremst, verliert – und wer einmal bremst, der bremst immer. Wenn die anderen das einmal wissen, dachte ich, dann hab ich niemals mehr eine Chance. Also bremste ich nicht und krachte in die Absperrgitter. Es flogen Räder im hohen Bogen über mich, ein wildes Knäuel von Fahrern lag auf der Straße, und ich irgendwo ganz unten. Mein rechtes Knie war aufgerissen, und ich blutete heftig. Da das alles ziemlich nah an einer Baustelle geschehen war, war die Wunde sehr verdreckt. Als mein Masseur am Teamfahrzeug darauf schaute, befand er, ich müsste ins Krankenhaus zum Nähen. Selbstverständlich hatte ich die Etappe beendet und tat auch so, als sei das alles nur halb so schlimm. Als wir allerdings im Krankenhaus von Avignon waren und der Arzt sich die Verletzung angesehen hatte, diagnostizierte er, es seien sicher zwölf Stiche notwendig, gefolgt von wenigstens zehn Tagen Ruhe. Sollte ich das Knie bewegen, würde alles wieder aufreißen. Ich protestierte heftig und sagte, er müsse sich etwas anderes einfallen lassen, schließlich sei ich Radprofi und ein extrem harter Typ. Er schmunzelte zwar, blieb aber felsenfest bei seiner Einschätzung. Bernard Vallet, mein Sportlicher Leiter, war bei mir und versuchte mir daraufhin klarzumachen, dass das alles halb so schlimm sei. Ich hätte doch schon ein Rennen für die Mannschaft gewonnen, und zehn Tage Ruhe seien vielleicht gar nicht so schlecht, denn die Saison sei noch lang.

Ich wusste ja auch, dass ich keine Wahl hatte. Aber gerade jetzt, wo ich so gut in Form war? Heike wurde in Köln am linken Knie operiert, in Folge des Skiunfalls im Trainingslager, und ich stürzte fast zeitgleich ebenfalls aufs linke Knie, so ein blöder Zufall. Am nächsten Tag stieg ich also in den Flieger zurück nach Köln, das Knie mit einer umfangreichen Bandage versehen, sodass ich es wirklich nicht knicken konnte.

Tagelang saß ich von morgens bis abends bei Heike am Krankenbett, wir spielten Karten, quatschten und schlugen gemeinsam die Zeit tot. Das Training konnte ich, als die Fäden nach einer guten Woche gezogen waren, wieder aufnehmen, und nach einem kurzen Trainingslager mit den Fahrern des Teams, die zwischen Mittelmeer-Rundfahrt und Tour du Haut Var nicht in die verschneite Heimat zurückwollten, startete ich wieder ins Renngeschehen. Es war schrecklich: In der Woche vor dem Rennen hatten mich meine Teamkollegen schon bei den Trainingseinheiten demontiert, und im ganzen Rennen gab es nicht einen flachen Meter. Fix abgehängt und ausgestiegen, das war mir so noch nie passiert – aber es war nichts zu machen. Die Profis fuhren die Berge 25 % schneller hoch als die Amateure im Vorjahr. Ich kam beim besten Willen nicht mit.

Dann kam allerdings wieder etwas, auf das ich mich freute: Der erste Klassiker des Jahres, Het Volk in Belgien, stand auf dem Programm. Nachdem ich im letzten Amateurjahr ein ähnliches Rennen in Waregem gewonnen hatte, war ich natürlich gespannt, ob ich denn bei den Profis ähnlich gut abschneiden konnte, denn ich zehrte immer noch von der Motivation des ersten Sieges.

Wir waren mit unserem Team im Holiday Inn in Gent untergebracht, insgesamt sechs Mannschaften hatten hier ihre Zelte für das erste Klassiker-Wochenende aufgeschlagen. Ich saß im gleichen Restaurant mit Fahrern wie Adri van der Poel, Eric Vanderaerden und Eddy Plankaert, und insgeheim hoffte ich, ich könne ihnen, am besten schon morgen, ein Schnippchen schlagen.

Es kam natürlich wieder ganz anders: Regenwetter und 5 °C am Start, später Schneeschauer und eine Renndistanz von fast 280 km machten das Rennen für den kleinen Neo-Profi aus Köln zur Hölle.

Mein Mannschaftskapitän Charly Mottet, der dieses Rennen aufgrund seiner Charakteristik ohnehin nie hätte gewinnen können (er war Rundfahrtspezialist und Kletterer), fuhr allerdings neben mir in einer etwa 30 Mann starken Gruppe. Wir hatten abreißen lassen müssen, als es noch 50 km bis zum Ziel in Gent waren, und auch er litt Höllenqualen. Es war eiskalt, die Hände waren fast steif gefroren, aber er ermunterte mich, diesen Höllenklassiker zu beenden. »Schau dir alle an in dieser Gruppe, keinem geht's besser als dir; und alle werden sie zu Ende fahren ... du auch, du packst das!«

Als ich dann in Gent über den Zielstrich fuhr, war das eines der größten Erfolgserlebnisse, die ich bis dahin erlebt hatte. Es waren vielleicht 80 der 200 gestarteten Fahrer ins Ziel gekommen, und hinter uns kamen noch zwei weitere Gruppen. Auch ohne Sieg war ich innerlich doch ein Gewinner, denn diese Distanz bei diesem Wetter hinter mich gebracht zu haben machte mich mächtig stolz. Für eine Überraschung in der deutschen Radsportfachwelt sorgte Remig Stumpf, der zwar ein Jahr älter als ich, aber auch Neuprofi war und im Sprint der Spitzengruppe auf Platz drei kam. Der deutsche Radsport hatte nach Olympia einen gewaltigen Sprung gemacht. Es gab endlich ein deutsches Team, und fünf oder sechs deutsche Radprofis waren in diesem Jahr in ausländischen Rennställen ins Profidasein gestartet. Das hatte es so noch nie gegeben.

Danach reisten wir nach Italien zu Tirreno–Adriatico, was eine echte Erfahrung war. Die bescheidensten Hotels, die ich je in einem Radrennen erlebt habe, und auch die bis dahin schnellsten Zielankünfte meines Lebens. Auf der ersten Etappe hing ich in der Zielkurve mit einem Puls von 196 am Hinterrad von Urs Freuler, etwa an zehnter Position. Das Problem war nur, dass es von dort noch etwa 700 m bis ins Ziel waren. Während der Schweizer Haudegen lossprintete und die Etappe gewann, explodierte ich vollkommen und kam nicht mal mehr unter die ersten dreißig. Das konnte ja heiter werden in der Königsklasse.

In meinem ersten Profijahr war es auch noch üblich, dass jedes noch so unwichtige Rennen über Distanzen von weit über 200 km führte. Der GP de Rennes, bei dem ich wahrscheinlich den Grundstein dazu gelegt hatte, dass ich überhaupt da war wo ich jetzt stand, war 220 km lang, Cholet–Moulins–Mauleon sogar über 240 km. Das führte natürlich dazu, dass die ersten zwei, drei oder gar vier Rennstunden überhaupt nichts passierte. Manchmal waren nach zwei, drei Attacken ein oder zwei Fahrer auf und davon. Sie fuhren dann häufig einen Vorsprung von zehn oder mehr Minuten heraus, bis das Fahrerfeld schließlich reagierte. Wenn keiner »vorne raus« war, war die Geschwindigkeit oft einschläfernd niedrig, und wenn man wie ich noch nicht allzu viele Fahrer kannte, war das eine willkommene Gelegenheit, auch mal das Gespräch mit Fahrern aus anderen Teams zu suchen.

Ganz besondere Gespräche konnte ich dann bei einer Rundfahrt im April führen. Der »Cirquit de la Sarthe« war damals ein Open-Rennen, es nahmen also neben den Profiteams auch Amateur-Nationalmannschaften teil. Damals waren die UdSSR, die französische Nationalmannschaft und die Staatsamateure aus der DDR dabei.

Thierry Laurent, der wie ich Neuprofi war, gewann das Zeitfahren zum Auftakt. Danach hatte unser Team gleich zwei Aufgaben: Wir mussten das Rennen kontrollieren, was bei der ohnehin schon kleinen Mannschaft von nur sechs Fahrern schwer genug war, und außerdem schauten wir natürlich immer mit einem Auge auf die Sprints am Etappenende, denn ich hatte diesbezüglich Ambitionen.

Die anderen Profiteams und vor allem die Russen mit Jdanov, der knapp hinter Thierry Zweiter im Zeitfahren geworden war, machten uns das Leben schwer. Sogar Thierry als Leader musste einige Male vorne in den Wind, und auch ich als Sprinter konnte mich wirklich nie schonen. Dritte, vierte und fünfte Plätze kamen bei den Etappenankünften für mich heraus, aber es war gnadenlos harte Arbeit, obwohl der Cirquit de la Sarthe eigentlich nur ein kleines Rennen im Saisonkalender ist.

Am Abend vor der Schlussetappe hatten wir ein Meeting mit unserem Direktor, Christian Rumeau, und der spekulierte, ob man nicht mit einem anderen Team eine Allianz eingehen könnte: »Die helfen uns, den Haufen zusammen zu halten, und wir lancieren deren Sprinter.« Da solche »Interessenüberschneidungen« ab und an vorkommen, wussten wir alle, dass das Lancieren eines anderen Sprinters immer etwas unsicher ist, denn mit Laurent Jalabert und vor allem Olaf Ludwig waren Leute im Feld, die an allen vorbeisprinten konnten. Wir vertagten uns schließlich und beschlossen, auf der morgigen ersten Halbetappe Verbündete zu suchen.

Am Schlusstag standen 100 km am Vormittag und weitere 100 km nachmittags auf dem Programm. Solche kurzen Etappen werden eigentlich immer extrem schnell gefahren, und so machte ich mich schon vor dem Start auf, meine »Landsleute« zu suchen. Als ersten traf ich Mario Kummer, der mit all den anderen Cracks des DDR-Teams am Start war. Wenn es in den letzten Tagen etwas lockerer zuging, hatten wir uns ein bisschen über alles Mögliche unterhalten.

Als ich dann erfuhr, dass beispielsweise die eingefahrenen Preisgelder nie an die Rennfahrer gingen, sondern in den Topf des Sportministeriums, das dann mit dem Geld der Radprofis beispielsweise Trainingslager der Biathleten finanzierte, und dass die Jungs eigentlich für nichts anderes als die Ehre und das Recht auf Auslandsreisen fuhren, da traf mich schon der Hammer. Schließlich gewannen die DDR-Jungs so ziemlich alles, was ihnen unter die Räder kam. Finanziell hatten sie aber überhaupt nichts davon.

Als ich Mario dann direkt fragte, ob es für sie vorstellbar sei, am Nachmittag für uns zu fahren, meinte er, das würde wohl schon gehen, aber ich solle mal Olaf Ludwig fragen, der sei der Chef.

Die Vereinbarung ging schnell über die Bühne, denn die Situation war klar: Meine Teamkollegen waren vorne, und die Russen, die die DDR-Jungs auch nicht so recht leiden konnten, saßen uns im Nacken. Wir einigten uns auf 1000 FRF für jeden der sechs DDR-Fahrer für die Nachmittagsetappe. Am Morgen sollten wir erst sehen, ob wir es vielleicht alleine schafften, ansonsten würde man uns unauffällig helfen.

Wir kontrollierten die vormittägliche Teilstrecke dann wirklich fast alleine, aber da wir ja für den Nachmittag einen Deal hatten, ging es dabei dann wirklich voll zur Sache.

Sechs graue Trikots waren vorne, dahinter wir von RMO, und das ganze Feld folgte für fast den gesamten Etappenverlauf in einer langen Reihe. Selbst hart gesottene Profis wie mein Teamkollege Michel Vermote konnten es kaum glauben. Die Pace war verrückt, und niemand konnte auch nur für eine Sekunde daran denken zu attackieren, so schnell waren die Grauen unterwegs. Das hatte am Ende sogar zur Folge, dass ich gar nicht viel arbeiten musste und im Sprint noch die Schlussetappe gewann.

Auch Fahrer anderer Teams konnten es kaum glauben. Thierry Marie kam beispielsweise zu mir (denn wenn einer mit den »allemands« sprechen konnte, dann natürlich ich) und meinte, so etwas habe er ja noch nie gesehen. Das aus seinem Munde – das sollte schon etwas heißen.

Nach der Etappe mussten neben Thierry Laurent und mir noch andere Fahrer zur Dopingkontrolle, darunter Mario Kummer. Thierry bedankte sich überschwänglich, und ich reichte Mario eine RMO-Mütze als »Souvenir« – darin zwölf Scheine à 500 Francs.

Ein halbes Jahr später, als ich in Chambery bei der Weltmeisterschaft auf den DDR-Bus traf, der im Stau stand, gratulierte ich Kummi und den anderen zum vor einer guten Stunde erreichten Weltmeistertitel im 100-km-Straßenvierer. Als ich mit Mario ein bisschen quatschte, erzählte er mir, wie die Jungs das Sarthe-Geld später im Intershop für Geschenke verbraten hatten.

Zum Glück hatten all diese Fahrer – wenn auch ein paar Jahre zu spät, aber immerhin – noch die Möglichkeit, Profi zu werden und dann auch endlich das eingefahrene Preisgeld zu behalten.

Ich werde natürlich oft gefragt, ob so etwas gang und gäbe ist. Natürlich sucht im Profisport jeder zunächst den eigenen Vorteil. Manchmal ist es aber eben im Verlauf eines Rennens auch so, dass beispielsweise verschiedene Teams ähnliche oder gar gleiche Interessen haben.

Ist bei einer Touretappe beispielsweise eine kleine Gruppe mit großem Vorsprung unterwegs, werden alle Mannschaften, die einen schnellen Sprinter in ihren Reihen und niemanden bei den Ausreißern dabei haben, alles tun, um diese Gruppe zurück zu holen. Natürlich wird dann erst einmal gepokert und abgewartet, wer denn zuerst antritt. Häufig fragen auch die Sprinter bei den Sprintern der anderen Mannschaften herum, wie es denn mit der Aufteilung der Verfolgungsarbeit stünde. Nach dem Motto »drei von meinem Team, drei von dir und noch zweimal drei von den anderen beiden schnellen Jungs« hat man dann zwölf Fahrer, die in der Verfolgungsarbeit alle am gleichen Strang ziehen. Sollte dann am Ende die Ausreißergruppe gestellt sein, kann zwar nur einer der vier Sprinter die Etappe gewinnen, aber hätte man seine Kräfte nicht vereint, dann hätte niemand auch nur den Hauch einer Siegchance gehabt – man hätte um irgendeine Platzierung sprinten müssen, die niemanden wirklich interessierte.

Ähnliche Situationen gibt es auch bei Bergetappen. Wenn der Vierte in der Gesamtwertung vorne alleine davon fährt, kann sich der Mann im Leadertrikot eigentlich fast immer über die Unterstützung des jeweils Zweiten und Dritten freuen, denn die wollen ja ebenfalls ihre guten Platzierungen halten. Manchmal allerdings, und dann wird es richtig spannend, sagt sich der Zweite vielleicht: Die Verantwortung liegt beim Führenden in der Gesamtwertung. Ich lasse den jetzt die Arbeit machen, und wenn er müde ist, dann greife ich ihn an und kann vielleicht sogar noch gewinnen. Leider gibt es viel zu selten ein solches Pokern, vielleicht auch deswegen, weil es nur in den allerseltensten Fällen klappt – aber spannend macht es die Sache ganz bestimmt.

Spannend genug war dieser Circuit de la Sarthe also für uns, auch wenn die dabei erfahrene Unterstützung etwas anders zustande kam als gewohnt. Egal, erfolgreich waren wir auch.

Der Rest des Jahres war vor allem eine einzige Sammelei von Erfahrungen. Die »Vier Tage von Dünkirchen«, eine Traditionsveranstaltung im internationalen Rennkalender, gewann mein Kapitän Charly Mottet. Das ganze Team hatte unglaublich viel arbeiten müssen, um sein Leadertrikot jeden Tag neu zu verteidigen. Danach machte ich bei der Tour de l'Oise eine Erfahrung, die mir die ganze Karriere über immer vor Augen blieb.

Ich war schon sehr viele Rennen gefahren, aber da ich weder die Vuelta, die damals noch im April stattfand, noch die Tour auf meinem Programm hatte, sollte ich noch bis Ende Mai Vollgas fahren und dann eine Pause einlegen, um mich für den Rest der Saison zu erholen.

Deshalb schon langsam auf dem absteigenden Ast kam ich zur Tour de l'Oise nördlich von Paris. Das Terrain war eigentlich flach, und die Rundfahrt hat heute noch den Ruf, eine Sprinterrundfahrt zu sein. Die diversen Bergwertungen, die es zwischendrin gab, bewältigten alle Profis fast ausschließlich mit dem großen Kettenblatt – außer mir. Ich fühlte mich kraftlos, hatte keine Power und keinen Punch und wurde an jeder kleinen Welle abgehängt. Zum Glück waren die Bergwertungen nie länger als vielleicht 2,5 km, und so schaffte ich es, wenn ich vorher auf Biegen und Brechen reinhielt und mich dann durchsacken ließ, manchmal gerade noch vor den Mannschaftswagen (die ja hinter dem Fahrerfeld unterwegs sind) über die Kuppe. Manchmal war ich auch in die Kolonne der Materialfahrzeuge geraten und kam so auf der nachfolgenden Abfahrt wieder ans Feld heran.

Aber es war einfach eine hoffnungslose Schinderei. Eigentlich wollte ich am zweiten Tag aussteigen und nach Hause fahren. Ich kam mit einer abgehängten Gruppe ins Ziel, etwa acht Minuten nach dem Sieger, einem Sprinter.

Am letzten Tag standen wieder einmal zwei Halbetappen auf dem Programm, genau das, was mir jetzt noch fehlte. Es war wie auf den ersten beiden Etappen: Ich kämpfte schon, als andere noch miteinander plauschen konnten und endete eigentlich an jeder Bergwertung in der Autokolonne, zusammen mit einem französischen Neuprofi von Toshiba. Am letzten Berg, etwa 15 km vor dem Ziel, »schenkte« der und ließ noch unten, also vor Beginn der Steigung abreißen. Ich dachte: Das kannst du auch oben noch, wenn dich die anderen richtig abgehängt haben.

Ich war etwa 200 m hinter dem Feld, als ich die Bergwertung passierte, kam aber auf der kurzen Abfahrt im Sog der Materialfahrzeuge Kopf und Kragen riskierend wieder ans Feld heran. Als ich »am Fliegenfänger« hing, ließ sich Mauro Ribeiro zu mir zurückfallen und motivierte mich, mit ihm nach vorne zu fahren. Der hatte Nerven: Ich war reif fürs Sauerstoffzelt, und der meinte, ich solle »mal eben« mit ihm nach vorne fahren. Natürlich blieb ich an seinem Hinterrad, und auf dem Weg nach vorne wurde der RMO-Zug immer länger. Acht Kilometer vor dem Ziel war ich auf Position acht und hatte sieben Mannschaftskollegen vor mir, die mir den Sprint anziehen wollten. Ich war schon ziemlich verspannt in dieser Situation: Da bist du eigentlich froh, dass der letzte Berg geschafft ist und du mit dem Feld ins Ziel rollen kannst, und dann kriegst du auf einmal von deinem Team eine Riesenverantwortung aufgebürdet. Ich, Marcel Wüst, Neuprofi und im Augenblick sicher der Schlechteste im gesamten Fahrerfeld (denn mein Toshiba-Spannmann war ja nicht mehr dabei), werde trotz aller Beteuerungen, es nicht zu tun, von meinen Mannschaftskollegen lanciert, als hätte ich die letzten Tage ständig jedermann versenkt – dabei war doch ich das Wrack!!

Als es auf den letzten Kilometer ging, hatte ich noch Michel Vermote an meiner Seite, und der zog den Sprint an, als ginge es um Leben und Tod. Komischerweise fühlte ich mich jeden Meter, den wir dem Ziel näher kamen, besser. Die Motivation kam zurück und vor allen Dingen der Wille, meine Teamkollegen nicht zu enttäuschen. Der Sprint wurde rechts lanciert, ich kam an ein gutes Hinterrad, und auf den letzten Metern schoss ich nach vorne und gewann.

Der Schlechteste im Feld hatte gewonnen. Es gibt anscheinend doch noch Wunder. Das so etwas nur bei Sprintern funktionieren kann, war mir völlig klar, aber es gab im weiteren Verlauf meiner Karriere noch viele Tage, wo es mir ähnlich schlecht ging, ich aber immer den Etappensieg bei der Tour de l'Oise im Hinterkopf hatte. Das half immer, den Fokus nicht zu verlieren. Als ich auf dem Podium die Blumen überreicht bekam, fuhr gerade mein Leidensgenosse mit knapp zehn Minuten Rückstand ein. Er schüttelte nur ungläubig den Kopf und wartete vor dem Podium, um mir zu gratulieren.

Da ich am Vortag im Flachs zum Sportlichen Leiter Jacques Michaud gesagt hatte: »Wenn ich morgen früh gewinne, dann steige ich morgen Nachmittag aus!« und der nur »D'accord« geantwortet hatte, war die Luft für den Nachmittag natürlich raus. Ich kam ziemlich weit hinten ins Ziel, beendete das Rennen aber immerhin, noch getragen von der unglaublichen Erfahrung der Vormittagsetappe.

Kurz danach passierte dann noch etwas, was für meine weitere Karriere wichtig war. Der Sportliche Leiter Bernard Vallet sprach mit mir über eine Vertragsverlängerung bei RMO für die nächsten drei Jahre. Ich hatte ja schon einen Zweijahresvertrag, und den wollte er mit mir um weitere zwei Jahre verlängern. Für mich hieß das vor allem, in einem Team, in dem ich mich wirklich wohl fühlte, zumindest vier Jahre Profi zu sein. Natürlich kam er nicht mit einem finanziell besonders hochkarätigen Angebot, aber ich hatte die Möglichkeit, meinen Verdienst durch weitere gute Leistungen von Jahr zu Jahr zu steigern. Ich unterschrieb ohne zu zögern und hatte so eine Entscheidung getroffen, die für mich auch im weiteren Verlauf meiner Karriere typisch war. Ich nahm lieber den Spatz in der Hand, statt auf die Taube auf dem Dach zu spekulieren. Es mag zwar sein, dass ich die eine oder andere Mark mehr hätte verdienen können, aber gibt es ein besseres Gefühl als zu wissen, dass einem die nächsten drei Jahre nicht das Risiko eines nicht verlängerten Vertrages droht? Die unschöne Situation, nach einer durch welche Umstände auch immer verkorksten Saison beim Teammanager Bittsteller sein zu müssen, sollte erst einmal nicht eintreten. Ich war sehr zufrieden, dass mir schon so früh im Jahr ein solches Angebot gemacht wurde. Das hieß schließlich auch, dass die Leute im Team auf mich bauten und mich mit meinen 21 Jahren behutsam an größere Aufgaben heranführen wollten. Etwas Besseres konnte mir wohl kaum passieren, fand ich. In der Folge zeigte sich, dass ich die Situation trotz meiner geringen Erfahrung schon richtig eingeschätzt hatte.

Der Rest des Jahres brachte dann nicht mehr viel Besonderes. Ich fuhr mit Heike zum Tourstart nach Luxemburg und feuerte meine Teamkollegen beim Prolog an, dann fuhr ich Ende Juli die Coca-Cola-Trophy, eine Rennserie in Deutschland, wo wir jeden Abend in einer anderen Stadt ein Kriterium fuhren. Danach kam noch meine erste Weltmeisterschaft in Chambery, allerdings auf einem Kurs, der für mich als Sprinter einfach mehrere Nummern zu schwer war. Trotz allem konnte ich da die Fortschritte sehen, die ich in nur einem Jahr gemacht hatte. Als am Samstag der Amateurweltmeister Halupcok mit zwei Minuten Vorsprung von dem Zweiten gewann, nachdem er das Feld in den letzten zwei Runden auseinander genommen hatte, war ich schon beeindruckt. Als ich aber dann nach der Amateurdistanz das Profirennen beendete, weil ich hoffnungslos hinten war und wir die letzten Runden schon in strömendem Regen gefahren waren, war ich immer noch vier Minuten schneller unterwegs als der Pole am Vortag.

Ich trat die Rückreise nach Köln an, allerdings nicht per Flieger, sondern im Auto mit dem Teamchef unserer Nationalmannschaft, Rudi Altig. Da er in der Nähe von Köln wohnt, nahm er mich kurzerhand mit, und nach einem heißen Reifen und einigen tollen Anekdoten aus seiner Profizeit war ich noch vor 23 Uhr zu Hause.

Langsam zog sich die Saison wie Kaugummi, aber zwei Highlights hatte ich mir noch ausgesucht. Die Klassiker Paris–Brüssel, damals noch fast 300 km lang, und Paris–Tours, wo ich vor Jahresfrist mein erstes Profirennen bestritten hatte.

Ergebnistechnisch waren beide Rennen ein Volltreffer. Beim Rennen Paris–Brüssel über fast 300 km kam ich im Sprint auf einen sensationellen dritten Platz. So hatte ich wieder meine Bestätigung, dass der harte Weg, den ich mit Dieter Koslar als Trainer beschritten hatte, der richtige gewesen war. Die langen Distanzen machten mir wenig Probleme, und ich war voller Ehrgeiz, in diesem Jahr bei Paris–Tours noch mal etwas Besonderes zu leisten.

Und tatsächlich: Achter bei Paris–Tours, obwohl ich bis fünfzehn Kilometer vor dem Ziel in einer siebenköpfigen Spitzengruppe keine Führung ausgelassen hatte, das war mehr als eine Rehabilitierung für den misslungenen Auftakt des Vorjahres.

Nachdem ich diese für mich tollen Ergebnisse eingefahren hatte, war ich endgültig am Ende meiner ersten Saison angelangt und konnte zufrieden in den Urlaub gehen ... dachte ich.

Es standen nur noch drei Rennen auf dem Programm, nämlich die traditionellen Abschlussrennen in Italien, und ich war nicht vorgesehen. Bis jemand »krank« wurde. Ich war natürlich körperlich in Form, die Ergebnisse sprachen ja für sich, aber der Kopf war schon in Urlaub. Trotzdem ging es statt zum Airport von Tours aus ins Team-Headquarter nach Grenoble und am nächsten Tag von dort nach Mailand.

Das Rennen Mailand–Turin begann in den ersten beiden Stunden mit einem Schnitt von über 50 km/h, und zehn Kilometer vor dem Ziel war eine ziemlich miese Welle zu nehmen, die ich noch von der Aosta-Rundfahrt 1987 kannte. Also ließ ich mich durchreichen bis ins Gruppetto und kam so ins Ziel. Am nächsten Tag würde ich vielleicht mal durch Mailand schlendern und ein paar italienische Schuhe und Hemden kaufen können, aber nix da. Wir fuhren mit dem Auto in die Berge, um uns mit den Jungs von PDM die schwersten Berge der Lombardei-Rundfahrt anzuschauen – toller Tag in Mailand, wirklich.

Ich musste mich die meiste Zeit vom Auto ziehen lassen. Sean Kelly, Charly Mottet und Konsorten fuhren die Berge hoch als seien sie flach, und ich verfluchte denjenigen, der krank geworden war ... der wusste wahrscheinlich, was da auf ihn wartete und hatte mal schnell abgesagt. Dann kam noch die Piemont-Rundfahrt, und es zeichnete sich ab, dass ich die Lombardei-Rundfahrt, nicht fahren musste. Aber Vorsicht ist die Mutter der Porzellankiste, also habe ich in Piemont abreißen lassen und bin an der Verpflegung zusammen mit Jean Claude Colotti, unter Freunden als Coco bekannt, ausgestiegen.

Da wir ganz hinten waren, hatten sich die Masseure einen Scherz erlaubt. Wir kamen zum Auto, das zwar offen war, aber von unseren Betreuern fanden wir keine Spur. Ich war überrascht und fragte Coco, was das denn wohl sollte. Er antwortete trocken: »Die wollen einen Witz machen, aber ohne uns.« Ruckzuck hatten wir die Räder aufs Dach montiert. Im Mittelteil des Lenkrads, das wusste er, war immer ein Zweitschlüssel. Wir also hinein in die Karre und los ... So schnell hab ich noch nie Masseure hinter einer Hecke hervorsprinten sehen. Wie ließen die Jungs einen Kilometer hinter uns herlaufen, aber dann hatte auch dieser Spaß sein Ende, und damit auch meine erste Profisaison. Es wurde wirklich Zeit. Im Hotel angekommen, buchte ich sofort einen Flug für den nächsten Morgen ... endlich Urlaub!

Lehrjahre der angenehmen Art:
RMO (1990 – 1992)

Das erste »Event« im neuen Jahr war Heikes und meine Hochzeit. Wie so häufig bei Radprofis fand die Feierlichkeit im tiefsten Winter statt, aber das war eigentlich gar nicht die Besonderheit des Tages. Der fünfte Januar sollte in manch anderer Hinsicht etwas Besonderes werden, allerdings nicht nur im Guten. Zunächst war da meine Schnapsidee, am 4.1. mit Heike »als Junggesellen zum letzten Mal« in eine weltumspannende Hamburger-Kette zu gehen. Das Resultat für Heike waren eine fast schlaflose Nacht mit Brechdurchfall und eine Abneigung gegen bestimmte dort erhältliche Produkte, die bis heute anhält. Daneben schlief ich (wie immer) den tiefen Schlaf des Primitiven und bekam von alldem nichts mit.

Da ich mir allerdings nicht vorstellen konnte, die standesamtliche und kirchliche Trauung an verschiedenen Tagen zu vollziehen, hatten wir am nächsten Tag ein volles Programm.

Um 8 (acht!) Uhr war unser erster Termin des Tages beim Standesbeamten. Dann kurzes Umziehen, in die Kirche und dann zum Mittagessen. Am frühen Abend wollten wir die Party ohnehin beenden, da ich am nächsten Tag um 6 Uhr mit dem Auto nach Frankreich ins Trainingslager fahren sollte. Vor der noch verschlossenen Tür des Standesamtes trafen wir uns also zeitig am Morgen mit Familie und Trauzeugen und waren froh, als wir endlich hinein konnten, denn es war ziemlich kalt.

Nach der Zeremonie fuhren wir noch mal kurz nach Hause, wo ich dann mit Schrecken feststellte, dass ich morgens in der Hektik vergessen hatte, mir nach dem Minimalfrühstück die Zähne zu putzen ... Ich hatte also mit ungeputzten Zähnen geheiratet, eine Sache, die ich wohl noch mein Leben lang zu hören bekommen werde.

Die kirchliche Trauung mitten in der Stadt in St. Aposteln folgte unmittelbar. Heike war speiübel, und ich musste immerfort grin-

Warum guckt der Pastor nur so ernst? Der 5.1.1990 war ein toller Tag, zumindest am Anfang.

sen. Wir kamen aus der Kirche und schritten durch ein Laufradspalier mitten in den Wochenmarkt. Ein paar Blumenverkäufer schenkten uns einen Blumenstrauß, und wir machten uns auf ins Restaurant »Trikot« in der Südstadt.

Dort wurde gut gegessen und viel getrunken, und wir hatten bis zur Torte auch einen Riesenspaß. Diese war zwar spektakulär, aber leider ungenießbar, so blieb es beim Anschneiden für das Foto, und danach wanderte sie in die Tonne.

Zu allem Überfluss machte sich ein immer stärker werdender Schmerz in der Wade breit. Ich hatte da einen kleinen Pickel gehabt, der sich innerhalb von 24 Stunden zu einem ausgewachsenen Furunkel entwickelt hatte.

Um 17.30 Uhr war die Party zu Ende, und ich fuhr nicht nach Hause, sondern ins Krankenhaus. Meine Wade war im Umfang inzwischen dicker als mein Oberschenkel, und nach einer örtlichen Betäubung, die selbst schon eine Höllenqual war, wurde das Teil dann aufgeschnitten. Das Ganze war ziemlich scheußlich und bestimmt nicht das, was wir uns für unseren Hochzeitstag gewünscht hatten. Das über die Schwelle tragen fiel aus, der frisch Vermählte konnte kaum laufen und musste auf der Couch die Beine hochlegen.

Am nächsten Morgen machten Heike und ich uns auf zum Trainingslager in Morzine, und wie im Vorjahr war wieder nur wenig Schnee da. Heike konnte seit dem Unfall im letzten Jahr ohnehin nicht mehr Ski fahren, und ich war mit meiner Wade auch ziemlich gehandicapt.

Außer dem abendlichen gemütlichen Zusammensein mit den Teamkollegen gab es wenig, was uns wirklich Spaß gemacht hätte ... so waren wir froh, als wir wieder zu Hause waren.

Diese Saison hatte vor allem zwei wichtige Aspekte. Zum einen bestätigte ich die guten Leistungen aus dem Vorjahr und schloss das Jahr mit drei Siegen ab. Neben Etappensiegen beim Cirquit de la Sarthe und Paris–Bourges, das damals noch in zwei Etappen ausgetragen wurde, gewann ich auch eine Etappe bei meinem ersten Rennen in Spanien überhaupt, der Burgos-Rundfahrt.

Das Highlight des Jahres war allerdings die Teilnahme am Giro d'Italia. Wir starteten in Bari, ganz unten im Süden, und die Geschwindigkeit, mit der die Sprintankünfte der ersten Woche gefahren wurden, waren dann doch etwas zu schnell für den kleinen Marcello.

Immerhin kam ich viermal unter die ersten Zehn, und bei meiner besten Platzierung auf der 240 km langen Etappe von Cuneo nach Lodi sogar auf Platz fünf. Trotzdem ärgerte ich mich an diesem Tag schwarz, denn bis zwanzig Meter vor dem Ziel lag ich noch nach einem langen Sprint vorne, wurde dann aber noch von vier Fahrern überrollt. Fünfter, mit nur zwei Metern Rückstand auf den Sieger, das war zwar eine hervorragende Leistung für mich, aber so nahe würde ich einem Etappensieg nicht mehr kommen. So dachte ich zumindest und hatte damit auch Recht.

Ich lebte ab der zweiten Girohälfte nur noch von Tag zu Tag. Ich war so kaputt, dass ich nach den Etappen im Auto regelmäßig einschlief. Die Krönung war, als ich in der letzten Girowoche in mein Zimmer kam, mit meinen Rennklamotten auf das Bett fiel und einschlief, die zerquetschte Verpflegung vom Rennen noch in den Taschen.

Mein Teamkollege Jean Claude Colotti weckte mich nach einer Stunde und sagte, es wäre bald Zeit zum Abendessen. Ich setzte mich in die Dusche und schleppte mich dann zu Tisch. Es standen noch zwei große Bergetappen an, und ich war ziemlich sicher, dass ich bei der Fahrt über vier Pässe am folgenden Tag die Segel streichen würde. Ich erholte mich auch über Nacht kaum, sah am nächsten Morgen immer noch aus wie ein Kadaver, die Etappe begann – und dann passierte etwas mir völlig Unverständliches.

Anstatt schon kurz nach dem Start in einer Reihe den ewig attackierenden Ausreißern nachzujagen, kroch das Fahrerfeld den ersten Pass in einer Geschwindigkeit hoch, die jeder einigermaßen gut trainierte Landbriefträger mit seinem Postrad hätte halten können. Auf der Abfahrt gab ich mich der angenehmen Illusion hin, dass der zweite Pass des Tages auch so langsam gefahren werden würde.

Aber ich irrte mich, allerdings im Guten. Das Feld wurde noch langsamer, und in den Kehren gab es hinten teilweise Stürze, weil das Feld ab Position 70 in den engen Kurven praktisch zum Stillstand kam.

Wie liebte ich plötzlich den Giro! Womit ich am Abend vorher abgeschlossen hatte, nämlich meine erste große Rundfahrt korrekt zu beenden, dieses Ziel schien nun wieder erreichbar.

Klar ging dann irgendwann die Post ab, aber da sich durch das Bummeln das Zeitlimit enorm erhöht hatte, war das Gruppetto (die Gruppe der Fahrer, die gemeinsam darum kämpfen, innerhalb des Zeitlimits ins Ziel zu kommen) riesig, das Tempo darin weiterhin moderat und die Stimmung prima.

Nach der letzten Dolomitenetappe, bei der es zum ersten Mal in der Girogeschichte über den berüchtigten Mortirolo ging, blieben noch zwei Flachetappen und ein Zeitfahren. Ich hatte es geschafft und nur noch einen Wunsch: so schnell wie möglich nach Hause und schlafen gehen. Die einzige Flugverbindung, die mich an diesem Abend noch über Frankfurt nach Köln bringen konnte, war superknapp. Also mit meinem dänischen Teamkollegen Per Pedersen direkt vom Rad ins Auto und mit einem Masseur zum Flughafen.

Auf der Rückbank schälten wir uns aus den Trikots und Radhosen und machten uns mit Kölnisch Wasser etwas frisch. Dann – ebenfalls während der rasanten Fahrt – in die Zivilklamotten und bei der Ankunft am Flughafen nur noch die verschwitzten Rennsachen in den Radsack gestopft und zum Check-in.

Wir schafften es tatsächlich noch – lieber ungeduscht um Mitternacht zu Hause als geduscht in einem Airport-Hotel auf den nächsten Morgen warten.

Wieder in Köln, überfiel mich am darauf folgenden Tag die aufgestaute Müdigkeit. Während des Rennens waren wir alle ständig angespannt gewesen, weil unser Kapitän Charly Mottet den gesamten Giro hindurch in aussichtsreicher Position gelegen und am Ende auch den zweiten Platz hinter Bugno belegt hatte. Jetzt wollte mein Körper nur noch schlafen, schlafen, schlafen.

Es dauerte fast einen Monat mit nur wirklich leichtem Training, bis ich mich wieder einigermaßen o.k. fühlte. Ich hatte nicht nur in taktischer Hinsicht wieder etwas gelernt, sondern auch die Erfahrung gemacht, wie mein Körper auf noch nie erlebte Strapazen reagiert. Das sollte in den kommenden Jahren in meine persönliche Trainingsphilosophie münden, die da lautet: »Listen to your body«. Im Sommer 1990 kannte ich meinen Körper allerdings noch nicht genug, um daraus wirklich einen Nutzen zu ziehen, aber es war doch ein Schritt dahin, ohne dass ich mir dessen bewusst war.

Mit drei Siegen das Jahr zu beenden war in Ordnung, und in diesem Winter gab es im Team auch einige personelle Veränderungen. Der Sportliche Leiter Bernard Vallet ging, und Bruno Roussel kam, um ihn zu ersetzen. Der mit Vallet geschlossene neue Zweijahresvertrag mit der Gehaltsanpassungsklausel blieb auch weiter gültig, obwohl ich mit Manager Michaud darüber noch einmal verhandeln musste.

Nachdem ich in den beiden vergangenen Jahren immer der Jüngste im Team gewesen war, hatte man bei RMO einen Franzosen verpflichtet, der jetzt die Rolle des »mome« übernehmen sollte.

Er hieß Richard Virenque und war bereits nach seinem ersten Rennen im gesamten Fahrerfeld bekannt. Er war einer, der angriff wo immer es ging und das Feld durcheinander wirbelte. Selbst wenn es nur leicht bergan ging, womöglich noch mit Gegenwind, versuchte er es. Anfangs machten sich die Älteren über seinen Fahrstil lustig, aber spätestens in seinem zweiten Profijahr war er es, der lachte.

Unser Trainingslager im Januar fand wieder in Gruissan statt, und ich war ziemlich gut drauf, bis ich ein Furunkel am Hintern bekam. Das Ding schwoll immer mehr an, und da es selbst nachdem es abgeheilt war, immer weiter Probleme machte, wurde ich im Februar in Frankreich an dieser unrühmlichen Stelle operiert und startete daher mit einigem Trainingsrückstand in die Saison.

Die Vuelta sollte das erste Highlight sein, aber es wurde tatsächlich eher eine Achterbahn der Gefühle daraus.

Als wir in der Nähe der portugiesischen Grenze starteten, war es unerträglich heiß, und in den Schlusssprints bekam ich nichts gebacken. Also sattelte ich um, sprintete bei den »Meta Volantes« (Zwischensprints) mit und eroberte dann nach drei Tagen tatsächlich das rote Trikot.

Jeden Tag auf das Podium zu dürfen, war natürlich gigantisch. Schließlich war die Vuelta auch eine große Rundfahrt, und ich war ja erst 23 Jahre alt. Nach zehn Tagen ging es allerdings bergab. In einem fiesen Touristenhotel hatte ich wohl etwas Verkehrtes gegessen und saß die ganze Nacht vor der ersten Bergetappe auf dem Klo – mit einem Eimer davor.

Ich war kreidebleich, als wir am nächsten Morgen bei strömendem Regen von Lloret de Mar nach Andorra starteten. Es ging fast nur bergauf, oberhalb 1000 m schneite es, und an diesem Tag gaben 30 Rennfahrer auf. Ich wollte nicht! Ganz alleine und hoffnungslos abgehängt quälte ich mich Richtung Zwergstaat. Ich hielt unterwegs sogar an, damit mein Masseur, der im zweiten Begleitfahrzeug hinter mir her fuhr, mir noch ein paar Handschuhe anziehen konnte.

Es war unglaublich kalt geworden, und als ich erfuhr, dass ich schon 25 Minuten Rückstand hatte und es noch 70 Kilometer bis ins Ziel waren, rechnete ich kurz durch und schmiss schließlich das Handtuch. Ich wäre ohnehin nicht mehr innerhalb des Zeitlimits angekommen. Also stieg ich unter Tränen ins Auto und zog das nasse, dreckige rote Trikot aus, das am nächsten Tag jemand anderes tragen würde. *Merde*, dachte ich, aber es war ja nicht zu ändern.

Die Etappe am nächsten Tag fiel aus, weil es die ganze Nacht lang geschneit hatte, und am darauf folgenden Tag schafften 30 Mann das Zeitlimit nicht. Ich wäre sicher dabei gewesen, und das versöhnte mich ein wenig mit der Situation, eine große Rundfahrt in einem Leadertrikot aufgegeben zu haben; etwas, das mir viel später leider noch einmal widerfahren sollte.

Da ich im Juli nicht im Tourteam aufgestellt war, fuhr ich mit vier Teamkollegen nach Milwaukee in Wisconsin, wo während der Tour eine Rennserie stattfand, die wir als Vorbereitung auf den Rest der Saison nutzen wollten.

Das war aber gar nicht so einfach. Zum einen fand ein Großteil der Rennen auf winkligen Rundkursen statt, an die wir »Straßenprofis« nicht gewöhnt waren, und zum anderen war es verflucht heiß und manchmal schwierig bis unmöglich, vom Straßenrand Getränke zu bekommen, da wir keine Betreuer dabei hatten. Wir arrangierten uns mit Paul, der für die europäischen Fahrer eine Art Reiseleiter war. Zwanzig Rennfahrern Getränke anzugeben war aber oft ein Ding der Unmöglichkeit.

So entstanden richtige Freundschaften, denn wenn jemand von uns ein Rennen vorzeitig beendete, dann blieb er meist an der Verpflegungskontrolle stehen und half mit, die anderen »Euroboys« zu verpflegen. Da stand ein australischer RMO-Fahrer am Straßenrand und gab einem Franzosen, der für Z Peugeot fuhr, seine wieder aufgefüllte Trinkflasche an, eine Tatsache, auf die wir dann abends das eine oder andere Mal einige Bier (zu viel) tranken.

Ich war dennoch gut in Form und drei Tage vor Ende der Serie der einzige Euroboy, der überhaupt eine Etappe hatte gewinnen können. An diesem Abend in Sheboygan war ich mit zwei mir unbekannten Amerikanern in einer Spitzengruppe gelandet.

Zwei Runden vor Schluss kam einer der beiden zu mir und sagte, es sei für ihn wichtig, hier zu gewinnen, ob man da was machen könne. Ich sagte: »I don't think so.« Darauf fragte er, wie viel ich wolle, um ihn gewinnen zu lassen, und ich sagte nur: »No way, I wanna win.« Ich war mir meiner Sache ziemlich sicher, aber vor der letzten Kurve trat der Kerl auf einmal wahnsinnig an, heizte in die Zielkurve, sodass ich ihn schon stürzen sah. Das tat er aber nicht, sondern er gewann mit drei Längen. Ich war stocksauer auf mich. Anstatt mir 200 oder 300 $ dazu zu verdienen, hatte ich ein für mein Team total unwichtiges Rennen gewinnen wollen und es nicht auf die Reihe bekommen. Wie viele coole T-Shirts, Jeans oder sonst was hätte ich dafür kaufen können!

Doch im tiefsten Inneren spürte ich, dass ich schon das Richtige getan hatte. Ich fuhr ja nicht nur wegen des Geldes Rad. Klar war es notwendig, von etwas zu leben, aber letzten Endes bekam ich Geld dafür, dass ich meinem Hobby nachging. Damals wie heute wäre es für mich nie in Frage gekommen, ein Rennen, einen Sieg, für den ich hart trainiert hatte, zu verkaufen. Diese erste Konfrontation damals war wichtig, und dass mir der Ami trotzdem um die Ohren fuhr wahrscheinlich auch. Es sollten in meiner späteren Karriere noch Rennen kommen, die für mich persönlich und für mein Team total unwichtig waren, für einen Mitausreißer aber überlebenswichtig. Dass es dann schon mal vorkam, dass ich nicht alles gegeben habe, um das Rennen zu gewinnen und dass deshalb der, der den Sieg dringender brauchte, als Erster über die Linie fuhr, ist richtig. Aber große Siege gegen Geld tauschen? Das wäre für mich ein Verrat an mir selbst gewesen, an dem zehnjährigen Jungen, der 1978 davon träumte, zur Tour de France zu fahren.

Nach meiner Rückkehr stellte ich beim ersten Radrennen in Europa einen traurigen Rekord auf. Nach der Rundstreckenflitzerei hatte ich am Berg noch mehr Mühe als vorher, und bei der Englandrundfahrt war es nun einmal ziemlich wellig.

Die erste Etappe beendete ich als Letzter, die zweite als Vorletzter und auf der dritten, an meinem Geburtstag, stürzte ich bei einer Abfahrt mit etwa 70 km/h und wurde wieder Letzter. Am nächsten Morgen, auf einer Halbetappe, kam ich wieder mit der letzten Gruppe ins Ziel. Leider zu spät, wir hatten bei strömendem Regen das Zeitlimit nicht geschafft und durften beim Zeitfahren nicht mehr starten. Wirklich betrübt war ich nicht, denn es ging um rein gar nichts. Aber ich wusste nicht, wieso ich so schlecht drauf war, und das bedrückte mich.

An diesem Abend lernte ich unseren neuen Sportlichen Leiter von einer komplett anderen Seite kennen. Wir waren abends in Liverpool, und die Masseure und Mechaniker wollten in den Laden gehen, wo die Beatles ihre ersten Auftritte gehabt hatten. Das wär's ja, dachte ich, aber im konservativen Radsport galt eigentlich immer: Wenn es nicht gut läuft, dann bloß nicht aus der Reihe tanzen, denn alles was aus dem Raster Essen, Schlafen, Trainieren heraus fällt, lässt dich dann weniger ernsthaft motiviert aussehen, und genau diese (angeblich) fehlende Disziplin war dann oft die Erklärung des Sportlichen Leiters für die Tatsache, dass es eben nicht richtig lief.

Bei Bruno war das anders. Er kam auf mein Zimmer und meinte, da ich in Amerika fünfzehn Rennen gefahren sei, eines sogar gewonnen hätte und weder zugenommen hatte noch sonstige

Anzeichen zeigte, mit denen man die Formschwäche hätte erklären können, solle ich mir keinen Kopf machen und erst mal mit ihnen allen in die Stadt gehen und eine gute Zeit haben. Analyse zu betreiben sei zwar wichtig, aber ich solle erst mal wieder den Kopf frei kriegen.

Cooler Typ, dachte ich und zog mit dem gesamten Personal von RMO durch die Stadt, Sportlicher Leiter inklusive. Danach ging es formtechnisch zwar bald wieder bergauf, aber eine Sehne am rechten Knie machte mir Probleme, sodass ich die Saison in Europa nur mit Eintagesrennen beendete, bevor ich im Oktober mit einem französischen Teamkollegen zum ersten Mal zur Herald Sun Tour nach Australien flog. Wie wir uns da schlugen und was ich bei meinen insgesamt sieben Teilnahmen an australischen Radrennen sonst noch so erlebte, ist tatsächlich eine Geschichte für sich. Australien wurde mir jedenfalls über die Jahre zur zweiten Heimat.

Das große Ziel 1992 hieß für mich natürlich, innerhalb der Mannschaft die Tour-Qualifikation zu schaffen.

Im Juni gewann ich vier von sechs Etappen der Route du Sud, und als die französische Sportzeitung L'Equipe in einem Artikel darüber schrieb »*On le jugera mieux lors di Midi Libre* – Man wird ihn nach dem Midi Libre besser einschätzen können« – dem Etappenrennen, dass kurz darauf anstand –, war ich schon ziemlich stinkig. Mit dem Resultat, dass ich dort auch eine Etappe gewann und es klar wurde, dass ich im Juli in San Sebastian am Start meiner ersten Tour de France stehen würde.

Die Anreise, das Einchecken ins Hotel, die Trainingsfahrten mit der Mannschaft, das war wie immer, aber es hatte auch irgendetwas Unwirkliches. Es war die Tour, von der der kleine Junge geträumt hatte, und jetzt war ich da.

Mein 99. Platz im Prolog war in Ordnung, und da es die ersten beiden Tage ziemlich schwer werden sollte, war ich einigermaßen entspannt. Man erwartete nicht wirklich etwas von mir, ich musste nur sehen, dass ich einigermaßen über die ersten Berge kam, und dann wollte ich loslegen.

Dass es dazu leider nicht kam, und dass ich der erste Fahrer überhaupt werden sollte, der die Tour de France beginnen würde, ohne es bis nach Frankreich zu schaffen, dieser Realität musste ich mich 30 km vor dem Ziel der ersten Etappe stellen.

Am letzten Berg des Tages, dem Jaizkibel, befand ich mich in einer Gruppe, die etwa zehn Minuten zurück lag, aber die Hoffnung noch nicht aufgegeben hatte, das Feld wieder zu erreichen. In einer Linkskurve rutschte mein Hinterrad weg, obwohl ich nicht schneller war als alle anderen in der Gruppe. Zwar steuerte ich aus, kam aber von der Straße ab und landete in einer Regenwasserrinne. Mit der rechten Schulter prallte ich dann frontal auf einen Felsen, und das fiese Geräusch brechender Knochen werde ich nie mehr vergessen. Das Schlüsselbein war zweifach gebrochen, ich wurde unter Tränen in die Ambulanz verfrachtet – und Adios, oder besser Au Revoir, Tour de France. Das war sicher die bis dahin größte Enttäuschung meines Lebens.

Die Form stimmte, die Moral ohnehin, und dann schlug ausgerechnet im wichtigsten Rennen des Jahres das Schicksal zu!

Während ich am folgenden Tag über Paris zurück nach Köln flog, holte mein Teamkollege Richard Virenque das Gelbe Trikot. Als ich dann wieder einen Tag später operiert wurde, blieb es zwar im Team, aber es war Pascal Lino, mein erster Zimmerkollege als Profi überhaupt, der das Gelbe Trikot übernahm.

Es hätte so eine wahnsinnig tolle Tour werden können! Selbst wenn ich meine persönlichen Ziele nicht erreicht hätte, hätte ich für insgesamt fünfzehn Tage das Gelbe Trikot in meiner Mannschaft gehabt. Stattdessen lag ich in Köln im Krankenhaus und musste zuschauen. Mein in Erfüllung gegangener Traum wurde immer mehr zum Albtraum, denn ich suchte natürlich bei mir nach der Ursache des Sturzes und konnte mich selbst tagelang nicht leiden, weil ich es so weit hatte kommen lassen.

Etwas besser ging es mir, als die Tour in Luxemburg Station machte und ich mit Heike dorthin fuhr, um die Mannschaft zu besuchen und meinen Koffer abzuholen. Den hatte ich von San Sebastian nicht mit nach Hause nehmen können.

Pascal hatte an diesem Tag sein Gelbes Trikot mit einer Meisterleistung im Zeitfahren verteidigt und die Stimmung war riesig. Als ich mit den Jungs am Tisch saß, hatte ich auf einmal das Gefühl, nie weg gewesen zu sein. Ich vergaß völlig, dass ich die letzten zehn Tage in Krankenhaus und Reha verbracht hatte und fühlte mich wieder wie ein Rennfahrer.

Mit neuer Moral ging es am nächsten Morgen zurück nach Köln, und da ich langsam wieder auf der Straße trainieren konnte

– wenn auch mit dem Mountainbike wegen der entspannteren Sitzposition –, gelang es mir, mich wieder für die noch anstehenden Aufgaben zu motivieren.

Bei der Abschlussparty in Paris waren Heike und ich auch dabei, und das Gelbe Trikot mit Widmung, das Pascal mir an diesem Abend gab, hängt bis heute noch in meinem Büro. Ich habe zwar nicht dazu beigetragen, es bei dieser Tour zu verteidigen, aber es tröstete mich über die herbe Enttäuschung hinweg.

Danach machte ich mich daran, konsequent zu trainieren, denn nach der verkorksten Tour musste ich nun sehen, dass ich im weiteren Saisonverlauf noch mal irgendwo auf mich aufmerksam machte. Mein Vertrag mit RMO lief am Ende des Jahres aus, und es war überhaupt noch nicht sicher, ob der Sponsor sein Engagement verlängern würde.

Das Highlight für uns sollte die Tour de l'Avenir sein, die in früheren Jahren als die »Tour de France für den Nachwuchs« bezeichnet wurde. Bis es aber so weit war und wir in Rennes am Start standen, mussten wir noch einiges über uns ergehen lassen.

Schon bei der Abschlussfeier der Tour hatte der damalige Sponsor Marc Braillon einen Prinzen präsentiert, der angeblich steinreich war und das Team im nächsten Jahr übernehmen wollte. Was uns an ihm auffiel war vor allem, dass er einen dunkelblauen Anzug mit einer zu kurzen Hose anhatte.

Nach der Mi-Aout-Brétonne, einer Rennserie in der Bretagne, wurden wir alle nach Mons in Belgien zitiert, um den Prinzen auf einem Schloss zu treffen. Wir waren natürlich alle riesig gespannt, und fast alle Fahrer waren mit ihren Frauen angereist, die der Prinz ausdrücklich mit eingeladen hatte. Wir warteten auf der Wiese, die wie bei Hochzeiten mit Baldachinen dekoriert war, und schlürften Champagner. Auf einmal öffnete sich die Tür einer Empore, und es erschien »Prince Hecham«, der uns mit den Worten »Je vous aime tous ...« empfing. Er trug einen Umhang, der – wie er später erklärte – das Zeichen für seine Prinzenwürde sei. »Aha, ein Prinz«, ging es Heike und mir durch den Kopf. Der konnte ja viel erzählen – und so wie wir dachten vermutlich alle Anwesenden.

Beim Mittagessen, das sechs Gänge hatte und bis in den frühen Abend dauerte, hatten wir unter uns Fahrern vereinbart, dass wir ein Treffen mit Braillon, der Sportlichen Leitung und uns zusammen mit dem Prinzen wollten.

Das war dann eine völlige Farce, bei der ich mir vorkam wie in einer Sitcom. Der Grund, das Team zu übernehmen, sei ganz einfach: Er liebe uns alle ... Dass einige trotzdem daran glauben wollten, war schon etwas realitätsfremd, aber es waren auch vor allem diejenigen, die sich nicht vorstellen konnten, bei einem anderen Team einen Vertrag zu bekommen.

Da wir mit Mottet, Caritoux und Lino in Frankreich sehr populäre Namen in der Mannschaft hatten, waren auch die Gazetten voll von der angeblichen Übernahme der Mannschaft durch einen Prinzen. Abends fuhr Heike zurück nach Köln, und während ich mit einem Teamkollegen Richtung Tour du Limousin startete, brachte ein französischer Sender sogar im Radio einen Bericht über das Teamtreffen in Mons.

Zu dieser Zeit, es war Mitte August, machte ich mir nicht wirklich Sorgen um die Zukunft, aber es war schon ein unterschwelliges Unbehagen da. Vor allen Dingen wusste ich gar nicht, wie man denn bei anderen Teams anfragt. Ich hatte so etwas ja noch nie gemacht. Aber nachdem ich bei einigen Mannschaftskollegen nachgefragt hatte, begriff ich in etwa, wie das läuft: Man geht zum Sportlichen Leiter des jeweiligen Teams und fragt ihn einfach.

Bei der Tour du Limousin ging ich dann zusammen mit Michel Vermote, der mir in den letzten Jahren immer die Sprints angezogen hatte, zu Cyrille Guimard, und wir fragten nach, ob er an der Verpflichtung eines deutsch-belgischen Sprinterduos Interesse hätte.

Er wirkte wirklich interessiert und war sehr freundlich, da er aber gerade einen jungen Sprinter (Frédéric Moncassin) verpflichtet hätte, wäre für uns beide kein Platz mehr.

Das war zwar eine klare Absage, aber ich war selbst überrascht, wie leicht mir dieser erste Kontakt gefallen war. Immerhin ging es um meine Zukunft als Radprofi, und ich musste zu Leuten gehen und sie um einen Gefallen bitten.

Da meine Form weiterhin immer besser wurde, machte ich mir erst einmal keine weiteren Sorgen, denn ich würde ja bei der Tour de l'Avenir starten, und mit einer guten Leistung dort sollte es schon kein Problem sein, einen Vertrag zu bekommen. Außerdem gab es ja immer noch die – wenn auch unrealistische – Hoffnung, dass unser Prinz wirklich die Mannschaft übernehmen würde. In diesem Falle war ich mit Manager Michaud schon so verblieben, dass ich weiter dabei sein sollte.

Beim nächsten Vorbereitungsrennen, der Tour Poitou Charentes, kam es während der zweiten Etappe dann knüppeldick. Während des Rennens kam unser Sportlicher Leiter zum Fahrerfeld und sagte uns, im Radio habe man berichtet, dass unser Prinz ein von Interpol gesuchter Betrüger sei, der es geschafft habe, den Sponsor Marc Braillon um einige Millionen zu erleichtern. Das war ja ein Hammer! An der Verpflegungskontrolle stiegen zwei unserer Fahrer sofort aus, und die anderen vier, darunter ich, krebsten für den Rest der Etappe am Ende des Fahrerfeldes herum.

Ich beendete das Rennen zwar, aber die richtige Motivation wollte sich nicht einstellen, und ich rollte nur noch mit. Wieder zu Hause begann ich die Situation zu analysieren. Ich hatte eine Zusage von Michaud, dass ich dabei sein würde, wenn das Team weiter macht. RMO alleine würde dies aber nicht tun, und der Prinz war ein Gangster. Also hatte ich nichts.

Es hing vieles davon ab, wie ich auf der Tour de l'Avenir abschneiden würde, und zum ersten Mal in meiner Profikarriere fing ich abends an zu grübeln. Noch nie hatte ich Einschlafprobleme gehabt, aber selbst nach dem harten Training, dem ich mich unterzog, war an normales Einschlafen nicht zu denken. Was machst du, wenn du es nicht packst, nächste Woche in Frankreich? Was wird, wenn du keinen Vertrag mehr bekommst? Dass ich in dieser Saison schon fünf Rennen gewonnen hatte, war zwar ein kleiner Trost, aber was, wenn sich keiner mehr daran erinnern würde, was vor der Tour passiert war? Mit diesem ganzen Chaos im Kopf reiste ich zum Start nach Rennes, wo der Prolog stattfand. Vor dem Start versuchte ich sogar, den ganzen Tag meinen Teamkollegen aus dem Weg zu gehen und mich nur auf das Rennen zu konzentrieren.

Das kurze Zeitfahren war nicht optimal gelaufen, und danach fuhr ich noch eine Stunde alleine durch Rennes, wo ich 1988 mit meinem 8. Platz das erste Mal bei einem Profirennen für Furore gesorgt hatte. Hier stand meine Profiwiege, und hier wollte ich dafür sorgen, dass es mit der Karriere weiterging. Zweimal fuhr ich den Stadtkurs, auf dem damals das Finale stattfinden sollte, und danach fühlte ich mich besser. Es würde gut ausgehen, denn ich war in Form und war im Team der mit der größten Erfahrung. Die Tour de l'Avenir war nur für junge Fahrer bis 25 Jahren – ich war im August 25 geworden und blickte auf fast vier Jahre im Profipeloton zurück.

Unsere Mannschaft war auch sehr stark, und spätestens im Mannschaftszeitfahren wollten wir zuschlagen.

Der Schlag kam aber schon früher. Auf der ersten Etappe riss ich im Finale mit drei weiteren Fahrern aus und gewann nicht nur die Etappe, sondern bekam auch das Gelbe Trikot übergestreift. Da der Veranstalter der Tour de France auch dieses Rennen organisierte, war das Gelbe Trikot, das ich hier bekam, das gleiche wie das, was Pascal mir in Paris gegeben hatte. Vorne auf der Brust war ein Aufkleber »Tour de l'Avenir«, wenn man den ablöste, stand darunter »Tour de France«.

Am nächsten Morgen mit dem Gelben Trikot unter großem Medieninteresse an den Start zu gehen, war schon ein tolles Gefühl.

Es standen zwei Halbetappen auf dem Programm, mit einer Zielankunft bergan, die mir nicht sonderlich lag, aber mit einer Platzierung konnte ich das Trikot verteidigen und nachmittags beim Mannschaftszeitfahren wieder tragen.

Dieses Zeitfahren lief wie auf einer Wolke. Mit Garel, Dojwa, Rous, Magnien, Heulot und Wüst waren wir eine Klasse für uns. Die zweite Mannschaft verlor über eine Minute, und wir fanden uns auf Platz eins bis sechs der Gesamtwertung wieder.

Wieder startete ich in Gelb, im Etappenverlauf bildete sich eine Spitzengruppe, in der zwei unserer Fahrer waren, und ich tauschte abends Gelb gegen Grün. Zum Endergebnis so viel: Erster Garel (RMO), Zweiter Dojwa (RMO), und ich gewann Grün und wurde Zehnter in der Gesamtwertung.

Das sollte richtig gefeiert werden, und abends gab es einen offiziellen Empfang. Das Dumme war nur, dass ich vergessen hatte, meinen Kleidersack aus dem Lkw zu holen, der schon zum nächsten Rennen weitergefahren war. Ich hatte jetzt nur noch meine Jeans. Also besorgte ich mir ein Teamauto und fuhr los in ein Shoppingcenter, um mir wenigstens ein Hemd und ein paar anständige Schuhe zu kaufen, denn mit den ausgelatschten Teamturnschuhen wollte ich wirklich nicht auf die Bühne.

Nach dem offiziellen Teil machten wir uns dann auf ins Zentrum, um untereinander noch etwas zu feiern. Auf einem großen Platz in Nantes suchten wir uns eine Bar und gesellten uns letzten Endes zu den Jungs von Motorola. Einer ihrer Fahrer hatte das Bergtrikot gewonnen und wurde an eben diesem Tag 21 Jahre alt. Es war ein Neuprofi aus Texas mit Namen Lance Armstrong.

Sein Sportlicher Leiter, Jim Ochowitz, bestellte ihm einen Tequila nach dem anderen, und einige wenige, darunter auch ich, zogen anfangs mit. Meine Erinnerung lässt dann irgendwann etwas nach, aber so weit ich weiß, war ich am Ende der einzige, der mit Lance weiter Tequila trank. Garel bestellte noch eine Flasche Champagner, andere schwenkten um auf Bier, und in irgendeiner Disko endete der Abend dann. Ich war ziemlich blau und wusste nicht mehr, auf welcher Seite des Flusses unser Hotel war. Ich wollte zu Fuß gehen, um wieder etwas klarer im Kopf zu werden, peilte aber leider die falsche blaue Leuchtreklame an. Als ich endlich vor der richtigen Tür stand, war ich gut und gerne fünf Kilometer in meinen neuen Schuhen gelaufen. Resultat: Riesenblasen an der Ferse.

Am nächsten Tag waren wir mit dem Auto zum GP Isbergues in Nordfrankreich unterwegs. Franck, mein Masseur, musste dreimal anhalten, damit ich den restlichen Tequila nicht bei ihm im Auto ablud. Ein ganz mieser Tag, aber während der Autofahrt hatte ich doch Zeit, zu einem Fazit zu kommen: Ich war prima gefahren, aber einen Vertrag hatte ich noch nicht. Spaß hatten wir auch gehabt, aber die Nachwirkungen waren nicht wirklich lustig.

Einer der alten Hasen im Team, mein Freund Ronan Pensec, rief während der Tour de l'Avenir an und empfahl mir, ich solle am Wochenende mal mit Walter Planckeart sprechen, der im kommenden Jahr beim Nachfolgeteam von Panasonic unter der Leitung von Peter Post Sportlicher Leiter werden sollte.

Ich kannte zwar den Namen, aber das Gesicht nicht. Also machte ich mich am Start auf die Suche nach ihm und wurde schnell fündig. Ronan habe mich angerufen und er suche doch noch Fahrer für Histor Novémail, wie das Team im kommenden Jahr heißen sollte.

Ja, er habe Interesse, und nach einem weiteren Telefonat trafen wir uns in Gent im Holiday Inn, um den Vertrag zu unterzeichnen.

Ich hatte also doch noch einen neuen Zweijahresvertrag, und das Allerbeste daran war, dass die Mannschaft eine französische Lizenz haben würde und neben Ronan auch Charly Mottet und Thierry Laurent von RMO zu Histor wechselten.

Dass diese zwei Jahre verdammt hart werden würden, davon hatte ich im Oktober 1992 noch keinen blassen Schimmer.

Histor Novémail 1993/94:
Wer weiß, wofür es gut war ...

Die erste Besonderheit, die es mit dieser Mannschaft auf sich hatte, war die Tatsache, dass es kein gemeinsames Trainingslager irgendwo im Süden gab. Jeder trainierte wie er wollte oder konnte; es gab nur eine Zusammenkunft in Lille, wo die Mannschaft präsentiert wurde und die Teamfotos gemacht wurden. Dann war jeder wieder sich selbst überlassen. In meinen späteren Profijahren wäre das kein Problem gewesen, aber nach den vier Jahren bei RMO, wo alles für die Fahrer getan wurde, hatte ich hier zuerst manchmal das Gefühl, der Rennfahrer sei ein Störfaktor, der allen auf die Nüsse ging.

Nach weniger erfolgreichen Rennen war es eher so, dass man sich anhören musste, wie schlecht man doch sei, als dass der Sportliche Leiter einen aufgebaut hätte.

Ich gewann zwar einige Rennen, aber ein echter Profi war ich zu der Zeit sicher noch nicht.

Nach meinem Sieg beim GP de Denain an einem Donnerstag fuhr ich zusammen mit drei australischen Freunden, die bei mir zu Besuch waren, erst einmal von dort nach Rouen. Dort wohnte Phillipe Bouvatier, der bei meiner ersten Australienreise 1991 auch dabei gewesen war. Mit ihm aßen wir zu Abend, und gegen 1.00 Uhr brachen wir dann auf nach Paris, wo wir in Phillipes Miniappartement zwei Nächte bleiben wollten, damit die Aussies etwas von Paris zu sehen bekamen.

Am Freitag zeigte ich den Jungs Paris und legte dabei sicher fünfzehn Kilometer zu Fuß zurück. Wir ernährten uns von Baguette und Fastfood, und am nächsten Morgen fuhr ich sie zum Bahnhof. Ich selbst machte mich auf nach Compiègne, denn es stand ja Paris–Roubaix auf dem Programm. Obwohl die Tage vor dem Rennen kaum weniger professionell hätten verlaufen können, machte ich im Rennen eine gute Figur und kam das einzige Mal in meiner Karriere auch im Velodrom von Roubaix an. Im Vorjahr hatte ich das Rennen in der Ambulanz beendet, und seitdem war meine anfängliche Begeisterung für diesen Klassiker in Hass umgeschlagen. Wie man ein solches Rennen als Fahrer gut finden kann, das konnte ich damals und kann ich auch heute noch nicht verstehen.

Zwischenzeitlich gab es allerdings auch andere Dinge, an denen ich mich freuen konnte.

Während der Tour de l'Avenir im Vorjahr hatte Ronan Pensec uns mit seiner Harley-Davidson im Hotel besucht. Als ich im Sommer 1991 in Milwaukee gewesen war, wo diese Motorräder herkommen und auch zahlreich gefahren werden, hatte ich eigentlich schon beschlossen, mir – wenn ich mir mal ein Motorrad kaufen würde – eine Harley zuzulegen. Nur leider sind die Dinger nicht gerade ein Schnäppchen. Die ausgefallenen drei Monatsgehälter von RMO waren inzwischen zwar verkraftet, aber mal eben 30.000 Mark übrig hatte ich nicht.

Eines schönen Frühjahrstages fuhr ich (es stand Regenerationstraining auf dem Programm) beim offiziellen Harley-Davidson-Händler in Wesseling vorbei. Auf die Frage, wie lang denn die Lieferzeiten einer »Fat Boy« oder »Heritage« seien, hörte ich die unglaubliche Antwort: »Ein Jahr Minimum, eher mehr!«

Vergiss es, dachte ich, und fuhr weiter. In der Kölner Südstadt gab es einen Harley Performance Shop, der auch das eine oder andere Milwaukee-Eisen im Laden stehen hatte. Auch da wollte ich mir »nur mal was angucken«.

Auf die gleiche Frage wie eine halbe Stunde zuvor bekam ich zur Antwort: »Ich habe da einen Freund, der hat gerade eine aus Amerika geholt, der schuldet mir noch einen Gefallen. Wenn du willst, ist die in drei Tagen hier ...«

Na ja, in drei Tagen würde ich sicher kein Motorrad kaufen, aber für alle Fälle nahm ich eine Business Card mit und rollte nach Hause. Als ich dort ankam, zeigte Heike mir Post aus Frankreich, von irgendeinem Anwalt. Ich öffnete das Kuvert und konnte es kaum fassen: Es wurde mir mitgeteilt, dass die beim Weltverband hinterlegten drei Monatsgehälter ausgezahlt worden seien, und dass das Preisgeld ebenfalls auf dem Weg sei.

Ich sagte zu Heike: »Das ist ein Zeichen!« Sie wusste natürlich nicht, worum es ging, doch nachdem ich ihr erzählt hatte, dass ich gerade bei diversen Harley-Händlern gewesen sei, gab es für uns beide gar keine Alternative. Ich kramte die Karte aus der Trikottasche und rief an. Der Radrennfahrer, der eben da gewesen sei, möchte doch gern die »Fat Boy« kaufen, wenn die denn wirklich in drei Tagen da wäre ...

Diese Entscheidung aus dem Bauch heraus hat mir danach noch viel Freude bereitet. Wenn ich mit Heike im Sommer über die Felder pröttelte, hatten wir so viel Spaß an dem Fahrtwind, der uns um die Ohren pfiff, dass wir diese gemeinsamen Momente nicht mehr missen möchten.

Das Geld, das damals so überraschend eintraf, hatte ich eigentlich abgeschrieben, und als es dann doch kam, haben wir uns damit einfach eine Freude gemacht. Es gab auch danach immer wieder Momente und Gelegenheiten, wo wir spontan etwas entschieden und im Nachhinein nichts als Freude daran gehabt haben. Man sagt ja oft, dass das, woran man als Allererstes denke, meist die richtige Entscheidung sei. Daran ist viel Wahres, und so war es bei uns damals auch.

Es war auch eine willkommene Ablenkung vom eigenwilligen Mannschaftsalltag, denn ich fuhr ja damals in einem Team, in dem jeder sich selbst überlassen war: keine Anrufe des Sportlichen Leiters, wie es denn ginge oder sonst irgendeine Art von Kontaktaufnahme vonseiten der Teamleitung.

Trotz allem gelangen mir in der ersten Saison mit Histor sieben Siege. Zur Tour wurde ich nicht mitgenommen, und so blieb mir mit meinem Zweijahresvertrag nichts weiter übrig, als mich voll auf 1994 zu konzentrieren, um dann nach einer guten Saison in ein anderes Team zu wechseln. Ich war eigentlich nur glücklich, wenn ich mit dem französischen Teil der Mannschaft in Frankreich unterwegs war, was leider viel zu selten der Fall war.

Ich verbrachte den Winter wie schon gewohnt in Australien, und nach unserer Rückkehr blieben wir auch nicht lange in Deutschland, sondern richteten uns für knapp zwei Wochen auf den Kanaren ein. Das Beste daran war, dass ich nicht alleine trainieren musste, denn vom italienischen Lampre-Team waren auch vier Fahrer dort. Ein glücklicher Zufall wollte es, dass ich diese Gruppe gleich am ersten Tag traf. Ich schloss mich Fondriest, Svorada und Co. an und kam gegen Ende Januar mit so guter Form wie noch nie zurück. Da bekam ich dann auch meine neue Team-Rennmaschine, allerdings fühlte ich mich darauf nicht wirklich wohl. Die Rahmengeometrie war komplett anders als im ver-

gangenen Jahr, aber da es »nun einmal so war«, wie der Mechaniker sagte, musste ich wohl oder übel damit vorlieb nehmen.
Was daraus resultierte, war das komplette Desaster. Nach zwei längeren Trainingsfahrten hatte ich schon ein Zwicken im rechten Knie, aber da die Form gut war, wollte ich natürlich den Saisonauftakt bei der Ruta del Sol in Spanien nicht verpassen. Da ich ohnehin keine Wahl hatte und mit diesem Rad fahren musste, hoffte ich darauf, dass sich im Wettkampf und unter spanischer Sonne alles wieder geben würde.

Die erste Etappe verlief viel versprechend, und obwohl wir ausgemacht hatten, dass ich von Jo Plankaert unterstützt werden sollte, sah ich ihn im Finale nicht. Nachdem ich ganz knapp Zweiter geworden war, stellte sich heraus, dass er auf eigene Kappe gefahren und Vierter geworden war. Da hatte ich schon einen dicken Hals. Der zweite und der vierte Platz zählen im Profisport gar nichts. Der Zweite ist immer der erste Verlierer, und da ich das ohne Hilfe geschafft hatte, hätte es ja durchaus sein können, dass ich gewonnen hätte, wenn er sich an die Abmachung gehalten hätte. Das war allerdings nur für eine knappe Minute meine Sorge. Als ich zum Podium fuhr, spürte ich einen stechenden Schmerz an einem Sehnenansatz des rechten Knies – genau da, wo es zu Hause schon gezwickt hatte, nur war es jetzt eher so, als bohre jemand ein Messer in mein Knie. Bei der Massage meinte der Masseur fachmännisch, es sei »het buitenband« (das Außenband); ob der überhaupt wusste, wo das lag?
Ich war den Tränen nahe: Da wollte ich dieses Jahr so gut fahren wie nie, um diesen Haufen verlassen zu können – und durch ein Rad, das mir nicht passte, wurde die ganze Vorbereitung zunichte gemacht. Am kommenden Morgen wusste ich, dass es keinen Zweck hatte, wurde aber vom Sportlichen Leiter dazu überredet, es doch noch einmal zu probieren. Bis zur Verpflegungskontrolle quälte ich mich im glücklicherweise langsamen Fahrerfeld, um dann das Handtuch zu schmeißen und nicht noch mehr kaputt zu machen. Es war wirklich ein Desaster, und als ich abends dann endlich meinen Rückflug gebucht hatte, musste ich von Masseur zu Masseur laufen und darum bitten, dass mich am nächsten Morgen jemand zum Flughafen brachte.
Ich war fix und alle und bestieg den Flieger zurück nach Köln. Dort ging es mir moralisch dann eher noch schlechter. Es war

Karneval, und weil ich in Spanien hätte sein sollen, war Heike mit einer Freundin nach Gran Canaria geflogen. Freitagnachmittag bekam ich noch einen kurzfristigen Termin in der Orthopädie des Dreifaltigkeitskrankenhauses in Köln, und es wurde nach kurzer Untersuchung beschlossen, der Entzündung erst einmal mit einer Injektion auf den Pelz zu rücken. Ich fuhr also nach Hause in eine leere Wohnung, und alles was ich tun konnte, war Eis auf die Außenseite des Knies zu legen. Da während des Karnevals in Köln alles anders ist als sonst, gab es keine Chance für Ultraschall, Jonthoforese oder andere Therapien. Nur Eis und Ruhe.

Nachdem ich den Rest des Freitags und den ganzen Samstag untätig zu Hause gesessen und Trübsal geblasen hatte, beschloss ich, wenigstens unter Menschen zu gehen, und hatte damit die richtige Entscheidung getroffen.

Mit Guido (Eickelbeck, der mit den Rollerskates crashte ...) und einem ehemaligen Teamkollegen aus PSV-Zeiten, Andreas Brandl, fuhr ich in die Stadt. Andreas, den alle in Köln nur Sepp nennen, weil er aus dem Allgäu kommt, ist nicht nur der einzige Bayer (Allgäuer sollte ich wohl sagen), der Kölsch ohne Akzent spricht, sondern war an diesem Abend meine moralische Rettung. Ich hatte mich als Fahrer angeboten und blieb den ganzen Abend bei Wasser, aber als ich auf der Fahrt in die City erzählte, was mir wehtat, sagte Andreas: »Das hatte ich auch schon mal, aber nach einer kleinen Änderung am Schuh habe ich's wieder hinbekommen.«

Das war ja viel versprechend: Alle Symptome waren exakt die gleichen, und die Änderung war so einfach durchzuführen, dass ich am liebsten direkt wieder nach Hause gefahren wäre.

Als ich gegen halb eins zurückkam, nachdem ich die beiden abgeladen hatte, holte ich sofort meine Radschuhe heraus und beäugte sie kritisch.

Wenn der Traktus scheuert, und so lautete die Diagnose, musste man ja eigentlich nur die Spannung etwas wegnehmen und dadurch das Scheuern beenden.

Wenn es an der Außenseite des Knies reibt, dann kann man, indem man die Außenseite des Fußes etwas hebt, die Spannung verringern. Das war das ganze Geheimnis, das Sepp mir erklärt hatte. Ich nahm also einen Pedalriemen aus Leder und schnitt etwa drei Zentimeter davon ab. Dieses etwa zwei Millimeter dicke Riemchen legte ich an der Außenseite des Schuhs unter die Platte, mit der ich ins Pedal einklickte, und ohne im Schuh eine Veränderung vorgenommen zu haben, wanderte die Außenseite meines Fußes um diese zwei Millimeter nach oben.

Da die Injektion erst gute zwei Tage her war, traute ich mich natürlich nicht, das Knie in irgendeiner Weise zu belasten, aber ich holte mitten in der Nacht mein Rad und den Turbotrainer in die Wohnung und pedalierte ganz leicht mit der neuen Position des Fußes. Da es sich um eine kortisonhaltige Injektion gehandelt hatte, spürte ich keine Schmerzen, aber es fühlte sich trotzdem irgendwie schon ein bisschen besser an. Gegen drei Uhr schlief ich dann mit einem Hoffnungsschimmer am inneren Horizont ein.

Rosenmontag ging ich den »Zoch« (für Nicht-Kölner: den Karnevalszug) gucken, in der Nacht auf Aschermittwoch war ich den »Nubbel« (eine kleine Figur, die den Karneval symbolisiert) verbrennen und schon wieder guter Dinge, denn die Mini-Sessions auf dem Turbotrainer hatten keine Schmerzen verursacht. Kostümiert war ich an diesem Abend als Radrennfahrer, denn es war bitterkalt und genügend warme Trainingsklamotten hatte ich im Kleiderschrank. Als dann endlich alles vorbei war, konnte ich auch mit der begleitenden Therapie beginnen, und nach weiteren Untersuchungen war dann eine Woche nach der ersten Injektion das erste Training auf der Straße angesagt. Ich fuhr wie auf Eiern, horchte in mein Knie hinein und steigerte auf einer etwa drei Kilometer langen Runde mit einer Steigung jedes Mal die Belastung des Knies – und es hielt! Ich kam nach Hause und war wie ausgewechselt. Am nächsten Tag wollte ich drei Stunden durch die Eifel fahren, und auch dabei hatte ich dann keine Probleme. Ich war zu Hause auf mein Rad vom Vorjahr umgestiegen. Zusammen mit dem Lederriemen unter der Schuhplatte hatte mich das fürs Erste gerettet.

Aber die Rettung reichte nur bis zum nächsten Rennen. Dort musste ich natürlich das Teamrad nehmen, denn der Sponsor Look wollte ja sein neuestes Modell im Peloton herumfahren sehen – und es tat wieder weh im rechten Knie, diesmal aber an anderer Stelle.

Ich war total an Ende. Der Mannschaftsarzt empfahl locker zu fahren und zu schauen, wie es ging – aber es ging ja nicht mal, wenn ich locker fuhr. Es hatte den Anschein, als sei es allen im Team völlig egal, ob mir mein Knie wehtat oder nicht.

Ich ging wieder ins Dreifaltigkeitskrankenhaus, bekam wieder eine Spritze ins Knie, wieder Ruhe, Therapie und Eis. Dann begann ich mit isokinetischem Krafttraining. Rudi, der damals wie heute noch die ambulante Reha leitete, gab mir viele wertvolle Tipps, denn auch prominente Fußballer hatten sich hier schon mit komplett kaputten Knien wieder erholt.

Ich fuhr so gut wie kein Rad, nur ganz locker auf dem Hometrainer zum Aufwärmen, dann ging es an den Cybex, um gelenkschonendes Krafttraining aufzunehmen. Durch die Stärkung der Muskulatur wollten wir erreichen, dass das Knie sich deutlich stabilisierte und schließlich auch unter Belastung nicht mehr schmerzte.

Nach fast zwei Wochen akribischer Analyse der Krafttestergebnisse, und ohne auf dem Rad gesessen zu haben, rief ich beim Sportlichen Leiter an und kündigte an, ich würde nach Amsterdam fahren, wo der Service Course war, um zusammen mit dem Chefmechaniker herauszufinden, woran es denn liegen könnte, dass mir das neue Rad so starke Kniebeschwerden mache.

Der Tag war eigentlich für die Katz, denn nachdem er nachgemessen hatte, räumte der Mechaniker zwar ein, dass der Rahmen etwas größer und die Geometrie eine andere wäre, fand aber, das dürfe eigentlich nicht ausreichen für »so ein bisschen Knieschmerzen.«

Ich war empört, ließ mir aber nichts anmerken und sagte nur, ich würde gerne beide Räder mit nach Hause nehmen, um die neuen Komponenten an den alten Rahmen bauen zu können, denn auf ein erneutes Risiko hatte ich definitiv keinen Bock mehr.

Nachdem ich quittiert hatte, dass ich beide Räder mitgenommen hatte, machte ich mich auf den Weg. Auf der Autobahn kam mir die Bemerkung des Mechanikers wieder in den Sinn: »so ein bisschen Knieschmerzen.« Dachten die denn alle, dass ich simulierte? Das war absurd, doch der Anruf tags darauf ließ keinen anderen Schluss zu. Ich wäre doch schon lange genug krank und solle doch am Wochenende zum Rennen anreisen. Alle Erklärungen, dass ich seit zwei Wochen nicht trainiert hätte und das Knie frühestens nächste Woche im Training reif für einen Test sei, wurden überhört. Ich wolle doch keine Probleme bekommen, hieß es. Also doch, reine Erpressung war das, denn die monatlichen Bezüge waren selbstverständlich notwendig. Ich trat also an, nach nur 20 Kilometern gingen die Attacken los und aus der langen Reihe des Feldes ging nur einer fliegen – ich. Ich wurde von den Begleitfahrzeugen verschiedenster Teams überholt, und mancher kompetente Sportliche Leiter muss sich gedacht haben: »Wenn der Wüst so schlecht drauf ist, warum fährt er dann überhaupt Rennen?«

Es kam mir vor, als hätte man mich bewusst blamieren wollen, und ich war drauf und dran, die Brocken hinzuschmeißen. Aus, vorbei – dann mache ich eben die Lehre als Bürokaufmann bei meinem Vater und übernehme irgendwann mal den Laden ... nur nichts mehr mit diesen Leuten zu tun haben müssen ...

Heike war diejenige, die mich darin bestärkte, trotzdem weiterzumachen und gerade jetzt nicht aufzuhören. »Das ist doch genau das, was die wollen«, sagte sie, und »Sieh zu, dass dein Knie durchhält, und dann zeigst du es ihnen!«

Sie hatte ja Recht, die Rennbelastung war nur kurz gewesen, und ich war eigentlich abgehängt worden, weil ich nicht fit genug war, nicht weil das Knie wehtat.

Nach einer weiteren Woche mit Therapie und Krafttraining beschloss ich, dass Knie zu testen. Das Fahrrad des letzten Jahres war inzwischen mit den neuen Komponenten ausgestattet worden, und die Schuhplatten hatte ich so präpariert wie nach der ersten Zwangspause.

Ich startete in Vogelsang und fuhr hinaus nach Königsdorf, wo wir heute wohnen. Dort kurbelte ich erst einmal mit verhaltener Kraft einen Berg von etwa 600 m Länge hoch, oben drehte ich um und fuhr wieder hinunter. Jedes Mal erhöhte ich die Übersetzung und die Kraft, die über das lädierte Knie aufs Pedal gebracht werden musste. Wenn es jetzt nicht hielt, war die Karriere ohnehin vorbei, denn nach einer eventuellen Operation würde mich ohne Ergebnisse ziemlich sicher niemand haben wollen. Alles das ging mir durch den Kopf, bis ich dann zum fünften Mal den Berg unter die Räder nahm und außer den minimalen Sehnenbewegungen, die man nun einmal wahrnimmt, wenn man viel zu sehr in ein solches Knie »hineinhört«, eigentlich nichts Beunruhigendes spürte. Nach etwa zwei Stunden war ich wieder zu Hause und berichtete Heike, dass es jetzt endlich bergauf gehen würde. Das

Krafttraining mit den speziellen Übungen, die mich aus diesem Elend herausgeholt hatten, führte ich nicht nur über die komplette Saison 1994 weiter durch, sondern behielt die Gewohnheit bei, soweit ich nicht auf Rennen unterwegs war, wenigstens einmal, wenn möglich sogar zweimal die Woche im Kraftraum mein Basisprogramm für die Kniegelenke, aber auch Bauch und Rücken durchzuziehen – und das bis zum Ende meiner Karriere.

Der nächste Tag führte mich dann in die Eifel, wo ich etwa 120 Kilometer trainierte, zwar leicht, aber beschwerdefrei. Dann folgten 150 Kilometer mit dem gleichen guten Resultat.

Am Wochenende stand ein Rennen in Frankreich an, die Tour de Vendée in der Nähe von Nantes. Was ich eigentlich dringend brauchte, war noch wenigstens eine Woche Training im Grundlagenbereich, bevor ich mich mit Intervallen oder gar Rennen befassen konnte.

Doch die Sportliche Leitung sah das natürlich wieder anders. Ich wurde angerufen und in die Vendée beordert. Dass weiteres Training effizienter und sinnvoller gewesen wäre, wollte niemand hören. Ich sei Rennfahrer, nicht Trainingsfahrer.

Ich fuhr am Samstag also mit dem Auto nach Antwerpen und wurde dort von einem Masseur abgeholt. Für die fast 1100 km brauchten wir insgesamt 9 Stunden, massiert wurde ich abends nicht mehr, denn es war ja spät, als wir ankamen. Am nächsten Morgen startete ich und wurde erst kurz nach der Hälfte das Rennens abgehängt. In einer Gruppe von zehn Fahrern kam ich ins Ziel, und da es geregnet hatte und wir alle pitschnass waren, wollte ich auch nur noch meine Tasche vom Teamauto holen und zur Dusche fahren. Dass ich das nicht konnte, lag daran, dass niemand am Auto und dieses abgeschlossen war. Ein Masseur von Castorama, der vorher bei RMO gewesen war, stand gegenüber in einer Bar und trank einen Kaffee. Als er mich im Regen stehen sah, kam er sofort heraus und schloss mir das Castorama-Auto auf, gab mir ein Handtuch und etwas Heißes zu trinken.

Nach zwanzig Minuten, ich hatte inzwischen auch schon eine Castorama-Jacke an, weil ich fror wie ein Schneider, kamen auch die Histor-Masseure – aus der gleichen Bar! Als ich ausstieg, um meine Tasche zu holen, bemerkte einer von ihnen: »Wenn Walter (Planckaert, der Sportliche Leiter) sieht, dass du eine Castorama-Jacke anhast, dann gibt's Ärger.«

Ich ging gar nicht darauf ein, sondern schnappte meine Tasche und fuhr duschen. Danach kam ich zurück zum Auto und erst jetzt, lange nach dem Ende des Rennens, sagte mir jemand beiläufig, dass ich zur Kontrolle ausgelost worden wäre. Ohne davon zu wissen, war ich nach dem Duschen natürlich Pinkeln gewesen und hatte jetzt Probleme, die geforderte Menge zu bringen.

Es war inzwischen nach 18.00 Uhr; da wir noch mit dem Auto zurück mussten, fingen dann einige an zu mosern. Planckaert bot mir sogar an, den Rest für mich in den Becher zu pinkeln – sehr witzig, selten so gelacht.

Bis ich fertig war, dauerte es noch etwa eine Stunde, dann kam die Rückfahrt nach Antwerpen, wo ich auf dem Parkplatz des Holiday Inn um kurz vor 4.00 Uhr in der Frühe aus dem Auto befördert wurde.

Kurz vor sechs kam ich zu Hause an und war froh, dass ich diese ganze Truppe erst einmal nicht mehr sehen musste.

Aber ich wuchs an dem, was mir widerfahren war, und trainierte kontinuierlich mit steigendem Umfang und wachsender Intensität. Ich hatte zwar keine besondere Form erreicht, als ich zu meinem nächsten Renneinsatz anreiste, aber das Knie hielt. Zwischenzeitlich hatte mich auch Bruno Roussel angerufen, der im Vorjahr noch Sportdirektor bei RMO gewesen war und jetzt bei Festina war. Wie es mir ginge, fragte er, und er gab mir die Adresse eines Kniespezialisten in Bordeaux, der Luc Leblanc Anfang des Jahres operiert hatte, der inzwischen wieder beschwerdefrei wäre. Das hat mich wirklich gefreut. Die eigenen Leute scheren sich einen Dreck um dich, und der Teamleiter der Konkurrenz gibt dir einen Tipp, damit du gesundheitlich wieder auf die Beine kommst – da soll ein Außenstehender den Radsport verstehen.

Es ging zwar schon wieder recht gut mit dem Knie, aber noch eine kompetente Meinung zu hören, war sicherlich nicht schlecht. Also vereinbarte ich einen Termin in Bordeaux für Ende Juni.

Die Rundfahrt Dauphiné Libéré in Frankreich ist eine der härtesten, was das Streckenprofil angeht, und noch heute denke ich, dass es reine Absicht war, einen noch nicht wieder hundertprozentig fitten Sprinter in eine Rundfahrt zu schicken, bei der es täglich durch die Alpen geht. Der Prolog am Genfer See war in Ordnung, aber in diesem Zeitfahren ging es etwas zu viel bergauf, ich landete im hinteren Mittelfeld.

Am nächsten Morgen war es zunächst kühl, aber als es dann ziemlich schnell warm wurde, brachte ich meine Weste und die Arm- und Beinlinge zurück zum Mannschaftswagen, wo Planckaert etwas sagte wie »Na, schon am Auto? Lekker warm vandag ...«
Es wurde eine ruhige Etappe, es gab einen Massensprint und einen Sieger mit Namen Marcel Wüst. Noch nie war ein Sieg bei einem Rennen so befreiend für mich gewesen. Ich heulte vor Glück, meine französischen Teamkollegen waren außer sich vor Freude, Mottet, Pensec und Co. umarmten mich, und ich hatte das Comeback geschafft. Zu Planckaert sagte ich dann noch: »Ja, lecker warm heute, aber schön!«

Ich quälte mich durch den Rest der Rundfahrt, und als ich acht Tage später in Annecy die letzte Etappe beendete, war es das erste Rennen, das ich im Jahre 1994 korrekt beendet hatte.
Ich schaute auf viele negative Erlebnisse zurück, die ich aber doch genutzt hatte, um etwas Positives daraus zu machen. Natürlich war auch ein wenig Glück dabei gewesen, den ersten Sprint zu gewinnen, aber »what goes around comes back again« (Badloves), und es kam genau zur richtigen Zeit zu mir zurück. Ich hatte durchgehalten, als es ausweglos erschien und war dafür belohnt worden.
Besonders motivierte mich, dass es im kommenden Jahr ein neues französisches Team geben sollte. Ronan Pensec war schon kontaktiert worden, und er meinte, für einen Sprinter, der beim Dauphiné Etappen gewinnen könne, habe man da sicher auch Platz.
Ich nahm Kontakt zu Guy Mollet auf, der der Manager der Mannschaft werden sollte, und der zeigte sich interessiert. Wir vereinbarten, uns im nächsten Monat zu treffen. Endlich hatte ich wieder Freude am Radsport. Bei dem Treffen in Nordfrankreich unterzeichnete ich gleich meinen Vertrag, und so war ich sicher, dass ich im nächsten Jahr wieder mit viel Spaß meinem Job nachgehen würde – und vor allem meinem Ziel Tour de France ein gutes Stück näher gekommen wäre ... ich hatte ja keine Ahnung, aber woher auch.
Die Saison beendete ich ganz ordentlich, bevor ich mich wieder in Richtung Australien aufmachte, um dort einige Rennen zu fahren und anschließend mit Heike eine tolle Zeit zu haben.

Le Groupement 1995: Ein halbes Jahr und nicht viel mehr ...

Während ich in Australien war, fand das erste Teamtreffen statt. Ich nahm nicht teil, denn es sollte nur ein »get together« sein, kein Trainingslager im klassischen Sinne, und so bereiste ich das australische Outback, während alle anderen mit ihren Frauen nach Florida eingeladen wurden.

Nachher wurde mir dann erzählt, es sei das Grandioseste gewesen, was man als Radprofi erleben könne. Jeweils zwei Pärchen teilten sich ein Haus (mit Pool, fünf Zimmern etc.) und ein Auto, und für die Gala mit dem Firmengründer Jean Godzich bekamen alle Frauen genügend Taschengeld, um sich ein neues Galakleid zu kaufen.

Im ersten Trainingslager Anfang Januar war ich mit dem Supersprinter Jean Paul van Poppel auf dem Zimmer, und selbst er erzählte begeistert die Geschichte der Gala und wie alle Mitarbeiter hinter dem Team ständen. Selten habe er so eine Begeisterung gesehen, meinte er.

Das Trainingslager war eine tolle Sache, auch wenn gar nicht Rad gefahren wurde, sondern Skilanglauf auf dem Programm stand. Ich fand in Charly Mottet gleich meinen Meister, aber mit Ronan Pensec lieferte ich mir harte Duelle, die uns riesigen Spaß machten und auch konditionstechnisch weiter brachten.

Am Ende des Trainingslagers fand die Teampräsentation statt, es wurden die Fotos für Autogrammkarten und Poster gemacht, und wir fuhren gemeinsam zur französischen Crossmeisterschaft, wo unser Fahrer Jérome Chiotti Mitfavorit war.

Als wir dort ankamen, trauten wir unseren Augen nicht. Es waren wenigstens 2000 Le Groupement-Fans angereist, die das Trikot auf Besenstiele gezogen hatten und Le Groupement-Sprechgesänge anstimmten. Jérome gewann auch noch den Titel, und danach hatte man das Gefühl, es gäbe niemanden, der nicht hinter unserer Mannschaft stünde. In diesem Maße hatte ich das zuvor nur bei Bundesligaspielen gesehen, aber im Radsport war diese Art von »Fanclub« total neu.

Ich für meinen Teil freute mich darüber, flog nach Gran Canaria und von dort direkt weiter ins Trainingslager mit der Mannschaft, wo wir auch zehn Tage zusammen trainierten.

Die Stimmung war super, und vor allem der internationale Charakter der Mannschaft gefiel mir gut. Wir hatten natürlich mehrere Franzosen, aber auch Belgier, Holländer, einen Kasachen, den Schotten Robert Millar und mich als Deutschen in der Mannschaft, und man merkte gleich: Bei dieser Truppe stimmt die Chemie.

Der Auftakt beim ersten Rennen in Frankreich war überwältigend. Stephane Hennebert, einer unserer Belgier, gewann, und die zu tausenden angereisten Groupement-Fans hatten wieder einen Grund zu feiern. Es war noch mehr los als bei der Crossmeisterschaft, und am folgenden Tag las man ebenso viel über die Fans in der Zeitung wie über den Sieger.

Damals wusste ich nichts über irgendwelche Hintergründe, aber es kam die Diskussion auf, ob Le Groupement eine Art Sekte wäre. Die Firma funktionierte mit einem pyramidenartig organisierten Verkaufssystem, und diejenigen, die an der Spitze der Pyramide saßen, wurden »Diamanten« genannt; von ihnen gab es zwölf. Dieses System war zwar nicht illegal, aber wirklich legal war es wohl auch nicht, und so hatte die Presse ein gefundenes Fressen. Der damals amtierende Weltmeister Luc Leblanc fuhr auch bei uns, und so war das Medieninteresse riesig, vor allem als es hieß, der Boss habe Leblanc nach dem Weltmeistertitel einen Mercedes SL geschenkt.

Vor unserem Abflug zur Classico RCN in Kolumbien, wo »Lucho« Leblanc am Jahresende seinen WM-Titel verteidigen musste, waren ein Haufen Journalisten am Flughafen Charles de Gaulle und stellten uns viele Fragen. Ich war zwar nicht das Zentrum des Interesses, sollte aber ebenfalls meine Meinung kundtun, was ich auch tat: »Es ist doch egal, ob Sekte oder nicht. Der Sponsor lässt zweiundzwanzig Fahrer und das entsprechende Personal gut leben. Alle diese Leute haben einen Job; ohne dieses Team stünden die meisten doch auf der Straße.« Heute sehe ich das nach wie vor genauso, aber die negativen Schlagzeilen machten sich bei den Umsatzzahlen des Unternehmens bemerkbar.

Und was würde ich denn wohl als Chef eines florierenden Unternehmens tun, wenn ich ein teures Radteam finanziere, um die Marke bekannter zu machen und den Umsatz dadurch zu steigern, aber eben dieser Umsatz geht wegen negativer Presse um das Radsportteam herum zurück?

Zunächst tat Godzich gar nichts, aber die Diskussionen brodelten immer weiter, und so kam es wie es kommen musste. Es war der Dienstag vor der Tour de France, ich sollte am Donnerstag anreisen und hatte die letzte lange Trainingseinheit von fast sieben Stunden gerade hinter mich gebracht. Zu Hause angekommen sagte Heike, dass Vincent angerufen hätte, er war einer der Sportlichen Leiter.

Ich dachte mir nichts weiter dabei und rief zurück. Seine erste Frage war, ob ich denn säße.

»Ja«, antwortete ich, und so sagte er, er habe zwei Nachrichten: eine schlechte und eine ganz schlechte. »Na ja, dann sag mal die schlechte zuerst«, meinte ich. »Die schlechte ist, dass wir nicht zur Tour fahren, und die ganz schlechte, dass es die Mannschaft nicht mehr gibt und du auch für Juni schon kein Geld mehr bekommst.«

Hammerhart, keine Frage, aber nicht völlig unerwartet. Er verabschiedete sich, um noch weitere Fahrer zu informieren, und wollte sich in den nächsten Tagen noch mal melden.

Ich sah Heike an, die alles mitverfolgt hatte, und im ersten Augenblick waren wir beide nicht fähig, einen klaren Gedanken zu fassen. Es war ja nicht zu glauben: Da hatte ich ein Team, in dem ich mich wohl fühlte, mich weiterentwickelte, und dann so etwas.

Aber hängen lassen und Trübsal blasen war sicher nicht der richtige Weg, da waren wir uns einig. Nach einer Viertelstunde trafen wir eine Entscheidung: Wir wollten wieder zusammen nach Milwaukee fliegen, denn da konnte ich weiter Rennen fahren, und vor allen Dingen war ich dort weit weg von der Liveberichterstattung der Tour de France. Jeden Tag das Rennen zu sehen, bei dem ich seit Kindesbeinen mitfahren wollte, das wäre zu viel des Guten gewesen.

Weil Le Groupement ausfiel und ein anderes Team nachrückte, waren sogar Tickets frei geworden, und so stand an Kosten nur das Ticket für Heike an, das der Veranstalter zu Sonderkonditionen buchte.

Also landeten wir am 5. Juli in Milwaukee, aber obwohl ich in den Rennen gut drauf war und auch eines davon gewann, wollte sich nicht wirklich eine neue Moral einstellen. Es war ja nur temporär; was sollte ich machen, wenn es zurück nach Europa ging und ich keine Rennen mehr fahren würde?

Wir lebten in Milwaukee eher wie die Könige als wie Radprofis. Pizza, Burger, Eis und Bier waren die Grundnahrungsmittel, denn im Aufbau zur Tour hatte ich bewusst auf all das verzichtet. Ich blieb sogar noch eine Woche länger, weil es in Minneapolis ein Rennen gab, bei dem der Sieger 10.000 US$ bekommen sollte. Das Ganze spielte sich auf einem Stadtkurs ab, der tellerflach war.

Mit meinem Freund Fernando, einem Mechaniker beim amerikanischen Team Saturn, fuhr ich im Teamtruck dorthin und begrub meine Hoffnungen, als ich erfuhr, dass es 42 °C werden würde. Ich fuhr nach der halben Renndistanz ins Hotel, ließ die Badewanne mit kaltem Wasser voll laufen und zog am Automaten im Gang drei Liter Gatorade, die ich in der kalten Wanne in zehn Minuten intus hatte. Abends gab es noch eine Party bei Greg LeMond, und von dort ging es mit dem Lkw wieder nach Milwaukee und nach einer weiteren Nacht zurück nach Frankfurt.

Heike holte mich vom Frankfurter Flughafen ab, und der erste Weg führte mich auf die Waage. Ich hatte tatsächlich in den knapp vier Wochen fast fünf Kilo zugenommen, obwohl ich gut 2800 km gefahren war. Augenblicke später klingelte das Telefon, und ich konnte es nicht fassen. Es sprach ein Marquès de Castaneda, der beim Veranstalter der Spanienrundfahrt Unipublic die Sparte Deportpublic unter sich hatte, sprich: das Radteam Castellblanch/MX-Onda.

Er habe mit Pensec gesprochen, und der habe ihm meinen Namen genannt. Wie es denn so gehe und wie die Form sei? »Super, alles total gut«, schwindelte ich. »Ich komme gerade aus Amerika zurück, wo ich insgesamt vierzehn Rennen gefahren bin.« Das sei sehr schön, meinte er, denn man denke bei Deportpublic darüber nach, mich für die Vuelta zu verpflichten, und eventuell sogar für 1996 unter Vertrag zu nehmen.

»Ja, gut. Wir können über alles reden«, sagte ich, und ich nannte eine Hausnummer, die mir fair erschien. Zwei Stunden später kam per Fax ein Vertrag, den unterschrieb ich am nächsten Tag, und schon ging meine Karriere weiter.

Kolumbien: Das Blut des kölschen Gringos

So sah es in Medellin vor dem Hotel aus – das allerdings 24 Stunden am Tag.

Mein erster Besuch auf dem südamerikanischen Kontinent – noch während der Zeit bei Le Groupement – war eine wirklich spannende Sache – in mancherlei Hinsicht. Wir Radsportler waren unterwegs, um Radrennen zu fahren, aber darüber hinaus wussten wir eigentlich nichts von Kolumbien. Klar hatten wir im Erdkundeunterricht etwas über die Klimazonen in den Anden gelernt, und ich wusste auch in etwa, wie es um Vegetation und Klima bestellt war, aber alles weitere stammte aus US-Filmen, in denen Drogenbosse mit ihren Autos in die Luft gesprengt wurden. Diese Klischees wollte ich aber doch erst einmal zu Hause lassen.

Wir checkten damals im Terminal 1 des Flughafens Charles de Gaulle in Paris ein, um über Bogotá nach Medellin zu fliegen, wo die Clasica RCN beginnen sollte. Bei unserer Ankunft in Bogotá herrschte am Terminal eine unglaubliche Unruhe. Es war, als wären wir in einem Ameisenhaufen gelandet, und ich wunderte mich, was wohl passiert sein mochte. Letzten Endes war gar nichts passiert, so war es eben in Kolumbien. Wir wurden vom Veranstalter abgeholt und in ein großes Hotel nach Bogotá gefahren, denn erst am nächsten Morgen sollte es weiter nach Medellin gehen.

Ziemlich geschafft vom langen Flug waren wir froh, etwas essen zu können und dann direkt ins Bett zu gehen. Im Restaurant bestellten wir die Getränke ohne Eis und aßen auch keinen Salat, und Obst nur geschält. Das Steak sah nicht nur gut aus, sondern war ausgesprochen lecker. Noch ein klebrig süßes Dessert, und dann ging es zügig in die Heia. Ich merkte, dass wir auf 2800 m waren. Als ich mit meinem Koffer aus dem Aufzug trat und die noch notwendigen fünf Treppenstufen so bewältigte, wie ich das zu Hause getan hätte, wurde mir plötzlich schwarz vor Augen, und ich musste mich flach auf den Boden legen. Ich schnappte nach Luft, als wäre ich die 100-m-Distanz in 10 Sekunden gelaufen. Das konnte ja heiter werden in der nächsten Woche.

Todmüde betraten wir die Zimmer, und die nächste Überraschung ereilte uns gleich darauf beim Zähneputzen. Als ich meine Tube aufdrehte, schoss wegen des geringeren Luftdrucks ein etwa fünf Zentimeter langer Zahnpastastreifen heraus, zum Putzen beileibe zu viel.

Die Nacht war nicht sehr komfortabel, und nachdem mir am nächsten Morgen das gleiche Malheur mit der Gel-Tube passierte, weil ich noch halb im Tran war, gab es beim Frühstück unter uns nur ein anderes Gesprächsthema. Wir waren alle betroffen gewesen, und das war auch ein Grund für die unruhige Nacht, die wir alle hinter uns hatten: Es war bei uns allen zu einer Dauererektion gekommen, wahrscheinlich auch durch den niedrigeren Luftdruck bedingt, und alles andere als angenehm. Viagraabhängigen Lesern sei an dieser Stelle ein Höhentrainingslager in Kolumbien empfohlen, das hilft aber nur in der ersten Nacht, wie wir zum Glück herausfanden.

Die Weiterreise nach Medellin war beschwerlich: ein kurzer Flug mit einer wenig Vertrauen erweckenden Maschine, dann ein Bustransfer. Nach fast zwei Stunden in einem Bus aus den 1960er-Jahren kamen wir endlich im Hotel an. Es war zu bemerken, dass wir nicht mehr ganz so hoch waren wie noch am Vormittag in Bogotá. Medellin liegt knapp 1500 Meter hoch, und das Angenehme an dieser Höhe ist, dass es nicht so heiß wird. Am

Nachmittag fuhren wir eine kleine Runde trainieren, und der dabei für uns betriebene Aufwand war gewaltig. Vor und hinter uns fuhren jeweils zwei Polizei-Pickups, und auf deren Ladeflächen standen bewaffnete Polizisten. Dazu wurden wir noch von zwei Motorrädern seitlich abgeschirmt. Die Situation war viel zu grotesk, um sich Sorgen zu machen. Hatten die Angst, man könne den Weltmeister Luc Leblanc entführen? Oder würde man uns überfallen, wenn die nicht da wären? Das war alles unvorstellbar, aber wie uns später unterwegs ein Rennfahrer in schlechtem Englisch erklärte, sei genau dies das Problem. Er sei letzte Woche überfallen worden, und mit der Pistole am Kopf habe er sein neues Rad herausgegeben, und die Schuhe habe man ihm auch noch abgenommen. Nun müsse er die Clasica RCN mit dem Rad seines kleinen Bruders fahren. Das war ja ein Land.

Nach nur 40 Kilometern waren wir zurück im Hotel und legten uns ein wenig an den Pool. Die Sonne tat gut, und wir hatten nur noch vier Tage, um uns einigermaßen an die Höhe zu gewöhnen. Am folgenden Tag wollten wir 50, tags darauf 60 und am Tag vor dem Rennen 100 km fahren. Es war ziemlich schwer, diesen Plan einzuhalten, denn wir waren ständig müde, und jeder noch so kleine Berg brachte eine extreme Sauerstoffschuld mit sich. Für die wegen des geringen Trainingsumfangs recht langen Nachmittage hatte man auch vorgesorgt: Jedes Doppelzimmer hatte einen Bodyguard zugeteilt bekommen. Robert Millar und ich hatten einen echten Klischee-Kerl zur Seite. Sonnenbrille, finsterer Blick; ich hätte mein Jahresgehalt darauf verwettet, dass der schon mal jemanden weggepustet hatte. Aus unserem Zimmer im dritten Stock blickten wir oft für eine ganze Stunde auf den Ameisenhaufen vor unserem Hotel hinunter. Busse, Taxen, kleine Motorräder, alles quirlte umeinander herum, und dazwischen liefen so viele Menschen, wie ich sie noch nie auf einem Haufen gesehen hatte.

Nach dem Mittagessen wartete unser Leibwächter auf uns, und wir sagten ihm, er könne jetzt Pause machen, wir würden nicht ausgehen wollen. Etwas später tat es plötzlich einen Riesenknall, so als sei etwas explodiert. Was uns damals geritten hat, das weiß ich nicht mehr, Bob und ich gingen auf jeden Fall hinaus auf die Straße. Alles schien normal zu sein. Keine Panik, kein Blaulicht, gar nichts. Und als wir erst einmal drin waren im Gewusel, da war es gar nicht mehr besonders Respekt einflößend. Zwar konnte uns jeder wegen unserer doch eher blassen Hautfarbe sofort als »gringos« erkennen, aber was sollte uns denn auf offener Straße schon passieren? Etwa 200 Meter vom Hotel entfernt war ein Markt, den wir nun besuchen wollten. Dort wuselte es noch mehr, und wir waren gerade dabei, uns »einzuleben«, da schrie jemand auf, und nur zwei Meter vor uns wurde einer Frau mit einem mindestens 30 cm langen Messer die Armbanduhr vom Handgelenk geschnitten. Der »Mecki Messer« fuchtelte mit der Riesenklinge der Frau vorm Gesicht herum, während ein Komplize die Uhr auffing und abzischte. Fast so schnell waren Bob und ich. Zügig und zielstrebig zogen wir uns wieder in die sicheren Hallen unseres Fünf-Sterne-Hotels zurück. Wir analysierten das Erlebnis und kamen zu dem Schluss, dass es wohl doch nicht alles sinnlos sei, was der Veranstalter hier für uns tat. Die nächsten zwei Tage bis zum Start des Rennens brauchten wir unseren Leibwächter tatsächlich nicht mehr, denn wir blieben (abgesehen vom Training) schön drinnen.

Als es dann endlich mit dem Rennen losging, waren wir heilfroh. Von Medellin hatten wir alle die Nase voll, und gleichgültig wie hart das Rennen hier werden sollte, schlimmer konnte es ja wohl nicht mehr kommen. Wir sollten uns irren.

Die erste Etappe begann, und wir fühlten uns unter all den Rennfahrern ziemlich sicher. Es war fast wie in Europa: Streckensprecher, ein Podium zum Einschreiben, viele Zuschauer. Dieses Rennen ist in Kolumbien genauso wichtig, wie es die Tour de France in Europa ist, aber das wurde uns erst langsam klar.

Der Start erfolgte auf der Hauptstraße, und zum Glück ließen es die Kolumbianer erst einmal locker angehen. Die Etappe sollte knapp 180 km lang sein, und gleich nach dem Start mussten wir von Medellin aus 300 Höhenmeter bewältigen. Zunächst ging es über fünf Kilometer bergauf, und wenn es dort richtig zur Sache gegangen wäre, dann hätten wahrscheinlich vier von sechs Le Groupement-Fahrern abends ihre Koffer packen können.

Kurz vor der Bergwertung begannen die ersten Attacken, und zwei Fahrer konnten sich etwas absetzen. Auf der dann folgenden etwa zehn Kilometer langen Abfahrt rollte ich erst einmal im Feld nach vorne. Die beiden Kolumbianer hatten ungefähr eine Minute Vorsprung, als ein weiterer Rennfahrer auf der Abfahrt attackierte.

Das kann ich auch, dachte ich, holte ihn ein und ließ ihn dann weiter unten in einer Serie von Kurven stehen. Am Ende der Abfahrt sah ich die beiden Spitzenreiter etwa 100 Meter vor mir, hinter mir war ein Riesenloch aufgerissen. Mit einem beherzten Sprint schloss ich auf, und zu dritt begannen wir einen der längsten Tage in meinen Radsportler-Leben.

Ein Motorrad kam, und der Mann auf dem Sozius zeigte uns drei Finger, also drei Minuten.

Das war ja ein schönes Polster. Es gab einen ersten Zwischensprint, den ich gegen die Kolumbianer ohne Probleme gewann, genau wie den zweiten und den dritten.

Endlich kam auch unser Sportlicher Leiter Vincent nach vorne. Ich hatte einen Riesendurst, und während ich eine Flasche annahm, betrachtete ich die grandiose Landschaft, in der wir uns bewegten. Wir fuhren durch ein tropisches Flusstal. Während links immer nur der schlammige Fluss und rechts ein mit Palmen bewachsener Berghang zu sehen war, dachte ich darüber nach, wie gut ich es doch hatte. Die anderen in Europa fahren jetzt im Winter Radrennen, und du kannst hier mit den Jungs durch die Sonne radeln!

Auch sonst gab es allerlei Dinge zu bestaunen. Beispielsweise stand links ein Lkw, davor lag der komplett ausgebaute Motor auf der Straße, und zwei Männer versuchten anscheinend, das Ding zu reparieren. Fünf Kilometer vorher war keinerlei Haus zu sehen gewesen, und die nächsten zehn auch nicht. Einfach so, mitten im tropischen Regenwald, bauten die zwei den Motor ihres Lkw aus ... Kolumbien eben.

Nur knapp eine Stunde später fand ich das alles aber schon nicht mehr so toll, denn es war bestimmt 30 °C warm und unglaublich feucht. Wir mussten schon fast 140 Kilometer an der Spitze gefahren sein, als das Hauptfeld langsam näher kam. Es sollten auch noch ein paar »kleinere« Berge kommen, aber es konnten ja nur noch knapp über 30 Kilometer bis ins Ziel sein, und dort würde ich im »Meta Volante«-Trikot für die Zwischensprints auf dem Podium stehen; der Tag hatte sich also schon gelohnt.

Nach 160 Rennkilometern, davon 150 zu dritt vorne, wurden wir eingeholt. Ich wunderte mich etwas, warum keine Schilder zu sehen waren, auf denen die noch zu fahrenden Kilometer angezeigt wurden.

Als ich wieder im Feld fuhr, bemerkte ich, dass ich den Motor wohl etwas überdreht hatte. Ich bekam Hitzewallungen, Krämpfe machten sich bemerkbar, und an der nächste Welle von 300 m mit höchstens 3 % Steigung war ich weg.

Plötzlich war ich allein mit mir, der Hitze und meiner Hoffnung, die vermeintlich verbleibenden 20 Kilometer locker abzuspulen. Ich sah das Feld auf einer langen Geraden entschwinden. Als ich fünf Kilometer weiter durch eine Rechtskurve fuhr, traute ich meinen Augen nicht: Da war das Fahrerfeld wieder näher gekommen. Und das zehn Kilometer vor dem Ziel! Ob da etwas passiert war? Ich fuhr weiter und realisierte, dass alle Fahrer stehen geblieben waren. Genau hier waren ungefähr drei Wochen vor der Rundfahrt zwei kolumbianische Radprofis von einem Lkw über den Haufen gefahren worden. Neben all die Kränze sah ich Luc ein Weltmeister-Trikot niederlegen.

Ich setzte mich in den Schatten und lehnte mich an einen Baum. Ich war am Ende, leer, kraftlos. Den Reißverschluss des Trikots bis zum Bauchnabel offen nahm ich von einem Kolumbianer, der für ein Team namens Pony Malta fuhr, eine Dose an, in der Pony Malta war: ein Energiedrink auf Malzbasis, eiskalt und genau das, was ich brauchte. Der Kolumbianer hatte wohl Mitleid mit mir, wie ich da verkocht und mit riesig großen Salzrändern auf Trikot und Hose unter dem Baum saß. Zur Aufmunterung meinte er mir sagen zu müssen: »*Venga, solo quarenta kilometros!*« Im selben Augenblick wich alles Leben, alle Hoffnung aus mir. Mein Spanisch war zwar schlecht, aber quarenta heißt vierzig. »*No, no*«, beeilte ich mich zu sagen, »*solo diez*«, und hielt beide Hände mit abgespreizten Fingern hoch. Zehn, höchstens fünfzehn konnten es noch sein. Der Kolumbianer schüttelte den Kopf und sagte: »*Error – longer today!*«

»Error« lautete dann auch die einzige Info, die meine persönliche Datenzentrale noch von sich gab. Die Etappe war mal eben fast 30 Kilometer länger als geplant. Ich sprang von meinem Baum auf und bewegte mich in Richtung der Teamautos. Ich lamentierte mit Kolumbianern, die mich nicht verstanden, und mit Vincent, der auch gerade erst erfahren hatte, dass die im Buch eingezeichnete Strecke nicht die war, die wir heute fuhren.

Ich trank noch ein Pony Malta, und als ich mit dem Fuß in meine Pedale einklicken wollte, bekam ich einen Krampf, der sich gewaschen hatte. Inzwischen ging das Rennen weiter, aber ohne mich. Ich war mit meinem Krampf so beschäftigt, dass ich davon erst einmal gar nichts merkte. Und da es ziemlich schnell weiter ging, hatte ich ohnehin keine Chance im Feld zu bleiben. Ich fuhr ganz langsam los, so als habe ich mit dem Haufen da vor mir gar nichts zu tun.

Nach zwei Kilometern hatte ich einen guten Rhythmus gefunden. Ich fuhr, wenn es gerade flach war, um die 35 km/h und würde sicher noch weit über eine Stunde unterwegs sein. Jedes Mal, wenn ich auch nur ein wenig forcierte, kamen die Krämpfe zurück. Irgendwann ging es wieder rechts ab, und es türmte sich ein Berg vor mir auf.

Durch ein typisches kolumbianisches Dorf stieg die Straße über etwa drei Kilometer mit fast 10 % Steigung an. Ich wurde angefeuert ohne Ende: »*Venga gringo, animo gringo*«, schallte es mir entgegen. Für die Moral, die ich schon lange nicht mehr hatte, war das gut –, bis es so weit kam, dass ich zwischen den Anfeuerungen der Zuschauer am Straßenrand immer die gleiche Stimme hörte. Ich drehte mich um und traute meinen Augen nicht: Da fuhr ein Kolumbianer mit Gummischlappen, Jeansshorts und zerlöchertem Unterhemd an meinem Hinterrad und feuerte mich an. Sein Rad war mindestens 20 Jahre alt und hatte zwar einen Rennlenker, dafür aber keine Schaltung. Das war ja wohl ein Ding: Da kommt man als gut trainierter Europäer mit einem 8-Kilo-Fahrrad nach Kolumbien und kann nicht mal den untrainierten, ungepflegten und vielleicht noch Ketten rauchenden Dorftrottel abhängen! Vor der Bergwertung war dann seine große Stunde gekommen. Unter lautem Johlen der Dorfbewohner trat er an und hängte mich ab. Ich war zu platt, um mich zu ärgern, ich wollte nur noch den Zielstrich sehen und dann mein Rad verkaufen.

Auf der darauf folgenden Abfahrt erholte ich mich ein bisschen. Bei der nächsten Welle hörte ich dann eine Kurve vor mir plötzlich einen unglaublichen Schrei, gerade so, als würde man jemanden abstechen. Als ich um die Ecke kam, musste ich laut lachen: Da saß mein Teamkollege Phillipe Bouvatier am Straßenrand und hatte auch einen Krampf, und die tun bekanntlich tierisch weh. Vincent war bei ihm und versuchte ihm zu helfen. Ich lachte Tränen, und als ich hinter der nächsten Kurve endlich das Schild »META 5 kms« sah, war ich wieder einigermaßen mit Kolumbien versöhnt.

Schließlich sollte ich jetzt auf dem Podium mein Sprinttrikot in Empfang nehmen.

Daraus wurde allerdings nichts, weil das Podium bereits abgebaut wurde und die Zuschauer auch schon alle weg waren. Mir war heiß, ich war fertig, und meine Füße brannten. Als ich hinter der Ziellinie einen mit Eiswasser gefüllten Pony-Malta-Kübel stehen sah, stieg ich vom Rad und stellte mich mit meinen Radschuhen hinein. Das eiskalte Wasser, das mir bis zum Ansatz der Radhose reichte, tat unglaublich gut, zumindest an den Füßen. Durch den Temperaturschock bekam ich allerdings beim Versuch, aus dem Kübel herauszuklettern, wieder einen Krampf, und mein Masseur musste mich herausheben.

Die Männer, die gerade die Absperrgitter wegräumten, lachten sich tot, und ich verfluchte einmal mehr die brillanten Ideen, die ich immer mal habe.

Schlimmer geht nimmer – darüber waren wir uns beim Abendessen einig. Sämtlich mit Sonnenbrand versehen – wir waren gut und gerne sechs Stunden in der Sonne gewesen –, tranken wir zum Essen eine lauwarme Cola. Ich hatte daraufhin die Faxen dicke.

Montezumas Rache hin oder her, nach so einem Tag warme Cola – niemals! Ich bestellte Eis, bekam Eis – und keinen Durchfall. Na bitte, man muss es eben nur probieren.

Unser gemeinsames Problem war allerdings, dass es noch neun Renntage waren, bis die Rundfahrt in Bogotá enden sollte. Wie wir das schaffen wollten, war uns ziemlich schleierhaft, aber wir beschlossen zusammen mit Vincent ohne große Strategie einfach Tag für Tag abzuarbeiten.

Ein weiteres kolumbianisches Highlight in diesen Tagen war die Übernachtung in Cali. Zum einen, weil wir mit dicken Rambo-Gewehren bewaffnete Leibwächter hatten, die die ganze Nacht vor unseren Hotelzimmern saßen. Zum anderen waren wir mitten im Zentrum in einem miesen Hotel, das keine richtigen Fenster hatte, sondern nur drehbare Lamellen. Der Schallschutz war gleich Null. In unserem Zimmer im ersten Stock war es, als würden die Autos und die Motorräder direkt am Bett vorbeifahren. In dieser Nacht fanden wir heraus, dass in Cali das Leben rund um die Uhr pulsiert.

Ungefähr in der Mitte der Rundfahrt mussten wir einen Pass überqueren, vor dem sogar die Kolumbianer Respekt hatten. Der »Alto

Vor dem Hotelzimmer in Cali. Die Jungs passten auf, während wir von Hamburgern und Sauerstoff auf Meereshöhe träumten.

de la Linea« ist knapp 3400 m hoch, also für uns Gringos eigentlich ohne Sauerstoffmaske nicht zu schaffen. Falls doch, sollten wir allerdings etwas ganz Besonderes geboten bekommen, etwas wovon ich schon ewig geträumt hatte: Das Etappenziel lag auf nur 250 m Höhe über dem Meeresspiegel, und vom Linea ging es über 85 Kilometer praktisch nur bergab. Wenn das kein Ansporn war, »la Linea« zu bezwingen!

Da ich immer noch mein Sprinttrikot hatte, denn wirklich Sprinten konnte da sonst keiner, wollte ich natürlich auch wieder ins Ziel und aufs Podium kommen. Auf diesem Podium war ich bei den Frauen der beliebteste Fahrer überhaupt, denn ich war der einzige von allen Trikotträgern, der überhaupt größer war als die jungen Damen, die diese verliehen.

Ich konnte zwar kaum Spanisch, aber stets wurde ich freundlich angelacht; dass ich die Mädels nicht wie die Kolumbianer nur zweimal, sondern immer viermal küsste, war auch bei den begleitenden Fotografen gern gesehen. Am Ende standen die immer vor dem Podium und zählten mit: »Uno, dos, tres ... y quatro!« – dann kam der Applaus.

Die Etappe über »la Linea« war zwar schwer, aber nur auf den letzten fünf Kilometern, als es über die 3000-m-Grenze ging, hatten wir echte Probleme. Oben waren wir Gringos dann fast alle zusammen. Luc und Robert waren weiter vorne, aber der Rest von uns und das komplette Team der Litauer krochen von einigen fußkranken Kolumbianern begleitet über die Passhöhe. Die Abfahrt war grandios und unvergesslich; die Hitze, die ganz unten herrschte, war weniger grandios, aber ebenso unvergesslich.

Dafür entschädigte das Hotel mit einem Riesenpool. Dafür, dass wir das Dach der Tour allesamt gemeistert hatten, wurde Vincent in voller Montur im Pool versenkt, nachdem er von seinem längsten aller Tage zurückgekommen war.

Sein Auto war auf knapp 3000 m Höhe liegen geblieben, und bis dann der Kfz-Mechaniker da war, hatte es vier Stunden gedauert. Der reparierte das Auto ähnlich wie die beiden Männer am Fluss den Lkw repariert hatten, und sechs Stunden nach uns war dann auch Vincent im Hotel.

So schön der Nachmittag am Pool auch gewesen war, so schlecht war der Rest. In unserem Zimmer war es brütend heiß, und die Klimaanlage funktionierte nicht. Zu allem Überfluss hatten wir noch ein 4er-Zimmer bekommen, also schnarchte immer mindestens einer. Auch draußen war es noch ziemlich warm, was mich auf eine grandiose Idee brachte. Ich nahm Bettzeug und Kopfkissen und ging hinaus an den Pool. Ich zog mir eine Liege heran und machte es mir darauf so bequem wie möglich. Hier waren es keine 30, sondern angenehme 22 °C, und nun würde ich ohne sägende Teamkollegen in der Nähe sicher ausgezeichnet schlafen. Diese Idee war ähnlich gut wie die, nach der ersten Etappe in das Eiswasser zu steigen. Alle Moskitos in Kolumbien schienen nur darauf gewartet zu haben, das Blut des kölschen Gringos zu trinken. Ich verkroch mich immer tiefer in meine Laken, aber zwei Stunden und etwa 50 Stiche später räumte ich fluchend das Feld und ging zurück in die muffige, heiße Höhle, die sich Zimmer schimpfte. In dieser Nacht habe ich höchstens drei Stunden geschlafen, und das, wo es doch am nächsten Tag wieder hinauf nach Bogotá ging, von 250 m auf knapp 3000 m über dem Meer.

Beim Frühstück hatten wir wegen der Aussicht auf die Etappe alle ziemlich miese Laune. Zu allem Überfluss dauerte es auch noch ewig lange, bis die Milch für unser Müsli kam. Robert Millar stand auf, um in die Küche zu gehen und die Milch selbst zu holen. Nach einer Minute kam er ziemlich blass zurück und erzählte, was er soeben gesehen hatte. »Da stand ein Eimer«, sagte er, »und der hatte einen schwarzen Deckel. Bis der Koch mit einer Kelle dranging. Da flogen die Fliegen alle auf, und er durchstieß eine dicke, eklige Kruste und holte darunter die Milch aus eben diesem Eimer.« Wir aßen Marmeladenbrote und tranken den Kaffee schwarz.

Die letzten fünf Tage sollten es noch in sich haben, und alles was uns überhaupt noch aufmuntern konnte, war die Tatsache, dass es irgendwann vorbei sein würde. Die Etappe, bei der es am Ende den 30 Kilometer langen Schlussanstieg nach Bogotá hinauf ging, hatte noch ein ganz anderes Highlight für uns parat, und das relativierte dann wieder unsere Sorgen. Endlos lang stieg die Straße durch den Dschungel an, es war feucht und heiß, und jeder kämpfte für sich alleine ums Ankommen. Ich hatte schon seit einer halben Stunde niemanden mehr gesehen, nicht einmal die Kommissäre mir ihren Motorrädern, die diese Namen eigentlich nicht verdienten. Sonst schauten die immer mal, was denn die Gringos so trieben. Es roch schon einige Zeit etwas merkwürdig. Als ich aus der Vegetation heraus in ein weites Tal kam, das kurz vor dem Hochplateau liegen musste, wusste ich plötzlich, was da so stank. Das Tal war etwa vier Kilometer lang und ziemlich breit, vielleicht gut zwei Kilometer.

Dieses Tal war eine Müllkippe von acht Quadratkilometern Größe. Überall qualmte es, die Geier kreisten zu hunderten darüber, und das Allerschlimmste war, dass hier in Häusern aus Pappkarton und Brettern viele tausende von Menschen lebten, die Ärmsten der Armen. Durch die dünne Luft ohnehin beim Atmen behindert, bekam ich in dieser Müllverbrennungswolke fast schon Erstickungsanfälle. Meine Augen tränten, und ich kam kaum von der Stelle. Die zerlumpten Menschen feuerten mich an – es war wie in einem Mad-Max-Film, Endzeitstimmung, kurz vor dem Wahnsinn.

Viele Kinder liefen herum und schienen recht fröhlich zu sein. Sie lachten und johlten, als ich im Schneckentempo vorbeikroch. Vermutlich waren sie hier geboren und hatten nie etwas anderes gesehen als diese Mülldeponie. Und da stellten wir uns mimosenhaft an wegen einer Kruste auf der Milch! Hier gab's keine Toiletten, kein fließend Wasser und Milch wahrscheinlich auch nicht. Die Menschen lebten vom Müll. Am Ende der Mülldeponie kam das 10-km-Schild in Sicht, und ich warf alles, was ich noch im Trikot hatte, an den Straßenrand. Eine halbvolle Trinkflasche, einige Riegel. Ich versuchte, das bedrückende Erlebnis hinter mir zu lassen, aber das fiel mir sehr schwer. An diesem Tag konnte ich nicht einmal die Podiumszeremonie genießen.

Wir waren wieder im gleichen Hotel wie bei unserer Ankunft, und es waren noch vier Etappen zu fahren. Eine relativ flache Etappe am nächsten Tag, dann ein Rundkurs, der zu großen Teilen über die Strecke führen sollte, auf der am Jahresende die WM stattfinden würde. Dann folgten ein Zeitfahren und ein Rundkurs in Bogotá.

Am nächsten Tag hatte ich zwar Mühe, wenn es bergan ging, aber ich kam immer wieder zurück ins Feld. Das schafften die anderen nach dem ersten Berg nicht mehr, und nachdem ich die Etappe im Sprint gewonnen hatte, dauerte es geschlagene 45 Minuten, bis die letzten vier Fahrer im Ziel waren. Drei von ihnen trugen das Le Groupement-Trikot, und einer von ihnen war der amtierende Weltmeister Luc Leblanc, der damals auch bei uns fuhr. Die Sprintentscheidung selbst hatte etwas Groteskes.

Die kolumbianischen Sprinter schickten ihre Wasserträger zum Mannschaftswagen, um ihre Helme holen zu lassen, und auch sonst herrschte eine unglaubliche Hektik. Auf den letzten fünf Kilometern wollten dann 20 Fahrer unter den ersten Fünf fahren, und dementsprechend chaotisch ging es im Feld zu. Drei Kilometer vor Schluss übernahm Robert die Spitze, der sich wahrhaftig noch keinen Namen als Sprintanfahrer gemacht hatte. Aber das Tempo, das er vorlegte, war für die meisten der Fahrer, die eben noch vorne herumgehampelt hatten, zu schnell. Er fuhr bis zum 500-m-Schild durch, und dann trat ich von Position drei aus an und ward nicht mehr gesehen. Durch den geringeren Luftwiderstand machte der Windschatten nicht so viel aus wie sonst, und da ich bestimmt zehn Kilo mehr auf die Waage brachte als die meisten anderen, die nun noch vorne waren, konnte keiner etwas gegen mich ausrichten, und ich gewann eine Etappe in Kolumbien. Das war doch auch eine ganz besondere Belohnung für die elende Schinderei in der Woche davor.

Wir fuhren in ein schönes Hotel, bis auf Luc, der sich noch die Strecke anschauen wollte, auf der er im Herbst seinen Titel verteidigen sollte. Als er drei Stunden nach uns im Hotel eintraf, war er fertig mit der Welt. Mit einem Jeep hatte man ihn durch die Gegend gefahren, die Straße für die WM war noch gar nicht gebaut. Also war das ein Ausflug für nix gewesen – gut, dass ich nicht Weltmeister bin, dachte ich.

Das Rennen auf dem Rundkurs am nächsten Tag war brutal schwer, und mein ärgster Widersacher betreffs Sprinttrikot fuhr einen grandiosen Solosieg heraus. Libardo Niño hieß er, und er war auch nicht viel größer als ein Kind. Aber da er auch gut über die Berge kam, hatte er langsam aber stetig meinen anfangs ziemlich großen Vorsprung schrumpfen lassen. Wenn der so weiter fuhr, dann würde er mir am letzten Tag noch das Trikot ausziehen.

Die Schlussetappe in Bogotá war zwar dann nochmal hammerhart, und ich verlor tatsächlich mein Trikot an Niño, aber danach im Hotel in der Badewanne zu sitzen und genau zu wissen, dass ich hier nie wieder Radfahren musste, das war Entschädigung genug.

Abends ging das gesamte Team in ein gutes Restaurant, und am darauf folgenden Tag endete unser südamerikanisches Abenteuer beim Boarden des Fliegers, der uns heil nach Paris zurückbrachte. Adiós Colombia!

Castellblanch/MX-Onda: drei Etappensiege bei der Vuelta 1995

Ich hatte also nach dem Anruf von Marquès de Costaneda genau 31 Tage Zeit, um bis zur Vuelta wieder fit zu sein. Wir fuhren ins Allgäu, denn ich wollte nach all den schnellen Rennen in Amerika mal wieder einige Berge fahren. Von dort flog ich an meinem Geburtstag nach Madrid, um mit dem Team an der Burgos-Rundfahrt teilzunehmen. Zuvor hatte ich dem Weltverband mitteilen müssen, dass ich einen neuen Vertrag hatte und keinerlei Ansprüche an die Groupement-Bankbürgschaft stellen würde. Schade eigentlich, denn nur zu gut war mir die RMO-Nummer im Gedächtnis geblieben.

Ich traf meine neue Mannschaft und kannte kaum jemanden. Vor allem war es das erste Mal, dass ich mich mit meinen Teamkollegen kaum verständigen konnte. Mein Spanisch beschränkte sich auf »Buenas Dias« und »Adios«, wobei ich damals noch das I betonte und nicht das O ... typisch kölsch eben.

Meine Rettung war Tom Cordes, ein Holländer, der wie ich für die Vuelta zum Team gestoßen war. Miteinander sprachen wir englisch, aber da Tom mit einer Spanierin verheiratet war und er auch schon längere Zeit in spanischen Teams fuhr, war er meine Rettung. Jeden Abend schaute ich Nachrichten im spanischen Fernsehen, lernte anhand der Autogrammkarten zusammen mit Tom die Namen aller neuen Teamkollegen, und vor allem schrieb ich mir wichtige Redewendungen und Sätze auf und übte mit Tom auf dem Zimmer.

Anfangs hörte ich am Tisch nur zu, aber jeden Tag verstand ich mehr, und beim nächsten Rennen, der Vuelta Galicia, konnte ich mich teamintern schon gut verständigen, soweit es um radsporttechnische Dinge ging.

Bei beiden Rennen war an Resultaten zwar nicht viel gelaufen, aber ich merkte, dass ich Saft hatte. Die Pause für den Kopf war wichtig gewesen, denn zum ersten Mal fand die Vuelta im Herbst statt, und viele Rennfahrer waren schon von der Saison ausgelaugt. Ich hingegen hatte die Chance, es erneut zu versuchen, und die wollte ich nutzen. So konsequent wie auf diese Vuelta, die am 2.9. in Zaragoza starten sollte, hatte ich mich noch nie auf irgendein Rennen vorbereitet. Als es dann endlich so weit war, fiel mir schon nach dem Prolog ein Stein vom Herzen. Ich war tatsächlich bester deutscher Fahrer geworden, obwohl das Team Telekom mit einer mehr als ordentlichen Mannschaft vor Ort war. Beim ersten Sprint kam ich zwar unter die ersten Zehn, aber da ich hinten noch ein Zwölfer-Ritzel fuhr, hatte ich nicht den Hauch einer Chance.

Es war im Sprint bei den großen Rennen Usus geworden, ein Elfer-Ritzel zu fahren, was mir bis dahin nicht wirklich bekannt gewesen war, denn große Rundfahrten hatte ich seit meinem Giro 1990 nicht beendet. Vuelta 1991 und Tour 1992 waren mir noch in schlechter Erinnerung.

Dann kam eine Bergetappe, bei der ich ohne Mühe vor dem Gruppetto ankam ... die Form war da.

Es folgte die Etappe nach La Coruña, die nach zehn Kilometern, als einige leichtere Fahrer vom extrem starken Wind von der Straße geblasen wurden, abgebrochen wurde. Es wurde 90 Kilometer vor dem Etappenziel neu gestartet, und hier wurde endlich ein Teil meines Traumes Wirklichkeit.

Drei Kilometer vor dem Ziel ging es eine recht steile Welle von etwa 600 m hinauf, und ich sah, wie vor mir Abduchaparov und Minali »explodierten«. Zwei weniger, und ich hielt die Position vorne. Auf der kurzen Abfahrt gab es ein paar Attacken, die aber vom Gewiss-Team wieder zugefahren wurden. Auf der Zielgeraden hatte ich 400 m vor dem Ziel auf der linken Seite eine Möglichkeit anzuziehen – alles war frei. Ich trat an, mit allem was ich hatte. Das nächste Schild, das ich wahrnahm, stand bei 250 Metern. Verdammt lang, zu früh, schoss es mir durch den Kopf. Ich schaute unter den Armen hindurch nach hinten – und sah niemanden. Das konnte nicht sein – noch 150 m. Ich sah immer noch nichts, da drehte ich mich um, und was ich sah, war fast zu schön, um wahr zu sein: Ich hatte wenigstens zehn Meter Vorsprung vor einem blauen Gewiss-Trikot und Jalabert in Gelb. Noch 50, noch 20, wieder ein Blick nach hinten ... es reichte ... beide Arme hoch, Etappensieger bei der Spanienrundfahrt!

Danach wie in Trance zur Siegerehrung, dann ein Interview, das ich – wenn man bedenkt, dass ich sechs Wochen zuvor noch gar kein Spanisch sprach – mehr als ordentlich hinbekam. Riesenfreude im Team.

Am Tag darauf wurde ich Fünfter bei einer Ankunft bergauf, die »Jaja« mit Bravour gewann. Danach Zweiter hinter Minali, der damit seine zweite Etappe gewinnen konnte. Es war schon erstaunlich: Da wirst du sechs Wochen, nachdem du übergewichtig und arbeitslos aus Amerika zurückkommst, Zweiter einer Vuelta-Etappe – und du ärgerst dich! So können sich die Zeiten ändern.

In Valencia gewann ich nicht nur meine zweite Etappe, sondern tat das auch vor Erik Zabel, der bei der Tour im gleichen Jahr drei Etappen hatte gewinnen können. Es kamen abends im Hotel die ersten Anfragen von deutschen Journalisten, aber das hielt sich immer noch in Grenzen. In Spanien hingegen verkaufte sich die Story gut, dass der Sportliche Leiter Maximino Perez den »aleman Marcel Wust« von der Straße geholt hatte und dieser es ihm nun dankte.

Am folgenden Tag passierte etwas, woran ich mich den Rest meiner Karriere störte, denn so etwas kommt unter Sportlern normalerweise nicht vor. Mit Sven Teutenberg ging ich vor dem Start zusammen zum Einschreiben auf das Podium. Um da hinauf zu kommen, musste man über eine schmale Treppe, bei Gegenverkehr wurde es richtig eng. Ich ging hoch, und herunter kam Erik Zabel. Ich sagte »Morgen Ete, alles klar?« oder etwas Ähnliches. Statt einer Antwort blieb er stehen und schaute mich an, erst von oben nach unten, dann wieder von unten nach oben und ging wortlos weiter. Ich war geschockt – was war das denn für eine Art? So etwas macht man nicht, Punkt. Klar ärgert man sich, wenn man Zweiter wird, aber der Sieger kann doch wirklich nichts dafür. So mies man sich vielleicht auch fühlt, eine kurze Anerkennung der Leistung des Gegners gehört sich im Sport einfach. Und tut es auch noch so weh – die Tageszeit zumindest sollte man schon sagen.

Das Dumme an solchen verunglückten Begegnungen ist, dass es keine zweite Chance gibt, einen ersten Eindruck zu machen. So kam es, dass ich mit Ete nicht recht warm wurde, obwohl ich mit allen anderen Sprintern im Feld gut klar kam und einige sogar richtig gute Freunde wurden.

Aber – aus welchen Gründen auch immer – es ging ihm wohl ähnlich, und so hatten wir leider nie einen guten Draht zueinander. *C'est la vie,* sagt der Franzose, und das trifft hier den Nagel auf den Kopf.

Ich beendete die Vuelta mit einem Riesensturz auf der drittletzten und einem Sieg bei der Schlussetappe in Madrid. Drei Siege bei der Vuelta, wer hätte das gedacht? Und wer hätte gedacht, dass man als Sieger dreier Etappen einen Vertag für 1996 schon für kleines Geld unterschrieben hatte?

Ich versuchte zwar, mit Castellblanch/MX-Onda über eine Anpassung zu sprechen, aber da ging nichts. Im Grunde sah ich das auch ein. Erstens hatten die mir die Chance gegeben, und ich hatte sie eben genutzt, und es war zweitens nun einmal ein Vertrag bis Ende 1996. An deren Stelle hätte ich es wahrscheinlich auch so gehalten, obwohl ich im Folgejahr sicherlich nur einen Bruchteil dessen verdienen würde, was ich nun wert war – auch da sagt man wohl am besten: *C'est la vie.*

Mit großen Plänen für das kommende Jahr fuhr ich auch in diesem Winter noch einige Rennen in Australien und Neuseeland und bereitete mich auf die erste Saison meiner Karriere vor, in der ich eine Leaderrolle übernehmen sollte.

1996: Viva España – aber mit Beigeschmack!

Anfang des Jahres zogen Heike und ich nach Spanien. Wir mieteten zusammen mit dem Australier Patrik Jonker ein Haus, und unsere Nachbarn waren Henk Vogels und Stuart O'Grady, zwei weitere Aussies. Wir waren eine prima Trainingsgruppe, und es sprach sich im Dorf Estartit schnell herum, dass einige »ciclistas profesionales« im Ort wohnten.

Schnell fanden wir auch Anschluss an einige einheimische Fahrer, und die Zeit dort verging wie im Fluge.

Ich lernte immer mehr Spanisch und musste leider auch ziemlich früh erkennen, dass ein Leader – weil er im Mittelpunkt des Teams steht – auch mal bei einem Rennen starten muss, das er besser ausgelassen hätte.

Zwei Tage nach einer Wurzelbehandlung beim örtlichen Zahnarzt musste ich für MX-Onda (dieser Sponsor hatte das Team inzwischen komplett übernommen) zum Trofeo Luis Puig nach Valencia starten, obwohl ich wusste, dass es keinen Zweck hatte. Mit schmerzhaftem Pochen im Zahn wurde ich auf der Zielrunde in Benidorm abgehängt, und danach ging es mir in der Valencia-Rundfahrt kaum besser. In vorwurfsvollem Ton musste ich mich vom Sportlichen Leiter fragen lassen, woran das denn liege, ob ich nicht genug trainiere und so weiter. Auf so etwas hatte ich nun gar keine Lust, denn schließlich tat ich was ich konnte, und wenn es dann einmal nicht läuft – ja, dann ist das eben so.

Die Form kam nicht wirklich auf, und das Nörgeln ging weiter. Ich hatte genug mit mir selbst und der fehlenden Form zu tun, und Maximino Perez ging mir auf die Nerven. Die Fronten verhärteten sich. Für die paar Peseten, die er zahlte, fühlte ich mich unverhältnismäßig unter Druck gesetzt. Der Knoten platzte bei der Tour DuPont in den USA, wo ich zwei Etappen gewann. Das Problem war, dass er mich zum Giro mitnehmen wollte, und darauf hatte ich nach sechzehn Tagen USA wirklich keinen Bock. Ich kam Dienstagvormittag aus den USA zurück und war am Donnerstagmorgen unterwegs Richtung Athen, denn der Giro startete in diesem Jahr in Griechenland.

Mein Jetlag war noch nicht überwunden, und mit Claus Möller, der wie ich in Amerika gewesen war, fuhr ich erst gegen Mittag los. Eine Stunde fuhren wir an der Küste entlang, dann hielten wir zum Mittagessen an und bestellten uns gegrillten Fisch und einen großen Salat. Richtig lecker war es, aber als wir wieder ins Hotel kamen, versprühte Maximino weiter Gift. Wir wären bestimmt Burger futtern gewesen und so weiter. Einfach unglaublich.

In dieser Nacht wurde ich von den dicksten Moskitos heimgesucht, die ich je gesehen habe, und bei einem Massensturz auf der ersten Etappe war der Giro für mich schon zu Ende. In der Nähe eines Marmor-Steinbruchs war die Straße voll mit feinem weißen Staub, und irgendjemand muss mit Wasser gespritzt haben. Wir fuhren wie auf Eis. Etwa 80 Fahrer stürzten, und als ich schon dachte, ich hätte es überstanden, fuhr mir jemand von hinten gegen den Kopf. Ich spürte einen Riesenschlag und wusste nicht mehr, wo ich war.

Nach kurzer Zeit kam die Orientierung zurück, aber das Schleudertrauma war vom Allerfeinsten. Ich konnte den Kopf nicht bewegen, ohne damit Riesenschmerzen auszulösen. Also lag ich ganz still da, bis Maximino kam und drängte, ich solle sofort versuchen, aufs Rad zu steigen, dann würde es schon gehen. Ich sagte, ich könne den Kopf nicht drehen; er antwortete, so schlimm würde es schon nicht sein. Zum Glück kam der Rennarzt und fragte mich, was los sei. Er ordnete absolute Bewegungslosigkeit an, für den Fall, dass ein Wirbel gebrochen sei. Plötzlich beschimpfte Maximino den Rennarzt, er würde ihm seinen Fahrer nach Hause schicken. Ich hielt die Augen geschlossen, während man mir einen Apparat zur Stabilisierung anlegte, und war froh, dass ich den »Scatman«, wie wir ihn teamintern inzwischen getauft hatten, nun für wenigstens einen Monat nicht sehen musste.

Im Krankenhaus lag ich neben einem weiteren Fahrer, den es bös erwischt hatte, und wartete auf die Diagnose. Nichts gebrochen, lautete die erlösende Information des behandelnden Arztes, aber zwei Wochen Halskrause müssten mindestens sein. Das war – auch wenn es blöd klingt – besser als drei Wochen Giro mit dem Scatman.

Es war jetzt schon das zweite Mal, dass ich bei einer großen Rundfahrt startete, die nicht in dem Land begann, dessen Namen sie trug, und ich es nicht bis in dieses Land schaffte. Bei der Tour 1992 auf der ersten Etappe in Spanien gestürzt, beim Giro 1996 jetzt der Abtransport ins Krankenhaus in Griechenland. Dass die Vuelta im kommenden Jahr in Portugal starten würde, wusste ich zu diesem Zeitpunkt noch nicht.

Die erste Woche nach dem Sturz war mit meinem steifen Hals so gut wie kein Training möglich. Nach vier Tagen versuchte ich mich auf der Rolle, aber das war mit der Halskrause extrem schwierig, da man durch den fehlenden Fahrtwind ohnehin schon viel schwitzt. Jetzt hatte ich das Gefühl, gar keine Luft mehr zu bekommen, also ließ ich es sein.

Mein nächster Renneinsatz sollte beim Dauphiné Libéré sein. Als ich dort ankam, wurde mir aber schnell klar, dass ich die erste Bergetappe nicht überstehen würde. Es wurde unglaublich schnell gefahren, und schon auf der ersten Flachetappe, die diesen Namen nicht wirklich verdiente, war ich hoffnungslos hinten. Nach drei Tagen war Schluss mit Lustig, und ich stieg aus. Mit dem durch das Schleudertrauma versäumten Training war es mir nicht möglich, mit Indurain und Konsorten, die sich hier den Feinschliff für die Tour holten, das gleiche Radrennen zu bestreiten.

Inzwischen konnte ich den Kopf zwar etwas drehen, aber die Beine wollten einfach noch nicht so wie ich. Ich rief Heike an, damit sie mich abholte, aber dann kamen die Spanier auf den grandiosen Einfall, ich sollte schon mal direkt zur Vuelta Rioja anreisen, die wir auch mit einem Team bestückt hatten.

Das Dumme daran war, dass Heike schon da war. Wir entschlossen uns kurzerhand, Freunde in der Nähe von Carpentras zu besuchen und uns mit ihnen auf dem Mont Ventoux zu verabreden, denn dort führte eine Etappe des noch laufenden Dauphiné entlang, und ein bisschen Radrennen gucken konnte ja sicher nicht schaden.

Aufgrund meines Trainingsrückstandes beschloss ich, eine 180 km Einheit zu fahren und den Ventoux mit dem Rad zu bezwingen. Ich fuhr ziemlich früh los, und gegen Mittag lachte mich auf der rechten Straßenseite eine Pizzeria an. Ich stoppte und orderte unter alten Bäumen im Schatten sitzend eine Pizza, und bei der »formule spéciale« war auch ein Glas Wein dabei. Ich trank den kalten Weißwein viel zu hastig, und in der Euphorie, die er auslöste, bestellte ich gleich noch eins. Mit dem zweiten Wein zusammen genoss ich die Pizza, bevor ich mich an die verbleibenden 80 Kilometer durch die Gluthitze der Provence machte.

Ich kam mir bald vor wie Tourlegende Abdelkader Zaaf, der bei einer Touretappe zu viel Wein von den Tischen der Straßencafés abgeräumt hatte und dann eingeschlafen und danach in die falsche Richtung weitergefahren war.

Die Kilometer vergingen immer langsamer, aber ich wollte ja unbedingt vor(!) den Rennfahrern auf dem Ventoux sein. Eine Wahl hatte ich nicht. Heike wartete mit unseren Freunden am Chalet Reynard, etwa sechs Kilometer vor dem Gipfel, und Handys hatte damals fast noch niemand.

Ich legte mich in Carpentras in einen Brunnen, und danach ging es wieder etwas besser. Der Anstieg ist wahrscheinlich in der gesamten Geschichte des Ventoux von einem aktiven Radprofi noch nie so langsam genommen worden. Ich schaffte es gerade eben, und seitdem trinke ich, wenn ich mittags in Gluthitze unterwegs bin, zur Pizza nur noch Wasser. »Learning by doing« nenne ich das.

Abends fuhren Heike und ich zum Flughafen nach Lyon und übernachteten dort. Ich flog am nächsten Morgen nach Madrid, und Heike fuhr nach Hause.

Da wir mit unserem MX-Onda-Team gerade dreigleisig fuhren – eine Mannschaft beim Giro (aber da waren nur noch drei von uns im Rennen), die anderen beim Dauphiné –, war ich jetzt quasi ins dritte Glied gerutscht. Mir persönlich machte es allerdings eher Freude, mit den jüngeren Fahrern im Team auch mal im gleichen Rennen zu starten, alles andere war allerdings eine Katastrophe.

Maximinos Bruder war Sportlicher Leiter, und wir wohnten an einer Hauptstraße mit angegliedertem Club, der nichts weiter als ein Puff war. Das Inventar bestand aus dem schlechtesten Bett, das ich je gesehen hatte, einem Stuhl und einem Schrank, den man besser nicht anfasste, so klapprig und dreckig war der. Zum Stuhl gab es keinen Tisch, und da es auch keine Vorhänge gab, die man hätte zuziehen können, lag durch die Sonneneinstrahlung die Temperatur im Zimmer bei etwa 40 °C. Der Scatbrother berichtete stolz, dass er auch mit seinem Amateurteam immer hierher kommen würde. Der ist ja noch schlimmer als sein Bruder, dachte ich, und was ich in den Folgejahren noch von ihm hören und lesen sollte, bestätigte mich darin.

Für mich persönlich war es trotz all dieser negativen Dinge gut, dass ich startete. Ich gewann zwei der insgesamt vier Etappen und war wieder mit mir im Reinen. Ich wusste, dass ich es konnte, und wollte mir von niemandem den Spaß an meinem Job vermiesen lassen.

Da wir die Tour de France nicht mitfahren würden, hatte ich schon alles dafür vorbereitet, während der Tour wieder nach Amerika zu fliegen, und vorher stand nur noch ein Rennen an, die Vuelta Catalunya.

Viele Fahrer unterzogen sich hier vor der Tour noch einmal einem letzten Test. Bei den ersten beiden Sprintankünften wurde ich jeweils Zweiter hinter einem gewissen Mario Cipollini, der sich dort zwar als nur wenig stärker erwies, aber dieses Wenige machte ihn nun einmal zum Sieger und mich zum ersten Verlierer.

Dass er auf der vorletzten Etappe ausstieg, ließ mich dann natürlich zum Favoriten der Schlussetappe werden, und dieses eine Mal hatte Maximino endlich einmal etwas Konstruktives auf die Beine gestellt. Er ging zu einem der Fahrer, die Cipo's »Treno« waren, ihm also immer perfekt den Sprint anzogen, und sagte ihm, er solle das diesmal für mich machen. Wie viel der Scatman dafür bezahlte, weiß ich bis heute nicht, aber der Fahrer kam während der Etappe zu mir und sagte, er sei heute mein Mann. Das Resultat war, dass ich von seinem Hinterrad kommend den Sprint bergauf gegen den Spanier Angel Edo mit großem Vorsprung gewann.

Den fast einen Meter großen Pokal bekam David, der in Estartit den Radladen führte, als Souvenir. Er war es auch, der mich zum Flughafen fuhr. Nach all dem Ärger, den es auf der Katalonienrundfahrt gegeben hatte, war ich froh, wieder nach Hause zu fliegen. Als uns der Scatman nämlich fehlenden Einsatz und mangelnde Professionalität vorgeworfen hatte, waren Tom Cordes, der schließlich auch schon bei Weltklasseteams gefahren war, und mir die jeweiligen Krägen geplatzt. Wir hatten noch nicht einmal Rennmützen, fuhren Laufräder von drei verschiedenen Herstellern und hatten seit Saisonbeginn nur drei Trikots, drei Rennhosen und eine Langarmjacke bekommen. In jedem Amateurteam war man besser ausgestattet! Wenn man einem Rennfahrer Vorwürfe macht, sollte man wenigstens vorher überprüft haben, ob die Rahmenbedingungen für die Fahrer auch stimmen. Ich fuhr, weil ich mich nicht hatte aus meinem Vertrag herauskaufen lassen wollen, denn schließlich ist ein Vertrag ein Vertrag; durchaus auch aus reinem Goodwill für ein Bruchteil dessen, was mein Marktwert bei MX-Onda eigentlich war. Musste ich mir das wirklich gefallen lassen? Ich konnte nur den Kopf schütteln.

Ich war mir ziemlich sicher, dass ich am Ende des Jahres das Team wechseln würde. Lange Überlegungen, welches andere denn für mich geeignet sein würde, musste ich gar nicht anstellen, denn ich bekam in den Tagen nach der Katalanien-Rundfahrt einen Anruf von Bruno Roussel, der schon 1991/92 bei RMO mein Sportlicher Leiter gewesen war. Inzwischen Manager bei Festina, rief er mich an und fragte, was ich denn im kommenden Jahr vorhätte. »Bloß weg und zu einem guten Team«, war meine Antwort. Das treffe sich ja gut, denn Festina wolle einen Sprinter verpflichten, und er habe dabei an mich gedacht.

Dass ich so schnell wissen würde, wo ich ab 1997 landen würde, hatte ich nicht gedacht, aber noch in der Woche vor der Tour schickte Bruno einen Vertragsentwurf mit einem ordentlichen Grundgehalt und einer Bonusklausel für besondere Leistungen. Das war sicher der fairste Vertrag, den ich in meiner Karriere je abgeschlossen hatte, und so fuhr ich mit Heike wieder nach Milwaukee, in diesem Sommer allerdings mit anderen Zielen. In der Vergangenheit war der Aufenthalt hier auch immer ein bisschen Urlaub gewesen. Abends waren wir oft bei den diversen Festivals oder sind einfach durch die Stadt gezogen. Jetzt aber hieß es, mich auf die Vuelta vorzubereiten.

Oft fuhr ich morgens vor den Rennen trainieren, und manchmal auch nach den Rennen noch mit dem Rad nach Hause. Es war trotz allem wieder wunderbar. Die Familie, bei der wir wohnten, hielt uns schon »unser« Zimmer frei. All die anderen Freunde wieder zu sehen, die wir seit 1993 jetzt zum dritten Mal in vier Jahren trafen, machte uns richtig Spaß. Es gab höchstens mal ein Bier zum Essen, aber sonst war all das, was ich in der Post-Groupement-Depression im vergangenen Jahr weggeputzt hatte, vom Speiseplan verbannt. Keine fetten Burger oder Fritten – nur das Beste war gut genug, um mich dem Ziel des Jahres näher zu bringen: der Vuelta.

Es sah alles wieder so rosig aus. Der neue Vertrag für das nächste Jahr war da, die Ergebnisse in Amerika waren gut, und danach folgte ein Etappensieg bei der Vuelta Castilia y Léon und einer bei der Burgos-Rundfahrt. Galizien fuhr ich auch noch, dann die Holland-Rundfahrt – und am Start der Vuelta war ich platt! Zu viel des Guten. Zu viele Rennen, auch mit Siegen, jetzt war der Saft raus. Hatte ich im vergangenen Jahr von der Frische gelebt, die ich im September noch hatte, war ich jetzt seit Mitte Mai immer weiter Rennen gefahren, und das auf eine ziemlich seriöse Art und Weise – ohne Bier und Gelegenheit, auch mal die Seele baumeln zu lassen. Jetzt kam ich am Start der Vuelta in Valencia an und war schon vorher kaputt. Ich litt bei den Sprintankünften Höllenqualen und konnte teilweise noch nicht einmal die Hinterräder halten. Ich fuhr so schlau wie es nur ging, machte keinen Meter zu viel im Wind, aber für mehr als zwei zweite Plätze reichte es nicht. Diese beiden zweiten Plätze hatte ich 1995 auch erreicht, dazu allerdings noch drei Siege ...

In der Presse warf mir Maximino vor, ich wolle nur nicht, weil ich im nächsten Jahr bei Festina fahren würde. Mir ins Gesicht hatte er das nie gesagt, dafür hatte er wohl nicht genug Charakterstärke. Es kam noch einmal zu einem dicken Krach, nach dem ich fast meine Koffer gepackt hätte. Im Nachhinein habe ich auch noch bereut, es nicht getan zu haben, aber irgendwie glaubte ich daran, noch eine friedliche Lösung zu finden.

Ich gab, was ich hatte, ich quälte mich wie selten in meiner Karriere, denn ich wollte die Vuelta (die mir doch im Vorjahr den Neustart meiner Karriere ermöglicht hatte) beenden und auf dem Paseo de la Castellana in Madrid über den letzten Zielstrich rollen.

Es war Freitag, vor mir lagen noch eine Bergetappe, ein Zeitfahren und dann Madrid. Ich war zwar am Ende und hatte richtig Schiss vor dieser letzten Bergetappe mit Anstiegen der ersten Kategorie, aber es musste sein. Schnell war ich bis hinten in die Autokarawane durchgereicht worden und beging den Fehler, mich einige Male am Dachgepäckträger der Materialwagen abzuziehen. Klar war ich mir bewusst, dass es ein minimales Risiko gab, aber ich wollte unbedingt nach Madrid. Auf einer langen Abfahrt schaffte ich dann, nachdem ich mich waghalsig in die Tiefe gestürzt hatte, den Anschluss ans Gruppetto. Bis dahin hatte ich mich vielleicht zwei- oder dreimal kräftig abgezogen, aber nie am Auto

gehangen. Das Beste war: Keiner hatte es gesehen, und nach den Berechnungen, die wir im Gruppetto anstellten, war das Zeitlimit auch kein Problem. Es standen noch der Puerto de Nevacerrada auf dem Programm und danach noch 19 Kilometer Abfahrt. Ich hatte es geschafft. Selbst wenn ich jetzt fünf Kilometer vor der Passhöhe abreißen lassen musste, wäre es selbst für mich alleine kein Problem gewesen, das Zeitlimit einzuhalten.
Aber ich wollte nicht alleine und als Letzter ankommen. Immer, wenn ich aus dem Gruppetto herausfiel, versuchte ich durch das Abziehen am Spiegel oder am Dachgepäckträger eines Teamfahrzeugs den Abstand gering und den Kontakt zum Gruppetto zu halten. Aus zweierlei Gründen war das völliger Blödsinn: Zum einen musste ich nur noch ins Ziel kommen, zum anderen war das Risiko, dass ein Kommissär diese Tricksereien sehen würde, viel zu groß.

Trotzdem wollte ich die Etappe um jeden Preis im Gruppetto beenden und nicht als Einzelner dahinter. Ich schaffte es und war happy – bis am Abend die Ergebnisliste ins Hotel kam: Nr. 109, Marcel Wüst, disqualifiziert und für zwei Wochen gesperrt wegen wiederholten Abziehens an Fahrzeugen.

Das war der absolute Tiefpunkt meiner Karriere, sieht man von schweren Stürzen einmal ab.
Ich war moralisch am Ende und verfluchte meinen Ehrgeiz, es mit dem Gruppetto schaffen zu wollen. Es war ja nicht so, als hätte ich mich dadurch innerhalb der Karenzzeit ins Ziel gerettet. Ich hatte Zeit ohne Ende, und ohne Abziehen wäre es auch gegangen. Da ich auf der Vuelta ohnehin schon seit der ersten Etappe am Limit war und mich trotz aller Differenzen mit der Teamleitung durchgequält hatte, wollte ich wohl mit einem aktzeptablen Ergebnis eine Belohnung für das Durchhalten und die Qualen erzwingen, erhielt aber nun die Strafe für meine eigene Dummheit.
Noch im Jahr zuvor war ich durch die lange Pause im Sommer ausgezeichnet durch die Vuelta gekommen, und hatte auch in den Bergen nie Probleme gehabt. Die Vuelta 1996 wollte ich aber unbedingt beenden, denn niemand sollte mir vorwerfen »wenn's bei dem nicht geht, steigt der aus«. Gerade mit dem schon unterschriebenen Vertrag bei Festina in der Tasche hätte jeder vernünftige Mensch wahrscheinlich das Handtuch geschmissen. Total ausge-

powert, Streit mit der Teamleitung, ein Jahr bei minimaler Bezahlung – und ich fahre nicht nur weiter, sondern werde auch noch zu Recht disqualifiziert. Schön blöd, sage ich heute, denn es gibt im Radsport nichts, was weniger gerne gesehen wird als ein Fahrer, der es aus eigener Kraft nicht schafft und dann seine Konkurrenten »betrügt«. In meinem Fall hätte ich auf der Schlussetappe ohnehin gar nichts reißen können, denn ich war näher bei den Toten als bei den Lebendigen.

Wir waren an diesem Tag in Avila angekommen, und dort fand am darauf folgenden Tag auch das Zeitfahren statt. Ohne mich allerdings. Heike war für das Vuelta-Finale aus Köln gekommen, und jetzt saßen wir in Avila im Café und hörten im Hintergrund den Vuelta-Sprecher die Fahrer ankündigen ... mich erwähnte er nicht mehr. Ich hätte stundenlang mit dem Kopf gegen die Wand rennen können, und abends fuhr ich mit Heike ins Hotel nach Madrid, denn unser Flug ging erst am Sonntagabend nach dem Finale.

Von der Schlussetappe bekamen wir überhaupt nichts mit. Früh morgens packte ich meinen Koffer, dann besuchten wir in Madrid diverse Museen und brachten meine sportliche Reise mit einem Kulturfinale zu Ende.

Am meisten schmerzte mich der Imageverlust. Ich weiß genau, wie »klasse« es die Berufskollegen finden, wenn sich Fahrer am Auto festhalten. Es war echt zum Kotzen ...

Als wir abends zu Hause ankamen, war ich froh, wieder zu Hause zu sein, aber das nächste Problem stand schon vor der Tür.

Ich wollte wie in den vergangenen Jahren an der »Herald Sun-Tour« in Australien teilnehmen, und es waren nur noch sechs Tage bis zum Abflugtermin. Ich hatte meine Tickets gebucht und bezahlt, aber wegen der zwei Wochen Sperre konnte ich dort nicht mehr fahren, denn ich war am ersten Tag der Rundfahrt noch gesperrt. Ich telefonierte viel herum und fand am Ende eine salomonische Lösung: Nicht die Sun-Tour würde ich fahren, sondern die Commonwealth Bank Cycling Classic, die von einem anderen Veranstalter organisiert wurde. Da der Start eine Woche später war, konnte ich hier ohne weiteres antreten.

Danach sollte ich mein letztes Rennen für MX-Onda in China

fahren und »aus die Maus«, Saison '96 abgehakt – dachte ich, aber es kam mal wieder anders.

Während des Rennens in Australien erfuhr ich, dass José Antonio Espinosa – nicht nur ein Teamkollege, sonder ein guter Freund – bei einem Kriterium in Spanien tödlich verunglückt war. Im Rennen litt ich Höllenqualen, und als wir abends mit der Mannschaft essen gingen, bekam ich fast nichts Festes hinunter, sondern trank nur Bier, Bier und noch mehr Bier.

Mit dickem Kopf startete ich am nächsten Morgen, und als ich früh in einer vierköpfigen Ausreißergruppe dabei war, wollte ich für Espi gewinnen. Es gab einen Berg, der Bumble Hill hieß und vor dem alle höllisch Respekt hatten, aber was ist schon die Arbeit an einem Berg verglichen mit den Qualen, die man leidet, wenn ein nahe stehender Mensch stirbt. Ich litt vielleicht in Australien, war in Gedanken aber bei Espis Familie – so etwas tut weh, nicht das bisschen Laktat in den Beinen.

An diesem Tag quälte ich mich wie vielleicht noch nie in meinem Leben. Nicht vorher, nicht nachher, es war einfach diese übermenschliche Kraft, von der Menschen in Extremsituationen berichten; an diesem Tag hatte ich sie. Ich kam oben mit nur ganz wenig Rückstand an, holte die Spitze schnell ein und versenkte meine Mitausreißer im Sprint – nie daran zweifelnd, dass ich gewinnen würde. Das Gefühl verzweifelter Stärke, welches ich an diesem Tag hatte, war unbeschreiblich. Nach der Etappe fiel ich allerdings wieder in ein tiefes Loch und stellte die unfaire Frage, die man immer stellt, wenn es um derartige Trauer geht: »Warum er, warum nicht jemand anderes?«

Dass bei fast jedem Menschen, der stirbt oder der einen schweren Unfall hat, andere um ihn trauern, ist uns allen bekannt, aber wenn der Verlust uns dann selbst trifft – wollen wir dann nicht immer, dass es jemand anderen hätte treffen sollen? Aber die Trauer und die Tränen verlagern sich nur, und leider ist das Leben nicht immer nur eitel Sonnenschein, sondern manchmal auch verdammt hart und grausam.

Was ich aus den traurigen Tagen meines Lebens gelernt habe, ist die Notwendigkeit und Verpflichtung, alle Tage, an denen es mir gut geht, wirklich bewusst zu erleben und mich daran zu erfreuen.

Aus jedem Rückschlag, sei er auch noch so heftig, kann und muss man lernen. Jeden Tag können Dinge geschehen, auf die wir keinen Einfluss haben, die uns aber sehr beeinflussen, vielleicht unser Leben verändern. Auch bei schwierigen Ereignissen müssen wir an uns arbeiten, um irgendwann mit nicht zu ändernden Tatsachen fertig zu werden und wieder nach vorne schauen zu können. Wir müssen und sollten nicht vergessen, aber wir müssen Schicksalsschläge bewältigen, um selbst wieder etwas vom Leben zu haben. Schließlich haben wir nur diese eine Chance, auf unserem Planeten geboren zu werden, um schließlich wieder zu sterben. Aber was dazwischen ist, das sollte so ausgefüllt und auch angenehm wie möglich sein. Dass es nicht immer perfekt laufen kann, ist klar, aber wenn wir nicht an den Dingen, die uns im Negativen widerfahren, wachsen – dann bleiben wir unser Leben lang kleiner als wir sein könnten. Und wer will das schon?

Espi war nicht mehr da, und selbst weit weg in Australien war es schwer, sich daran zu gewöhnen. Aber wohl oder übel musste ich damit klarkommen, dass der junge Rennfahrer, mit dem ich im letzten Jahr so viel Zeit verbracht hatte und der im Rennen immer mein persönlicher Adjutant gewesen war, nie mehr für mich da sein würde und ich auch nie mehr etwas für ihn würde tun können.

Wer in dieser Zeit für mich nichts mehr tat, war mein Rennstall. Auf meinen Anruf, wann ich denn in China sein müsste, um an der Rundfahrt dort teilzunehmen, teilte man mir mit, ich bräuchte nicht mehr zu kommen und die Gehaltszahlungen habe man auch eingestellt. Das kam mir verdammt bekannt vor, aber etwas anderes hatte ich von Maximino auch nicht erwartet. Von Australien aus schaltete ich zwar einen Anwalt ein, aber ich hatte nicht wirklich Lust darauf, mich lange zu streiten. Am Ende erzielten die Anwälte eine Einigung, bei der Mallorca-Rundfahrt des kommenden Jahres sollte ich einen Scheck bekommen und die Sache wäre aus der Welt, was dann auch wirklich so ablief.

Ich hatte ja für das kommende Jahr einen solventen Rennstall mit einer Topstruktur, also »why worry?« Das hätte mir nur meinen Aufenthalt in Australien vermiest, und das sollte der Scatman auf den letzten Drücker nicht noch schaffen.

Vor meinem Abflug nach Downunder hatte ich mit Festina-Trainer Antoine gesprochen, und der ließ mir regelmäßig Trainingsvorschläge zukommen, die ich im Großen und Ganzen auch gut umsetzen konnte, schließlich war es dort eher zu warm als zu kalt.

So kam ich im Dezember schon auf gut 3000 Kilometer Radtraining.

Neujahr flogen Heike und ich zurück nach Deutschland. Morgens verkaufte ich noch mein MX-Onda-Rad an einen Fan, der sich das nach meinem letzten Rennen »reserviert« hatte.

Der Klimaschock, dem wir dann ausgesetzt waren, war schlimm. Neujahr war ich mit dem Rad von Daylesford, wo wir bei unseren Freunden gewesen waren, nach Melbourne gefahren, bei Temperaturen von über 35 °C. Als wir dann am 2.1. in Frankfurt landeten, waren es – 16 °C.

Ich wollte nur schnell zum Auto, und da ich am 5.1. schon wieder zum Festina-Trainingslager nach Südfrankreich sollte, machte ich mir wegen des kalten Wetters keinen Kopf. Die einzigen Male, die ich das Haus verließ, waren der Großeinkauf neuer Küchenvorräte und der Kauf eines Modems und entsprechender Software, um mit meinem Laptop die Vorteile des Internets zu nutzen.

Die Tage zu Hause gingen schnell vorbei, und ich startete am 5. nach Paris. Dort traf ich im Hotel auf meine neuen Teamkollegen, auf Bruno Roussel und all die anderen, auf die ich mich schon seit Monaten gefreut hatte. Kein Scatman und kein Amateurgehabe, sondern ein gut strukturiertes Profiteam – genau das, wonach ich immer gesucht hatte, seit RMO im Jahr 1992 aus der Szene verschwand.

Festina 1997 – 2001:
die »superjeile Zick«

Nä, wat war dat dann fröher en superjeile Zick ...«, so heißt es in einem Lied der Kölner Rockgruppe »Brings« – und die Zeit, von der ich nun berichte, wird mein Leben lang die »superjeile Zick« heißen.

In den fünf Jahren, die ich bei Festina unter Vertrag stand, gab es viel Höhen, einige – leider – ganz tiefe Tiefen, aber vor allem das, was eine Mannschaft ausmacht: Zusammenhalt. Das nicht immer Jeder mit Jedem gut kann, ist bei 50 Leuten, die während der Saison enorm viel Zeit miteinander verbringen, ganz normal, aber bei Festina galt der alte Musketierspruch »Einer für alle – alle für einen!« wirklich noch etwas.

Ich freute mich doppelt auf das erste Trainingslager, denn zum einen wollte ich meine neuen Mannschaftskollegen endlich sehen, die ich fast alle schon kannte, denn mit einigen war ich schon früher in meiner Karriere im selben Team gefahren. Zum anderen wollte ich so schnell es ging wieder weg aus Deutschland, denn seit unserer Rückkehr aus Australien hatte ich kaum einen Fuß vor die Tür gesetzt. Es gab Maximaltemperaturen von minus 12 °C, nachts war es entsprechend kälter. Beim Flug nach Toulon führte mein Weg mich über Paris, wo Teamfotograf Bruno Bade von mir noch ein Porträt schoss, das dann später als Fotomontage auf den Körper von Gilles Bouvard gesetzt wurde – fertig war die schlechteste Autogrammkarte meiner Karriere. Aber da ich beim offiziellen Fototermin bei perfekten Bedingungen in Australien das umfangreiche Trainingsprogramm ohne Probleme erfüllen konnte, nahm ich das gerne in Kauf.

Da es im Oktober bereits abzusehen war, dass ich bei den ersten Rennen besser schon recht gut drauf sein sollte, hatte ich die drei Monate in Australien so gut es ging genutzt, um schon fit ins Trainingslager zu kommen. Das machte sich auch bezahlt. Ich war im Training nie am Limit, und meine einzige Sorge war, dass ich mir durch den Klimawechsel eine Erkältung einfangen könnte. Ich blieb aber gesund, und auch meine Form war gut. Am Ende des Trainingslagers waren wir alle zu Richard Virenques Hochzeit eingeladen, und es wurde eine ausgelassene Party. Spät in der Nacht hatte kaum ein Fahrer mehr die Krawatte um, höchstens als Stirnband um den Kopf gewickelt, denn die ganzen alkoholischen Getränke mussten ja irgendwie wieder aus dem Körper herausgeschwitzt werden. Das war charakteristisch für diese Mannschaft: Beim gemeinsamen Feiern, was nicht selten in einem Besäufnis erster Klasse endete, formte man gleichzeitig das Team für den Rest des Jahres. Ich verbesserte mit Manager Roussel nach dem zehnten Bier die Welt, und wir hatten alle einen tollen Abend – wobei die Rückreise nach Hause am folgenden Morgen für einige Leute etwas beschwerlich wurde, aber das war dann leider nicht mehr zu ändern.

Mein Ziel in diesem Jahr sollten die ersten Klassiker sein, und dann wollte ich versuchen, die hoffentlich noch gute Form in den Giro hinein zu retten.

Nachdem wir das erste Etappenrennen gewonnen hatten, war die Moral gut, und bis Anfang März war ich voll im Plan. Im Finale von Het Volk entstand in diesem Jahr ein tolles Klassiker-Terzett mit mir: Jesper Skibby, Franco Ballerini und ich in einer dreiköpfigen Spitzengruppe am Molenberg.

Aber nicht nur wir wurden bei Het Volk vom Feld eingeholt, sondern ich in diesem Jahr auch von meiner Pollenallergie. Bei den wichtigen Rennen in Harelbeke und den drei Tagen von de Panne fing es an, und mit einer Asthma-Attacke im Teamfahrzeug, nachdem ich bei der Flandernrundfahrt ausgestiegen war, hatte das traurige Spektakel seinen Höhepunkt. Die ganzen anderen Jahre hatte ich wenig Probleme damit, aber 1997 war es hart am Limit. Als ich nach Luft japsend von einem Hustenanfall zum nächsten hechelte, hatte ich zwischendrin richtig Angst, dass ich ersticken würde. Auch unser Masseur, der das Auto fuhr, war ziemlich beunruhigt, aber zum Glück war das Spektakel nach einer halben Stunde vorbei. So schlimm wurde es danach glücklicherweise nicht wieder. Trotzdem war mir klar, dass ich persönliche sportliche Highlights während dieser Frühjahrssaison wohl abschreiben konnte.

Das Festina-»Klassikerteam« des Jahres 1997 versammelt im Bus. Wir waren zwar nicht die Schnellsten, aber trotzdem gut gelaunt.

Zu meiner persönlichen Misere kam noch hinzu, dass sich unser Klassikerspezialist Bortolami Anfang des Jahres im Trainingslager die Schulter gebrochen hatte und ausfiel.

Also saßen acht Indianer vom Festina-Stamm ohne Häuptling in ihrem Wigwam, dem Hotel les Acacias in Neuville en Ferrain. Wir hätten wahrscheinlich alle einen Psychiater brauchen können, denn das Leben, das wir dort führten, war nicht das beste. Da es viele Eintagesrennen gab, die wir als »warm-up« auf die Klassiker fahren sollten, waren wir insgesamt achtzehn Tage unterwegs, und fast immer stand Rennen fahren auf dem Programm. Zwei Tage Pause, Rennen fahren, zwei Tage Pause und wieder Rennen. Es gab vielleicht auch mal drei Tage ohne Einsätze. Es waren nicht genug Pausen, um mal sechs oder sieben Stunden am Stück zu trainieren, aber zu viel, um immer nur für zwei Stunden Rennen zu leben.

Die Nachmittage in dem Hotel waren unglaublich lang. Zum Glück hatte ich allen nur erdenklichen Komfort eingepackt. Neben meinem eigenen Bettzeug mit Kissen und Plumeau hatte ich Stereoanlage, Laptop und fast 100 CDs eingepackt, denn ich war mit dem Auto angereist und hatte so eine ganze Kombiladefläche gefüllt.

Der spanische Neuprofi Jaime Hernandez staunte nicht schlecht, als er mit mir das Zimmer bezog und fand, er könne sicher noch einiges von mir lernen. Das Inventar unseres Zimmer wurde noch um einen Riesen-Elefanten bereichert, den ich beim Dosenwerfen auf der Kirmes gewonnen hatte – denn da mein Auto vor der Türe stand, war es nachmittags auch mal möglich, dem grauen Einerlei des Hotels zu entfliehen. Dazu gehörte auch der Besuch auf einer Kirmes, die wir bei der Suche nach einem Kino entdeckten. Eigentlich sollten Klassikerfahrer weder auf der Kirmes noch im Kino sein. Aber was sollte das wohl für mich ändern? Ich hatte Asthma und die kommenden Rennen ohnehin abgeschrieben. Was die Mannschaft anging, stimmte die Form eigentlich nur bei Bruno Boscardin. Der war im Finale der Flandernrundfahrt zwar vorne gewesen, stürzte dann aber und riss ausgerechnet den »Löwen von Flandern« Johan Museeuw mit zu Boden. So war nicht nur unsere einzige Hoffnung bei diesem Rennen begraben, wir hatten auch noch den Hass aller belgischen Radsportfans auf uns gezogen. Moralisch ziemlich angeschlagen schien es in den darauf folgenden Tagen die Aufgabe unserer Mannschaft zu sein, herauszufinden, wie viel ein Mensch wohl schlafen kann. Es wurden Siestas von drei Stunden gemacht, um den Nachmittag zu überbrücken – was dann zur Folge hatte, dass wir um Mitternacht noch kein Stück müde waren. Mit Jaimes Hilfe besserte ich mein Spanisch auf, und zusammen malten wir aus, was denn die Radsportpresse schreiben würde, wenn er als spanischer Neuprofi Paris–Roubaix gewänne.

Das Schlimmste dabei war, dass ich ja eigentlich nach der Flandernrundfahrt in nur knapp zwei Stunden mit dem Auto nach Hause hätte fahren und zum Start von Gent–Wevelgem drei Tage später wieder hätte anreisen können. Aber mitgefangen, mitgehangen blieb ich beim Team, und es ging wieder von vorne los: Frühstück, leichtes Training, Mittagessen, Siesta, Massage, Abendessen. Alles war sehr eintönig, und die Abläufe waren immer gleich. Eine unangenehme Randerscheinung solcher Tage ist es, dass man immer nur Hunger hat und den ganzen Tag nur ans Essen denkt. Je weniger man tut, desto mehr Zeit hat man, ans Essen zu denken, und wir wurden alle das eine oder andere Mal schwach.

Die gebrannten Mandeln von der Kirmes hätten eigentlich, so hatte ich mir das vorgestellt, bis Paris–Roubaix reichen müssen, aber am Tag nach der Flandern-Rundfahrt, also sechs Tage zu früh, war die Tüte schon leer.

Für Abwechslung sorgte eine Trainingsausfahrt quer durch ein Waldgebiet. Hier steckten wir uns eine Runde ab und fuhren eine Stunde lang auf dem technisch anspruchsvollen Kurs Crossrennen. Nicht gerade spezifisch für das Sprinterrennen Gent–Wevelgem zwei Tage später, aber wenigsten hatten wir viel Spaß.

Als diese achtzehn Tage dann vorbei waren und wir nach einer vergeigten Klassikersaison endlich nach Hause fuhren, fiel allen ein Stein vom Herzen. Einen sah ich allerdings zwei Tage später schon wieder, denn Emanuel Magnien musste genau wie ich nach nur zwei Nächten im eigenen Bett auch zur Aragon-Rundfahrt nach Spanien. Das war aber schon wieder etwas ganz anderes, denn nach den nur 36 Stunden zu Hause waren die Akkus im Kopf schon wieder geladen. Wahrscheinlich hätte mir ein »Break« vor Gent–Wevelgem besser getan, als Cross fahrend und gebrannte Mandeln fressend in Neuville en Ferrain die Zeit totzuschlagen, aber wie im richtigen Leben war ich auch diesbezüglich erst hinterher schlauer.

Nach der Aragon-Rundfahrt dauerte es auch nicht mehr lange bis zum Giro d'Italia, und dort wollte ich endlich mal wieder ein Radrennen gewinnen. Trotz sehr guter Form im Frühjahr war ich entweder für andere gefahren oder war von jemandem, der an dem Tag ein kleines bisschen besser drauf war (oder der einfach ein wenig mehr Glück gehabt hatte) geschlagen worden. Und mit zweiten Plätzen hatte ich mich schon in der Juniorenklasse nicht anfreunden können.

Der Giro kam, und der Auftakt auf dem Lido in Venedig war schon eine tolle Sache. Alle Teams setzten mit insgesamt drei Fähren über, und die Fotos, die ich damals machte, sind mir heute noch die liebsten. Da sitzen Fahrer verschiedener Teams und Nationalitäten auf dem Schiff zusammen und flachsen, und im Hintergrund sind das blaue Meer und der noch blauere Himmel zu sehen.

Unser Sportlicher Leiter für den Giro war der Spanier Miguel Moreno, und der hatte sich für uns eine ganz besondere Taktik ausgedacht. »Comer, beber y a rueda«, also Essen, Trinken und am Hinterrad fahren, denn der Giro sei lang, schnell und schwer. Wir sollten also unsere Energie einteilen und nicht das gesamte Pulver in der ersten Woche verschießen.

Für die Moral der Mannschaft war das auch sehr gut, denn wir fühlten uns nie, als stünden wir unter Druck. Wie das Etappenergebnis auch aussah, Miguel lobte uns immer. Einmal sagte er sinngemäß: Ich liebe euch alle wie eine Mutter, die liebt auch alle ihre Söhne, auch wenn der eine ein wenig »tonto« (also dumm) ist ... nicht wahr Monsieur Lebreton? Lilian Lebreton hatte auf der letzten Etappe irgendeine taktische Dummheit begangen, und es war Miguels Art, solche Dinge immer mit der ganzen Mannschaft auf eine lustige Art und Weise zu klären. Das Gelächter im Bus zeigte, dass es ihm dieses Mal wieder gelungen war.

Mein persönliches Ziel, einen Etappensieg, hatte ich einige Male, wenn auch nur knapp, aber eben dennoch verpasst. Die nächste Etappe, die vom Streckenprofil her diese Möglichkeit bot, führte nach Mondragone. Es gab etwa 60 km vor dem Ziel einen ziemlich schweren Berg, und wenn es niemandem gelingen würde, dort mit einer größeren Gruppe alle Sprinter abzuhängen, wäre wieder einmal ein Massensprint wahrscheinlich.

Um es kurz zu machen: Ich gewann den Massensprint in Mondragone, auch dank der Unterstützung der Mannschaft. Einen besonders großen Anteil an diesem Sieg hatte Valerio »Tex« Tebaldi, der im Finale immer an meiner Seite war, und auf den Zieleinlauffotos als etwa 50. mit beiden Armen in der Luft zu sehen ist.

Die Art und Weise, in der ich diese gesamte Etappe gefahren war, sollte aber zudem meine Renntaktik bis zum Karriereende nachhaltig beeinflussen.

Bei der Bergwertung versuchte ich diesmal nicht auf Teufel komm raus dran zu bleiben. Als ich sah, dass andere Sprinter (wie Cipollini, Svorada oder Rossato) in Schwierigkeiten waren, blieb ich in deren Gruppe. Dabei überstieg mein Puls nie die für mich kritischen 170 Schläge, und das Fahren war fast locker. Da aber alle anderen Sprinter mindestens vier Teamkollegen dabei hatten, die auf sie warteten, war ich einigermaßen sicher, dass wir auf der langen Abfahrt durch das Tal wieder den Anschluss an die Spitze schaffen würden. Das erwies sich auch als ganz richtig. So kam ich außer im Finale während dieser Etappe nie in den anaeroben Bereich, was es mir am Ende möglich machte, einen neuen Pulsrekord für Girosprintankünfte aufzustellen. Ich kam bis auf 196 Schläge, und das mit ziemlich frischen Beinen. In allen anderen Etappen vorher war ich immer für mindestens 15 Minuten über meiner Schwelle gefahren, und so kam ich dann mit »sauren« Beinen im Sprint meist nur noch auf Puls 185.

Selbstverständlich ist es manchmal unvermeidlich, über das Limit zu gehen, aber wenn es die taktische Möglichkeit gab, bewusst darunter zu bleiben (auch auf die Gefahr hin, es nicht mehr ganz bis nach vorne zu schaffen und nur noch um Platz 30 zu sprinten), habe ich diese Option in allen darauf folgenden Rennen genutzt.

Meine Rechnung war in etwa die folgende: Wenn ich von zehn Rennen achtmal im Sprint vorne dabei bin, ich aber keinen dieser Sprints gewinnen kann, dann ist die Bilanz Null. Dann lieber nur fünfmal dabei sein, aber bei allen fünf Sprints zumindest eine Chance auf den Sieg haben. Von fünf Sprints habe ich einen eigentlich immer gewonnen und je nach aktueller Form auch schon mal zwei, drei oder sogar vier.

Nach dem Etappensieg waren wir alle in wirklich ausgezeichneter Laune, aber als wir unser Hotel in der Nähe von Napoli bezogen, war die schlagartig wieder weg. In einer nicht asphaltierten Sackgasse stand ein alter Schuppen – das sollte das Hotel sein, in dem wir übernachten wollten?

Als wir die Zimmertür öffneten, bot sich uns ein trauriger Anblick: ein Schrank, ein Stuhl, ein Tisch und zwei Betten. Die fünf Möbelstücke zusammen waren sicher weit über hundert Jahre alt und die Matratzen auf den Betten noch älter.

Das Bad war etwa einen Quadratmeter groß, und um zu duschen musste man breitbeinig über der Kloschüssel stehen. Nachdem mein Zimmerkollege Fabian Jeker damit fertig war, stand das Zimmer allerdings komplett unter Wasser, also ging ich im Bus duschen.

Gegen Abend stand ich am Fenster und fragte mich, warum denn auf dieser holprigen Straße so viele Autos auf und ab fuhren. Als ich zum Abendessen hinunter ging, klärte sich das Rätsel auf: Direkt vor der Tür war der Straßenstrich, und einige der Damen frequentierten auch unser Hotel, wenn der Kunde es so wünschte. Wir wohnten im Puff! Das war an sich ja schon ziemlich unglaublich, aber nachdem wir fast eine Stunde auf unser Essen gewartet hatten, platzte mir der Kragen und mit einem für mich eher untypischen Gezeter verließ ich das Restaurant nach dem Salat. Das konnte ja wohl nicht wahr sein, eine Stunde Wartezeit für einen

Teller Pasta. Da ich riesigen Hunger hatte, war mein Problem mit dem Salat nicht gelöst, sondern es hatte sich eher verschlimmert. Woher sollte ich den Treibstoff für die morgige Etappe bekommen? Ich hatte auf meinem Zimmer noch drei Powerbars, und obwohl ich satt war, nachdem ich alle aufgegessen und eine Flasche Wasser darauf getrunken hatte, war es sicher nicht das Abendessen gewesen, das ich mir als Giro-Etappensieger gewünscht hätte. Fabian kam noch eine Stunde später aufs Zimmer und erzählte mir vom Abendessen, das dann gar nicht so schlecht gewesen sein sollte. Mir war's nun egal. In Anbetracht dessen, dass morgen eine eher schwere Etappe bevorsteht, legten wir uns hin. Obwohl wir über der Abteilung »Amore professionale« wohnten, war auch der Rest des Hotels verdammt laut, und gegen Mitternacht schlich ich zum Zimmer unseres Teamarztes, um mir eine Schlaftablette zu holen. Wenn das nicht eine tolle Belohnung für den Etappensieg war: kein Abendessen, ein Schrottbett im Puff und die chemische Keule um überhaupt zu schlafen ... grazie mille!

Der Rest des Giros verlief so, wie alle großen Rundfahrten für mich verliefen: Ich litt in den Bergen Höllenqualen und kam ziemlich kaputt in Mailand an, sodass es auf der letzten Etappe nur für Platz fünf reichte.

Hier hatte Cipollini seine fünfte Etappe gewonnen und souverän das »Maglia ciclamina« des Punktbesten verteidigt. Schade, dass viele Journalisten ihm das nicht anzurechnen scheinen, und immer nur sehen, dass er bis dato nie auf den Champs-Élysées in Paris ankam.

Aber so ist das nun einmal.

Nach einer Rundfahrt, die drei Wochen dauert, ist man immer froh, wenn man wieder zu Hause ist. Gerade nach dem extrem schweren Giro war ich heilfroh, dass am selben Abend noch ein Flieger ging und ich schon Sonntagabend wieder in meinem eigenen Bett schlafen konnte.

Die Ruhe währte nicht lange, denn schon am darauf folgenden Mittwoch saß ich wieder im Auto und fuhr zur Luxemburg-Rundfahrt. Die zwei Tage dazwischen hatte ich gerade mal über dreißig Kilometer auf dem Rad gesessen, nämlich bei einer »Trainingsfahrt« mit Heike: bis zum Eiscafé und zurück. Eigentlich hatte ich keine Lust darauf, aber unser Trainer Antoine meinte, ich würde dort allen um die Ohren fahren. Beim Start der ersten Etappe begrüßte mich Gianni Bugno, der vier Tage vorher auch in Mailand den Giro beendet hatte, mit der Ansage: »Die Fahrer bitte an den Start der 25. Etappe des Giro d'Italia.« Es waren insgesamt vier Fahrer da, die den Giro beendet hatten. Körperlich ging es mir recht gut. Ich war nach dem kurzen Aufladen der Batterien zu Hause auch motiviert, und am Ende verlor ich nach einem Fotofinish nur hauchdünn gegen Erik Zabel. Geärgert habe ich mich schon, aber damit habe ich mich nicht lange aufgehalten. Am nächsten Tag waren die Akkus im Kopf allerdings schon wieder leer. Ich fuhr ziemlich unmotiviert mit, und im Sprint hatte ich nicht mehr den richtigen Biss – 26. Etappe, sage ich nur.

An diesem Tag bekamen Heike und ich auch Besuch, ein vierzehnjähriger Schülerfahrer aus Australien kam zu uns und sollte den Sommer über bei uns Urlaub machen und ein paar Radrennen fahren. Morgens beim Start, es standen zwei Halbetappen auf dem Programm (was für meine ohnehin schlechte Moral der Todesstoß gewesen war), machte ich Ben mit einigen Radsportgrößen bekannt, und es wurden Fotos gemacht mit Bugno, Museeuw, Rolf Sörensen und Bjarne Riis.

Ich bat Heike darum, vom Ziel direkt ins Hotel zu kommen, denn ich war sicher, dass ich diese Etappe nicht beenden würde. Der Körper hätte es wahrscheinlich noch geschafft, aber der Kopf war völlig leer, und ich hatte keine Lust mehr, meinen Körper, der sich in den vergangenen drei Wochen über 3800 Girokilometer gequält hatte, weiter zu schinden. An einem Berg, an dem nicht allzu viele Zuschauer standen, lies ich mich zum Teamauto zurückfallen, sagte Bescheid, dass ich in den Besenwagen steigen würde, und dann stieg ich in einem Waldstück vom Rad. Ein Rennfahrer saß schon drin, und der war nicht nur jung, sondern wirkte auch ziemlich geknickt. Er sei krank und könne nicht mehr, aber er sei Neuprofi und mache sich jetzt Vorwürfe. All das war mir bei meinem ersten Weltcuprennen auch passiert. Amstel Gold Race 1989, 100 km Rennen und ab in den Bus. Ich versuchte ihn moralisch aufzubauen, und als er mich fragte, warum ich ausgestiegen wäre, meinte ich nur: »Wenn der Körper es schwer hat, braucht es einen gut motivierten Kopf. Den habe ich seit Giro-Ende aber nicht mehr. Jetzt muss ich ausspannen.«

Als ich im Hotel meinen Koffer packte und dann mit Heike und Ben zum Mittagessen ging, fiel eine Riesenlast von meinen Schultern. Endlich frei, nicht mehr leiden, quälen, schinden, sondern einfach dem Körper und dem Geist das gönnen, was beide am dringendsten brauchten: Ruhe.

Da ich bereits wusste, dass ich die Tour de France nicht fahren würde, hatte ich jetzt einige Zeit vor mir. Ich wollte sie nutzen, um bis zur Vuelta im September wieder richtig fit zu sein, und das nicht nur auf den Körper bezogen, sondern auch auf den Geist.

Gut für den Kopf war zunächst einmal Bens Anwesenheit. Mit ihm fuhren wir im Familienverband ein bisschen trainieren, fuhren mit ihm zu einigen Radrennen, wo wir ihn dann betreuten. So oder so ähnlich muss es für meine Eltern gewesen sein, als ich in der Schülerklasse unterwegs war. In Stadtlohn war ich bei seinem Rennen richtig nervös, und als ich dann beim Hauptrennen startete, war ich die Ruhe selbst – eine seltsame Erfahrung.

Wir beschlossen, als Zuschauer zur Tour zu fahren. Zuerst stand der Prolog auf dem Programm, und von dort wollten wir mit Ben nach Paris. Bei unserer Planung hatten wir allerdings das Problem, dass wir kein Auto hatten, in das drei Leute mit drei Rädern gepasst hätten. Denn zur mythischen Bergankunft in Alpe d'Huez wollten wir später auch noch.

Im Vorbeifahren sah ich dann bei einem Fordhändler ein großes rotes Gefährt stehen. Also fragten wir nach dem Preis. Nachdem ich 10 % Nachlass bekommen hatte, waren wir zwei Tage später stolze Besitzer eines Ford Windstars. Über fünf Meter lang, mit einem Stauraum, der ihm später den Spitznamen »mobile Garage« einbrachte.

So machten wir uns auf zum Start der Tour de France. Heike fuhr, Ben und ich schliefen, und wir kamen am frühen Nachmittag im Festina-Hotel an. Ich wünschte meinen Teamkollegen noch alles Gute, und dann schauten wir uns den Prolog an und fuhren abends weiter nach Paris. Dort verbrachten wir zwei tolle Tage, und danach ging es wieder zurück Richtung Köln, wo ich zwar ganz langsam, aber stetig wieder anfing zu trainieren.

Zehn Tage später fuhren wir in die Alpen, wo es für mich vor allem darum ging, trainingsmäßig wieder richtig loszulegen. Die Bergankunft in Alpe d'Huez wollten wir uns aber auf jeden Fall ansehen.

Am Renntag parkten wir den Windstar in Vizille, etwa 30 Kilometer vor dem Schlussanstieg, und fuhren mit den Rädern zum Fuß des Berges. Heike war gerade so weit, dass sie wieder auf einem Sattel sitzen konnte, denn sie hatte sich im Frühsommer das Steißbein gebrochen und war nur bedingt fit. Als uns bei dichtem Verkehr das Wohnmobil von Cofidis überholte, setzte ich zu einem langen Sprint an, holte es ein und fragte den Fahrer (der auch schon bei RMO als Masseur gearbeitet hatte), ob er Heike mit hinauf nehmen könne. Er hielt an und lud Heike und ihr Bike ein.

Wir hatten vereinbart, uns in Kurve sieben zu treffen – irgendwann am Nachmittag, denn bis die Fahrer kommen sollten, waren es noch gute fünf Stunden Zeit.

Als ich mit Ben den Anstieg in Angriff nahm, war das ein ganz komisches Gefühl. Ich war sonst einer von denen, auf die die Zuschauermassen warteten – heute war ich aber einer von ihnen. Das Ambiente war gewaltig, und da ich bewusst »neutrale« Klamotten trug, konnte ich den Anstieg fast unbehelligt unter die Räder nehmen. Ich stoppte in Kurve sieben, Ben wollte noch weiter bis ganz oben fahren. Ich schenkte mir das und schaute mich nach Heike um. Es war unglaublich, was da los war! Dänen kampierten neben Niederländern, Belgiern, Franzosen und Deutschen. Es waren Fans aus Australien und den USA da und alle zusammen feierten eine große Party. Einige waren schon seit drei Tagen vor Ort, um sich die besten Plätze zu sichern. Das machten sie schon seit fast zehn Jahren so, versicherte mir ein belgisches Ehepaar mit zwei Kindern. Nach einer halben Stunde auf und ab fahren fand ich Heike, die sich bei einer italienischen Familie unter das Sonnendach gesetzt hatte und dort mit Wasser und etwas zu essen versorgt worden war. Alle schienen zusammen zu gehören, und kein böses Wort fiel. Eine perfekte Kohabitation aller Radsportfans, fernab von Szenen, wie man sie aus anderen Sportarten kennt, wenn Fans unterschiedlicher Teams oder Spieler aufeinander treffen.

Dies war mein erster Tag überhaupt als Fan. Da war ich inzwischen schon neun Jahre Radprofi, war oft genug bei großen Rennen durch enge Zuschauerspaliere gefahren und vom Ambiente voran gepeitscht worden, und heute war ich zum ersten Mal selber daran beteiligt, dieses Ambiente zu gestalten. Irgendwie war das alles aber auch etwas zwiespältig. Welcher Radprofi geht schon Radrennen gucken? Die Fahrer, die sonst Konkurrenten sind, anfeuern? Daran hatte ich bis dahin nicht einmal im Traum gedacht. Aber jetzt waren wir nun einmal da, und als der Berg langsam erwachte und die Werbekarawane vorbeikam, da war die Begeisterung der Fans schon sehr geweckt, und ich wurde ganz selbstverständlich angesteckt. Dann, Ben war inzwischen auch wieder da, kamen die ersten Begleitmotorräder an. Aus den Kofferradios der Fans schallten die Stimmen der Radioreporter. Wer einen Fernseher hatte, war umlagert wie das Rote Kreuz bei einer Hungersnot. Alle wussten: Pantani hatte angegriffen und Ullrich und Virenque abgehängt.

Die Motorräder der Polizei kamen in immer dichteren Abständen, dann das rote Auto von Tourdirektor Jean-Marie Leblanc – und Marco Pantani tauchte auf. Die Hölle brach los am mythischen Berg. Die Fans schrien ihn den Berg hinauf, und ich, sein Arbeitskollege, war mittendrin und schrie ebenfalls aus Leibeskräften. Dann kämpfte Jan Ullrich sich heran, wie immer mit seinem ganz eigenen kraftvollen Stil, auch er alleine, und auch er wurde von den strapazierten Stimmbändern der Fans hinaufgetrieben. Dann folgte mein Teamkollege Richard Virenque, der populärste französische Radprofi seit Raymond Poulidor. Das kollektive Anfeuern nahm kein Ende, und jeder Fahrer, der an den Fans vorbeikam, wurde gebührend animiert, ganz so als ginge es für jeden von ihnen um den Sieg. Mindestens einen kompletten Tag hatten die Fans darauf gewartet, ihren Idolen zujubeln zu können – und dieser Tag war ein ganz besonderer für mich, der sonst selbst angefeuert wurde.

Als dann das Gruppetto kam, also die Gruppe, in der ich wahrscheinlich ebenfalls gewesen wäre, besann ich mich darauf, was man sich als Fahrer in einer solchen Situation selbst wünscht. Als ich Robby McEwen sah, mit dem ich mich von allen Sprintern am besten verstand, da warf ich alle Zurückhaltung über Bord, lief kurz neben ihm her, steckte ihm eine eiskalte Dose Cola in die Trikottasche und schob ihn noch einmal kräftig an. Beim nächsten Rennen, das wir zusammen fuhren, hat er sich dafür noch ausdrücklich bedankt – ich hatte also wohl seinen Geschmack getroffen ...

Nachdem alle Fahrer durch waren, ging es in halsbrecherischer Fahrt wieder zu Tal, und in einer Gruppe von fast 100 Fahrern rollten wir bis Vizille zu unserem Auto. Der Tag war wirklich ein

Riesenerlebnis gewesen. Das Ambiente, die Fans, zu denen ich im Herzen ja auch gehörte, obwohl ich selbst Radprofi war, das war etwas ganz Besonderes. Abends aßen wir in Thierry Claveyrolats Bistro etwas zu Abend und suchten uns dann ein Hotel. Danach stand für mich spezifisches Training in den Bergen an, und langsam aber sicher ging es auch zurück Richtung Köln. Die Fahrt war zwar lang, aber da wir in vier Etappen nach Hause fuhren (ich war inzwischen wieder voll in mein Trainingsprogramm eingestiegen), war das alles halb so schlimm.

Anfang August flog Ben nach Hause und ich zu den Vorbereitungsrennen in Burgos und Galizien, die ich vor der Vuelta noch fahren sollte.

Die Zeit mit Ben war prima gewesen, hatte uns allerdings auch gezeigt, wie es ist, wenn man für jemanden Dritten verantwortlich ist. Unser Gast war zwar schon vierzehn Jahre alt, aber trotzdem: Er war in einem fremden Land, hatte mit uns das erste Mal überhaupt in seinem Leben Schnee gesehen und angefasst; und wenn er manchmal, wie es Vierzehnjährigen ja auch zusteht, alleine unterwegs war, und sei es nur zum Training, dann fiel uns immer ein Stein vom Herzen, wenn er gesund und munter zurück war. Gerade für Heike, die ja noch mehr Zeit mit ihm verbrachte, war die Verantwortung schon groß – und irgendwie auch ein Vorgeschmack auf das, was wir nun langsam aber sicher ins Auge gefasst hatten: Eltern sein.

Vorher musste ich allerdings zur Vuelta, und den letzten Schliff dafür holte ich mir wie schon so oft zusammen mit Heike. In Südfrankreich fanden in der Woche vor der Vuelta zwei Kriterien statt. Ich beschloss, diese in meine Vorbereitung einzubetten und fuhr mit Heike schnurstracks nach Gruissan. Im gleichen Hotel wie schon beim Trainingslager im Januar bezogen wir Quartier, und ich begann zu trainieren wie ein Irrer. Fünf, sechs, teils bis zu sieben Stunden fuhr ich alleine durch die Berge des Languedoc. Es war brütend heiß, und vor den beiden Kriterien in Carcassonne und Bordeaux fuhr ich jeweils 150 km trainieren. Am Tag nach Bordeaux fuhren wir über Paris zurück, wo Heike mich zum Airport Charles de Gaulle fuhr. Von hier startete sie zurück nach Köln, und ich bestieg den Flieger nach Lissabon, wo die Spanienrundfahrt in diesem Jahr starten sollte.

Oben mit meinem Idol Bernard Hinault bei der Teampräsentation im Jahre 1988. Darunter mit meinem Entdecker, Förderer und Trainer Dieter Koslar (Aosta-Rundfahrt September 1988).

Die allerersten Meter bei der Tour de France: der Prolog in San Sebastian 1992 – ein Traum wird wahr (Foto: Henning-Bangen/Bongarts).

Im RMO-Trikot bei der Flandernrundfahrt 1990, links Etienne de Wilde.

Als Spitzenreiter der Vuelta zum 3. Etappensieg in Folge, Zaragoza 1999.

Gelegentlich ist es schön, wenn ein Motor das Zweirad antreibt. Die »Bad Boy« ist nichts für den Sprint, aber prima für eine genussvolle Landstraßenetappe.

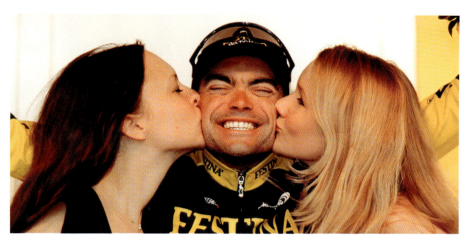

»Sweet kissed« auf der Deutschland-Tour 2000 in Herzogenaurauch.
Darunter ein Etappensieg bei der Vuelta 1999 in Fuenlabrada, hinten rechts jubelt mein
2003 verunglückter Freund und Teamkollege Andrei Kivilev.

Mit meinen größten Fans und besten Betreuern Heike und Alexander beim Amstel Gold Race 1999.

Vor heimischem Publikum gewinnt man am liebsten: Tagessieg während der Deutschland-Tour 2000.

Der Traum wurde wahr: Auf dem Podium in Vitré nach dem Etappensieg bei der Tour.

Nach dem Unfall: einäugig, das Gesicht geschwollen vom Kortison, aber trotzdem guter Dinge.

Der Tag, an dem ich das Bergtrikot verlor ...

... und die Etappe gewann! Man kann schließlich nicht alles haben.

Der Daumen zeigt mal wieder in die richtige Richtung.

Grün will zwar nicht recht zum Rest des Festina-Outfits passen, aber trotzdem trug ich das Trikot gerne!

Als der Giro durch Köln führte: 2002 mit Mario Cipollini vor dem Kölner Dom.

Bei der Teampräsentation des Marcel Wüst Juniorteams, einer hoffnungsvollen Kölner Nachwuchsmannschaft mit viel Potenzial.

Karneval in Kölle, das nennt man aus der Not eine Tugend machen ...

Jetzt zwar auf der anderen Seite des Mikros, aber immer noch »one of the boys«.

So schön kann Journalismus sein ...

Dieser Startort machte mir unterschwellig allerdings Probleme. Bei allen großen Rundfahrten, die nicht im »Heimatland« starteten, war ich bisher nicht über die erste Etappe hinausgekommen. Bei der Tour de France 1992 stürzte ich in Spanien ohne Frankreich zu erreichen; und beim Giro 1996, der in Athen startete, hatte ich Italien nur aus der Luft bei meinem Rückflug nach Deutschland gesehen, mit vielen Schürfwunden und einem Schleudertrauma, Halskrause inklusive.

Bei der Auftaktetappe brachten mich meine Teamkollegen dann zur Verzweiflung. Am letzten Berg fehlten mir etwa zwanzig Meter, um den Anschluss an die erste Gruppe herzustellen, und als das Feld in einer Linkskurve als lange Reihe auf die Hauptstraße abbog, sah ich sechs meiner Festina-Kollegen vorne volle Kraft fahren, denn es hatten auch Fahrer, die als Gesamtwertungsaspiranten gehandelt wurden, den Anschluss an die erste Gruppe auf dem engen und steilen Anstieg verpasst. Auf dem Autodrom von Estoril gewann dann Lars Michaelsen den Sprint und bekam das Gelbe Trikot. Ich war stinksauer! Jetzt war es vorbei mit dem Traum von Gelb, denn die zweite Gruppe, in der ich das Ziel erreichte, lag fast zwei Minuten zurück.

Dafür gewann ich am nächsten Tag die Etappe und hatte auf der dritten Etappe gleich zweimal Grund mich zu freuen. Zum einen, weil ich in Vila Real über die große Brücke fuhr und somit in Spanien angekommen war, zum anderen, weil ich meine Taktik des »Durchsackens« sogar im Finale erfolgreich einsetzte. An einer steilen Welle von etwa 400 Metern Länge war ich unten Zweiter, oben allerdings nur noch 35. Mit Laurent Brochard schloss ich auf der langen Geraden vor der rechtwinkligen Zielkurve wieder zur Spitze und unter die ersten Fünf auf und gewann meine zweite Etappe in Folge. Die Vuelta hatte sich jetzt schon gelohnt, und die Tatsache, dass ich zwei Tage später in Malaga schon wieder gewann, war nur noch das Tüpfelchen auf dem i.

Dann tauchten die ersten Berge auf, die ersten Ausreißergruppen kamen ins Ziel und machten die Etappensiege unter sich aus, und in der letzten Woche musste ich die Überlegenheit von Jan Svorada anerkennen. Ich wurde noch zweimal Zweiter, aber an Jan kam ich einfach nicht mehr vorbei. Vielleicht ein Zeichen dafür, dass mir die Berge immer noch mehr zu schaffen machten als vielen meiner Sprinterkollegen. Die letzte Woche einer großen

Rundfahrt war ich immer angeschlagen, und es fehlte mir die Spritzigkeit. Eine Tatsache, die ich danach durch noch konsequenteres Training zu beheben versuchte, aber es wollte mir bis zum Karriereende nicht mehr gelingen. In den ersten zehn Tagen war ich immer sensationell gut drauf, dann zollte ich der Muskelmasse und wahrscheinlich auch meinem spezifischen Sprinttraining Tribut.

Seit dem ersten Jahr mit Festina hatte ich mich darauf besonnen, eher meine Stärken zu trainieren als meine Schwächen. Mit dem Sprinten und dem Bergfahren verhält es sich etwa so wie bei einer Waage. Was man auf der einen Seite gewinnt, verliert man auf der anderen. Warum also vom ganz schlechten Bergfahrer zum schlechten aufsteigen? Das hätte mich sicher Muskelmasse, Endgeschwindigkeit und Stehvermögen in meiner Spezialdisziplin gekostet. Dann wäre ich zwar öfter vorne dabei, dort aber ohne Siegchance. Also lieber ein ganz schlechter Bergfahrer bleiben und bewusst meine Stärken trainieren. Lieber in einer Disziplin Weltklasse und in allen anderen eher schlecht, als überall Durchschnitt. Denn Fahrer, die von allem ein bisschen können, gibt es verhältnismäßig viele, in einer Kategorie Weltklasse zu sein ist dagegen ein Privileg erster Güte.

Dass es Fahrer gab (und gibt), die beides konnten (und können), ist eher die Ausnahme. Jalabert beispielsweise war immer ein Konkurrent im Sprint, bis er nach seinem schweren Sturz bei der Tour de France in Avranches zum Superetappenfahrer und Weltranglisten Nummer eins wurde. Gesprintet hat er danach allerdings nur noch bei extrem schweren Zielankünften, und dort dann auch oft genug gewonnen. Erik Zabel ist auch einer von denen, die mit beiden Qualitäten überdurchschnittlich gesegnet sind. Zum einen gewinnt er Sprints bei großen Rundfahrten, zum anderen ist er unter allen Topsprintern derjenige, der am besten über die Berge kommt. Dass er in der zweiten Hälfte seiner Karriere allerdings häufiger am Ende »nur« Zweiter oder Dritter wird, ist sicher der Tatsache zuzuschreiben, dass er sich in den Bergen enorm verbessert hat. Heute ist es bei moderner Trainingsmethodik sicher möglich, die Bergfahrerqualitäten um – einmal angenommen – 5 % zu steigern und gleichzeitig nur 1 % im Sprint einzubüßen. Aber im Highendbereich des Sprints ist manchmal auch dieses eine Prozent zu viel.

Ich kam jedenfalls auch in Madrid nicht über Platz 5 hinaus, und trotz allem fuhr ich guter Dinge nach Hause und freute mich auf die nächsten zwei Wochen: Paris–Tours am nächsten Sonntag, dann die WM in San Sebastian.

Zur WM hatten wir uns wieder die Familienvariante zurechtgelegt. Die Anreise für Paris–Tours sollte mit dem Auto erfolgen, das Heike während des Rennens zum Ziel fuhr, dann wollten wir weiter nach San Sebastian. Nach dem Rennen, in dem ich ziemlich einbrach, mussten wir allerdings die Pläne ändern. Ich hatte mich morgens schon nicht wohl gefühlt und die fast 300 km Radrennen hatten mir nicht gut getan. Ich hatte Fieber, und anstatt mit Pascal Hervé zu ihm nach Hause zu fahren und mit Freunden zu Abend zu essen, blieben Heike und ich in einem Hotel direkt am Ziel in Tours. Ich ging sofort ins Bett, Heike holte mir irgendwo noch ein Sandwich, und um acht Uhr schlief ich ein. Insgesamt dreizehneinhalb Stunden schlief ich, und am nächsten Morgen war das Fieber weg. Bis heute weiß ich nicht, was das gewesen sein könnte, aber Tatsache war, dass ich mich total entkräftet fühlte. Wir beschlossen erstmal zu Pascal zu fahren und den Dienstag abzuwarten, um dann mittwochs entweder zur WM oder aber Richtung Köln zu fahren. Es ging gut, und Mittwochabends kamen wir in San Sebastian an.

Ich fuhr noch leicht trainieren und besuchte meine persönliche Gedächtniskurve, an der ich mir bei meiner ersten Tour das Schlüsselbein gebrochen hatte. Beim Aufstieg zum Jaizkibel fühlte ich mich wieder richtig gut.

Da ich aufgrund der Strecke wohl eher nicht Weltmeister werden würde, trainierte ich eher kurz und intensiv als die ewig langen Strecken, die ein WM-Favorit fahren würde. Meine Kraft lag in der Frische, und ich wollte das Rennen zumindest in der Anfangsphase kräftig mitbestimmen.

Wir fuhren mit dem Nationalteam die Strecke ab, und dank meiner guten Vorstellung bei der Vuelta wurde ich sogar im Training von den vielen spanischen Fans frenetisch angefeuert – was bei einigen meiner Mannschaftskollegen allerdings Unverständnis hervorrief. Mir war's recht, und ich genoss die Aufmerksamkeit, die mir vor allem die vielen Basken am Straßenrand schenkten. Beim taktischen Meeting der Nationalmannschaft wurden die Rollen eindeutig verteilt, und so stand ich mit klarer

Marschroute am Start meiner zweiten Weltmeisterschaft. Komisch war das schon: Da war ich jetzt seit neun Jahren Profi, hatte mehr Radrennen als jeder andere aktive deutsche Radprofi gewonnen und war acht Jahre lang nicht zu den Weltmeisterschaften mitgenommen worden ... das soll einer verstehen.

Ich fuhr ein beherztes Rennen und gehörte lange einer dreiköpfigen Spitzengruppe an. Als es dann aber jenseits der 200 km richtig zur Sache ging, hatte ich vorne mein Pulver verschossen und beendete das Rennen vorzeitig.

Während der letzten Runde war in der deutschen Box die Hölle los. Alle saßen wie gebannt vor dem Fernseher, denn Udo Bölts war in der Spitzengruppe dabei. Dass er gegen die anderen im Sprint keine Chance haben würde, war mir ziemlich klar, aber Udo war an diesem Tag ein fantastisches Rennen gefahren und hätte es echt verdient gehabt. Letzten Endes gewann mein Teamkollege und Freund Laurent Brochard. Ich freute mich riesig und zeigte das auch, obwohl sich alle anderen ärgerten, dass Udo mit dem vierten Platz die Medaille nur knapp verpasst hatte. Aber »la Broche«, mit dem ich oft genug das Zimmer geteilt hatte, war Weltmeister! Das war doch wirklich ein Grund zur Freude – dachte allerdings im deutschen Lager nur ich, und hinten herum erfuhr ich dann einige Tage später, dass sich die Herren Funktionäre heftig darüber aufgeregt hätten. »Dass der Wüst sich so für einen Franzosen freut!« Ja, hätte ich denn meine Luftsprünge hinter der nächsten Ecke machen sollen? Der Mann war mein Freund, und ich fuhr mit ihm in einem Team, sollte ich das verbergen?

In Hochstimmung reisten Heike und ich abends ab, und kurz vor Bordeaux hielten wir an und bestellten zum Abendessen eine Flasche Champagner. Ein Weltmeister im Team, das war schließlich was!

Das Jahr war herum, und jetzt stand unsere Reise nach Südafrika an, wo wir noch nie gewesen waren und ich ein sechs Tage dauerndes Etappenrennen in einem gemischten Team bestreiten wollte. Wir freuten uns, aber das währte nicht lange.

Südafrika und Kalifornien

Der Flug war sehr angenehm, nur halb so lang wie nach Australien, und vor allem brachte er nur eine Stunde Zeitverschiebung mit sich, das war schon mal ein Vorteil. Leider sollten diese alles in allem in der Minderzahl bleiben.

Alle europäischen Fahrer wohnten bei einem gewissen Neil Dorsett im Hotel, der uns ausgezeichnet umsorgte. Viele Fahrer hatten ihre Frauen mitgebracht, und es war eher Urlaubsstimmung als Konzentration aufs Radrennen angesagt.

Ich fuhr mit Alberto Elli, Marco Lietti und zwei weiteren Italienern zusammen, und wir hatten einen Riesenspaß. Nicht nur weil es um nichts ging, denn unseren Teams in Europa war es völlig egal, wie wir hier fuhren, sondern weil wir jeden Abend zurück in Neils Hotel kamen und dort hervorragend zu Abend aßen. Natürlich auch, weil wir im Radrennen das Maß der Dinge waren. Insgesamt gewann ich drei Etappen. Die größte Kontroverse des Rennens löste ein zweiter Platz von mir aus. In einer Spitzengruppe von vier Fahrern waren neben mir noch drei Südafrikaner. Zwei hängten wir ab, und so kam es zum Sprint mit McLean, den alle nur Mouse nannten, und mir. Mit meinen völlig abgelatschten Schuhplatten rutschte ich im Sprint auf einer Bodenwelle aus dem Pedal und McLean gewann. Nachdem das Fahrerfeld angekommen war, fragten mich alle, wieviel McLean denn für diesen Sieg bezahlt habe. Mist, dachte ich, jetzt glauben deine Italiener alle, du machst dir am Teamtopf vorbei die Taschen voll. Dabei war ich doch nur zu faul gewesen, für die eine Woche Radrennen noch einmal neue Pedalplatten zu montieren. Auch die Südafrikaner foppten mich: Egal was ich bekommen hätte, es wäre auf jeden Fall zu wenig, denn der habe reiche Eltern. So ging das den ganzen Nachmittag und auch noch am nächsten Tag. Als meine italienischen Teamkollegen dann im Finale eines Rundstreckenrennens den Sprint vorbereiteten, rutschte ich 400 m vor dem Ziel wieder aus dem Pedal. Zum Glück konnte ich den Schuh direkt wieder einklicken, und von ziemlich weit hinten gewann ich die Etappe dann doch noch, zwar hauchdünn, aber immerhin. Danach fuhr ich zum nächsten Radladen und kaufte mir ein Paar neue Schuhplatten, montierte diese und hatte so zwei Tage vor Saisonende sicherlich die neuesten Platten im sehr internationalen Fahrerfeld.

Erschütternd fand ich, wie wenig einige Nationalfahrer aus Radsportentwicklungsländern über den Sport wussten. Beim Gespräch mit einem Nigerianer, der trotz fast 35 °C mit langer Hose unterwegs war, fiel ich aus allen Wolken. Man habe ihm gesagt, wenn man mit langer Hose fahre, käme die Hitze nicht in den Körper hinein, es sei so kühler. Die riesig großen Schweißränder hinten an seiner Hose schienen das aber nicht zu bestätigen. Auch hatte er das Rad, auf dem er fuhr, erst am Start der Rundfahrt erhalten. Danach, so erzählte er, müsse er es wieder abgeben, und zu Hause habe er gar kein Rad. Auf meine Frage, wie er denn trainiere, antwortete er, dass er nach der Arbeit zu kaputt sei, um noch etwas zu tun, und ohne Rad ginge das ja auch gar nicht. Da fragte ich mich schon, wie es denn sein kann, dass wir Profis aus dem europäischen Radsportzirkus auf diese Jungs losgelassen werden. Ich glaube nur einer der Nigerianer beendete die Rundfahrt, und das war auch der einzige, der sein eigenes Rad mitgebracht hatte. Ich zog innerlich den Hut vor den Leistungen dieser Jungs und war wirklich beeindruckt von der Naivität und Unbeschwertheit, mit der sie dabei waren.

Nach der Rundfahrt, wir hatten in unserem Team etwa 700 US$ eingefahren, wollten Heike und ich für einige Tage Neils Hotel verlassen und beschlossen, uns in Camps Bay einzumieten. Ein 5-Sterne-Guesthouse direkt am Meer, zwar richtig teuer, aber schließlich sollte das unser Jahresurlaub sein.

Der Strand war weiß wie in Australien, aber das Wasser war kälter als die Nordsee im Februar. Schwimmen war gar nicht drin, also bauten wir Sandburgen und gingen am Strand spazieren, was hier wohl ohne Gefahr möglich war. Als Heike, während sie auf eine Etappenankunft wartete, den Veranstaltern erzählt hatte, dass sie eine Stunde am Strand (im Ort) spazieren gewesen sei, schlugen die die Hände über dem Kopf zusammen. Das sei viel zu gefährlich wegen der Kriminalität, und sie habe überhaupt Glück gehabt, dass sie nicht überfallen worden sei. Das war schon erschreckend gewesen, und die Art und Weise, wie sich das Leben nach Einbruch der Dunkelheit veränderte, war auch beängstigend. Tagsüber fuhren die reichen Weißen mit ihren teuren Cabrios auf und ab, die Straßencafés waren voll, aber wenn der Abend kam, waren außer in den touristischen oder komplett weißen Gebieten kaum mehr Leute zu sehen. Wir waren zweimal bei Freunden eingeladen, und um zu deren Haus zu kommen, mussten wir eine Sicherheitsschleuse mit Security-Personal passieren. Selbst um das Haus herum war ein Hochspannungszaun gezogen worden. Die Häuser waren imponierend. Riesig groß und luxuriös, wie man es sonst nur aus Filmen kennt. Aber ein Leben hinter dem Hochspannungszaun? Nein danke, das war nicht unsere Welt. Wir waren es von Australien her gewohnt, uns überall zu jeder Tages- und Nachtzeit frei zu bewegen, und nirgendwo sonst habe ich mich jemals wieder so unwohl gefühlt wie in Kapstadt.

Als ich einige Jahre später von unserer Nachbarin in Australien erfuhr, dass der Chef der Brillenfirma Oakley, ein langjähriger Ausstatter von mir, beim Carjacking in Kapstadt ermordet und seine beiden Sales-Repräsentanten, zwei junge Frauen, verschleppt und mehrfach vergewaltigt worden waren, war mir klar, dass ich mit meiner Einschätzung nicht so sehr danebengelegen hatte.

Wir schauten uns zusammen mit unserem Freund Allan, der in Südafrika groß geworden war, viele Dinge an, aber so recht wohl fühlten wir uns nicht. Als wir dann eines Abends feststellten, dass uns in dem feinen Guesthouse die 700 US$ Preisgeld aus dem verschlossenen Koffer geklaut worden waren, hatte ich keine Lust mehr. Wir zogen aus, zurück zu Neil, und obwohl es pro Person 150 SFR kostete das Ticket umzubuchen, sagte ich der freundlichen Dame am Swissair-Servicetelefon, sie solle uns auf die nächste Maschine zurück nach Deutschland buchen. Die startete zwei Tage später, und wir schlugen solange am Pool die Zeit tot. Nach nur zehn Tagen »Urlaub nach der Rundfahrt« flogen wir endlich zurück.

Zurück in Deutschland hatte ich noch ein wenig Zeit, bis ich mit dem Training beginnen wollte, aber trotzdem nervte mich das schlechte Wetter schon nach zwei Tagen. Heike hatte vor ein paar Monaten aufgehört zu arbeiten, und zusammen schmiedeten wir Pläne, wie wir denn unsere Zukunft gestalten wollten. Wir wohnten noch bei meinen Eltern im Haus. Dort hatten wir eine tolle große Wohnung, aber wir wollten langsam auf ganz eigenen Füßen stehen. Immer wieder wälzten wir die Immobilienangebote in den Zeitungen, fuhren den ganzen Tag lang herum, machten Termine und sahen uns das eine oder andere Haus an.

Irgendetwas stimmte immer nicht damit. Ich wurde ungeduldig, und da ich bald wieder trainieren musste und es immer noch jeden Tag regnete, wollte ich nur noch weg. Wohin wussten wir beide nicht.

An einem Reisebüro hing ein Plakat mit einem Sonderangebot für eine Reise nach Los Angeles. Wir buchten sofort für die darauf folgende Woche, denn ich hatte einen Freund südlich von L.A., und Stephanie, die die Radsportabteilung für Oakley betreute, wohnte auch dort in der Nähe

Das waren Gründe genug, dem tristen Deutschland wieder den Rücken zu kehren. Wir hatten nun noch eine knappe Woche bis zum Abflug, schauten aber weiter in die Zeitungen, was es denn so an Immobilienangeboten gab. Ein Haus in Königsdorf war mir schon eine ganze Zeit aufgefallen, aber es war unter der angegebenen Telefonnummer nie jemand zu erreichen gewesen. Als wir uns gerade zu einer weiteren Besichtigung aufmachen wollten, versuchte ich es erneut – und diesmal meldete sich jemand. Schnell wusste ich, wo das Haus ungefähr lag, und als der Makler anbot, er könne eben dorthin kommen und wir könnten es uns anschauen, waren wir gleich Feuer und Flamme.

Wir waren vor dem Immobilienmakler dort. Das Haus hatte eine Traumlage in einer Sackgasse, direkt am Wald. Eine schnuckelige Terrasse und ein kleiner Garten rundeten das Bild ab. Warum war das Haus aber so preiswert? Da musste es doch einen Haken geben. Als der Makler kam, klärte er uns auch direkt über den Haken auf: In diesem Haus hätten Asylanten gewohnt. Es gehöre der Stadt Frechen, die sie dort einquartiert hätte.

Bis zu zwölf Personen verschiedener Herkunft und Religion hätten mit bis zu sechs Haustieren dort gelebt, und es sei mehr als nur stark verwohnt. Als er die Tür öffnete, traf mich fast der Schlag. Es stank widerlich, und als ich ein Stück alte Tapete von der Wand abzog, war Leben dahinter. Bäh, wie fies!

Deshalb sei es schon ziemlich günstig, die Stadt wolle es loswerden.

Heike und ich beratschlagten uns kurz. Es war ein Traumhäuschen in perfekter Lage. Wollten wir nicht ohnehin alles heraus-

reißen? Alle Böden, Decken, Bäder und auch Wände? Wenn man das Haus wieder in einen Rohbau verwandeln und den Kammerjäger dreimal hindurch schicken würde, musste es doch gehen. Wir sagten zu und gingen dann schnell zum Notar, da wir ja nach Kalifornien fliegen wollten. Alles musste schnell, schnell und auf den letzten Drücker geregelt werden, aber einen Tag vor dem Abflug stand alles: Finanzierung, Verträge, Notartermin.
Kurz vor Weihnachten sollten wir zurückkommen und dann auch den Schlüssel erhalten. Nun stand der USA-Reise nichts mehr im Weg, und wir freuten uns riesig.

Der erste Eindruck, den ich von der Westküste der USA hatte, war dominiert vom Ausmaß des Straßenverkehrs. Ich war schon oft in den USA gewesen, aber diese Mengen von Autos waren mir neu.
Nach einem Flug mit unfreundlichem Bordpersonal und dem schlechtesten denkbaren Essen überhaupt hatte uns der Pilot trotz allem sicher nach L.A. gebracht. Wir mieteten ein Auto und starteten nach Newport, wo mein Buddy Scott Fortner, genannt Otis, mit seiner Familie wohnte. Da die aber in Hawaii auf Urlaub waren, spielten wir erst einmal für eine Woche die »Housesitter«. Den Schlüssel holten wir beim Nachbarn ab, und schon bezogen wir »unser« kalifornisches Zuhause. Morgens frühstückten wir auf der kleinen Terrasse hinter dem Haus, und es ging uns richtig gut.
Das Trainieren war nicht so toll, denn der Highway am Meer entlang war stark befahren, aber für die drei Stunden, die ich täglich fahren wollte, reichte das allemal. Sonne, Sand und kalifornische Strände, besser ging's gerade nicht.
Als ich mit Heike zusammen in einer kleinen Seitenstraße anhielt und wir auf das Meer schauten, war ich mir einmal mehr darüber im Klaren, was es für ein Privileg war, Radprofi zu sein. Klar hatte ich hart dafür gearbeitet, musste das ganze Jahr über einen konsequenten Lebenswandel an den Tag legen und mich oft bis aufs Blut schinden. Aber das hier war die Belohnung dafür.
Als unsere Freunde aus Hawaii zurückkamen, zogen wir in ein Hotel um, das von meinem Sponsor Oakley bezahlt wurde. Wir besichtigten die imposante Sonnenbrillenfabrik. Das Oakley-Headquarter sah eher aus wie eine Raumstation, und die einzelnen Produktions- und Testabläufe einmal zu sehen war schon beeindruckend. Man stellt sich das immer recht einfach vor, aber die hoch komplizierten Abläufe waren unglaublich interessant. Nun

wusste ich endlich, wie das produziert wurde, was ich im Rennen auf der Nase trug.

Nach vier Tagen im Hotel wurden wir wieder »Housesitter«, und eigentlich war uns diese Art und Weise des Wohnens in den Vereinigten Staaten am liebsten. Wir hatten allen Komfort und mussten nur wie zu Hause im Supermarkt das Nötigste einkaufen. Wann immer wir wollten konnten wir uns in »unsere« eigenen vier Wände zurückziehen.

Als ich eine Woche vor der geplanten Abreise nach Deutschland telefonierte, hatte die Freude ein plötzliches Ende.

Meine Oma war gestorben. Mit 81 Jahren hatte sie schließlich den Kampf gegen den Krebs verloren. Es sagt sich so schön: In dem Alter hat man sein Leben doch gelebt. Tatsächlich war und bin ich im Umgang mit dem Tod nahe stehender Menschen unglaublich sentimental und hilflos. Ich heulte Rotz und Wasser, und wir beschlossen, den nächstmöglichen Flieger nach Deutschland zu nehmen. Der nächste Flug mit freien Plätzen von L.A. nach Paris und weiter nach Köln ging drei Tage später, also würde ich meiner Oma am Grab noch die letzte Ehre erweisen können. Ich bin zwar keiner, der so richtig an all das glaubt, was uns die katholische Kirche erzählt, aber die Trauerfeier war für mich in diesem Augenblick ganz wichtig.

Nach unserer Rückkehr sollte sie dann auch schon am nächsten Morgen stattfinden, und das war bis dahin eines der traurigsten Ereignisse in meinem Leben.

Die Trauerfeier in der Kirche, dann der Weg zum Grab, dem Sarg folgend. Als ich dann mit Heike an meiner Hand am Grab stand und leise Tschüss murmelte, war es mit meiner Beherrschung vorbei. Um nichts in der Welt hätte ich neben dem Grab stehen bleiben und die Reihe der Trauergäste abwarten können. Ich entkam der Situation, indem ich Reißaus nahm. Ich stolperte einen kleinen Hügel hinauf, mit nassen Wangen und roten Augen, nur weg vom Grab. Ich wollte niemanden sehen, war aber dann heilfroh, als Heike zu mir kam und mich in den Arm nahm.

Wir verließen den Friedhof, und in all den Jahren danach bin ich nicht mehr am Grab meiner Großmutter gewesen. Wir denken oft an sie, aber zum Grab zu gehen habe ich kein Bedürfnis. Der Umgang mit Tod und Trauer fällt mir heute noch schwer. Ich bin ein Mensch, der es sich genau überlegt, ehe er endgültige Entscheidungen trifft. Lieber noch etwas abwarten und sehen, welche Alternativen sich bieten. Beim Tod ist das nicht zu machen. Er kommt, wann er will und stellt uns vor nicht wieder rückgängig zu machende Tatsachen. In ihm müssen wir erkennen, was für arme kleine Würstchen wir doch sind und wie unwichtig all das ist, was wir tun.

Vielleicht können Leute, die mit dem Tod häufiger zu tun haben, dies nicht nachvollziehen, aber ich kann mit der enormen Traurigkeit, die bei der Konfrontation mit dem Tod eines mir bekannten Menschen über mich hereinbricht, nur ganz schlecht umgehen. Aus diesem Grunde meide ich Beerdigungen wo es nur geht, was aber nicht heißt, dass ich nicht mit den Hinterbliebenen fühle oder nicht selbst furchtbar traurig wäre.

Merkwürdig ist, dass ich seit meinem schweren Unfall vor meinem eigenen Tod keine Angst mehr habe. Es gab da eine Situation während des Transports ins Krankenhaus, in der ich liebend gerne »eingeschlafen« wäre, und die Vehemenz, mit der mich die Krankenschwester davon abhielt, musste wohl einen Grund gehabt haben. Ich schlief also nicht und jetzt lebe ich … aber dazu später mehr.

Es fiel mir noch eine ganze Weile schwer, wieder in meinen Alltag zurück zu finden, aber als wir dann die Schlüssel zu unserem Haus bekamen und ich in doppelter Hinsicht »ran« musste, nämlich mit Training zum einen und der Arbeit im Haus zum anderen, da kehrte wieder so etwas wie Normalität ein. Das Leben geht weiter, sagt man da wohl.

Chile-Rundfahrt und Giro d'Italia 1998

Sportlich hatte sich den Winter über bei Festina einiges getan. Neben Virenque, Dufaux und dem amtierenden Weltmeister Brochard war auch Alex Zülle mit ins Team gekommen, was uns zumindest auf dem Papier zu einem der stärksten Rundfahrt-Teams der Welt machte.

Ich persönlich wusste von Anfang an, dass ich wieder für Giro und Vuelta eingeplant war und die Tour auch dieses Jahr nicht fahren sollte. Dass sich das später als Glücksfall herausstellen sollte, wusste ich allerdings natürlich nicht. Der Saisonauftakt fand für mich wie immer in Spanien statt, und da ich keine Lust hatte, zwischen Deutschlands nassem Winter und den Rennen und eventuellen Trainingsaufenthalten in der Sonne hin und her zu jetten, mieteten Heike und ich uns kurzerhand auf einer mallorquinischen Finca ein.

Wir flogen beide zusammen hin, im Gepäck zwei Räder und die Dinge, die man halt so im Flieger mitnehmen kann. Zwei Koffer, zwei Taschen, mehr war nicht möglich. Am Flughafen mieteten wir uns einen alten Fiesta zum Langzeittarif, der mit umgelegter Sitzbank das ganze Gepäck schluckte.

Als wir im Dunklen nach dem Anwesen suchten, fanden wir es natürlich nicht und mussten Gerd, den Besitzer anrufen, damit er uns an einer Kreuzung abholte. Wir quatschten noch kurz mit ihm, zogen dann ein und gingen direkt ins Bett. Das kleine, schnuckelige Häuschen hatte zwar keine Heizung, aber es war ein offener Kamin vorhanden. Wir schliefen die erste Nacht ganz fantastisch.

Als wir am folgenden Tag aufstanden, waren wir erst einmal von den Socken. War das schön! Diese Ruhe, die blühenden Wiesen, die Mandelblüten, die mallorquinischen Natursteinmauern! Wir erkundeten die etwa 25.000 m² große Finca und fanden sie herrlich. Unser kleines Gästehaus hieß »Casa Azul« und hatte eine kleine Terrasse zur Südost-Seite, sodass wir fast jeden Morgen draußen in der Sonne frühstücken konnten.

Das Training war unter diesen Umständen keine Arbeit; es kam mir vielmehr wie ein Geschenk des Himmels vor, hier durch blühende Mandelhaine fahren zu dürfen, während andere Menschen sich in einem Job, den sie hassen, jeden Tag schwarz ärgern müssen.

Heike fuhr häufig die erste Stunde mit mir zusammen, oft gegen den Wind, und machte sich dann nach einem kleinen Boxenstopp in einem Café wieder mit Schiebewind auf den Heimweg. Manchmal trafen wir auch eine größere Gruppe von Rennfahrern, der wir uns eine Weile anschlossen, bis ich meist abdrehte, um meine spezifischen Trainingsintervalle zu fahren.

Wir hatten ein tolles Leben: Ruhe auf der Finca, ein oder zwei Mal die Wochen fuhren wir nach Palma, nutzten die günstigen Preise der Rebajas, kauften in vielen Läden Klamotten, gingen in tollen Restaurants essen und genossen die gemeinsame Zeit.

Irgendwann Anfang Februar ging es mit Heikes Fitness aus unbekannten Gründen bergab. Hatten wir in der letzten Januarhälfte noch die Trainingsgruppen gemeinsam aufmischen können, war bei ihr nun die Luft raus. Dann mochte sie plötzlich morgens keinen Kaffee mehr trinken und war noch geruchsempfindlicher als ohnehin schon.

Wir hielten das für vorübergehend, aber da hatten wir uns getäuscht. Ich fuhr dann die Mallorca-Rundfahrt mit, und während dieser Zeit hatte Heike ein aufschlussreiches Gespräch mit ihrer Freundin Paola. Paola war auch zu Besuch auf der Insel, denn ihr Mann Christian fuhr bei Telekom. Dass sei bei ihr genauso gewesen, als sie schwanger geworden wäre. Heike konnte es nicht fassen. Schwanger?? Das konnte doch eigentlich nicht sein, hatte ihre Ärztin bei ihr doch zu viele Stresshormone festgestellt, was bei dem bewegten Leben der letzten Zeit ja auch einleuchtend war. Aber inzwischen hatten wir ja auf Mallorca viel Ruhe gehabt und diese auch genossen, also konnte es vielleicht doch möglich sein.

Als sich die Symptome nach der Mallorca-Rundfahrt immer noch nicht verändert hatten, kaufte ich in einer kleinen Apotheke in Santanyi einen »Test de Embarazzo«. Wir saßen auf unserer kleinen Terrasse und lasen die Anleitung durch, wie denn das Ergebnis zu interpretieren sei. Als Heike mit dem Test zurückkam, konnte ich es kaum erwarten. Ganz fest wünschte ich mir, es mögen zwei blaue Streifen erscheinen, nicht nur einer. Nach drei

Minuten sah man ganz deutlich einen dicken blauen Streifen und einen etwas blasseren, aber es waren ganz klar und deutlich zwei blaue Streifen. Heike war wie in Trance, und ich hüpfte durch die Finca und sang »Ich werde Papa, wir werden Eltern!« Bei Heike wollte sich zunächst keine überschwängliche Freude einstellen. Das konnte ich auch verstehen, denn schließlich war sie es, die das Kind in sich hatte und austrug. Für mich änderte sich erst einmal nicht wirklich viel, für Heike aber alles. Diese neue Verantwortung und diese Veränderungen, das muss man erst einmal verarbeiten.

Nach einer weiteren Woche auf der Insel sollte ich zur Valencia-Rundfahrt und der Costa Clasica Almeria anreisen. Während dieser Zeit flog Heike für eine Woche nach Hause. Sie rief mich am späten Nachmittag nach ihrer Untersuchung an, und auf meine Frage, was die Ärztin gesagt hätte, gab sie nur wieder: »Herzlichen Glückwunsch, Frau Wüst!«

Wir waren also wirklich auf dem Weg, eine Familie mit Kind zu werden! Ich träumte ja von Zwillingen, aber wahrscheinlich ist es doch besser, dass dieser Kelch an uns vorbei gegangen ist.

Als wir fast zeitgleich wieder auf Mallorca ankamen, mieteten wir uns für die verbleibenden zwei Wochen noch einmal einen Fiesta. Der war allerdings neuer und kostete das Doppelte, aber günstig war es allemal.

Ich riss pausenlos Witze und fragte beispielsweise: »Ist mein Fahrstil in Ordnung, geht es dir und dem Baby gut?« Dass Heike das nicht so lustig fand, konnte ich anfangs nicht verstehen, ich war schließlich in Hochstimmung, aber aufgrund der Hormonschwankungen ging es ihr nicht immer gut. Wenigstens blieben die Würgeattacken aus, wie sie einige ihrer Freundinnen gehabt hatten.

Nach weiteren zwei Wochen auf der paradiesischen Finca, in denen ich keine Renneinsätze hatte, sondern »nur« trainieren fuhr, brachen wir dort unsere Zelte ab, buchten uns aber sofort für das kommende Jahr wieder ein.

Mich hatte trotz aller Vater-Vorfreuden die sportliche Realität wieder eingeholt; ich fuhr mit der Mannschaft nach Südamerika. Im Vorjahr hatte unser Sponsor, der mit den chilenischen Verkaufszahlen nicht so recht zufrieden gewesen war, eine Umfrage zum Bekanntheitsgrad der Marke machen lassen. Die Ergebnis war ziemlich ernüchternd. Also bediente er sich seines Radsport-Teams, um das zu ändern, was ihm in den drei Jahren zwischen 1997 und

1999 auch gelang. Von unter 10 % am Anfang schnellte der Bekanntheitsgrad der Marke Festina in diesen drei Jahren auf fast 70 %, und auch ich sollte meinen Teil dazu beitragen.

Im Vorjahr hatte schon einmal eine Mannschaft von Festina an der Chile-Rundfahrt teilgenommen und dort die Gesamtwertung gewonnen und das Rennen dominiert. Die Jungs, die im Vorjahr da gewesen waren, erzählten begeistert, wie prima es dort gewesen sei, wie freundlich die Südamerikaner sie aufgenommen hätten und wie gut es für Form und Moral gewesen sei, die Chile-Rundfahrt zu fahren. Für die Form deshalb, weil man das Leadertrikot jeden Tag hätte verteidigen müssen, das bedeutet quasi den ganzen Tag mit allen Fahrern Tempo zu machen; und für die Moral, weil das europäische Niveau höher als das südamerikanische sei, deshalb hätten die Fahrer auch diverse Erfolgserlebnisse gehabt.

Die Reise an die Westküste des südamerikanischen Kontinents stand von Anfang an unter einem besseren Vorzeichen als die Kolumbiennummer drei Jahre zuvor.

Hier war es hauptsächlich flach, und wir waren gut vorbereitet. Nachdem Christophe Moreau die Chile-Rundfahrt im Vorjahr hatte gewinnen können und wir aus marketingstrategischen Aspekten von Festina aus zum Rennen geschickt wurden, wussten wir genau, was von uns erwartet wurde. Trotz allem waren solche Rennen in meiner Karriere immer die Höhepunkte. Weit weg von Europa, andere Menschen, andere Kultur; auch die Radrennen liefen weit von der Heimat entfernt immer spontaner und schwerer kontrollierbar ab – das machte solche Reisen für mich immer besonders reizvoll.

Anfang des Jahres wollten sechzehn Fahrer des Teams gerne nach Chile. Es konnten aber nur sechs fahren; die sportliche Leitung hatte eine schwierige Entscheidung zu treffen. Die Mannschaft, die dann letzten Endes fuhr, war ziemlich bunt gewürfelt: drei Franzosen (Lefèvre, Laurent und Medan) und der erfahrene Spanier Uriarte, der schon an der Seite von Miguel Indurain erfahren hatte, wie es ist, wenn der eigene Kapitän die Tour gewinnt. Dazu noch der junge Kasache Andrei Kivilev, der mich manchmal auf Mallorca zum Training besucht hatte, und schließlich ich selbst.

Mit Miguel Moreno war natürlich auch unser liebster Sportlicher Leiter dabei.

Gruppenfoto vor der Christusstatue in Santiago de Chile: Uriarte, Masseur Enrique, Andrei Kivilev, Thierry Laurent, ich, Laurent Levèvre und Sébastien Médan (zeilenweise, von links oben).

Es stellte sich die Frage, ob man auf dem Hinflug mithilfe einer Schlaftablette durchzuschlafen versuchen sollte oder eher nicht. Bei Reisen nach Nordamerika bleibt man (wenn man morgens abfliegt) am besten wach und geht dann nach der Ankunft ziemlich schnell schlafen, aber wir flogen erst kurz vor Mitternacht von Madrid ab und hatten in Buenos Aires noch eine Stunde Aufenthalt. Ich entschloss mich für die natürliche Variante und trank vor dem Einchecken noch zwei Bier. Was es zu essen gab, habe ich auch schon gar nicht mehr mitbekommen, ich schlief tatsächlich sieben Stunden durch. Der Zwischenstopp in Buenos Aires ging schnell vorbei, und ruckzuck waren wir in Santiago, wo wir am Flughafen von einem Deutsch-Chilenen abgeholt wurden, der irgendetwas mit dem chilenischen Radsportverband zu tun hatte.

Wir wurden ins CAR gebracht, was »Centro de Alto Rendimiento« bedeutete, sozusagen ein Hochleistungszentrum für Sportler. Es war Samstag, und bis die Rundfahrt im Süden beginnen sollte hatten wir noch fünf Tage Zeit. Gegen Nachmittag wollten wir erst einmal – allerdings so ziemlich ohne Plan – trainieren. Bei der Fahrt vom Flughafen hatten wir schon gesehen, dass der Verkehr unglaublich war. Es schien, als sei jedes zweite Auto ein alter Chevrolet-Bus, der alles, was sich ihm in den Weg stellte, niederrollen wollte.

Die Tatsache, dass wir alle sechs von unserer eineinhalbstündigen Trainingsfahrt lebendig zurückkamen, grenzt an ein Wunder. Wir waren teilweise auf einer Autobahn gefahren, dann mitten durch das Stadtzentrum und irgendwie wieder zum CAR zurück. Keiner wusste, wo's lang ging, und gebracht hatte die ganze Nummer gar nichts.

Für den nächsten Tag hatten wir allerdings Schützenhilfe. Ein Amateurfahrer lotste uns auf wenig befahrenen Straßen aus der Stadt hinaus, und nach einer halben Stunde waren wir vom Verkehr unbehelligt unterwegs. Es wurden fast fünf Stunden Training, auch mit einigen Intervallen, um den Körper schon einmal daran zu gewöhnen, was in der nächsten Woche so alles auf ihn zukommen sollte.

Wir hatten ständig Durst, und nach vier Stunden hielten wir auch mal an, um in einer Bar eine Cola zu trinken. Es war wirklich anders als in Kolumbien. Man fühlte sich sicher, die Leute waren wahnsinnig nett und zuvorkommend; nach unserer ersten richtigen Trainingseinheit waren wir uns alle einig, dass sich die Reise bereits jetzt gelohnt hatte.

Da wir am folgenden Tag nachmittags nach Puerto Montt zum Start fliegen sollten, war das Training morgens kurz, aber dafür intensiv. Der Festina-Importeur hatte uns am Sonntag einen Berg gezeigt, auf dem eine große Christusstatue stand. Dort hinauf führten zwei verschiedene Straßen, und die waren während der Woche so gut wie nicht befahren. Das Ganze war nur fünf Kilometer vom CAR entfernt, und so zogen wir dort zwei Stunden unsere Kreise, und jeder fuhr den Berg mehrfach hinauf. Wir wussten, dass Festina hier Ergebnisse von uns erwartete, also wollten wir die ersten Tage in der neuen Klimazone nicht etwa einrosten, sondern Gas geben.

Der Flug war kurz, und ehe wir uns versahen, waren wir in einem feudalen Hotel direkt am Hafen einquartiert. Abends gab es Essen à la carte, eine Flasche Wein dazu, und danach machte ich noch eine kleine Runde durch den Hafen. Ich blieb vor einem Plakat stehen, das Patagonien zeigte, sowie all die verschiedenen Verbindungen von Insel zu Insel. Das wäre doch etwas, regte sich meine Abenteuerlust. Eine Fahrkarte kaufen und durch Patagonien reisen. Von da durch die Magellanstraße und weiter nach Feuerland. Ich wurde aus meinen Gedanken gerissen, als hinter mir eine Stimme tönte: »*Io tambien voy*«, was so viel hieß wie »Ich komme auch mit.« Es war unser Mechaniker Inaki, der auch so einer war, der einfach mal den Rucksack packt und für zwei Monate nach Kuba, Australien oder Norwegen verschwindet. Er habe hier schon mittags gestanden und überlegt, wie es wohl sei, einfach auf so ein Schiff aufzusteigen. Sehr verlockend war die Idee, aber wir fuhren natürlich nicht. Trotzdem weckt so eine Location wie Puerto Montt Fernweh, und Patagonien war für mich schon als Kind der Inbegriff des Geheimnisvollen.

Stattdessen ging es in die Heia und am nächsten Morgen wieder zum Trainieren. Wir fuhren die erste Etappe ziemlich vollständig ab, was später noch nützlich sein würde. Wir konnten uns kaum satt schauen am Vulkan, der hinter einem See in den Himmel stieg, den grünen Wiesen und Bäumen. Hier war es zwar nicht richtig heiß, aber es war Spätherbst, und wenn die Sonne herauskam, wurde es noch richtig schön warm.

Jetzt wurde es allerdings langsam Zeit, dass die Rundfahrt startet, denn bei aller Liebe zum à la carte Restaurant und dem vielen frischen Fisch waren wir ja nicht als Restauranttester im Auftrage des Gault Millau unterwegs, sondern wollten unserem Chef helfen, den Umsatz zu steigern.

Endlich war der Tag des Prologs gekommen. Ein kurzes Zeitfahren von etwas mehr als vier Kilometern, das sollte ich schon hinbekommen, und die anderen im Team setzten mich alle als Favoriten. Ich wurde Zweiter, aber mein Mannschaftskollege Sébastien Médan war einen Tick schneller und gewann. Für uns bedeutete das abends erst einmal Champagner, und da wir alle sechs ziemlich weit vorne gelandet waren, hatten wir für den nächsten Tag einige gute Optionen. Das Schwere an solchen Rennen ist, dass man seine Gegner nicht kennt und auch nur sehr schwer einschätzen kann. Außer den Deutschen von Agro Adler Brandenburg, die mit Danilo Hondo, Olaf Pollack und einigen anderen guten Rennfahrern da waren, kannte ich keinen einzigen. Die Mannschaft Caloi aus Brasilien war stark einzuschätzen, und auch die Argentinier und die Jungs aus Uruguay machten einen guten Eindruck. Ganz zu schweigen von den Chilenen, die sich bei ihrem Heimatrennen, das täglich um die Mittagszeit im Fernsehen übertragen wurde, natürlich in Szene setzen wollten.

Das Dumme an der Fernsehübertragung war allerdings, dass der Start immer ziemlich früh morgens stattfand. Wenn man um halb neun startet, um gegen halb eins im Ziel zu sein, dann kommt um halb sechs schon der Masseur zum Wecken, damit man nach dem Frühstück genügend Zeit hat zu verdauen. Gar nicht meine Welt, aber da musste ich jetzt durch.

Auf der ersten Etappe, die wir uns ja im Training bereits angeschaut hatten, war die Taktik einfach: Wir wollten den Wind, der in der Endphase wehen würde, nutzen und unsere Gegner so weit es ging testen oder eliminieren, je nachdem, wie stark die waren. Nach dem letzten Berg, wo die ersten Fünf der Wertung alle von Festina waren, schaute Uriarte kurz zurück, sah mich an etwa fünfzehnter Position und wartete, bis ich auch ganz vorne war. Dann nahmen wir die verbleibenden 60 Fahrer auf die Windkante, und nach etwa fünf Kilometern Vollgas waren nur noch vierzehn Fahrer vorne, davon alle sechs von uns. Dann kam ein Stück Straße, das diesen Namen wirklich nicht verdiente. Es war wohl einfach nicht rechtzeitig fertig geworden, aber die Etappe lief trotzdem weiter. Es lagen dicke Steinbrocken herum, und Asphalt gab es gar nicht. Nach einem Kilometer hatten fünf Fahrer platt gefahren, allerdings keiner von uns. Am Ende dieser fast fünf Kilometer langen Crosseinlage hatte ich vorne keine Luft mehr, allerdings waren jetzt die Materialfahrzeuge schon herangekommen. Fahrer, die schon am Anfang platt gefahren hatten, mussten dagegen fast zwei Minuten warten, weil das Feld so weit auseinander gezogen war. Ich wechselte (schon wieder auf dem Asphalt) das Vorderrad, und mit neun Fahrern in der Spitzengruppe ging es gen Ziel. Sechs waren von Festina, also das komplette Team, dazu Bert Grabsch von Adler Agro, von dem ich wusste, dass er ein ziemlich schneller Sprinter war, sowie zwei Chilenen, die keiner kannte.

Wir fuhren so schnell wir konnten, denn den Abstand nach hinten zu vergrößern war das Allerwichtigste. Zu meinem Schrecken merkte ich zwei Kilometer vor dem Ziel, dass ich hinten auch Luft verlor. Wir hatten abgesprochen, dass jemand von uns versuchen sollte, die Etappe im Alleingang zu gewinnen, allerdings nur mit einer Attacke im Finale, bei der keiner der anderen drei Fahrer mit von der Partie war. Meine fünf Teamkollegen traten an was das Zeug hielt, aber immer waren entweder Grabschi oder ein Chilene dabei. Ich hatte höchstens noch drei Atü im Hinterreifen und konnte so sicher nicht wie gewohnt sprinten. Als wir in die Stadt kamen, waren die Straßen mit unglaublich vielen Zuschauern bevölkert, und wir hatten das Problem, dass keiner der anderen fünf alleine wegkam ... Mist, dachte ich. Dann sah ich am Ende der langen Geraden das Ziel.

Es mochten noch gut und gerne 800 Meter gewesen sein, aber die Strecke führte geradeaus. Wäre da nur noch eine Kurve gekommen, hätte ich mit dem Plattfuß sicher noch Zeit verloren, aber geradeaus – es war einen Versuch wert. Ich nahm an letzter Position liegend Maß und kam, als sich alle in der Gruppe gerade anschauten, von hinten vorbeigeschossen, als sei das Ziel in 300 Metern erreicht. So riss ich ein Riesenloch auf, und obwohl ich am Ende des Sprints ziemlich langsam wurde, wusste ich 100 Meter vor dem Ziel, dass es reichen würde. Mit gut 20 Metern gewann ich vor Bert Grabsch und einem der Chilenen. Also war unsere Taktik, dass nur einer alleine ausreißen sollte, schon richtig gewesen, denn Grabschi hätte im Sprint sicher jeden Mitausreißer niedergerungen.

Ich bekam auch das Trikot des Führenden in der Gesamtwertung, und so war es ein gelungener Tag für uns. Sechs Mann von Festina waren vorne, dann kamen noch drei Mitkonkurrenten mit dem Minimalrückstand aus dem Prolog, und danach war die nächste Gruppe schon fast zweieinhalb Minuten zurück.

Die täglichen Abläufe waren von diesem Tag an immer die gleichen. Wir starteten, dann gab es ein paar Attacken, und wenn dann eine kleine Gruppe von zwei oder drei Fahrern einen Vorsprung von etwa einer Minute herausgefahren hatte, reihten wir uns ein und fuhren den ganzen Tag Tempo an der Spitze. Weil wir alle fast gleichauf in der Zeit lagen, bekam ich mit meinem Spitzenreitertrikot auch keine Sonderbehandlung, sondern fuhr den ganzen Tag mit durch die Sechserreihe.

Da es aber fast täglich Sprintankünfte gab, durfte ich dann am 10-Kilometer-Schild, wenn wir die Ausreißer bis dahin wieder eingeholt hatten, die Führungen auslassen und mich auf den Sprint konzentrieren. Das klappte immer ganz gut, und nur einmal konnte ich einen Massensprint nicht gewinnen. Aber nicht etwa Hondo oder Pollack gewannen, sondern ein dicker Chilene vom Ekono-Team. Der war mit einer Vehemenz in die letzte Kurve geballert, dass mir Angst und Bange wurde und ich darauf wartete, es in den Absperrungen krachen zu hören. Es krachte nicht, und er kam mit 20 Metern Vorsprung aus der Kurve. Wie er das gemacht hat, weiß ich bis heute nicht.

Eines Tages wurden wir attackiert, als drei von uns gerade hinten waren. Einer war pinkeln (ich), zwei holten Wasser. Als plötzlich ein Ruck durch das Feld ging, wussten wir, dass es vorne losgegangen war. Zum Glück hatten Kivi und Joserra (Jose Ramon Uriarte) aufgepasst und waren mit dabei. Wir ließen die etwa zehnköpfige Spitzengruppe ziehen, allerdings hielten wir den Abstand mithilfe der Teams, die gar nicht vorne vertreten waren, bei ungefähr einer Minute. So platzierten wir zwei Mann noch weiter vorne im Gesamtklassement, und der Rest von uns blieb weiter auf Rang 3 bis 6.

Nach der Königsetappe, bei der wir erleben mussten, dass Miguel Moreno Recht hatte mit der Behauptung, man dürfe die Chilenen nicht zu weit weg lassen, waren wir noch Erster bis Fünfter. Médan hatte im Finale für die grandiose Arbeit, die er bei der Verfolgung der Spitzengruppe geleistet hatte, Tribut zollen müssen. Die hatte nämlich stetig, weil wir hinten nicht wirklich schnell fuhren, drei Minuten herausgefahren, und als wir richtig Gas gaben, da schmolz der Vorsprung der beiden nur minimal. Obwohl Gegenwind war und sie schon den ganzen Tag vorne fuhren, wurde das Loch kaum kleiner. Fünf gegen zwei und wir schafften das nicht? Das konnte doch nicht sein. Miguel Moreno fuhr am Feld vorbei nach vorne, und siehe da, als er die Spitzengruppe erreicht hatte und dahinter blieb, hatten wir die drei Minuten in weniger als fünfzehn Kilometern neutralisiert. »Immer auf Sichtweite bleiben«, hatte er noch vor der Rundfahrt gesagt, »ein Kameramotorrad kann mehr Führungsarbeit leisten als unser ganzes Team zusammen.«

Der weitere sportliche Verlauf der Rundfahrt war zwar etwas eintönig, für mein Team und mich aber besonders schön. Insgesamt gewann ich sechs Etappen, und dass wir nach den Gesamträngen eins bis fünf in der Endabrechnung auch die Mannschaftswertung gewannen, war ja klar.

Das eigentlich Tolle an dieser Chile-Tour (nachdem ich mich an das frühe Aufstehen gewöhnt hatte) war, dass die Etappen bereits kurz nach Mittag zu Ende waren. Wir hatten den ganzen Nachmittag Zeit für Dinge, die man bei europäischen Radrennen sicher nicht tut. Ich zog täglich los und begab mich unter die Leute. Marktplätze, Bars, einmal nahmen Kivi und ich auch nur so zum Spaß ein Taxi und sagten dem Fahrer, er solle uns mal alles zeigen, was in seiner Stadt wichtig sei.

Die Schlussetappe war in zweierlei Hinsicht etwas ganz Besonderes. Zum einen weil der Veranstalter den Start kurzerhand eineinhalb Stunden nach hinten geschoben hatte und das erst eine halbe Stunde vor der regulären Startzeit bekannt gab, und zum anderen weil es am Abend vorher bei uns etwas später geworden war als wir eigentlich wollten.

Die Ursache für den verzögerten Start war Marcelo Rios, der die Nummer eins der Tennis-Weltrangliste werden würde, sollte er das gerade irgendwo in der Welt laufende Match gewinnen. Es wären solange sicher auch gar keine Zuschauer zur Schlussetappe gekommen, denn die Straßen waren leergefegt. Alle Welt schaute in Bars, zu Hause oder wo auch immer Tennis. Also starteten wir, nachdem er gewonnen hatte.

Die Menschen strömten auf die Straßen, und im Nu waren zehntausende Zuschauer an der Strecke.

Spät geworden war es, weil der chilenische Festina-Importeur uns zum Essen in ein Superrestaurant einladen wollte, von dem mir die Teammitglieder des vergangenen Jahres schon vorgeschwärmt hatten. Das Restaurant war aber leider wegen Umbaus geschlossen, und bis wir am Samstagabend einen Platz für zwölf Leute fanden, verging eine gute Stunde. Dann warteten wir knapp zwei Stunden auf das Essen und tranken in der Zeit ein paar Bier zu viel. Gegen halb eins hatten wir endlich etwas zu essen, gegen zwei verließen wir das Lokal, und bis das vierte Taxi endlich gekapert war und die letzten im CAR ankamen, wo wir wieder wohnten, war es halb vier. Dort stellten wir fest, dass es zwar Zimmerschlüssel gab, aber keinen für die Eingangstür. Wir fanden das allerdings so komisch, dass wir uns morgens um fünf, als wir endlich im Bett lagen, immer noch darüber totlachen wollten.

Also starteten wir die letzte Etappe mit einem gewissen Schlafdefizit und brauchten dann einige Runden auf dem fünf Kilometer langen Kurs, um in Schwung zu kommen. Nach so einer Nacht hätte man in Europa wohl keine Etappe mehr gewinnen können. Ich gewann aber mit der Hilfe meiner Kollegen tatsächlich wieder, und wie populär wir geworden waren, das merkten wir am folgenden Tag, als wir einfach mal so durch Santiago schlendern wollten. Überall erkannte man uns auf der Straße, wir mussten ununterbrochen Autogramme schreiben. »Los Festina« hieß es meistens, oder »Marcel Wust, el aleman«. Das war eine ganz besondere Erfahrung. Die Leute schauten richtig zu uns auf. Jossera bekam einmal einen kleinen Jungen in den Arm gedrückt, und seine Mutter bat ihn, er solle den Buben doch auf die Stirn küssen. Eindrücke solcher Freundlichkeit und Herzlichkeit sind die schönsten Souvenirs, die man aus einem fernen Land mitnehmen kann! Ich war dem Radsport dankbar, der mir so etwas zu erleben ermöglicht hatte. Ticket gratis, Unterkunft und Verpflegung ebenfalls, und am Ende kamen wir alle mit vielen Erinnerungen zurück, die uns noch lange Zeit begleiten sollten.

Ob die Flugbegleiterinnen sich noch an den Typen erinnern, der dann auf dem Rückflug eine Schlaftablette nahm und es sich auf den beiden Sitzen der Fensterseite so richtig bequem machte? Es heißt, sie hätten mit Unterstützung des Festina-Masseurs gut und gerne fünf Minuten gebraucht, um die Beine des jungen Mannes aus dem Gang zu schaffen und mit dem Servierwagen durchzukommen.

Es soll davon sogar Fotos geben, die ich aber bisher nicht zu Gesicht bekam. Irgendwann würde ich die schon mal gerne sehen, denn das tapfere Schnarcherlein war niemand anderes als ich. Buenas noches, Chile ...

Der weitere Verlauf der Saison 1998 stand ganz im Zeichen des Giro d'Italia. Kurz nach der Chile-Rundfahrt war meine Form wie erwartet gut, und beim Cirquit de la Sarthe konnte ich eine Etappe gewinnen. Von da ging es zu Paris–Roubaix und einigen kleineren Eintagesrennen in Frankreich, bevor ich dann zum Trainingslager nach Italien reiste, wo sich das komplette Giroteam die Schlüsseletappen in den Bergen anschauen sollte. Was ich dabei als Sprinter eigentlich sollte, war mir zwar schleierhaft, aber bitte, wenn es denn so sein sollte ... Die fünf Tage, die wir unterwegs waren, brachten mir persönlich nur Training im Intensivbereich, denn um mit den ganzen Bergfahrern wie Zülle, Belli oder Felix Garcia Casas mitzuhalten, musste ich immer Vollgas fahren. Wir fuhren entweder mit dem Rad irgendwelche Passstraßen hinauf oder waren im Wohnmobil auf der Autobahn unterwegs, um die nächste Bergankunft anzusteuern. Trotz der langen Tage und der schweren Einheiten hatten wir viel zu lachen, und am letzten Abend gingen wir in Boario Terme noch etwas trinken, was damit endete, dass einer unseren Masseur etwa eine Stunde nach dem Ausgang der Disko, in die es uns verschlagen hatte, suchen musste, während wir draußen warteten und uns schon Sorgen machten. Er fand ihn dann schließlich aber doch, und wir konnten zurück ins Hotel.

Ich fuhr noch den Giro del Trentino, auch so eine Bergfahrer-Rundfahrt, und die vier Tage von Dünkirchen, wo es mich dann leider erwischte: Fieber. Am letzten Tag startete ich nicht mehr und nahm gleich starke Antibiotika, denn vier Tage später sollte ich zum Giro anreisen. Als ich in Köln den Flieger nach Nizza bestieg, wo der Giro begann, war ich zwar »gesund«, aber die vier Tage mit wenig Training und vielen Medikamenten hatten meine eigentlich gute Form etwas leiden lassen.

In Nizza bezog ich ein Einzelzimmer, was mir ganz recht war. Anfangs hat man vor großen Rundfahrten viel Zeit für sich selbst. Die Trainingseinheiten sind nicht mehr so lang, und als Fahrer verbringt man schon viel Zeit im Zimmer. Gerade zu Beginn hatte ich gerne meine Ruhe. Wenn dann die Rennroutine einsetzte, dann waren die Abläufe, ob Einzel- oder Doppelzimmer, die gleichen, aber jetzt fragte keiner, ob ich nicht das Licht ausmachen könne, wenn ich doch noch lesen wollte, und kein Zimmerkollege ließ unmissverständlich durchblicken, dass er meine Musik nicht mochte. Ich hatte auch genug Zeit, mein Girotagebuch vorzubereiten, das ich einer großen australischen Website zur Verfügung stellte, und musste mich nach niemandem richten.

Gerade weil ich wusste, dass ich nicht die Topform hatte, die ich mir erhoffte, war ich froh, mit mir alleine zu sein und ein wenig meinen Gedanken nachhängen zu können. Da lag auf unserer Etage beispielsweise ein Weltatlas. Den nahm ich mit in mein Zimmer und blätterte darin herum. Ich fand ferne Städte, die ich schon bereist hatte, und studierte beispielsweise Flüsse in Südamerika oder Gebirgszüge in Asien. Ehe ich mich versah, waren zwei Stunden vergangen, und es war Zeit für die Massage.

Als der Giro dann begann, fing für uns sofort der Ernst des Lebens an. Alex Zülle gewann den Prolog, und am nächsten Tag wurde das Rosa Trikot verteidigt. Zu allem Überfluss stürzte Uriarte und brach sich den Arm. Von da an war klar, dass ich nicht im Sprint auf eigene Kappe fahren würde, sondern seine Rolle als »Capitaine de route« übernehmen und – um die Bergfahrer für die extrem schwere letzte Woche zu schonen – auf den Flachetappen zusammen mit Bruno Boscardin im Wind fahren musste. Da die Beine ohnehin nicht so wollten, wie es mir lieb gewesen wäre, war mir das fast egal, nur sind solche Tage sehr viel härter als die, die ich als Sprinter gewohnt war. Wir beschlossen das Trikot für eine Weile abzugeben, was uns dann auch gelang, und ich genoss die Etappen, auf denen andere Mannschaften den ganzen Tag vorne im Wind fuhren. Da Alex aber superstark war, holte er das »Maglia Rosa« bald wieder zurück, und es begann eine zweite Girowoche, in der ich einige der längsten Tage meiner Karriere erlebte.

Auf einer gut 200 Kilometer langen Flachetappe mit einigen Anstiegen im Finale gab es früh eine große Ausreißergruppe. Das Dumme daran war, dass einer der Ausreißer nur sechs Minuten hinter Alex Zülle lag. Also war es nichts mit locker Tempo fahren und den Vorsprung riesig groß werden zu lassen. Bosca und ich fuhren zu zweit hinten, und vorne lösten sich fünfzehn Fahrer wieder und wieder ab. Der Vorsprung wuchs stetig und betrug nach 140 Kilometern eben jene sechs Minuten. Dann kam ein Berg, und ich war ziemlich schnell allein. Erst 140 Kilometer vorne zu zweit im Wind, dann noch mal 60 Kilometer alleine, auch im Wind. Das war ja ein bescheidener Giro, dachte ich, als ich mutterseelenallein Richtung San Marino radelte. Ich freute mich andererseits fast, dass ich alleine war. So konnte ich die Landschaft anschauen, konnte mein eigenes Tempo fahren und musste mich nicht mehr so quälen. Ich musste mich darauf konzentrieren, alles möglichst positiv zu nehmen. Nur so konnte ich mich durch die weiteren Etappen retten und dem Team von Nutzen sein. Wenn ich ständig gejammert hätte »Mann, jetzt bist du schon wieder alleine abgehängt worden, das ist doch alles Mist hier im Giro«, hätte ich wohl ein paar Tage später den Koffer gepackt.

Ich zog alle Register, um Körper und Geist zu regenerieren, wo es nur ging, und da kam mir das Zeitfahren in Triest genau richtig. Ich war Letzter der Gesamtwertung, »maglia nera«. Demnach startete ich als Erster. Als ich nach etwa fünf Kilometern auf der Strecke, über die ich danach mit dem Rad auch wieder zum Hotel fahren würde, eine Pizzeria sah, hatte ich fast Hochstimmung.

Ich hatte Bestzeit, als ich ankam – allerdings nur für 40 Sekunden, denn der hinter mir gestartete Fahrer war 20 Sekunden schneller gefahren als ich ... Aber das war mir nun wirklich egal. Ich zog mich um, packte 30.000 Lira ins Trikot und fuhr über die Strecke Richtung Hotel. Bei der Pizzeria stieg ich ab, fragte, ob ich mein Rad mit hinein bringen dürfe, was natürlich kein Problem war, und bestellte mir eine leckere Pizza, dazu Salat, eine Flasche Wasser und einen Viertelliter Frascati. Während meine Arbeitskollegen draußen gegen die Uhr kämpften, tafelte ich feudal zu Mittag. Also wieder ein kleiner Moralvorsprung für die nächsten Tage. Ich zahlte und fuhr zum Hotel. Dort bestätigte sich, wie richtig mein kulinarischer Ausflug gewesen war. Enrique fragte, ob ich Hunger hätte. Er habe Joghurt, Müsli und Cornflakes in seinem Zimmer. Ich verneinte und sagte ihm, ich sei satt. Als er mich dann (nachdem ich geduscht hatte) massierte, erzählte ich ihm von der Pizzeria. Er lachte nur und meinte, ich sei eben ein echter »Vividor«. Diesen Spitznamen hatte ich schon seit einigen Jahren, denn gut zu leben und trotzdem schnell Rad zu fahren, das ging bei mir seit Jahren zusammen. Ich glaube sogar ganz fest daran, dass das gute Leben auch für meine vielen Erfolge mitverantwortlich war. Gut leben muss ja nicht bedeuten, während des Giro drei Big Macs zu futtern, im Gegenteil. Ein frischer Salat und eine vegetarisch belegte Pizza sind sicher keine Ernährungssünden. Aber oft hatte ich im Profisport den Eindruck, dass derjenige, der gut lebt, als einer hingestellt wird, der nicht genügend verzichtet und seinen Job nicht hundertprozentig macht. Dabei ist doch gerade die Balance zwischen Körper und Geist bei einem harten Sport extrem wichtig. Wer zwar isst, was der Ernährungsberater täglich auftischt, damit aber unzufrieden ist, der hat unterm Strich gar nichts davon. Gelegentlich eine Pizza, ein Stück Kuchen zum Nachtisch, oder auch mal drei Gläser Rotwein zum Abendessen – wenn es für die Seele gut ist, dann hilft es auch dem Körper. Und gerade bei diesem Giro d'Italia habe ich wahrscheinlich so viele Kalorien verbrannt wie noch nie zuvor in drei Wochen meines Lebens.

Am folgenden Tag ging es mir körperlich gut, und der Kopf war auch auf der Höhe. Ich war für das, was das Team brauchte, perfekt in Schuss, und das alleine zählte doch, Pizza und Frascati hin oder her.

Als es dann in der letzten Woche in die Dolomiten ging, war ich allerdings schon scheintot. Ich wusste, das würden die härtesten drei Tage meiner Karriere werden, aber letzten Endes wurde es nur einer. Nach 225 Kilometern und endlos langen Qualen erreichte ich mit der letzten Gruppe zwar das Ziel, aber obwohl wir über dreißig Fahrer waren und die Karenzzeit nur um eine knappe Minute verfehlt hatten, schickten uns die Verantwortlichen nach Hause. Prominente Namen wie Bartoli waren dabei, und einige Teams waren danach nur noch mit zwei Fahrern im Rennen. Mir war's fast recht so. Nicht eine Sekunde hätte ich schneller fahren können. Alex hatte auch einen Einbruch gehabt, und Pantani hatte ihm das Trikot abgenommen. Basta, dachte ich, und ging mit meinem Leidens-, Team- und damaligen Zimmergenossen Bruno Boscardin, der auch in unserer Gruppe gewesen war, in eine Bar, und wir tranken jeder mindestens fünf Bier. Der Giro war für Festina verloren, für uns war er sogar schon vorbei – so what?

Am nächsten Tag sah ich am Mailänder Flughafen im Fernsehen, wie Alex bei der folgenden Bergankunft noch mehr Terrain einbüßte, und am darauf folgenden Tag explodierte er komplett ... in Kopf und Körper wohlgemerkt. Die Qualen des Giros hatten sich nicht gelohnt, aber das war nicht mehr zu ändern.

Der weitere Saisonverlauf hatte für mich das Übliche zu bieten: keine Tourteilnahme, sondern konsequentes Vorbereiten auf die Vuelta. Was aber ganz neu war, war die Tatsache, dass ich aus unserer Wohnung abgereist war und nun in unser neues Häuschen zurück kam. Mit viel Hilfe unserer Freunde hatte Heike es doch tatsächlich fertig gebracht, mit dickem Bauch – sie war inzwischen im sechsten Monat – den Umzug fast zu Ende zu bringen. Wäre ich nicht »aus der Zeit geflogen« und vier Tage zu früh zurückgekommen, wäre alles perfekt gewesen. So konnte ich wenigstens noch eine Ladung Stühle abholen, aber das war es dann auch schon. Dieser Schritt war ein ganz wichtiger und hat auch enorm zu unserer inneren Zufriedenheit beigetragen. Ein kleines Haus im Grünen, nicht weit weg vom Puls des Lebens meiner Heimatstadt Köln, ein kleiner Garten, eine schöne Terrasse – das waren alles Dinge, nach denen ich in früheren Jahren nie gestrebt hätte, aber vom Moment des Einzuges war das alles »home, sweet home«. Wir lebten uns schnell ein, fanden tolle Nachbarn, und nach kurzer Zeit fühlten wir uns so, als hätten wir nie woanders gewohnt.

Tour de France 1998 – Festina unter Druck

Das Jahr schritt fort, und dass ich für die Tour wieder nicht eingeplant war, erwies sich im Nachhinein als gar nicht so schlecht. Denn was auf dieser Tour 1998 passierte, war dann Grund genug für alle, die nicht dabei waren, vor Glück aufzuatmen. Die »Skandal-Tour« und die Festina-Affäre werden allen, die zu dieser Zeit aktiv waren, für immer im Gedächtnis bleiben.

Die meisten der Dinge, die sich in diesem Juli 1998 zutrugen, sind oft genug dokumentiert, chronologisch geordnet und publiziert worden. Was aber in mir vorging, das waren damals ganz andere Sachen, die in keiner Zeitung zu lesen waren. Man hatte also unseren Masseur Willi Voet, der schon bei RMO dabei war und den ich lange kannte, an einem Grenzübergang mit Dopingmitteln und anderen verbotenen Substanzen erwischt. Natürlich verfolgte ich wo es ging die Berichterstattung. Was dann so alles in den Zeitungen stand und im Fernsehen und Radio an Informationen gebracht wurde, das war schon hammerhart. Letzten Endes wurde mein Team von der Tour ausgeschlossen, und das war der Moment, in dem ich echte Zukunftssorgen hatte. Die Saison war nicht berauschend gewesen, sah man von den Etappensiegen in Chile und bei einigen anderen kleineren Rennen einmal ab, und was wäre denn, wenn Festina Konzernchef Miguel Rodriguez bei all der schmutzigen Wäsche, die da gewaschen wurde, das Handtuch werfen würde? In der damaligen Situation war der Gedanke nicht weit hergeholt, dass meine Karriere kurz vor dem Aus stehen könnte. Zu allem Überfluss las ich in einer Kölner Zeitung, dass ich in Frankreich verhaftet worden wäre, um dort meine Aussage zu machen. Das las ich allerdings am Frühstückstisch in Köln. Seit diesem Juli 1998 weiß ich wirklich, dass man gut beraten ist, nicht bedingungslos alles zu glauben, was man in der Zeitung liest oder sonst über die Medien erfährt. Ich kenne viele kompetente und seriöse Journalisten, die aber leider von denen, die diesen Raubritterjournalismus betreiben, gelegentlich mit ins schlechte Licht gerückt werden.

Es hatte den Anschein, als wolle jeder als Erster mit der nächsten Skandalmeldung groß herauskommen, und alle Talkshows waren voll von Sportlern aus anderen Sportarten, die mit dem Finger auf uns zeigten. Wenn ich trainieren fuhr, wurde ich angepöbelt und ausgelacht, dabei machte ich doch nur meinen Job. Ich fuhr Rad, das war meine Arbeit, und nur weil auf meinem Trikot Festina stand, hatte ich es schwerer als einer, der in einem anderen Trikot daherkam. Es gab viele, die mit Dreck schmissen, aber häufig hatte ich den Eindruck, dass sie es nur taten, um selbst sauberer da zu stehen. Jeder musste auf Teufel komm raus seinen Senf dazugeben, anstatt die Klappe zu halten und seinen Job zu machen. Ich blieb lieber bei meinem Job oder versuchte es zumindest. Die Fahrer, die ihre Fehler eingestanden hatten, bekamen ihre Strafe, saßen sie ab und bekamen ihre zweite Chance, die von fast allen auch genutzt wurde.

Was mir aus dieser Zeit besonders in Erinnerung blieb, ist die Vehemenz, mit der Sportler aus anderen Sportarten bei jeder Gelegenheit, die sich ihnen bot, über uns herzogen. Jemand, der selbst keine regelmäßigen Blutkontrollen machte, zog über uns her, weil es ja gar keine Trainingskontrollen gäbe. Zum einen stimmte das nicht, zum anderen waren die Kontrolleure damals noch gar nicht in der Lage, beispielsweise EPO im Urin nachzuweisen. Also waren zu dieser Zeit die Trainingskontrollen, durch die sich dieser Sportler zum gläsernen Athleten hochstilisierte, alles andere als ein Nachweis dafür, dass er wirklich sauber war. Das hätte er nur durch Blutwerte im physiologischen Normbereich tun können. Da es aber nur im Radsport und in den Nordischen Disziplinen Blutkontrollen gab, war das, was dieser Leichtathlet bei Frau Christiansen von sich gab, unfundierte Schaumschlägerei. Jeder, der diese Sendung ohne Kenntnis der Hintergründe verfolgte, musste glauben, da sitze Meister Propper persönlich und alle Radsportler hingen tief im Dopingsumpf.

Schadenfroh bin ich in meinem Leben nie gewesen, doch als dieser Sportler sich einige Zeit später in der Zahnpasta irrte, da dachte ich für einen Moment, dass wohl doch jeder das bekommt, was er verdient.

Mit dem Festina-Team ging es zum Glück weiter, und nach der Tour konnte ich wieder Rennen fahren und versuchte, den Kopf wieder frei von diesen Sorgen zu bekommen. Dass man auf Sponsorenseite nicht mit einer negativen Schlagzeile aus dem Sport

Das kommt davon, wenn man den Hals nicht voll kriegen kann – dann gibt es immer mehr ... Spanienrundfahrt 1998, Zaragoza.

verschwinden wollte, rettete damals sicher mehr als zwanzig Arbeitsplätze. Wir bekamen nach einer kompletten Umstrukturierung des Managements alle die Chance, uns sportlich zu bewähren, um dann auch in den kommenden Jahren weiter unseren Job machen zu können.

Juan Fernandez wurde der neue Manager, und auf der Spanienrundfahrt lernte ich ihn als einen ruhigen, kompetenten und vor allen Dingen verlässlichen Menschen kennen. Er musste sich am Anfang natürlich erst einmal einen Überblick verschaffen, wie die Mannschaft personell so aufgestellt war; und da gab es schon das eine oder andere, das bei uns »speziell« war.

Zum Abendessen tranken wir am Fahrertisch fast immer wenigstens zwei Flaschen Wein, aber die Krönung war sicherlich das Essen nach der Etappe auf die Laguna de Neila in der Nähe von Burgos. Mit noch sieben Fahrern im Rennen tranken wir, wahrscheinlich auch weil es so heiß gewesen war, sieben Liter Radler, und die zwei Flaschen Wein wurden auch leer. Es war die letzte Vuelta-Woche, am nächsten Tag stand eine Flachetappe auf dem Programm. Die Jungs von Kelme am Nebentisch schauten nicht schlecht, als wir immer ausgelassener wurden. Juan war stiller Beobachter und ließ uns gewähren, denn schließlich waren alle, die am Tisch saßen, mindestens schon seit acht Jahren Profis. Die Folgen dieses Abendessens sind schnell berichtet: Zum einen schlief ich fast elf Stunden wie ein Baby und fühlte mich am nächsten Morgen blendend, zum anderen gewann ich an diesem Tag die Etappe nach Leon, mit einer grandiosen Unterstützung meiner Mannschaftskameraden. Angel Edo, der bei Kelme fuhr und Zweiter geworden war, meinte am Abend, als wir wieder im gleichen Hotel waren, vielleicht müsse er das auch einmal probieren, um zu gewinnen. Dass so etwas nicht jeden Tag möglich ist, versteht sich von selbst, aber dieser Abend hatte wieder einmal gezeigt, dass ein kleinerer Ausrutscher wie dieser zumindest für einen Sprinter zu verkraften ist. Es ist wahrscheinlich niemandem möglich, 365 Tage im Jahr super professionell zu sein und auf alles zu verzichten. Solche spontanen Ausbrüche sind, wenn sie sich in Grenzen halten, sogar gut für die Moral. Meine Ansicht ist es heute noch, dass das Gleichgewicht zwischen Körper und Geist stimmen muss, wenn man Großes leisten will. An diesem Septembertag in Burgos stimmte es eben, was sich dann in Leon, gut 220 Kilometer später, bezahlt machte.

Insgesamt gewann ich zwei Etappen und vereinbarte mit Juan, dass ich bei Festina bleiben würde. Den Vertrag wollten wir in Köln unterschreiben, wenn er die IFMA besuchte.

Auf der Schlussetappe wurde ich nach meinem fünften Platz zu allem Überfluss noch zur Dopingkontrolle ausgelost, was mich total ärgerte. Heike saß zu Hause mit dickem Bauch, und ich hatte nur eine Chance, von Madrid zurück nach Düsseldorf zu kommen. Ich erklärte den anderen Fahrern, die ebenfalls noch warteten, die Situation; gnädig ließ man mich vor, aber jeder wollte nach den drei Wochen schnell nach Hause, und alle waren in Eile, um ihre Flieger zu bekommen. Ich duschte auf der Fahrt zum Flughafen im Bus und bekam meinen Flug.

Vaterfreuden und Vuelta-Siege

In Düsseldorf war ich überrascht, dass es Heike persönlich war, die mich abholte. Sie saß auf einem Geländer und sah aus, als würde der Bauch jeden Moment platzen. Auf der Heimfahrt zwickte es immer wieder, und sie sagte, es würde sie nicht wundern, wenn es bald losginge. Gegen Mitternacht kamen wir zu Hause an. Ich war nach den drei Wochen Vuelta total fertig und schlief sofort ein. Heike weckte mich aber schon um zwei Uhr, und um halb drei in der Nacht fuhren wir ins Krankenhaus. Nach einer Weile schickte uns die Hebamme aber wieder nach Hause; wir sollten am Vormittag wiederkommen. Zu Hause versuchten wir – wie im Geburtsvorbereitungskurs gelernt – die Wehen gemeinsam wegzuatmen. Das klappte aber nicht sonderlich gut, weil ich immer gleich einschlief, wenn ich mich hinter Heike setzte. In diesen Stunden war ich bestimmt keine große Hilfe für sie, und auf unserem Sofa döste ich vor mich hin, während Heike versuchte, die Situation alleine zu meistern.

Gegen 13.00 Uhr fuhren wir wieder in die Klinik, und man behielt uns nun auch da. Heike solle noch ein bisschen durch den Park gehen und dann wiederkommen. Im Aufzug nach unten platzte die Fruchtblase, und wir fuhren wieder hoch und klingelten wie verrückt. Es kam aber niemand, und als nach endlosem Warten jemand auftauchte, um Heike so etwas wie eine Windel zu geben, meinte diese Hebamme, es sei »alles voll« im Augenblick. Da bekam wohl halb Köln gerade Kinder. Endlich in einem Raum wurde der Wehenschreiber wieder angeschlossen – und was dann folgte, ist immer noch das aufregendste Erlebnis, das ich je hatte.

Um 17.29 Uhr war es so weit, und unser Sohn erblickte das Licht der Welt. Wie verknittert er aussah! Und so klein war er. Heike schwebte nach der Geburt wie auf Wolke sieben, und ich badete zusammen mit der Hebamme den Winzling und zog ihm Mini-Windeln und Mini-Strampler an. Mann, war der süß; und das war unserer, meiner! Nachdem wir wussten, dass alles normal und gut gelaufen war, genehmigten wir uns ein Glas Sekt, und gegen 20.00 Uhr fuhr ich nach Hause, um bis Mitternacht durch die Weltgeschichte zu telefonieren und die gigantische Neuigkeit zu kommunizieren. Ich war Papa – wir waren Eltern! Erst gegen 01.00 Uhr schlief ich ein, obwohl ich noch völlig kaputt von der Vuelta war und ein Schlafdefizit von der vorangegangenen Nacht hatte.

Die nächsten Tage dachte ich nicht im Traum daran, überhaupt Rad zu fahren. Ich pendelte zwischen Krankenhaus, Zuhause und Freunden hin und her und war ganz hin und weg von dem kleinen Geschöpf, das ich immer wieder im Babybett sah. Alexander – nicht der Große, eher der Kleine im Augenblick, denn er war noch nicht einmal 50 cm groß.

Nach drei Tagen mit viel Freude im Herzen und ewig langen Stunden bei Heike und Alexander im Krankenhaus erinnerte ich mich vage daran, dass ich ja am Sonntag beim Weltcuprennen Paris–Tours starten sollte. Am Donnerstag packte ich mein Rad aus dem Radsack aus, den ich seit Vuelta-Ende keines Blickes gewürdigt hatte. Ich fuhr 150 Kilometer durch die Eifel und war mit dem Kopf überall, nur nicht beim Training. Da musste es doch einen Ausweg geben. Die Koffer packen und anreisen, dann starten und gleich wieder aussteigen, das wollte ich dann doch nicht. Auf meine vorsichtige Anfrage bei Juan antwortete der, ich solle am Freitag noch mal trainieren fahren und ihm dann Bescheid geben, wie ich mich fühlen würde.

Freitag regnete es, und ich verbrachte den Tag komplett bei Heike und Alexander. Das war wunderbar. Wir kuschelten zu dritt im Bett, während draußen der Regen gegen die Scheiben prasselte. Wie ein neu geborenes Baby riecht, das ist ja fantastisch! Ich konnte meine Nase gar nicht von dem kleinen Köpfchen nehmen. Dann die kleinen Fingerchen und das wohlige Grunzen, wenn er bei Heike an der Brust lag und trank. Dagegen war ein Weltcuprennen doch bedeutungslos. Abends rief ich Juan an und erklärte ihm die Lage der Dinge genau so. Er begriff, dass ich derzeit keine Bereicherung für die Mannschaft sein würde, und entließ mich in die Winterpause.

Als Heike und Alexander dann am Wochenende nach Hause kamen, hatte ich also vierundzwanzig Stunden am Tag Zeit, die neue Situation zu genießen. Schnell waren Heike und ich ein eingespieltes Team. Ich übernahm immer die »Spätschicht« vom letzten Trinken bis kurz vor Mitternacht, während Heike schon einmal einige Stunden Schlaf bunkerte, denn alle vier Stunden aufstehen ist schon ziemlich hart. Morgens war Heike dann wieder dran. Die schönsten Momente waren die, wenn Alexander nach seiner »Mahlzeit« auf meinem Arm ein Bäuerchen machte und dann bei mir auf der Brust liegend einschlief. Das war die so genannte »Weltschmerz«-Stellung. Wenn dieses kleine Würmchen dort lag, spürte ich Gefühle der Liebe, wie man sie wohl nur zu seinem eigenen Kind verspüren kann – unbeschreiblich intensiv. Sein Geruch, das schnelle Ein- und Ausatmen und die Wärme seines Körpers waren das Schönste, was mir in meinem ganzen Leben begegnet war. Die Tage waren gleichförmig und glücklich. So hätte das Leben immer weiter gehen können.

Es gab aber bald wieder etwas zu tun. In Anbetracht der Tatsache, dass die Mannschaft in diesem Jahr eher für negative als für positive Schlagzeilen gesorgt hatte, wurden alle Fahrer nach Barcelona beordert. Dort musste jeder Einzelne mit den Festina-Anwälten seinen Vertrag neu verhandeln. Ich war schon als Zweiter dran und war auch ziemlich schnell wieder draußen, denn ich war weder negativ aufgefallen noch hatte ich einen Zweijahresvertrag gehabt. Mit Juan, dem neuen Sportlichen Leiter, war ich schon auf der Vuelta einig geworden, und dies war letzten Endes nur eine Bestätigung dessen, was wir vorher abgesprochen hatten. Bei vielen anderen war das Meeting mit enormen Gehaltseinbußen verbunden, und einige der gut bezahlten Stars wie Virenque, Zülle oder Dufaux wechselten daraufhin das Team. In einer Nacht wurden die Kosten für die Mannschaft mehr als halbiert, und viele gingen ziemlich missmutig in die Winterpause.

Ich flog frohen Mutes wieder nach Hause zu meinen Lieben und freute mich paradoxerweise darauf, den Winter zu Hause zu verbringen. Eigenes Haus, eigene Familie, da war das schlechte Wetter doch gar kein Problem.

Froh und munter verlebten wir die Zeit bis kurz vor Weihnachten zu Hause, unterbrochen nur von einer zweiwöchigen Mallorca-Reise, denn ich fing Mitte November wieder an zu trainieren. Am 20. Dezember setzte ich mich dann in unseren Van, den wir bis unters Dach mit all den Dingen vollgeladen hatten, die wir für unseren dreimonatigen Finca-Aufenthalt brauchen würden, und fuhr nach Barcelona, wo ich die Fähre nach Palma nahm. Am nächsten Morgen dort angekommen, fuhr ich erst nach Santanyi zum Ausladen und holte dann Heike und Alexander vom Flughafen ab. Wir zogen wieder in die »Casa Azul« ein und waren in diesem Moment wahrscheinlich wieder einmal die glücklichsten Menschen unter Gottes Sonne.

Das erste Weihnachtsfest zu dritt verbrachten wir in aller Stille auf der Finca, hatten ein Abendessen mit unseren Vermietern Gerd und Heidrun und gingen dann früh ins Bett. Am nächsten Morgen bei strahlendem Sonnenschein trainieren zu fahren und dann mit Alexander zusammen ein Mittagsschläfchen halten zu können, das war wirklich nicht mehr zu toppen.

So verging auch dieser mallorquinische Winter wie im Fluge, und wir waren glücklich. Nur die Tatsache, dass es am 30. Januar bis an die Strände herunter fünf Zentimeter Neuschnee gab und wir nur einen kleinen Ölradiator hatten, schränkte uns etwas ein. Fast den ganzen Tag blieben wir in unserem kuscheligen kleinen Schlafzimmer mit dem Heizgerät auf voller Kraft und spielten mit Alexander. Zum Glück waren es am folgenden Tag wieder 13 °C, denn noch einen Tag im Bett totzuschlagen, das wäre dann doch zu viel des Guten gewesen.

Die ersten Unterbrechungen des Familienidylls hatte es während des Festina-Trainingslagers gegeben, zu dem ich aufs spanische Festland musste. Ich vermisste die beiden unglaublich, und wir vertelefonierten eine Menge Pesetas, aber man muss halt manchmal Prioritäten setzen.

Der Saisonstart verlief dank der perfekten Trainingsmöglichkeiten sehr gut. Etappenzweiter in Valencia und Fünfter beim Trofeo Luis Puig waren zwar keine Siege, aber ich war immer vorne dabei. Den ersten Sieg in diesem Jahr fuhr ich allerdings auf eine ganz und gar untypische Weise heraus. Bei der ersten Etappe der Semana Catalana war ich noch nie mit Siegchancen auf die Zielgerade in Lloret de Mar eingebogen, wo in den letzten Jahren immer die erste Etappe stattfand. Diesmal war das anders. Ziemlich früh hatte ein Fahrer von Euskaltel attackiert, und ich sprang sofort an sein Hinterrad. Allerdings nicht, um mit vorne herauszufahren; ich betextete ihn ohne Gnade. Was ihm den einfalle, so früh (nach nur zehn Kilometern) zu attackieren, er solle sich schämen, hinten hätten einige Fahrer zum Pinkeln angehalten und so weiter. Er ließ sich aber nicht beirren und fuhr weiter. Da es bergan ging, hatte ich bald keine Puste mehr, um auf ihn einzureden und klemmte am Hinterrad, damit ich mir nicht die Blöße geben musste abgehängt zu werden. Er gewann dann die Bergwertung, und auf der Abfahrt kam das Motorrad mit der Kreidetafel zu uns und zeigte uns fast drei Minuten Vorsprung an. Da hatte ich mich ja schön ins Knie geschossen. Mein Sportlicher Leiter kam auch nach vorne gefahren und meinte, ich sei doch gut drauf, wir sollten es versuchen. Der hatte gut Lachen: Es waren noch 150 Kilometer zu fahren, und eine Bergwertung der ersten Kategorie stand auch noch an. Wir harmonierten aber recht gut miteinander, und der Vorsprung wuchs auf knapp 10 Minuten, bevor die Mannschaft von Once hinten anfing, Tempo zu machen. Am Berg fuhr Alberto Lopez de Munain etwas verhaltener, sodass ich mitkam. Auf den langen Flachstücken waren meine Führungen fast doppelt so lang wie seine, so hatten wir zumindest eine minimale Chance durchzukommen.

50 Kilometer vor dem Ziel verweigerte er dann die Führungsarbeit. Ich maulte ihn an, er solle sich nicht hängen lassen, und für taktische Spielchen sei es doch noch viel zu früh. Nachdem ich oben auf einer Kuppe die typische Bewegung mit dem Ellenbogen machte, um ihn vorbeizuwinken, kam er erst einmal nicht. Ich drehte mich um und wollte gerade loszetern, da sah ich ihn mit etwa 30 Metern Rückstand hinter mir. Er hatte wirklich einen Hungerast und war völlig platt.

Die dann folgenden fast 40 Kilometer von St. Feliu de Guixols nach Lloret de Mar waren die wohl schwersten meiner Karriere. Die Straßen kannte ich gut, denn 1996 hatte ich ja für vier Monate ganz in der Nähe gewohnt, aber die Pulswerte, die ich am Abend in meinem Laptop sah, waren wirklich hammerhart. Ich fuhr eine Stunde lang fast immer zehn bis fünfzehn Schläge über meiner Schwelle, und selbst in den Abfahrten ging der Puls kaum herunter. Im spanischen Fernsehen wurde während der Liveübertragung hundertfach spekuliert, ob ich es denn schaffen würde oder nicht, und ich wusste es selbst natürlich auch nicht. Fünf Kilometer vor dem Ziel fing es auch richtig zu regnen an. Auf der letzten Abfahrt riskierte ich alles, Sturz oder Sieg, alles andere war mir egal. Ich kam durch, und als ich auf die Zielgerade einbog, wusste ich, dass ich es schaffen würde. Endlich einmal hatte ich sogar die Zeit, einen Sieg zu genießen! 100 Meter vor der Linie ein Blick nach hinten, dann aufgerichtet und die wiegende Bewegung mit den Armen, ganz so, als halte ich Alexander darin. Mit neunzehn Sekunden Vorsprung gewann ich diese Etappe im Alleingang. Immer, wenn es ganz besonders wehgetan hatte, hatte ich mich mit dem Gedanken weiter getrieben, dass ich diesen ersten Sieg 1999 meinem kleinen

Sohn widmen würde, sollte ich ihn tatsächlich erringen. Es gelang. Aber wegen der Anstrengung konnte ich nicht einmal die Siegerehrung und das gelbe Trikot genießen – ich hatte von der Quälerei und dem kalten Wetter Magenkrämpfe und wäre lieber auf eine Toilette gegangen als aufs Podium. Endlich im Hotel hatte ich Durchfall und war total am Ende, zwar glücklich, aber so kaputt wie sonst nur in der letzten Woche einer großen Rundfahrt nach einer Bergetappe.

Der nächste Tag war dann trotz gelbem Trikot weniger schön. Ich litt Höllenqualen und schaffte es am letzten Berg gerade so ins Gruppetto. Wieder einen Tag später kam ich mit drei anderen Fußkranken als letzte Gruppe ins Ziel. Am vierten Tag, es sollte eine Bergankunft in den Pyrenäen geben, stieg ich nach der Hälfte der Etapppe entkräftet vom Rad. Mein Körper war für solche Einsätze nicht gemacht. Einmal Sprinter – immer Sprinter; die 150 Kilometer vor dem Feld auf der ersten Etappe hatten mich für den Rest der Rundfahrt hingerichtet. Trotzdem hab ich sie nicht bereut, allerdings habe ich eine solche Gewaltfahrt auch nie wieder versucht, denn aus Schaden wird man ja bekanntlich klug.

Der weitere Verlauf der Saison war ganz auf die Tour abgestimmt, und bis dahin hatte ich quasi freie Hand bei den Rennen, die ich fahren sollte. Wie immer versuchte ich Rennen und Training zu verbinden, denn ich hatte immer gute Erfahrungen gemacht, wenn ich morgens lange trainiert hatte und dann abends noch ein Kriterium gefahren war.

Anfang Juni wollte ich das in Michelstadt genauso machen. Morgens hatte ich gut 120 Kilometer trainiert, und dann fuhr ich mit Heikes Auto nach Michelstadt. Das Ergebnis war, dass ich nach der ersten Zieldurchfahrt als Erster in eine Kurve hineinfuhr und von einer kleinen Bodenwelle ausgehebelt wurde. Ich krachte auf die linke Schulter, und das Geräusch, das ich hörte und gleichzeitig spürte, ließ keinen Zweifel offen: Das Schlüsselbein war geborsten. Ich war irrsinnig sauer auf mich selbst. Noch drei Wochen bis zur Tour, gute Form und dann das. Weil mich der Sturz in dieser Kurve völlig überrascht hatte, gab es von meiner Seite auch gar keine Reaktion in der Zeit vom ausgehebelt werden bis zum Aufprall. Hätte ich die Hand vom Lenker genommen, um mich abzustützen, oder zumindest einen Fuß aus dem Pedal geklickt, dann wären es wohl nur ein paar Schürfwunden geworden. So aber war die Tour auf einmal in ganz weite Ferne gerückt.

Im Krankenhaus ließ ich die Ärzte und das Krankenpflegepersonal meinen Frust spüren. Ich war gereizt und grob, obwohl die wirklich nichts dafür konnten. Das Trikot wurde aufgeschnitten, eine Röntgenaufnahme gemacht, und dann fuhr ich mit dem Taxi wieder zurück zur Rennstrecke. Ich musste nun jemanden finden, der mich nach Hause brachte, und glücklicherweise waren mehrere Fahrer aus Köln am Start gewesen. Andy Kappes kutschierte mich zurück nach Königsdorf, wo Heike sofort nach meinem Anruf tätig geworden war. Sie hatte mit unserem Freund in der Dreifaltigkeitsklinik telefoniert, wo man mich schon 1992 wieder hinbekommen hatte. Ich hatte einen OP-Termin für den nächsten Morgen, denn jeder Tag zählte, und vielleicht würde ich bis zur Tour ja doch noch wieder fit werden.

Ganz elend zumute war mir, als ich auf der Rückfahrt Juan Fernandez anrief und ihm erzählte, was passiert war. Er war einer von den Sportlichen Leitern, die nichts von Kriterien-Rennen hielten, und die Tatsache, dass ich morgen mit Schlüsselbeinsalat auf dem OP-Tisch liegen würde, bestätigte ihn natürlich in seiner Ansicht. Trotzdem versuchte ich ihm zu erklären, dass diese Art von Vorbereitung für mich als Sprinter die beste sei, und dass der Zug zur Tour noch nicht abgefahren sei. Er wünschte mir alles Gute und bat darum, auf dem Laufenden gehalten zu werden.

Die OP verlief gut, und am Tag danach, es war ein Freitag, ging ich – noch mit Wunddrainagen in der Schulter – hinüber zu Rudi in den Kraftraum. Er war derjenige gewesen, der mich nach den Knieproblemen 1994 wieder hinbekommen hatte, und jetzt wollte ich nach dem einen Tag »Pause« wieder etwas für meine Muskeln tun. Er war davon nicht begeistert und empfahl mir, noch einen Tag zu warten. Trotzdem setzte ich mich auf eine der Maschinen. Beim Aufstehen verhakte sich eine Drainage, die ich mir im gleichen Augenblick selbst gezogen hatte. Der Kraftraumboden war schnell rot, und ich fing an zu wanken. Zum Glück war Heike auch da, und sie machte erst sauber und brachte mich dann zurück auf die Station. In Italien sagt man: »*Che va piano, va sano e va lontano* – Wer langsam geht, geht sicher und weit.« Ich konnte »piano« aber nicht brauchen, denn die Zeit bis zum Tourstart drängte.

Samstags, inzwischen ohne Schläuche, war ich das erste Mal kurz zu Hause und testete das Fahren auf der Rolle. Ich konnte zwar den Lenker noch nicht anfassen, aber freihändig und aufrecht sitzend konnte ich immerhin die Beine kreisen lassen. Sonntags saß ich dann das erste Mal mit Radhose und Schuhen auf der Rolle. Die Ärzte meinten, ich solle nicht so stark schwitzen, weil die Fäden noch nicht gezogen seien und die Wunde sich infizieren könne. Also begnügte ich mich mit einer halben Stunde. So schlimm war es ja nicht gewesen, versuchte ich mir einzureden. Mittwochs noch gut trainiert, heute schon wieder auf der Rolle. Nur drei Tage hatte ich verloren, also sollte es bis zur Tour schon noch werden. Ich fuhr bis zu drei Stunden am Tag auf der Rolle, aber das war natürlich zu wenig verglichen mit den fünf oder sechs Stunden, die ich jetzt eigentlich in der Eifel oder dem Bergischen Land eingeplant hatte.

Nach einer Woche machte ich die ersten Fahrversuche auf dem Mountainbike, denn wegen der entspannteren Sitzposition bevorzugte ich dieses Gefährt für meine ersten Kilometer mit Fahrtwind in den Ohren. Obwohl ich die Rolle fast immer draußen im Garten aufgestellt hatte, war das Schlimmste immer der fehlende Fahrtwind gewesen. Ich musste Unmengen trinken, um den Flüssigkeitsverlust auszugleichen, und fühlte mich nach einer 3-Stundeneinheit nass wie ein Fisch an. Ich absolvierte drei Stunden auf dem MTB. Trotz der Slick-Bereifung ohne jedes Profil war es schwer, mit dem Boliden in der Eifel die Berge hochzukommen. Aber ich war frohen Mutes, denn bis zur Tour waren es noch zwei Wochen. Ich besuchte sogar mein Festina-Team in Luxemburg. Die Jungs fuhren Rennen, und ich trainierte. Es war schön, wieder in die Mannschaft integriert zu sein, und auch das ganze Drumherum mit Massage und so weiter tat mir gut.

Dann folgte der Härtetest bei der Katalanischen Woche. Dort stieg ich wieder ins Renngeschehen ein, allerdings leider nicht für lange. Die Form stimmte einfach nicht, die Stöße auf den schlechten Bergstraßen waren unglaublich schmerzhaft, und nach drei Tagen stieg ich aus und sagte bye-bye zur Tour de France-Teilnahme. Ein trauriger Zwischenfall ließ mich meinen Kummer aber wieder relativieren. Während der ersten Etappe war die spanische Sprinterhoffnung Manuel Sanroma schwer gestürzt und noch am gleichen Tag seinen Verletzungen erlegen. Ich hatte ihn in einer Riesenblutlache liegen sehen, als ich abgeschlagen ins Ziel kam. Während der Busfahrt ins Hotel kam die Meldung seines Todes dann schon im Radio. So schnell kann es gehen. Von jetzt auf gleich weg – Adios! Da war die wiederum verpasste Tourteilnahme doch ein Klacks, zumindest nichts Vergleichbares.

Also sollte ich in diesem Sommer viel Zeit für die Familie haben. Alexander war ja schon »groß«, immerhin schon über ein halbes Jahr alt, und wir verbrachten sehr viel Zeit zusammen, die uns nun niemand mehr nehmen kann. Gerade den Winter hatte ich genossen. Wer hat schon die Gelegenheit, nach der Geburt seines Kindes täglich zu Hause zu sein? Keine Trainingslager, im ersten Monat noch nicht einmal Training. Jetzt war es ähnlich. Die weiteren Rennen würden erst in sechs Wochen beginnen, für mich also viel Zeit, um Kräfte und Moral zu sammeln. Und wo geht so etwas besser als im Kreise der Familie?

Die Vuelta sollte nun das Rennen sein, bei dem ich in Topform sein wollte. Trotz anfänglicher Bedenken fuhr ich zur Vorbereitung nicht nur die Burgos- und die Galizien-Rundfahrt, sondern auch eine Kriteriumsserie in Deutschland, die Coca Cola-Trophy. Heike und Alexander waren dabei, und während der Kleine während der Rückfahrten meist einschlief, hatten wir – zwar im Auto sitzend, aber immerhin – etwas Zeit für uns. Morgens trainierte ich, abends fuhr ich Rennen, aber in allen Kurven immer mit dem Hintergedanken an Michelstadt. Juan hätte mich wahrscheinlich gelyncht, wenn ich ihn wieder mit einer Hiobsbotschaft angerufen hätte.

Aber alles ging gut, und auch die erste Vuelta-Woche lief wie geschmiert. Allerdings war Juan, trotz meiner Etappensiege in Burgos und Galizien, noch nicht mit einem konkreten Vertragsangebot auf mich zugekommen. Ich selbst dachte, dass es sicher nicht verkehrt sei zu warten, bis er von alleine käme.

Auf der ersten Etappe ging es über fast 200 Kilometer beständig geradeaus, nur die Zielkurve war eng und spitzwinklig. An Position vier gab es dort einen Sturz, und das Feld riss, Etappensieg ade ... abgeschrieben. Am folgenden Tag lief es besser. In Albacete gewann ich den Massensprint und tags darauf in Fuenlabrada ebenfalls. Durch die Zeitgutschriften eroberte ich damit auch das goldene Trikot des Spitzenreiters ... und siehe da, nach dem abendlichen Essen kam Juan zu mir und wollte über meine Vertragsverlängerung reden. Das kam ja genau richtig, dachte ich.

In seinem Zimmer wurden wir uns schnell einig, nur wollte ich zwei Jahre Vertragslaufzeit erreichen und er mir nur eines zugestehen. Er wollte sich das noch mal überlegen, und wir wollten am Tag darauf erneut darüber sprechen. Von mir aus, dachte ich, und prompt gewann ich in Salamanca wieder. Das Trikot behielt ich durch diesen erneuten Sieg natürlich auch. Um ihm direkt den Wind aus den Segeln zu nehmen, sagte ich abends auf seinem Zimmer: »Juan, ich will jetzt mehr ...«. Das war ihm sichtlich nicht genehm, aber nach einer Kunstpause brachte ich den Satz zu Ende: » ... mehr Zeit, nicht mehr Geld. Zwei Jahre und die gestern besprochene Summe, und wir sind in einer Minute fertig.« Er schlug ein, und wir waren uns einig. Ein langes Feilschen oder gar mit anderen Teams Verhandlungen aufzunehmen, das war nicht meine Welt. Bei Festina mit Juan als Sportlichem Leiter wusste ich, was ich hatte und dass ich zufrieden sein würde. Hier gewährte man mir einige Freiheiten, die ich nun einmal brauchte, um schnell Rad fahren zu können. Wer weiß, wie man in anderen Teams damit umgegangen wäre.

Als ich nach der ersten Bergetappe und einem Zeitfahren dann in Léon meine vierte Etappe gewann, sagte ich nur zu Juan: »Siehst du, das hab ich sozusagen gratis gemacht ...«.

Dann, nach einem schweren Sturz vor dem Ruhetag, war die Vuelta für mich quasi vorbei. Heike kam nach Zaragoza, natürlich mit Alexander, und unser »australischer Sohn« Ben war auch dabei. Er war wieder für einige Zeit in Deutschland, um dort Radrennen zu fahren, und hatte sogar passend zu meinem grauen Punktetrikot einen meiner Helme, die ich noch zu Hause hatte, lackiert und mitgebracht, – die Fliesen in meinem Büro haben heute noch einen Graustich, aber damals machte er mir damit eine riesige Freude, und im Büro liegt eben ein Teppich darüber ... kein Problem, mein Freund!

Drei direkt aufeinander folgende Bergetappen taten nach dem Ruhetag das ihrige dazu, um mir den Todesstoß zu versetzen. Der Ruhetag selbst war kurzweilig, denn ich verbrachte viel Zeit mit Alexander und war bei der Vuelta-Zusammenfassung von Eurosport der Co-Kommentator per Telefon. Es war das erste Mal, dass ich Fernsehbilder kommentierte, aber es fiel mir gar nicht schwer. Wie auch, immerhin hatte ich alles das, was da auf eine gute Stunde zusammengeschnitten worden war, in den vergangenen Tagen am eigenen Leib erfahren – mittendrin, statt nur dabei!

Beim Start in Bronchales hatte ich nach einer kurzen Nacht schon am Start ein schlechtes Gefühl. Die UCI-Kontrolleure waren am Morgen so früh zur Blutabnahme gekommen, dass ich zuerst dachte, ich würde im Hotelzimmer überfallen. Sehr wellig war es auf den ersten 40 Kilometern dieser Etappe, da musste ich unbedingt dranbleiben, koste es was es wolle ... aber es ging nichts mehr.

In der Gewissheit, dass ich es auf dieser Etappe ohnehin nicht mehr innerhalb des Zeitlimits ins Ziel schaffen würde, stieg ich nur vier Tage vor Madrid aus. Ich war ziemlich am Anfang mit nur einem weiteren Fahrer abgehängt worden, und es lagen noch gut 160 Kilometer vor uns. Da ich das Sprintertrikot trug, waren natürlich auch die Kommissäre immer bei uns, sodass es unmöglich war, auf den ewig langen Geraden mit Gegenwind etwa im Windschatten des Materialfahrzeuges wieder an das Feld heranzufahren. Es hätte uns auch nichts gebracht, die Etappe zu beenden, denn durch die Berge, die am Ende der Etappe noch anstanden, und die vielen Angriffe, die vorne gefahren wurden, konnten wir sicher sein, dass wir mehr als die etwa 25 Minuten verlieren würden, die wir uns hätten leisten dürfen. Ich sprach mit dem jungen Cofidis-Fahrer und gab ihm den Tipp weiterzufahren, während ich bei meinem Materialwagen bliebe, um mich zu verpflegen, bis sein Teamfahrzeug bei ihm sei. Der Rennkommissär würde bei mir bleiben, also hätte er zumindest die theoretische Chance, im Windschatten wieder nach vorne zu kommen.

Er beherzigte meinen Ratschlag, und während ich immer langsamer wurde und mit meinem Sportlichen Leiter beriet, verschwand er samt Teamfahrzeug hinter einer Kurve. Das Motorrad mit dem Juryvertreter blieb wie erwartet hinter mir. Ein paar Kilometer weiter stieg ich vom Rad und beendete meine persönliche Vuelta. In unserem Materialwagen schlossen wir dann zum Feld auf und fuhren sofort weiter nach vorne durch, denn es hatte sich eine Ausreißergruppe gebildet, in der zwei Festina-Fahrer vertreten waren. In der Verpflegungszone stieg ich aus und gesellte mich zu meinem Masseur, der darauf wartete, dem Fahrerfeld die Verpflegungsbeutel anzureichen. Ich stand am Straßenrand und hielt Ausschau ... und tatsächlich: Aus dem Feld winkte mir ein Cofidis-Fahrer zu und rief: »Merci, Marcel!«

Abends buchte ich einen Rückflug von Madrid nach Düsseldorf, denn zum Glück waren wir schon ziemlich nah an der spanischen Hauptstadt. Wenn man irgendwo in der Pampa so eine Rundfahrt beendet, ist es oft nicht einmal am nächsten Tag möglich, an einen Flughafen zu gelangen. Der Teambetrieb muss ja weiterlaufen, und wenn es fünf Stunden mit dem Auto zum nächsten Airport sind, dann hilft oft nur der Leihwagen. Wenn die Autovermietungen aber ausgebucht sind, dann bleibt man auch schon zwei weitere Nächte beim Radrennen, ohne selbst noch teilzunehmen, aber das blieb mir zum Glück erspart. Heike war etwas erschrocken, als sie mich sah. Ich war keine 70 Kilo mehr schwer und hatte unglaublich an Substanz verloren. Die letzten Tage hatte ich kaum noch Appetit gehabt, und der Gürtel war im letzten Loch noch zu weit. Jetzt war es so weit, dass ich mich erst einmal erholen konnte. Zwar stand noch das Rennen Paris–Tours an, aber nach den vier Etappensiegen innerhalb von sechs Tagen und der nicht enden wollenden Schinderei nach meinem Sturz war das keine echte Priorität mehr. Alexander würde bald seinen ersten Geburtstag feiern, und das war mir wichtiger als alles andere. Als ich am Tag nach meinem Ausstieg dann nachmittags zu Hause die Vuelta-Fernsehübertragung einschaltete, kam gerade die Nachricht »Abandon: Antony Rokia, Cofidis«. Das war der junge Franzose, der sich gestern noch hatte retten können. An diesem Tag war dann auch für ihn leider Endstation.

In Gedanken hatte ich schon mit dieser Saison abgeschlossen, es sollte ja nur noch Paris–Tours kommen. Dann wollte ich in den wohlverdienten Australienurlaub – soweit der Plan. Am Vorabend von Paris–Tours erfuhr ich dann, dass unsere Mannschaft bei der Commonwealth Bank Cycling Classic starten sollte, und die wäre doch in Australien. Da ich ohnehin vor Ort sei, wäre ich dort am Start. Ich war ziemlich überrascht: Ich wollte doch Urlaub machen und Freunde besuchen. Na ja, weil ich durch die Verletzung im Sommer doch nicht so viel gefahren sei, wäre das doch sicher gut für mich ...

Ich beendete Paris–Tours nicht und trainierte erst einmal nicht mehr. Dann flog ich mit Heike und Alexander nach Melbourne.

Wir besuchten Freunde in Daylesford, aber leider musste ich wieder etwas Rad fahren. Die Motivation war mehr als bescheiden, und die längste Trainingseinheit war gerade einmal zwei Stunden gewesen. Alexander war viel interessanter. Er fing an zu laufen! Zwei, manchmal gar drei oder vier Schritte schaffte er, bevor er auf seinen Windel-Hintern fiel. Er hatte Spaß ohne Ende dabei, von meinen Armen aus zu seiner Mama zu laufen, dann zu Croc und Annie und dann wieder zurück zu mir.

Nach knapp zwei Wochen war dann erst mal wieder eine Trennung angesagt. Heike flog nach Brisbane, um von dort nach Noosa zu fahren, ich musste auch nach Sydney zu diesem blöden Bankrace. Keine Form, keine Lust, das konnte ja heiter werden.

Am ersten Abend war es wirklich ziemlich lustig, denn mit Jono Hall und Andre Korff waren zwei von den Fahrern mit dabei, die auch einmal über etwas anderes als Radsport reden konnten. Zusammen mit den Mechanikern und Masseuren philosophierten wir über Gott und die Welt, aber am Ende kamen wir dann doch auf den Radsport zurück.

Wie viele Rennen ich eigentlich gewonnen hätte, fragte einer. Ich überlegte nur kurz, da ich in diesem Jahr erst die Marke von 100 überschritten hatte. Ich kam auf 102, und kurz darauf schloss ich mit dem Personal auch schon eine Wette ab. Unsere Festina-Teammanager und Sportlicher Leiter Juan Fernandez hatte in seiner Karriere 56 Rennen gewonnen. Der war zwar nicht mit uns in Australien, musste aber für diese Wette herhalten. Ich behauptete, ich würde bis zum Ende meiner Karriere mehr als doppelt so viele Rennen gewinnen wie Juan, sodass ich ihn damit frozzeln könne, ich sei ja doppelt so gut gewesen. Da mein Vertrag nun bis Ende 2001 verlängert war, sollte es ja gar kein Problem sein, in den kommenden Jahren noch sieben Rennen zu gewinnen ...
Einsatz war ein Abendessen. Sollte ich gewinnen, dann würden alle Masseure und Mechaniker mich zum Essen einladen; wenn nicht, dann wäre ich dran, mit dem gesamten Personal ein Restaurant aufzusuchen und die Rechnung zu begleichen. Die Wettschuld wurde als Ehrenschuld während der Tour 2001 dann auch eingelöst, denn durch meinen Unfall im August 2000 erreichte ich letzten Endes nur 110 Siege.

Der Auftakt des Rennens verlief für mich recht kläglich. Bei einem Auftaktkriterium im Regen wurde ich sechsmal überrundet, aber das war ja ziemlich gleichgültig. Jono Hall war motiviert, und für ihn wollten wir fahren. Wir brauchten alle zwei Tage, bis wir einigermaßen in Schuss waren, aber dann konnten wir ihn gut unterstützen, und er dankte es uns mit dem dritten Platz in der Gesamtwertung. Dass ich auf dem Weg von Sydney nach Canberra auch noch zwei Etappen gewinnen konnte, brachte mich meinem Wettziel wieder zwei Schritte näher.

Während ich unterwegs war, gab es natürlich täglich neue Updates von Heike. Alexander konnte schon zehn Meter am Stück laufen! Es ist schon unglaublich, wie man solche Dinge plötzlich bewertet, wenn man selbst Vater geworden ist. Wenn mir während Heikes Schwangerschaft Teamkollegen erzählt hatten, wie toll es mit dem Nachwuchs sei und was sich alles verändern würde, dann hatte ich immer wissend genickt. Aber was dann wirklich passiert, das muss man wohl selbst erlebt haben: wie alle Prioritäten sich ändern und wie tief die Liebe zum eigenen Kind sein kann.

Eigentlich gibt es nach Beendigung des Bankrace immer noch einen Empfang, auf dem alle Fahrer und Teams eingeladen sind. Sponsoren, Bürgermeister oder gar Minister sind da, aber das konnte ich mir nicht antun. Beim Abschlusskriterium auf einer ganz gemeinen Strecke mit insgesamt drei Spitzkehren auf 900 Metern stieg ich schnell aus und sah zu, dass ich in die Dusche kam. Ich hatte danach alle zwei Stunden die Möglichkeit, nach Brisbane zu fliegen, und auf allen Flügen war reichlich Platz. Während die anderen Teammitglieder am kommenden Tag nach Sydney zurückfahren wollten, um dort vor dem Flug nach Hause noch einmal zwei Tage zu verbringen, sollte ich schon am selben Abend wieder bei meinen Liebsten sein.

Es war fantastisch! Da kam ein kleiner Mann auf mich zugelaufen, der mich auf Anhieb erkannte, und vermutlich auch vermisst hatte. Ich schloss ihn in die Arme, und endlich hatten wir uns wieder ... Dieser erste Trip nach Oz mit Alexander war traumhaft. Wie er sich freute, am Strand riesige Löcher mit mir zu buddeln oder im Wasser zu plantschen. Dieses unbeschwerte Kinderlachen und das strahlende Gesicht, das waren Momente, die ich nie vergessen werde.

Natürlich waren wir uns bewusst, dass diese schöne Zeit auch einmal zu Ende gehen würde, aber gerade deshalb kosteten wir jeden Moment voll aus. Als es dann wieder nach »bloody cold Germany« ging, wussten wir allerdings auch schon, dass wir nicht lange im trüben deutschen Winter bleiben würden. Wir hatten uns wieder bei Gerd und Heidrun eingemietet. Als wir dort eintrafen und einzogen, war es ein bisschen so, als habe sich ein Kreis geschlossen. Hier war Alexander entstanden, hier hatten wir in der »Casa Azul« den ersten Winter mit ihm verbracht, und nun waren wir wieder da. Da die Wohnungen im Haupthaus Zentralheizung hatten, entschieden wir uns diesmal allerdings für die komfortablere Variante.

Die Zeit verging wie im Flug. Alexander lief »alleine« auf der Finca herum, spielte im Sandkasten in der Sonne oder verschwand auf seinen Erkundungsreisen im teilweise (für ihn) mannshohen Gras. Ich zog meine Kreise über die Insel, oftmals mit dem Mallorquiner Toni Tauler, der für Kelme fuhr, und es war wieder einmal paradiesisch. Daran änderte weder der Saisonbeginn etwas, obwohl die Form nur o.k., aber bestimmt nicht besonders gut war, noch die Tatsache, dass es auch für mich richtige Arbeitstage gab. Im Süden der Insel ist das Terrain nun einmal eher flach, aber wenn ich dann meine Intervalle fahren musste, dann kam es vor, dass ich die 45 Minuten, die ich bis nach Felanitx brauchte, quasi als Aufwärmphase nutzte, und dann meine Intervalle am San Salvador fuhr. Diese gut fünf Kilometer lange Steigung fuhr ich dann vier- oder gar fünfmal, immer herauf und wieder herunter. Meist war ich alleine, denn nur so konnte ich sicher gehen, dass ich mich genau an meine Pulsgrenzen hielt und meine »Arbeit« 100 % korrekt erledigte. Es mag zwar langweilig sein, den gleichen Berg zehn- oder gar zwölfmal pro Woche hoch und wieder herunter zu fahren, aber wie langweilig ist es denn, jahrelang immer ins selbe Büro oder gar an dasselbe Fließband zu treten, immer mit den gleichen Leuten das Gleiche zu tun? Da hatte ich doch wieder einmal meine Privilegien erkannt. Ich war an der frischen Luft und fuhr zwischen blühenden Mandelbäumen hindurch.

Mein Rennprogramm für dieses Jahr war nicht schwer festzulegen. Natürlich wollte ich endlich einmal bei der Tour so sprinten wie im vergangenen Jahr bei der Vuelta, und das gesamte Rennprogramm wurde darauf abgestimmt: Kein Druck am Anfang, aber dann wollte ich Mitte April doch schon mal ein Erfolgserlebnis verbuchen, danach etwas pausieren und mich schließlich für die Tour in Form bringen. Da ich nach zwölf Profijahren meinen Körper in- und auswendig kannte, traute ich mir ohne weiteres zu, meine selbst gesteckten Ziele zu erreichen.

Ich litt heftig, als ich im März zwei Rundfahrten in Portugal bestritt und von dort direkt zur Semana Catalana fuhr. Insgesamt vierzehn Renntage in nur achtzehn Tagen waren hart, aber wirksam. Beim nächsten Etappenrennen, dem Cirquit de la Sarthe, gewann ich vier von fünf Etappen. Die einzige, die ich nicht gewann, war das zwanzig Kilometer lange Zeitfahren, aber das erwartete ja auch niemand von mir. Das Ziel, Mitte April in Form zu sein, hatte ich also erreicht.

Jetzt standen noch einige Rennen in Deutschland an, bevor ich Anfang Mai eine Woche aktive Erholung auf Mallorca zwischenschieben wollte. Leider war es wieder ein Pollenflugjahr erster Güte, und beim Rennen um den Flughafen Köln-Bonn war ich an der ersten Welle weg vom Fenster. Zum Glück kannte ich mich hier ja aus und fuhr auf dem direkten Weg zurück. An einer Ampel blieb ich stehen und bekam eine Asthma-Attacke vom Allerfeinsten. Panisch packte ich mein Pumpspray und inhalierte viel mehr als gut für mich war. In diesem Moment hatte ich wirklich Angst zu ersticken. Es war feucht, regnerisch und kühl, aber ich riss Regenjacke und Trikot auf und stand fast fünf Minuten an dieser Ampel, bis es mir so weit besser ging, dass ich ganz langsam die letzten fünfzehn Kilometer bis zum Ziel weiterrollen konnte.

Ich hätte natürlich am liebsten meine Rennpause vorgezogen und so zwei Wochen nur leicht trainieren und mich bei diesem extremen Pollenflug nicht ausbelasten müssen, aber es stand kurze Zeit später der Klassiker »Rund um den Henninger Turm« auf dem Rennplan. Zum einen war es für Festina wichtig, dass ich dort an den Start ging, zum anderen lief am Abend vorher die Sportsendung des Hessischen Rundfunks (HR), zu der ich als Studiogast eingeladen war. Aber als Erster beim ersten Taunusberg abgehängt zu werden, das kam für mich nicht in Frage. Ich wollte weder von allen Sportlichen Leitern überholt werden und womöglich den einen oder anderen doofen Spruch kassieren noch bei der Fernsehübertragung als erstes »Opfer« im Bild sein.

Es gab im Interessenkonflikt zwischen der wichtigen Werbung für den Sponsor und der negativen PR für mich nur eine salomonische Lösung, und nach einer Weile hatte ich sie mir zurecht gelegt. Ich reiste an, checkte im Hotel ein, gab das eine oder andere Interview, und nach dem Essen wurde ich vom HR abgeholt und in die Lifesendung gebracht. Ein wenig Smalltalk, dann Einschätzungen zum Rennen und ein paar Sätze zu meinen persönlichen Zielen – all das lief gut, und nach der Sendung ging es wieder zurück ins Hotel. Noch wusste keiner außer Heike, was am nächsten Morgen ablaufen sollte. Roberto Torres, der als Sportlicher Leiter vor Ort war, weihte ich aber am gleichen Abend noch ein. Er war zwar nicht begeistert, fand aber ich sei lange genug Profi, um zu wissen, was ich tue. Wenn das die Lösung sei, hätte er kein Problem damit. Ich ging zurück in mein Zimmer, wo ich wegen des Pollenfluges den ganzen Tag das Fenster geschlossen gehalten hatte, und legte mich hin. Hier hatte ich fast das Gefühl, dass es mir gut ging und ich nicht bei der kleinsten Anstrengung nach Luft schnappen müsste wie ein Fisch auf dem Trockenen.

Am nächsten Morgen ging ich mit den Teamkollegen frühstücken, und danach fuhren wir zum Start. Einschreibkontrolle, Interviews, Autogramme, alles war wie immer, und ohne weiteres hätte ich mein Vorhaben noch abblasen können. Aber als ich die Zielgerade herunter rollte, dann drehte und wieder in Richtung Ziel fuhr, merkte ich, dass meine Luft an diesem Tag nicht einmal für eine Autobahnbrücke gereicht hätte. Also setzte ich meinen Plan in die Tat um. Ich fuhr durchs Ziel hindurch und weiter der Rennstrecke nach. Links und rechts standen die Teamfahrzeuge, aber ich fuhr erst einmal weiter, dann bog ich rechts ab, in eine kleine Anliegerstraße. An deren Ende war ein Radweg, dem ich folgte, und dann war ich bald an einer größeren Straße, die ich kannte. Dort fuhr ich noch etwa drei Kilometer weiter und stoppte dann an einer Tankstelle. Ich kaufte mir ein paar Zeitungen und rollte ganz langsam wieder Richtung Frankfurt.

In einem Wohngebiet, das gerade erschlossen wurde, gab es einen Park, und hier machte ich es mir samt Zeitungen bequem. Hier hatte ich wenigstens drei Stunden totzuschlagen. Wenn dann die ersten abgehängten Fahrer aus dem Taunus zurückkommen würden, wollte ich mich auch wieder am Hainer Weg blicken lassen. Aber niemand würde wirklich wissen, wo ich denn den Anschluss verloren hätte. Hehe, schon vor dem Start! Letzten Endes war es so für alle Beteiligten besser. Keiner hatte Marcel Wüst bei hohem Tempo aus der Reihe platzen oder irgendwo alleine abgehängt gesehen. Dass ich Asthma-Probleme hatte, hätte an diesem Tag niemanden interessiert! Aber nun war ich eine knappe Stunde vor der Zielankunft mit vielen anderen Fahrern in der Dusche und wartete im Festina-Wohnmobil auf den Zieleinlauf.

Einer unserer Fahrer hatte mich in der Neutralisation gesucht und nicht gefunden, und er war der Einzige, der eine Ahnung davon hatte, was geschehen war. Er konnte gut damit leben … und ich selbst kann es auch heute noch.

Am folgenden Tag ging es nach Mallorca, und die Luftveränderung tat mir gut. Keine Pollen mehr, und ich trainierte mehr als ich eigentlich vorhatte. Aber ich war ja in Deutschland auch einige Kilometer weniger gefahren als geplant. Nach der Woche auf der Sonneninsel hatten sich auch die Pollen in Deutschland etwas verflüchtigt, und ich konnte mein Trainingspensum abspulen. Bis zur Deutschland-Rundfahrt hatte ich keine Renneinsätze mehr, und so war es für mich schwer einzuschätzen, wie ich im Vergleich zu den anderen Fahrern in Form war. Ein Kriterium in Bremen gab mir Aufschluss darüber: Ich wurde vom Sieger zweimal überrundet, und Fahrer, die eigentlich keine Kriteriumsspezialisten waren, wie Rolf Aldag oder Andreas Klöden fuhren mir um die Ohren wie sie wollten. Noch fünf Tage bis zur Deutschland-Rundfahrt ... das konnte ja spaßig werden!

Die erste Etappe war dann direkt der ultimative Augenöffner. Ich kam mit der letzten Gruppe ins Ziel nach Wiesbaden, war (weil ich mich zur Genüge kannte) zwar hart am Limit, aber nie zu lange im roten Bereich gefahren. Das hätte nämlich den Anfang vom Ende bedeutet. Wenn ich bei Etappenrennen in der Vergangenheit am ersten Tag schon alles gegeben hatte, kam ich danach kaum mehr in Schwung. So aber war ich recht guter Dinge, dass ich mich langsam aber sicher in Form fahren würde. Die Streckenführung war immer gerade im Finale ziemlich schwer, sodass ich eigentlich immer mit sauren Beinen auf die Zielgerade kam. Aber im Gegensatz zu Wiesbaden konnten sich meine vierten und fünften Plätze schon sehen lassen. Bei der Etappe vor dem Zeitfahren stand dann nur ein kleiner Berg auf dem Programm, und in Herzogenaurach gewann ich endlich eine Etappe. Es soll ja meinungsbildende deutsche Journalisten gegeben haben, die den Moment, als ich an Zabel und anderen vorbeizog, mit Verdruss kommentiert haben. Schade eigentlich, dass man sich nicht darüber freut, wenn auch einmal ein anderer Deutscher einen Massensprint gewinnt, denn gerade eine breite nationale Spitze wäre doch eigentlich wünschenswert. Aber es gibt wohl Leute, die das anders sehen.

Um den Festina-Triumph komplett zu machen, gewann David Plaza am Nachmittag das Zeitfahren vor Leuten wie Ullrich, Klöden und Aldag und sicherte uns so den Sieg in der Gesamtwertung. Vor der Schlussetappe wurde ich dann noch gefragt, was ich denn zu Zabels Bemerkung »Eigentlich hätte man Marcel Wüst den Pokal schon vor der Halbetappe geben können« zu sagen hätte.

»Tja, das kann entweder heißen: Bei kurzen Etappen ist Wüst kaum zu schlagen und einer der schnellsten Sprinter der Welt – aber so ein Kompliment wird er mir wohl kaum machen. Wahrscheinlich wollte er sagen: Wenn's schwer ist, kann der gar nix und ohnehin höchstens mal 'ne flache Halbetappe gewinnen ...«

Auf diese Antwort von mir kam dann auch keine Nachfrage mehr. Ich hatte auf diese Spielchen auch gar keinen Bock, aber wenn's denn sein musste, bitte, ich war da flexibel.

Bis zur Tour fuhr ich nur noch die Volta Catalunya und war dann froh, als ich endlich die Koffer packen konnte, um meine noch immer offene Rechnung mit der Tour zu begleichen.

Tour de France 2000:
Sprint ins Bergtrikot

Am ersten Juli bekam ich dann die zweite Chance, meinen Kindheitstraum einer erfolgreichen Tour de France-Teilnahme zu verwirklichen.

Die Tour sollte dieses Jahr im Themenpark Futuroscope in der Nähe von Poitiers starten, und schon lange bevor der Juli nahte, wusste ich, dass ich im Team dabei sein würde. Ich war in Form, hatte Moral wie selten zuvor in meiner Karriere und wollte unbedingt das gebrochene Schlüsselbein von San Sebastian vor acht Jahren vergessen machen.

Ich flog am Mittwoch vor dem Tourstart nach Paris und von dort zusammen mit Christophe Moreau mit dem TGV weiter nach Futuroscope. Die Ankunft im Hotel war unspektakulär, es hätte auch um jedes andere Radrennen gehen können, nur hatte ich das deutliche Gefühl, als würde etwas Außergewöhnliches passieren. Natürlich wusste ich nicht was – es war eben nur ein Gefühl.

Ich teilte das Zimmer mit Joseba Beloki, und da es ein Doppel- und ein Einzelbett gab, warfen wir eine Münze, wer im großen Bett schlafen durfte. Joseba gewann zwar, meinte aber, ich sei größer und in der ersten Woche der Kapitän, ich solle ruhig das große Bett nehmen. Ich zierte mich ein bisschen, willigte dann aber ein ... feiner Kerl, der Joseba, dachte ich. Nachdem am Donnerstag die Dinge anstanden, die die Tour zur Tour machen (nämlich die Untersuchungen der Fahrer sowie ein Vortrag des Veranstalters, in dem an Ethik und Moral der Sportler appelliert wurde), bekamen wir kurz nach dem Mittagessen unser Tour-Roadbook. In diesem Buch steht alles drin, was ein Fahrer über die Tour wissen muss: die Streckenprofile aller Etappen, die Zeitpläne und – vor allem für uns Sprinter wichtig – die Karten zu den einzelnen Zielankünften.

Wenn man in einer fremden Stadt mit 60 km/h Richtung Ziel flitzt, ist es zwingend notwendig, zumindest eine ungefähre Idee von dem zu haben, was einen erwartet. Links- oder Rechtskurve? Wie breit ist die Straße, welche Kurven sind weit und offen und welche Kurven sind gefährlich? Jede Zielankunft lässt sich so schon vorher erkunden, ohne dass man jemals an diesem Etappenort gewesen sein muss. Aus eigener Erfahrung kann ich sagen, dass die Pläne ziemlich genau sind. Aber wenn man eine Zielankunft wirklich kennt, dort also schon einmal bei einem Rennen angekommen ist, dann ist das durch keinen Plan der Welt zu ersetzen.

Für die Bergfahrer sind sicher die Details der Bergankünfte interessanter, die mit genauen Steigungsprozenten und so weiter aufgelistet sind. Aber auch hier gilt, dass die Topfavoriten sich die Berge vorher selbst anschauen, denn ein Schlussanstieg von dreizehn Kilometern ist auf dem Papier noch viel schwerer einzuschätzen als eine Zieleinfahrt mit einer 90° Kurve 500 Meter vor der Ziellinie.

Was mich aber sofort brennend interessierte, waren ausnahmsweise nicht die Zeitlimits auf den Bergetappen, sondern die Tatsache, dass die Tour 2000 nicht mit einem kurzen Prolog begann, sondern es diesmal ein Zeitfahren von sechzehn Kilometern gab. Dieses hieß auch nicht Prolog, sondern es war gleich die erste Etappe.

Bei den üblichen kurzen Prologen von etwa fünf Kilometern auf winkligen Stadtkursen war es für die Sprinter eigentlich immer möglich, bei einem gut gefahrenen Prolog auf den folgenden Etappen durch die bei den Ankünften vergebenen Zeitgutschriften mit dem Gelben Trikot zu liebäugeln. Das konnte ich mir bei sechzehn Kilometern getrost abschminken. Auf die Topleute wie Armstrong und andere würde ich sicher weit über eine Minute verlieren. Kurz gerechnet: Auf der 2. und 3. Etappe gab es für den Etappensieger jeweils 20 Sekunden, unterwegs bei den Zwischensprints fürs Grüne Trikot noch mal 18 – das bedeutete, ich müsste das Zeitfahren meines Lebens fahren und danach auf den beiden Etappen alle Zwischensprints und beide Etappen gewinnen, denn am 4. Tag gab es das Mannschaftszeitfahren, das die Gesamtwertung immer komplett umkrempelt.

Unter den eben genannten Umständen hätte ich dabei vielleicht ein gelbes Hemdchen an – aber dies war die Tour und kein Wunschkonzert. Ich schrieb die Farbe Gelb schlichtweg ab. Als wir aber am späten Nachmittag noch einmal loszogen, um die Zeitfahrstrecke zu inspizieren, kam mir eine – so fand ich – teuflisch gute Idee. Allerdings war die eigentlich so abwegig, dass ich erst mal mit niemandem darüber sprach.

Die erste, der ich offenbarte, was ich mir in den Kopf gesetzt hatte, war Heike. Als ich ihr abends am Telefon erklärte, ich würde das Bergtrikot holen, lachte sie mich aus. Das hätte ich an ihrer Stelle auch getan. Mein Plan war einfach und genial. Nach nur 2,5 Kilometern stand eine Bergwertung der 4. Kategorie im Zeitfahren an. Nachdem ich mich bei Pascal Lino vergewissert hatte, dass nicht die Zeit vom Start bis zur Bergwertung zählen würde, sondern die Zeit von unten bis oben eines jeden Fahrers gemessen und diese Zeit für die Vergabe der Bergtrikots herangezogen werden würde, war mir endgültig klar, dass ich versuchen würde, meinen Plan in die Tat umzusetzen.

Ich musste also eine Strecke von 950 Metern mit einem Höhenunterschied von etwas mehr als zwanzig Metern so schnell fahren wie ich konnte. Wenn es mir dabei gelang, der Schnellste zu sein, konnte ich bis zur 5. Etappe das Bergtrikot tragen, denn die Etappen zwei und drei waren ohne Bergwertung und im Mannschaftszeitfahren gab es für diese Wertung auch keine Punkte. 950 Meter sind eine reine Sprinterdistanz, und nachdem Heike mich für verrückt erklärt hatte, redete ich abends auf dem Zimmer mit Joseba Beloki, der die Idee ausgezeichnet fand. Wir waren der Meinung, dass eine Zeit von etwa eineinhalb Minuten für diese Steigung aussichtsreich sein müsste.

Ich schlief eine Nacht über dieses Vorhaben, und als ich am nächsten Morgen wach wurde, war ich sicher, dass nur ein Topsprinter mit der gleichen Idee mir noch einen Strich durch die Rechnung machen konnte.

Beim Frühstück am Freitag eröffnete ich Juan meinen Plan. Er stimmte zu: Das klänge logisch, und ich hätte seinen Segen. Damit konnte ich also nun 100 % für das Bergtrikot geben, und alles andere durfte dahinter zurücktreten.

Wir trainierten auf der Strecke des Zeitfahrens, doch als die anderen zur dritten Runde ansetzten, klinkte ich mich oben an der »Bergwertung« (die diesen Namen eigentlich gar nicht verdiente) aus und fuhr die Cote de Jaunay-Clan (3,5 km/1 km mit 3,7 % Steigung) wieder hinunter. Ich checkte die Linkskurve aus, an der der Berg begann und wo die Zeitmessung installiert werden sollte. Dann fuhr ich weiter hoch und schaute nach Schlaglöchern, nach dem besten Straßenbelag und der vermeintlichen Ideallinie. Dann fuhr ich diese Welle, denn es war wirklich kein Berg, noch fünf- oder sechsmal hoch und stoppte die Zeit. Ich fuhr zwar nicht am Limit, denn die Straße war für den Verkehr noch nicht gesperrt, aber ich brauchte etwas über 1:35, also etwa die Zeit, mit der ich gerechnet hatte.

Frohen Mutes fuhr ich ins Hotel, und da jetzt schon einige Vertraute davon wussten, wollte ich niemand anderen mehr auf die gleiche Idee bringen, also hielt ich die Klappe. Der einzige, der noch davon erfuhr, war unser Mechaniker Alejandro, denn ich hatte beschlossen, Nägel mit Köpfen zu machen. Ich wollte nicht mit dem Zeitfahrrad starten, sondern so, wie ich die Sprints normalerweise auch fuhr, mit meinem ganz normalen Straßenrad. Er fragte nicht viel nach, sagte nur »*d'aquerdo, Marcel*«, und er würde alles perfekt herrichten. Wenn ich nach der Bergwertung das Rad wechseln und auf das Zeitfahrrad umsteigen wolle, sei das kein Problem. Ein echter Profi eben.

Die Zeit bis zum Start verging von diesem Freitagnachmittag an wie in Zeitlupe. Ich saß mit Joseba im Zimmer und versuchte bei den baskischen Liedern, die wir in meinem CD-Spieler laufen ließen, mitzusingen, aber da ging gar nichts ... von wegen Sprachtalent, aber vielleicht ist baskisch ja auch mehr als eine Sprache. Zumindest ist es schwerer als alles andere, was ich bis dato zu lernen versucht hatte.

Dann kam der Samstag. Heike lachte inzwischen auch nicht mehr, denn ich hatte ihr alle Details meines Plans erzählt, und alles war in sich schlüssig.

Der Tag kroch weiter voran. Ich fuhr morgens noch mal auf die Strecke, mit dem Unterschied, dass ich bis zum Berg und dann bestimmt zehnmal hoch und hinten herum wieder herunter fuhr. Ich kannte ihn auswendig, den kleinsten aller Berge, der einen der schlechtesten Bergfahrer unter allen Sprintern zum Träger des Bergtrikots der Tour de France machen sollte.

Auch die gesamte Vorbereitung auf dieses Zeitfahren war anders als sonst. Der Normalfall war eigentlich, dass ich bei den Zeitfahren in der Gesamtwertung schon immer weit zurück lag und diese Tage eher als zusätzliche Ruhetage eingeplant waren. Aber nicht am 1.7.2000. Da sollte alles stimmen. Ich fuhr mich sehr gut warm, steckte mir danach noch Wattebäusche mit Mentholöl in die Nase, um noch besser Luft zu bekommen, und hatte seit fast fünf Stunden nichts mehr gegessen.

Nach einem doppelten Espresso im Teambus ging es los, und ich rollte zum Start; als einziger des gesamten Fahrerfeldes mit meinem normalen Rad. Am Start traf ich Emanuel Magnien, der kurz vor mir starten sollte, und der fragte natürlich, warum ich denn nicht mein Zeitfahrrad fuhr. »Ach«, sagte ich, »da gab es ein Problem, und ich wollte den Mechanikern nicht zumuten, in der Nacht noch mal bis nach Spanien zurückzufahren. Ich kann ja ohnehin nichts reißen heute.« Das war für ihn Erklärung genug, und das war auch gut so, denn auch er war einer, der so etwas konnte, gerade wenn es bergauf ging.

Endlich stand ich auf der Startrampe. Nachdem der Starter den Countdown zu Ende gebracht hatte, startete ich schnell, aber nicht ungestüm. Nach etwa eineinhalb Kilometern hatte ich meinen Puls auf den Schwellenwert von 166 Schlägen gebracht, und da blieb er auch auf den nächsten Kilometern bis zu der besagten Kurve, an der es alles zu geben galt. Etwa 200 m vor der Kurve nahm ich noch einmal einen Schluck aus der Trinkflasche, warf diese dann weg und atmete tief durch. Jetzt konnten sie kommen, die Kurve, der Hügel und dann das Trikot. Ich fokussierte die Kurve und trat an. Von diesem Augenblick an war alles ganz unwirklich. Nicht wie in einem normalen Sprint, wo man den Gegner im Auge hat und die Ziellinie in der Ferne sichtbar ist, sondern wie in Trance ballerte ich los. Was man am Anfang nicht bringt, kann man am Ende nicht wieder herausholen – das gilt sogar bei etwas längeren Zeitfahrten, aber bei 950 Metern erst recht. Später erzählte Juan, er sei hinter mir in die Kurve hineingefahren, und als er herum war, sei ich schon nicht mehr da gewesen.

Durch die lang gezogene Links/Rechtskombination brauchte er eine ganze Weile, bis er wieder an meinem Hinterrad war. Nach etwa 300 m folgte eine lange Rechtskurve, und ich brauchte die ganze Straßenbreite, um nicht heraus getragen zu werden. Ich war schnell, das spürte ich. Dann ging es nur noch geradeaus bis hinauf zum Kreisverkehr. Und die letzten 400 Meter waren wie ein Sprint, den man zu früh angezogen hat: Das Ziel schien nicht näher kommen zu wollen, und der ganze Körper war mit Laktat überfüllt.

Ich schmiss das Rad über die »Ziellinie« meines ganz persönlichen Prologes und wusste eines ganz genau: Nicht eine Sekunde hätte ich schneller sein können. Ich hatte alle Kurven perfekt genommen und sogar die Ideallinie mit dem nicht ganz so rauen Straßenbelag perfekt eingehalten. Durch die Laktatüberflutung konnte ich erst einmal gar nicht mehr treten. Ich rollte aus, als sei das Rennen vorbei, der Puls war jenseits der Marke 200 gewesen, was ich seit fast zwei Jahren nicht mehr geschafft hatte. Perfekt gelaufen war der Coup, glücklich war ich, aber es musste ja auch noch weitergehen ...

Juans Hupen und Alejandros Rufe rissen mich aus meiner Trance. Ach ja, es waren ja noch dreizehn Kilometer ... Ich fühlte mich so leer und kraftlos, dass ich sicher war, keine drei Kilometer mehr fahren zu können. Ich hielt an, stieg instinktiv vom Rad und Alejandro schob mir mein Zeitfahrrad mit einer neuen Trinkflasche unter den Hintern. Ich eierte los, mit gerade 33 km/h nahm ich eine ganz kleine Welle, der Puls kam langsam wieder herunter und ich wieder in den Tritt. Dario Pieri überholte mich, als ich gerade die 40 km/h Schallmauer durchbrach – er fuhr wahrscheinlich knapp 60. Es dauerte noch eine ganze Weile, bis ich wieder einigermaßen flüssig fuhr, und gegen Ende kam ich sogar wieder so gut in Fahrt, dass ich einigermaßen sicher sein konnte, nicht Letzter geworden zu sein.

Ich rollte ins Ziel, war zufrieden und kam zum Festina-Bus, wo etwas begann, was ich vorher so noch nie erlebt hatte. Ich hatte schon von unserem Masseur Jordi gesagt bekommen, dass ich die »Bergbestzeit« habe. Das war ja schon mal etwas, nun musste ich nur noch warten. Und damit hatte ich tatsächlich ein Problem, denn ich hatte während meiner Karriere nur ganz selten warten müssen. Und dann höchstens auf die Auswertung des Zielfotos, was etwa fünf Minuten dauerte; aber nun lagen Stunden vor mir.

Ich duschte im Bus und versuchte mich zu entspannen. Fehlanzeige. Ich besorgte mir eine Starterliste und checkte durch, wer denn sonst noch das Gleiche versuchen könnte und das Potenzial hätte, es auch zu schaffen. Da waren viele Namen, die ich gut kannte und von denen ich wusste, dass sie es schaffen konnten. Steels, Kirsipuu, Bettini, Zabel und so weiter. Jedes Mal, wenn einer von ihnen gestartet war und etwa sieben Minuten vergangen waren, funkte ich Jordi an, der am Ziel stand. Immer wieder kam die Ansage »*todavia mejor tiempo*« (immer noch Bestzeit) aus dem Walkie-Talkie.

Das waren echte Qualen. Im Bus sah ich auch die Bilder des französischen Fernsehens, doch meistens wurden die Fahrer beim Start und dann irgendwo im Flachen gezeigt. Ich lief durch den Bus wie ein aufgescheuchtes Huhn. Mein Masseur Chopi meinte später, er hätte mich noch nie so angespannt gesehen, und das heißt schon etwas nach so langer Zusammenarbeit.

Es starteten die Favoriten, und eigentlich sollten die sich die Etappe anders einteilen und normalerweise müsste es reichen. Wie sehr ich diese Wörter hasste: eigentlich, normalerweise. Das war doch alles Firlefanz. Entweder es reichte oder eben nicht. Normalerweise, das sagt man, wenn man sich eben nicht ganz sicher ist ... Gerade wollte ich mit Chopi eine philosophische Diskussion über diese Worte beginnen, die es ja in fast allen Sprachen gibt, da klopfte jemand an die Bustür.

Es war jemand von der Société du Tour de France, und er stellte die Frage: »*Il est la, Wust? C'est pour le maillot de la montagne!*«

Blöde Frage dachte ich, klar bin ich hier, darauf habe ich verdammt noch mal seit drei Tagen hingearbeitet, aber das konnte der ja nicht wissen. Chopi und ich lagen uns in den Armen, und ich zog mit einem Riesengrinsen im Gesicht los, um das für mich untypischste Trikot überhaupt übergezogen zu bekommen.

Hinter den Kulissen traf ich den jungen Schotten Dave Millar, der durch den Überraschungssieg über Armstrong und andere Favoriten Gelb bekam, und dazu noch Grün als Punktbester und Weiß für den besten Fahrer unter 23 Jahren. Das war ein Podium, das vor der Etappe keiner für möglich gehalten hätte – außer den beiden, die oben standen.

Daves Sponsor Oakley hatte sogar T-Shirts machen lassen, auf denen, angelehnt an den Slogan der US-Brauerei Miller, zu lesen stand: »It's Millar time«. Das war es wirklich, aber ein bisschen »Wüst time« war auch. Wie ich von vielen Freunden zu hören bekam, hatte mein Erscheinen auf dem Podium auch bei einigen Kommentatoren für extreme Verwirrung gesorgt, aber da waren die ja auch selbst Schuld: Sie hätten sich ja vorher über meine Ziele im Auftaktzeitfahren erkundigen können ...

Da stand ich also im Bergtrikot auf dem Podium und hatte mein erstes Ziel erreicht. Aber das war ja auch kein langfristiges gewesen; es war ja erst nach eingehender Studie der Gegebenheiten möglich gewesen, das Bergtrikot überhaupt ins Visier zu nehmen. Das hatte ich nun bis zur 5. Etappe sicher. Aber jetzt ging es daran, den ganz großen Traum Wirklichkeit werden zu lassen.

Im Hotel war einiges los. Viele Journalisten waren da und wollten etwas von mir; das war ja fast beängstigend. Ich erinnerte mich an die Vuelta im Vorjahr. Da gewann ich in sechs Tagen vier Etappen, trug das goldene Trikot des Führenden in der Gesamtwertung – und keiner war da. Sie kamen erst, nachdem ich das Trikot verloren hatte, damals an Jan Ullrich, der diese Vuelta auch gewann. Sei's drum, ich war gut gelaunt, und die Leute, die etwas von mir wollten, spürten das. Im Team war die Stimmung gelöst, denn die fünf Tage Podium würde uns keiner mehr nehmen können, wir hatten jetzt schon keinen Druck mehr ... alles war wunderbar.

Abends schmetterte ich mit Joseba baskische Lieder, und es war grandios, das Bergtrikot über dem Stuhl vor meinem Bett hängen zu sehen; hinten darauf die Nummer 109, mit einer kleinen deutschen Flagge und dem Namen WUST darüber.

Ich hatte keine Probleme mit dem Einschlafen, träumte aber die ganze Nacht von Bergetappen, auf denen ich das Bergtrikot verteidigen musste. Dass so etwas nach zwölf Profijahren möglich war, das hatte ich mir im Leben nicht vorstellen können.

Der nächste Tag war dann wieder ein ganz normaler. Es stand eine Flachetappe an, ich wollte gewinnen und wusste, dass ich es konnte. Inzwischen gab es auch die Details der Bergzeiten vom Vortag. Ich hatte dem Zweiten, Frankie Andreu von Armstrongs US-Postal-Team, sage und schreibe sieben Sekunden abgenommen.

Ich hatte 1:19 gebraucht, war somit fast 10 % schneller als er, und auch er hatte es richtig seriös versucht. Einige andere sagten mir an diesem Morgen, sie hätten es zwar versucht, aber die Konsequenz, mit dem normalen Rad zu fahren und die Strecke vorher akribisch zu besichtigen, die hatte keiner gehabt. Wohl auch deshalb nicht, weil man sich von den Teamkollegen nicht habe foppen lassen wollen, wenn es nicht geklappt hätte.

Die Etappe begann mit den üblichen Fotos der Trikotträger und einem lockeren Einrollen, das aber bald zu Ende war. Es wurde attackiert und richtig Rad gefahren; das hier war schließlich die Tour. Massensprint, gute Beine, aber schlechte Ausgangsposition: Ich wurde Fünfter. Das war nicht mal o.k., das war daneben. Ich war aber nach fünf Minuten wieder mit mir im Reinen und nahm mir vor, es am nächsten Tag erneut zu versuchen. Allerdings appellierte ich an mein Team, wenn es denn irgend ginge, mir bis wenigstens 5 km vor dem Ziel zur Seite zu stehen.

Im Bergtrikot auf dem Tour-Podium!

Wir hatten außer mir nur Bergfahrer dabei, und ich wusste genau, was ich von denen verlangte. Das war fast so, als sollte ich einen Sprint in Alpe d'Huez vorbereiten. Christophe Moreau und Jaime Hernandez waren die beiden, die so etwas noch am ehesten konnten, und am folgenden Tag klappte das Ganze auch schon viel besser. Ich kam so »ausgeruht« wie es nur irgend ging in die letzten vier Kilometer, Christophe hatte mich gut in Position gebracht. Jetzt hieß es wieder ich alleine gegen die anderen Sprinter, die fast alle noch zwei oder drei Helfer dabei hatten. Als der Sprint lanciert wurde, kam ich von einer Position zu weit hinten, und obwohl ich die höchste Endgeschwindigkeit hatte, war die Ziellinie da, ehe ich den Sieger Steels noch überrollen konnte. »Shit, shit, shit ...« sagte ich. »Zweiter – so nahe dran, so schnell, so gut, aber verdammt noch mal nur Zweiter, erster Verlierer, Mist!« Genau das waren meine Gedanken, als ich voller Adrenalin und mit Puls 190 bei Chopi stehen blieb, um etwas zu trinken.

Ein Journalist, der sich seine Fragen besser hätte überlegen sollen, bekam dann meinen ganzen Frust ab: Ob ich zufrieden sei, ich hätte doch immerhin Erik Zabel geschlagen. Das folgende Zitat gibt sinngemäß meine Antwort auf die dümmste aller Fragen wieder, die mir je gestellt wurde: »Was soll denn der Quatsch? Ich bin doch nicht auf der Tour, um gegen Zabel zu fahren, ich bin hier, um eine Etappe zu gewinnen. Und wenn du mal deine Hausaufgaben machen würdest, dann wüsstest du, dass ich deinen Zabel schon oft genug versenkt habe. Ich will gewinnen, egal gegen wen, und stell mir nie mehr so blöde Fragen!« Ich hatte gesprochen – und verschwand im Festina-Bus. Als ich da auf meinem Platz saß, lief im Fernsehen gerade die Wiederholung des Sprints. Steels, in Grün, hebt die Arme, rechts daneben ich im Bergtrikot, links Zabel in Magenta. Das waren vielleicht Heinis ...»Sie haben Erik Zabel geschlagen!« ... fand bei denen denn der Radsport nur im Juli auf der Tour statt? Für die gab es wohl keine Vuelta a España, Deutschland-Tour, Burgos- oder Aragon-Rundfahrt. Als die Wut auf den unbedarften Fragesteller zurückging, fing ich mit meiner Analyse an. Den Sprint schaute ich mir so oft es ging im Fernsehen an. Ich hatte es drauf, das wusste ich. Im Finale würde ich zwar immer ohne Mannschaft sein, aber es konnte klappen.

Abends ging ich dann mit dem Gefühl ins Bett, dass ich es bald schaffen würde, eine Touretappe zu gewinnen. Die Nacht war erholsam, und am nächsten Morgen fühlte ich mich so gut, als habe die Tour noch gar nicht begonnen – ein wunderbares Gefühl!

Wir gingen zum Frühstück, und dann sollte es nicht mehr lange dauern, ehe wir zum Start des Mannschaftszeitfahrens fuhren. Es war ein tolles Gefühl zu wissen, dass ich nach der Etappe wieder aufs Podium kommen sollte. Mein Zeitfahranzug mit der roten Hose und dem weißen Trikot mit den roten Punkten stand mir ausnehmend gut, wie ich fand, und als wir auf der Brücke von St. Nazaire durch ein internes Kräftemessen total aus dem Rhythmus kamen, war ich derjenige, der das Loch flicken musste.

Vor der Brücke, auf der viel Wind stand, fuhr Christophe Moreau eine sehr lange und schnelle Führung, und als Casero übernahm, hatte ich das Gefühl, er würde noch mal beschleunigen. Das würde Christophe Probleme machen, soviel war klar. Nun war es intern auch noch nicht hundertprozentig geklärt, wer denn der Kapitän für die Tour sein sollte. Wir hatten mit den beiden zwei Asse im Team und dann noch Beloki als Joker. Ich ließ mich auf Anweisung von Juan dann zu Christophe zurückfallen und machte das Loch zu den vorne eher zaghaft Wartenden zu. Dass Christophe abends auf mein Zimmer kam und sich noch einmal extra dafür bedankte, zeigte mir, wie wichtig das für ihn gewesen war. Dabei war das ja eigentlich ganz normal – normalerweise.

Sieg bei der fünften Etappe – und Grün nach der siebten!

Trotz aller Erfolge, die ich bis zu diesem 5. Juli 2000 schon eingefahren hatte: Dieser Tag veränderte fast alles. Trotz inzwischen 109 Siegen, davon dreizehn bei den großen Rundfahrten Giro d'Italia und Vuelta a España, war dies der Tag, an dem der kleine Marcel von 1978 endlich die Erfüllung seines großen Traums erleben durfte.

Ich war sicher, dass ich an diesem Tag mein Bergtrikot verlieren würde, denn es standen vier Bergwertungen auf dem Programm, und nicht im Traum dachte ich daran, ein einziges Körnchen mehr als nötig zu verbrauchen, ehe es ins Finale ging. Ich hatte viermal damit auf dem Podium gestanden, das reichte, der Nächste bitte.

Die Etappe war typisch für diese erste Tourwoche. Es war kühl, windig, und es regnete zwischendurch ein bisschen – schließlich waren wir in der Bretagne, wo es (wie die Franzosen sagen) »nicht viel regnet, aber oft.« Es hatte sich eine Gruppe vom Feld abgesetzt, die in ihrer Zusammenstellung um einiges gefährlicher zu sein schien als die Ausreißergruppen der vergangenen Tage.

Mit dabei waren unter anderem Jens Voigt und Eric Dekker, die beide als enorm starke Tempofahrer bekannt waren. Als noch 50 Kilometer zu fahren waren, kam Christophe zu mir und fragte, wie es mir gehe. Wahrheitsgemäß antwortete ich: »Besser als sehr gut.« Daraufhin setzten sich vier Festina-Fahrer an die Spitze des Feldes und begannen mit der Aufholjagd. Andere Teams mit Sprintern gesellten sich sporadisch dazu, und nach und nach schmolz der Vorsprung der Gruppe. Gleichzeitig wurde sie immer kleiner, bis am Ende nur noch die beiden stärksten, Voigt und Dekker, übrig blieben. Je näher wir in Richtung Vitré kamen, wo die Etappe enden sollte, desto schneller wurde das Tempo, und die Positionskämpfe begannen. Ich hatte Christophe noch an meiner Seite; die anderen, die über 30 Kilometer lang eine fantastische Arbeit geleistet hatten, waren irgendwo im Feld. Die Teams Mapei, Telekom und Saeco fuhren Tempo an der Spitze, und auf der Schiefertafel des Ardoisiers, der den Fahrern die Zeitabstände vom Rücksitz des Motorrades aus übermittelt, standen jedes Mal einige Sekunden weniger für die beiden Ausreißer. Aber würde es noch reichen? Es waren nur noch fünf Kilometer bis ins Ziel, und die beiden waren noch nicht in Sichtweite.

Die Zielgerade war hier über einen Kilometer lang und sehr breit, also genau so, wie ich es am liebsten hatte, und als wir aus der letzten Rechtskurve herauskamen, sahen wir zum ersten Mal die beiden vor uns fahren. Meine Position war diesmal perfekt, und als es noch etwa 450 Meter ins Ziel waren, überrollten wir die beiden Ausreißer – das hieß, es wurde um den Sieg gefahren! Nachdem die Sprintanfahrer schon in Aktion waren, wusste ich, dass es jetzt nur noch an mir hing. Die Spitze des Feldes war eine einzige lange Reihe, kein Positionskampf mehr, kein Gedränge – nur noch Sprinter gegen Sprinter. Vorne fuhr Fagnini mit Zabel am Hinterrad; dahinter Zanini, der für Steels fuhr; und an Position fünf lag ich mit meinem Bergtrikot, das ich bereits rechnerisch verloren hatte. Als Zabel rechts herausfuhr und seinen Sprint anzog, blieb ich erst noch bei Steels, denn der hatte schließlich schon zweimal gewonnen. Aber ich merkte schnell, dass er es diesmal nicht draufhatte, also hielt ich nach rechts Richtung Zabel. Mann, der war schon weit weg, sicher vier oder fünf Meter, aber es waren auch noch fast 200 Meter ins Ziel. Ich kam schnell auf, aber zum Abwarten am Hinterrad war keine Zeit mehr, denn die Linie kam jetzt rasend schnell näher. Aus dem Windschatten zog ich sofort heraus, und als ich den Kopf kurz hob, sah ich, dass ich es schaffen würde. Bei diesem Geschwindigkeitsunterschied würde es gelingen, noch vor dem Ziel vorbeizuziehen. Das gab natürlich nochmal einen Extraschub Motivation – Kindheitstraum, ich komme! –, vorbei an allen auf der Ziellinie von Vitré! Ganz eng, um nicht einen weiteren Bogen als unbedingt nötig fahren zu müssen, zog ich an Zabel vorbei und hatte danach noch die Zeit, beide Arme in den Himmel zu stemmen.

Das war's, 22 Jahre hatte es gedauert, aber war es jetzt auf der Zielgeraden nicht jede Trainingseinheit, jede nicht gegessene Portion Fritten wert gewesen? Ich hörte die Stimme von Daniel Mangeas, dem Sprecher der Tour: »Zabel, toujours Zabel, voilà Wüst, Wüst qui arrive, qui passe, Wüst, Marcel Wüst, vainqueur de cette étape du Tour de France ...«

Die Sekunden danach sind – warum auch immer – aus meinem Gedächtnis gelöscht. Ich weiß, dass Chopi als einer der Ersten bei mir war und ich nichts als Freude fühlte. Pures Glück, grenzenlose Zufriedenheit – und dann ging das Geschiebe los.

Ich kannte das ja schon von der Vuelta, wo sich Dutzende Radioreporter, die live berichten, gleich mit dem Mikro auf einen stürzen und den ersten O-Ton haben wollen. Und hier war es nicht besser. Während Chopi mir etwas zu trinken gab, kamen immer mehr Kamerateams herbei und wollten ein Statement haben. Nach und nach kamen auch meine Teamkollegen, die so fantastisch gearbeitet hatten, ins Ziel, und wir lagen uns in den Armen oder versuchten es zumindest, denn in dem Gedränge war das gar nicht so einfach. Nach knapp zwei Minuten, in denen ich mich kaum erholen konnte, wurde ich von den Leuten der Société du Tour zum Siegerpodest geführt. Chopi war natürlich dabei, und »backstage« hatten wir jetzt endlich ein bisschen Zeit, uns richtig zu freuen. Ich hatte zwar mein Bergtrikot verloren, aber das war jetzt wirklich egal. Für die Siegerehrung zog ich ein frisches Festina-Trikot an, und obwohl ich schon die letzten vier Tage jedes Mal nach der Etappe da oben gestanden hatte, war es diesmal etwas ganz Besonderes. Jetzt wussten es alle, die ganze Welt wusste es: Ich war Etappensieger bei der Tour de France. Klar hatte ich schon beim Giro gewonnen und auch im letzten Jahr in der ersten Vueltawoche vier Etappen abgeräumt, aber die Tour ist eben das eine Event, das dir als Radsportler die Anerkennung bringt, die du verdienst. In dem Moment, als ich das Podium betrat, war mir das alles gar nicht so bewusst, ich ging raus und war einfach ich selbst. Ich freute mich so, wie sich der Kölsche nun einmal freut: offen, überschwänglich und so, als wäre er alleine mit sich.

Dass es noch Tage danach hieß, man hätte selten jemanden gesehen, der sich so schön freuen könne, das nahm ich dann als Kompliment gerne an. Es waren einfach nur meine Freude und ich da oben auf dem schon wohlbekannten Podium gewesen.

Als ich wieder herunterkam, war Juan Fernandez da, und wir lagen uns in den Armen. Es war auch sein Verdienst gewesen, dass ich da oben hatte stehen können. Immer hatte er Vertrauen in mich gehabt. Ich konnte, was die Vorbereitung anging, machen was ich wollte, und wenn es mal nicht optimal lief, war er immer für mich da gewesen, um mich wieder aufzubauen und zu motivieren.

In diesen Sekunden dachte ich an alle, denen ich diesen unvergleichlichen Moment zu verdanken hatte: an meine Eltern, die mich als Jugendfahrer zu den Radrennen gekarrt hatten, an meinen Trainer Dieter Koslar, der mir von Anfang an klar gemacht hatte, dass es im Radsport nur einen einzigen Weg nach vorne gibt, nämlich den harten. Dann natürlich an Heike, die genau wusste, wie ich funktionierte und mich immer zu 100 % unterstützte und auch das eine oder andere Mal auf den Boden der Tatsachen zurückgeholt hatte – sei es bei Trainingstagen im Regen, die ich gern hätte ausfallen lassen, oder bei ernährungstechnischen Fragen. Ich dachte an die Jungs im Team, die heute, aber auch an anderen Tagen für mich gefahren waren; an die Mechaniker, denen ich blind vertraute, und an die Masseure (allen voran natürlich an Chopi), die das »Rundum-sorglos-Paket« abrundeten.

Alle diese Gedanken zu denken, das dauerte nur wenige Sekunden, aber sie alle hatte ich dort oben auf dem Podium mitrepräsentiert, auch wenn sie keiner kannte oder zur Kenntnis nahm. Wieder einmal stand nur der Sportler als der Star im Mittelpunkt, und auf dem Weg zur Pressekonferenz wurde mir sehr deutlich, in welcher privilegierten Lage ich als Spitzensportler war.

Das nun folgende Prozedere nahm ich gerne auf mich. Die Pressekonferenz absolvierte ich auf einer Wolke aus guter Laune. Der Dolmetscherin raunte ich zu, sie könne sich entspannen, ich könne ohnehin mehr Sprachen als sie, was sie glücklicherweise nicht in den falschen Hals bekam, sondern herzhaft lachen ließ.

Ich stand Rede und Antwort in sechs Sprachen, und danach ging ich mit Chopi zur Dopingkontrolle und von dort zum Teamauto, um ins Hotel zu fahren. Während dieser ganzen Zeit war ich konstant von Menschen umringt, die irgendetwas von mir wissen wollten. Kamerateams, Radio- und Printjournalisten, alle taten so, als habe ich etwas vollständig Fantastisches geleistet. Natürlich war das auch ein grandioses Ding. Aber war es denn wirklich eine so große Überraschung? Für mich war es doch auch eine logische Folge der vergangenen Jahre. Ich war die Tour seit 1992 nicht mehr gefahren, hatte aber bei Vuelta und Giro insgesamt dreizehn Etappen gewonnen, und da waren Zabel, Cipollini, Steels oder Svorada auch am Start gewesen. Ganz zu schweigen von den anderen Rennen, bei denen ich auch schon gegen genau diese Sprinter gewonnen hatte. Es war natürlich eine Genugtuung, wenn jetzt auch der Letzte verstanden hatte, dass ich kein »Zufallssprinter« war, sondern ebenfalls Weltklasse. Dass aber sogar einige Radsportjournalisten dafür einen Touretappensieg präsentiert bekommen mussten, das hat mich damals schon gewundert.

Zwischen der Massage und dem Abendessen gab es im Hotel noch eine improvisierte Pressekonferenz mit den deutschen Medienvertretern, und ganz zu Anfang sagte ich dabei allen, was ich über die Berichterstattung Marcel Wüst betreffend dachte. Ich hatte für die meisten erst gerade eben angefangen zu existieren. Ob das daran lag, dass ich in einem ausländischen Team fuhr, oder daran, dass ich eben »nur« Giro- und Vuelta-Etappen gewonnen hatte, das wollte ich nicht ausdiskutieren. Aber ich teilte den Leuten, die ja inzwischen meine Kollegen sind, ganz deutlich mit, dass ich es sch...ade fand, wie wenig Beachtung meine Leistungen in der Vergangenheit gefunden hatten. Als ehrliche Haut war es mir wichtig, dies loszuwerden, und ich war sicher, dass bei dieser Gelegenheit auch alle zuhören würden. Danach gingen wir dann zur Tagesordnung über, und nach einem ausgelassenen Abendessen mit Champagnerabschluss ging es gegen 23.00 Uhr endlich ins Bett. Die Tour war schließlich noch nicht vorbei.

Die nächsten beiden Tage hatten viele verschiedene Facetten. Zum einen ging es weiter mit Flachetappen, zum anderen war ich durch die guten bisherigen Platzierungen in greifbare Nähe des Grünen Trikots gerückt. Da ich jetzt sogar eine Etappe gewonnen hatte, wollte ich natürlich mehr, denn die Form war ja da.

Die 6. Etappe führte nach Tours, wo jedes Jahr auf der drei Kilometer langen Avenue de Grammont auch das Weltcuprennen Paris–Tours endet. Da ich bei den ersten Zwischensprints punktete, waren die Aussichten gut, abends in Grün gekleidet zu werden.

Es setzte sich dann eine relativ große Ausreißergruppe ab, die wir im Finale nicht mehr einholen würden, also ging es zwar nur noch um Platz 14, aber bei gewonnenem Sprint hätte ich Grün sicher.

Ich beäugte meine direkten Konkurrenten Steels und Zabel, und als ich den Sprint ziemlich früh anzog, wusste ich, dass keiner von beiden direkt an meinem Hinterrad war. Es war allerdings sehr windig, und es blies von vorne, sodass mein Freund Robby McEwen auf den letzten Metern noch vorbeiziehen konnte. Ich wurde Fünfzehnter, und der eine Punkt, den Robby mir weggeschnappt hatte, fehlte mir zum Grünen Trikot. Nach der Zieleinfahrt fragte er mich, ob ich jetzt Grün habe, und ich meinte nur: »Wenn du nicht vorbeigefahren wärst ja, so nicht.« Er sagte »Oh, sorry, mate«, aber es war ja völlig in Ordnung, dass er vorbeifuhr, schließlich ist er ebenfalls Profi und wird dafür bezahlt, dass er seinen Job macht. Als am Abend im Hotel das Ergebnis bekannt wurde, versprach der nächste Tag richtig spannend zu werden: Steels, Zabel und ich lagen nur einen Punkt auseinander. Ich war guter Dinge, was sich aber leider am nächsten Morgen beim Aufwachen schlagartig änderte.

An diesem Freitag weckte mich nicht das Klopfen des Masseurs an der Tür, es war etwas anderes, das mich hochschrecken lies. Ich konnte kaum noch schlucken. Der Hals war über Nacht dick geworden und tat höllisch weh. Ich erinnerte mich, dass es zwei Tage zuvor so lange gedauert hatte, bis ich aus dem Teamauto meine Regenjacke bekam. Es waren gerade unglaublich viele Fahrer hinten im Feld unterwegs gewesen, und mir war richtig kalt geworden, Gänsehaut auf Armen und Rücken inklusive. Jetzt hatte ich das Resultat. Ich lief zu Eduardo, unserem Teamarzt, und nach einem kritischen Blick in meinen Hals diagnostizierte er: ziemlich rot und dick, aber kein Eiter zu sehen. Ich trank heiße Milch mit Honig zum Frühstück, und der Hals beruhigte sich ein wenig, die guten Beine aber schienen wie weggeblasen.

Bei der Fahrt vom Hotel zum Start war ich dann etwas in mich gekehrt und ruhig. Zum ersten Mal hatte ich gar keinen Bock auf all die Interviews und den Smalltalk vor dem Start, ich wollte einfach meine Ruhe haben. So blieb ich ziemlich lange im Bus, um dann kurz vor dem Start erst zur Einschreibkontrolle zu rollen und von dort gleich weiter zum Start. Wieder war es ein schneller Start, es gab Gewitterschauer und kräftigen Seitenwind. Das erste Mal seit Tagen hatte ich das Gefühl, nicht im Vollbesitz meiner physischen Fähigkeiten zu sein.

An diesem Tag fuhren wir nach Limoges, und ich wusste, dass das Finale eher wellig als flach war, was mich in meiner jetzigen Situation nicht unbedingt fröhlicher stimmte.

Es gab gegen Ende des Rennens einen einzelnen Ausreißer, den Franzosen Christophe Agnolutto, der etwa vier Minuten Vorsprung hatte. Als Christophe Moreau 50 Kilometer vor dem Ziel zu mir kam und fragte, ob unser Team loslegen solle, um ihn einzuholen, beging ich einen schweren Irrtum. »Nee, lass mal, ich bin heute kraftlos und nicht gut drauf«, sagte ich. Schließlich gab es auch Sprinter, die zum einen starke Mannschaften dabei hatten und zum anderen keine Halsschmerzen und schwere Beine. Sollen die doch fahren, dachte ich an einer langen Steigung, an der es mir richtig dreckig ging. Meine Jungs sollen sich nicht verschleißen, damit ich dann nachher Zehnter werde, so kraftlos wie ich bin.

Es fuhr aber niemand so konsequent hinterher, dass Agnolutto eingeholt wurde, und so gewann er schließlich die Etappe. Mein persönliches Problem dabei war nur, dass ich trotz allem auf der leicht ansteigenden Zielgeraden den Sprint um Platz zwei gewann. Dass ich dabei wieder vor Zabel lag, der Dritter wurde, und ich endlich das Grüne Trikot bekam, das war mir dabei fast völlig egal. Ich hatte – nur weil ich meinen Jungs keine 30 Kilometer im Wind zumuten wollte – einen Etappensieg bei der Tour verschenkt! Wie doof war ich eigentlich? Wegen etwas Halsweh hatte ich meine Chance nicht gewahrt! Ich kam mir vor wie ein Trottel. Das Schöne dabei war nur, dass niemand von all den zahlreichen Journalisten etwas davon merkte. Alle fanden es toll, dass ich jetzt auch noch das Grüne Trikot hatte. Abends gab es aus dem Rathaus von Limoges

Die 7. Etappe der Tour de France 2000 endet für mich im Grünen Trikot.

eine Live-Schaltung zur Toursendung nach Deutschland, bei der Zabel und ich einigermaßen gute Miene zum verkorksten Spiel machten. Ich hatte den Sieg verschenkt, und er hätte, wäre er vor mir im Ziel gewesen, an seinem Geburtstag »sein« Grünes Trikot überstreifen dürfen. Wir taten beide so, als sei alles in Butter. Aber in Wirklichkeit war ich reichlich sauer auf mich selbst, denn der Sieger hieß Agnolutto, weil ich es zugelassen hatte, dass er vorne bis ins Ziel alleine blieb. Und Zabel war wahrscheinlich nicht nur auf sich selbst, sondern auch auf mich sauer, was in der Situation ja auch verständlich war.

Ob die gespannte Gefühlslage der Protagonisten der Qualität der Sendung in die deutschen Wohnzimmer geschadet hat, weiß ich bis heute nicht, aber jedes Mal, wenn ich am 7.7. eines Jahres bei der Tour de France bin und Erik Zabel Geburtstag hat, dann denke ich an Limoges, an Agnolutto und meine Ansage nicht zu fahren ... und immer noch mit Grausen!

Der nächste Morgen war nicht besser oder schlechter als der Freitag. Der Hals war immer noch dick, trotz Lutschpastillen und Gurgeln, aber die Beine sollten mir diesmal nicht den gleichen Streich spielen wie am Tag zuvor. Ich startete zum ersten Mal mit dem Grünen Trikot bei der Tour de France und wollte dem auch gerecht werden. Der Rennverlauf kam mir sogar entgegen, denn eine ziemlich große Ausreißergruppe formierte sich noch vor dem ersten Wertungssprint, und so galt es »nur« vor Zabel im Ziel zu sein, um weiter in Grün fahren zu können. Da es auch nur um eine Platzierung jenseits der Top Ten ging, war auch die übliche Hektik am Schluss der Etappe nicht da. Zabel fuhr die letzten 10 Kilometer konsequent an meinem Hinterrad, bis ich schließlich den Spieß umdrehte. Ich lag ja vorne, das hieß, er musste vor mir durchs Ziel rollen, um das Grüne zu kriegen. So ließ ich mich erst aus den ersten zehn, dann sogar aus den ersten zwanzig Fahrern im Feld herausfallen, bis er dann, als wir bei Position 40 angekommen waren, an mir vorbeizog und ich mich bei ihm hinten dranhängen konnte. Das war ein bisschen Katz und Maus, aber schließlich ging es um etwas, und ich wusste, dass ich von seinem Hinterrad aus auf jeden Fall vorbeikommen würde. Wieder gewann ich den Sprint des Feldes, wieder bekam ich ein frisches Grünes Trikot auf dem Podium. Aber die Tatsache, dass ich abends ein Einzelzimmer bekam, weil Joseba in der vorangegangenen Nacht wegen meines

Hustens kein Auge zugetan hatte, brachte mich schnell auf den Boden der Tatsachen zurück.

Die Tour war nun gerade eine Woche alt, und ich konnte mich wirklich nicht beklagen, denn ich hatte schon siebenmal nach den Etappen auf dem Podium gestanden. Aber an diesem Sonntagmorgen war nichts mehr so wie zuvor. Ich hatte miserabel geschlafen, war immer wieder vom eigenen Husten wach geworden und fühlte mich beim Frühstück wie ein Häufchen Elend.

Die Etappe begann schnell, und trotz aller Krankheitssymptome gewann ich den ersten Zwischensprint, aber die lange Zeit, die ich während der Etappe brauchte, um mich davon zu erholen, ließ mich ahnen, dass dies das Letzte sein würde, was ich auf dieser Tour reißen sollte. Den zweiten gewann Zabel aus einer Ausreißergruppe heraus, und beim dritten gab es eine Spitzengruppe, die sich die Punkte teilte. Also wieder das Kräftemessen auf der Zielgeraden. Kräfte? Welche Kräfte? Mein Akku war leer. Seit zwei Tagen nahm ich zwar Antibiotika, aber Medikamente, die mich hätten durchschlafen lassen oder die meinen Husten stillen und den Hals hätten heilen können, die standen auf der Dopingliste und waren somit tabu.

Für die Zielankunft hatte ich aufgrund der Grafik im Tourbuch einen Sturz am letzten Kreisverkehr vorausgesagt, denn es war verdammt eng dort und der Kreisverkehr eigentlich zu klein, um von 180 Fahrern nur einen Kilometer vor dem Ziel zu drei Vierteln umrundet zu werden.

Da ich im Finale nicht mehr die Kraft hatte, mich so weit vorne zu positionieren, dass der Sturz, der dann auch wirklich passierte, hinter mir stattfinden würde, war ich etwa Zwanzigster, als sich vor mir einer am Hinterrad des Vordermannes aufhängte und den Dominoeffekt auslöste. Ich blieb zwar vom Kontakt mit dem Asphalt verschont, aber Ete Zabel gewann den Sprint des Feldes, und ich verlor das Grüne Trikot nach zwei Tagen. Am nächsten Tag sollte es regnen, und die erste Pyrenäenetappe stand auch an – na dann, viel Spaß, Marcel.

Als ich diesen Abend alleine auf meinem Zimmer hockte, gingen mir viele Dinge durch den Kopf. Zum einen die grandiose erste Woche, der Coup beim Auftaktzeitfahren, der Etappensieg, das Grüne Trikot – dann aber auch Limoges, die Schachtel mit Antibiotika und das eklige Gurgelzeug, das auf meinem Nachttisch lag. Wie würde es mir jetzt gehen, wenn ich nicht krank wäre? Was macht ein kranker Sprinter bei Dauerregen in den Pyrenäen? Den Kopf voller schwerer Gedanken kam ich kaum zur Ruhe und hatte eine weitere hundsmiserable Nacht hinter mir, als ich am nächsten Morgen wach wurde.

Als ich am Start vom Einschreiben zurückkam, wartete auf einmal ein ganzer Trupp Journalisten auf mich. Es habe die Meldung gegeben, ich wolle heute nicht starten, hieß es. Ich war wirklich genervt. Eigentlich gehörte ich ins Bett und nicht aufs Rad, hatte aber beschlossen, bis zum Ruhetag in zwei Tagen durchzuhalten, und nun fragen die mich so was! »Was glaubt ihr wohl, warum ich hier in Radklamotten im Regen stehe?«, fragte ich zurück. »Ich habe eine Nummer am Trikot, habe mich gerade in die Startliste eingetragen und fahre jetzt mit dem Rad zurück nach Köln oder wie?« So schnell konnte man innerhalb einer Woche die schönen und weniger schönen Seiten des »im Rampenlicht stehen« erleben. Ich startete, wurde am ersten Berg abgehängt und quälte mich den ganzen Tag mit einem Maximalpuls von 145 durch die Pyrenäen, weil ich die feuchtkalte Luft mit meiner Bronchitis nicht wirklich gut einatmen konnte. Auf dem Aubisque lag die Temperatur bei 4 °C, und in Hautacam war sie kaum höher. Wie ein Kadaver erreichte ich eine halbe Stunde hinter dem Etappensieger Otxoa das Ziel. Ich hustete während der ganzen Rückfahrt, hatte rote Augen und sah aus wie der Tod auf Socken. Aber es war nur noch eine wellige Etappe bis zum Ruhetag! Das war mein Ziel, bis dahin musste ich es schaffen.

Und ich schaffte es! Auch wenn ich Letzter dieser Etappe wurde, weil ich ganz alleine abgehängt wurde, als es zur Sache ging, habe ich es schließlich doch noch geschafft. Pascal Lino hatte auf mich gewartet, und die letzten 30 km fuhr ich wie in Trance an seinem Hinterrad, bis der Zielstrich erreicht war. Kein Podium, kein großer Bahnhof vor dem Festina-Bus, nur ich – ein angeschlagener Sprinter, der mit genau dem Fahrer, der mit ihm bei seinem allerersten Profirennen das Zimmer geteilt hatte, gerade seine letzten Pedalumdrehungen bei der Tour gemacht hatte. Der Kreis hatte sich geschlossen – aber das wusste ich an diesem Abend noch gar nicht. Wir schliefen in Toulouse, um am nächsten Tag nach Avignon in das Hotel zu wechseln, wo wir den Ruhetag verbringen sollten. Das nächste Übel war, dass ich morgens über 38 °C Fieber hatte. Ich gab meine Hoffnung auf, mich in den nächsten 24 Stunden so weit zu regenerieren, dass ich dann mit den besten Rennfahrern der Welt zusammen den Mont Ventoux erstürmen konnte.

Als wir gegen Mittag in Avignon ankamen, gingen meine Kollegen trainieren, nur ich wollte den Tag im wahrsten Sinne des Wortes zum Ruhen nutzen. Heike war mit Alexander gekommen, und unser Sponsor Specialized hatte ihm, obwohl er noch keine zwei Jahre alt war, ein Bike mitgebracht. Das wurde dann auch gleich auf dem Parkplatz ausprobiert, aber in der Hitze der Provence war mir ziemlich schnell klar, wie bescheiden meine Lage war. Ich hatte ja kaum Kraft, den Kleinen zu tragen, und im Hintergrund lauerte die Fratze des Ventoux, der darauf wartete, mich fertig zu machen. Eduardo hatte mit mir vereinbart, dass ich, sollte ich am Nachmittag noch Fieber haben, bei der folgenden Etappe nicht mehr starten würde.

Dieser Fall trat ein, und als am nächsten Morgen der Festina-Bus vom Parkplatz rollte, da fehlte einer. Zum Glück waren Heike und Alexander da, deren Anwesenheit mich tröstete, ansonsten wäre dieser Anblick doch etwas zu viel für mich gewesen. Es war schwer genug, meine Sachen aus dem Bus herauszusuchen und meinen Regensack aus dem Materialfahrzeug zu holen. Ich hätte es vermutlich weiter versucht, wenn Eduardo mir nicht klipp und klar gesagt hätte, wo es langgeht. Mit Fieber, Bronchitis und Mandelentzündung hat man auf dem Rennrad nichts verloren, und die idiotischen Legenden von kranken Radprofis, die sich wochenlang durch irgendwelche Rennen schleppen ohne etwas bewirken zu können, die sollten für immer der Vergangenheit angehören. Ich wäre an diesem Mittwoch vielleicht auch noch auf das Rad gestiegen und mit Fieber den Ventoux hochgefahren, aber was wäre der Preis gewesen? Vielleicht eine Herzmuskelentzündung, die mich dann bis an mein Lebensende gehandicapt oder gar umgebracht hätte. Und was hätte ich auf dem Ventoux denn leisten können? Nichts, außer die Etappe vielleicht gerade so innerhalb des Zeitlimits zu beenden. Dass es im Moment der Entscheidung sehr schwer ist, dies zu akzeptieren, ist klar, aber heute weiß ich, dass sich viele Profisportler vom heroischen Durchhaltegedanken getrieben langfristig extrem geschadet haben, ohne auch nur die geringste Spur eines kurzfristigen Erfolges. Wie schlecht würde ich mich heute fühlen, wenn ich zwar im Jahr 2000 die Champs-Élysées als Wrack erreicht hätte, aber heute nicht mehr in der Lage wäre, das Leben nach der Karriere so erfüllt und glücklich zu leben, wie ich es jetzt tun kann?

Wir scheinen vor allem im Jetzt zu leben, und gerade im Profisport scheint es so, als sei derjenige, der ganz vernünftig an sein höchstes Gut, nämlich seine Gesundheit denkt, als einer angesehen wird, dem der Biss fehlt und der zu früh aufgibt. An alle die, die Athleten unter Druck setzen, »es doch trotzdem zu versuchen«, geht mein Ratschlag, den häufig ganz von selbst zu ehrgeizigen Sportler vor sich selbst und davor zu schützen, dass er auf immer seine Gesundheit verspielt. In diesem Sinne hier noch einmal ein »Muchas gracias, amigo!« an Eduardo.

Die Tour zieht weiter, aber ohne mich

Wir blieben noch drei Tage am Mittelmeer, ich baute Sandburgen mit Alexander, und dann ging es zurück nach Hause. Natürlich verfolgte ich die Tour weiterhin täglich. Dann geschah etwas, woran ich als Amateur immer gemessen hatte, ob jemand es als Sportler geschafft hatte oder nicht: Ich wurde ins ZDF-Sportstudio eingeladen. Da ich an diesem Abend aber schon die Teilnahme an einem Kriteriumsrennen zugesagt hatte, widerfuhr mir eine ganz besondere Behandlung: Direkt nach der Siegerehrung wurde ich nach schneller Dusche von einem Hubschrauber abgeholt und nach Mainz geflogen. Das war schon cool: Du gewinnst eine Touretappe, und schon geht's Luftlinie ins Sportstudio, stark – aber auch ein bisschen übertrieben, oder?

Als ich dann Herrn Poschmann gegenüber saß, ging es natürlich um die Tour de France.

Erik Zabel hatte an diesem Samstag vor der Zielankunft in Paris die Etappe gewonnen. In einem Einspieler hieß es dann sinngemäß: Es ist halt etwas anderes, kurz vor Paris eine Etappe zu gewinnen und dann in Grün die Tour zu beenden, als in der ersten Woche ein Feuerwerk zu zünden und dann, wenn die Berge kommen, nach Hause zu fahren. Das war natürlich auf mich gemünzt. Die Frage von Herrn Poschmann, was ich denn von solchen Sprüchen hielte, konnte ich mit ähnlichem Kaliber und einer gewissen Spontaneität beantworten. Es sei doch schade, wenn jemand nicht differenzieren wolle, ob ein Fahrer keinen Bock habe, sich zu schinden oder wegen Fiebers vom Mannschaftsarzt die Weiterfahrt verboten bekäme ... und außerdem wäre das ja ungefähr so, als würde ich sagen: »Völlig normal, dass der Zabel jetzt im Sprint gewinnt – die Sprinter sind ja schon alle abgereist, weil sie keinen Bock mehr hatten. Jetzt ist das keine Kunst mehr.« Ein lachendes Publikum und ein schmunzelnder Moderator waren die Belohnung für diese Antwort, aber eigentlich war es mir auch egal, was andere über mich sagten.

Ich traf zweimal beim Torwandschießen und hatte doch schon die Vuelta im September im Kopf. Dort wollte ich wieder so zuschlagen wie in den vergangenen Jahren, und dafür wollte ich wieder hart arbeiten. Bevor aber der Ernst des Radprofilebens wieder eintreten sollte, flog ich am Sonntag mit Heike nach Paris.

Die tollen Platzierungen meiner Festina-Kollegen mit Platz drei für Joseba Beloki und Platz vier für Christophe Moreau waren wirklich Grund genug zur Abschlussparty zu reisen und eine tolle Zeit zu haben. Dort hatte ich auch ein Gespräch mit dem Teammanager Juan Fernandez, und er billigte mir zu, dass ich im nächsten Jahr einen weiteren Sprinter für mich ins Team holen könne. Die Toursprints hatte ich auf den letzten fünf Kilometern immer ganz auf mich allein gestellt absolvieren müssen, und das sollte sich für das kommende Jahr ändern. Noch vom Schiff, auf dem wir feierten, rief ich Sven Teutenberg an. Der war nicht nur ein schneller Sprinter und guter Freund, sondern auch der Patenonkel von Alexander.

Wieder in Köln arrangierte ich einige Kriterien in Holland und Frankreich. Es lief alles wie am Schnürchen. Ich kam wieder gut in Fahrt und erwartete mit Spannung den 3. August. An diesem Tag sollte die deutsche Olympiamannschaft nominiert werden, und mit den Leistungen, die ich das ganze Jahr über gezeigt hatte, hätte ich eigentlich dabei sein müssen. Die Perspektive war nicht unbedingt optimal, da der Verband mich schon manchmal verladen hatte, aber trotzdem konnte man doch wohl nicht hingehen und Leute nominieren, die weit weniger Leistung gezeigt hatten als ich. So dachte ich zumindest. Dass es aber der Pressesprecher vom Team Telekom war, der als BDR-Vizepräsident das Aufgebot nominierte, ließ meine Chancen vielleicht weiter schrumpfen, und letzten Endes bestätigten sich meine Befürchtungen: Es wurden vier Telekom-Fahrer nominiert, dazu noch Jens Voigt. Der hatte eine tolle Tour gefahren und es sicher auch verdient. Aber was war nun mit mir? Es konnte doch nicht sein, dass es keine klaren Kriterien zur Nominierung einer Nationalmannschaft gab.

Die Angabe von »taktischen Gründen« für die Auswahl war ein ganz besonderer Witz, denn wenn ich die Leistungen im Telekom-Trikot erbracht hätte, wäre ich sicher mitgefahren. Wenn man bei Weltmeisterschaften, die jedes Jahr stattfinden und mit zwölf Fahrern bestückt werden, eine »taktische« Auswahl der Fahrer trifft, mag das ja noch zu vertreten sein, aber Olympia ist doch das

Größte im Sport überhaupt! Dort hinzufahren sollte man sich erarbeiten können und müssen. Es ist auch heute noch meine Ansicht, dass man dafür ohne Rücksicht auf irgendwelche Rennsituationen, die eintreten können oder eben nicht, die besten fünf Fahrer nominieren muss. Ob die Auswahl nach Siegen über die Saison verteilt, nach Ergebnissen in den Monaten vor Olympia oder nach der Position in der Weltrangliste zu treffen ist – das lässt sich diskutieren, muss aber festgelegt sein. Die Besten müssen fahren. Einem Athleten das nicht zu ermöglichen, das ist eine Riesenschweinerei, oder wie ich es damals ausdrückte: »eine sportliche Frechheit!«

Aber mir blieb nichts anderes übrig, als diese Frechheit zu akzeptieren. Es war ein harter Brocken, den ich da schlucken musste, der gerade mit meiner besonderen Beziehung zu Australien einen bitteren Geschmack hatte. Daran änderte auch die Tatsache nichts, dass eben diese Nichtnominierung um 20.13 Uhr ein Thema in der Tagesschau war. Das zeigte zwar, dass auch andere Leute so dachten wie ich, aber ein Olympiaticket konnte diese Meldung nicht ersetzen.

Ich versuchte so gut es ging nach vorne zu schauen und an meinem Geburtstag beim Hamburger Weltcuprennen HEW Cyclassics eine gute Figur zu machen. Ich stürzte in der Endphase und hatte mir mein Geburtstagsgeschenk sicher anders vorgestellt. Trotzdem versuchte ich mich wieder auf mein Ziel zu konzentrieren: die Spanienrundfahrt.

Nach zwei Kriterien in den Niederlanden, vor denen ich morgens immer gut 150 Kilometer trainiert hatte, ging ich auf eine Reise nach Frankreich, um dort vor der Tour du Limousin noch vier weitere Kriterien zu fahren. Dass ich von dieser Reise fast nicht mehr zurückkommen sollte, konnte ich glücklicherweise noch nicht ahnen.

Ich flog von Düsseldorf nach Bordeaux, nahm für vier Tage einen Leihwagen und fuhr damit nach Rochechouard, wo das erste Kriterium stattfand. Ich war zwar am Ende nicht vorne, aber das war mir fast egal – all diese Kriterien waren vor allem Bestandteil meiner Vuelta-Vorbereitung. Viel trainieren, gut essen und schlafen, das war für den nächsten Monat angesagt.

In einem kleinen Hotel ging ich nach dem Rennen früh ins Bett, um für den kommenden Tag fit zu sein.

Der 11. August 2000:
Das Ende meiner Karriere

Eigentlich fing dieser 11. 8. ziemlich vielversprechend an. Vom Kriterium des Vortages hatte ich mich nach fast zehn Stunden Schlaf gut erholt, und dieser Tag hatte überwiegend angenehme Dinge im vorgesehenen Programm. Zunächst aber die knarrende Holztreppe hinunter zum Frühstück, und das war schon etwas üppiger als das typisch französische Hotelfrühstück.

Es gab sogar extra vom *Chef de cuisine* zubereitete Rühreier mit Speck und Käse. Vor allen Dingen merkte man, dass die Schokocroissants aus einer französischen Landbäckerei kamen, wo der Bäcker seine Croissants auch noch selber isst.

Dazu noch zwei richtig heiße *Café au lait* und der Tag hätte nicht besser beginnen können.

Da ich bis zum Start in Issoire am frühen Abend noch fast neun Stunden Zeit hatte, beschloss ich, vor meiner Abreise noch zwei Stunden zu trainieren.

Also raus auf den schon ziemlich heißen Parkplatz, die Karbonlaufräder eingebaut, die ich in einer Spezialverpackung mitgenommen hatte, und ab auf die Straße, natürlich nicht ohne die gelbe Michelin-Karte in der Trikottasche, denn mehr als zwei Stunden sollten es dann doch nicht werden.

Allein die Freude, die in mir aufstieg, als ich am Dorf vorbei über einsame Straßen durch Felder und Wälder fuhr, war ein sicheres Zeichen dafür, dass es mir gut ging. So gut wie noch nie will ich nicht sagen, aber es ist natürlich schon so, dass ich in gewissen Momenten mehr Gefallen daran fand, meinen Job zu tun als an anderen Tagen, und das Gefühl der Leichtigkeit, das mich erfasste, als ich einen kleinen Anstieg mit großer Übersetzung nahm, der leichte Rückenwind und die surrenden Karbonlaufräder rundeten das Bild so harmonisch ab, dass ich mit allem im Reinen war.

Der Asphalt war rau, wie immer auf den kleinen Landstraßen in unserem Nachbarland, und die Sonne hatte es so früh am Morgen noch nicht geschafft, die typischen kleinen schwarzen Flecken auf dieser Straße aufzuweichen, das würde noch weitere drei oder vier Stunden dauern, aber bis dahin wollte ich schon wieder im klimatisierten Auto sitzen.

Ein wirkliches Training mit Sprints und Intervallen war diese Ausfahrt zwar nicht, aber an den sanften Hügeln des Limousin hatte ich das ein oder andere Mal bewusst den großen Gang stehen lassen und war gezielt im Sitzen gefahren, um so etwas für die Muskeln zu tun. Gerade bei den Kriterienrennen an den Abenden hat man dazu wenig Gelegenheit, da kommt es mehr auf Souplesse und Schnelligkeit an.

Wieder im Hotel, stieg ich die knarrende Treppe hinauf und duschte mich mit dem hoteleigenen Duschgel, da ich meines mal wieder zu Hause hatte stehen lassen. Da ich auf dem Rückweg vom Training einen Supermarkt gesehen hatte, war schnell entschieden, dort neben dem üblichen Reiseproviant wie Bananen, Äpfel, einer Tafel Schokolade und Getränken zumindest noch Duschzeug zu kaufen, denn die Hotelware ist nicht wirklich meine Duftnote.

Nach einer herzlichen Verabschiedung von meinen Wirtsleuten startete ich von Rochechouard nach Issoire. Das ist eigentlich nicht sehr weit, aber da es in Zentralfrankreich keine Autobahnen gibt, zog sich die Strecke wie Kaugummi. Zum Glück hatte ich meine CD-Sammlung mit, so halfen mir The Doors, Jimi Hendrix und Janis Joplin die Ruhe zu behalten und die langsamen Lkws erst dann zu überholen, wenn ich wirklich sicher sein konnte, dass von vorne niemand kam, denn den Löffel so früh abgeben wollte ich ganz sicher nicht.

Als ich durch Limoges fuhr, kam wieder der Ärger über die verschenkte Etappe hoch, aber das war ja jetzt wirklich nicht mehr zu ändern. Ich schimpfte mich einen »tonto« und haute aufs Lenkrad, bis ich über mich selbst lachen musste. Was sollte das denn, ich fuhr mit guter Musik durch Frankreich, und die Sonne schien wunderbar ... es hätte ja auch regnen können, und ich wäre immer noch Zweiter dieser Touretappe gewesen.

Gegen Mittag bekam ich natürlich wieder Hunger, der auch mit der Marschverpflegung nicht zu stillen war. Eigentlich ist es immer das Gleiche: Man hat auf irgendwas Appetit, will es sich aber nicht gönnen und isst stattdessen andere Dinge wie Bananen, Äpfel oder Schokolade. Aber erst wenn man schließlich doch seinen Gelüsten nachgegeben hat, ist man zufrieden. Also hielt ich in einem kleinen Straßendorf an, als ich ein Schild »Pizza à emporter« sah. Eine Flasche »Badoit« und eine Pizza quatre Saisons, das alles in einem kleinen Park unter dem einzigen Baum bei 36 °C im Schatten – da kam Zufriedenheit auf, als alles verputzt war. Beim Bäcker, der gerade seinen Laden zumachen wollte, holte ich mir noch ein Stück Blaubeerkuchen, der im weiteren Tagesverlauf noch eine Rolle spielen sollte.

So gerüstet ging es »on the road again«, und als ich auf der Abfahrt nach Clermont-Ferrand auf der rechen Seite den Puy de Dome sah, gingen mir all die Geschichten durch den Kopf, die dort bei der Tour de France passiert waren. Natürlich war die Krönung das Duell Anquetil gegen Poulidor 1964, und ich fragte mich, ob ich zu dieser Zeit auch Radprofi hätte sein wollen, aber aus irgendeinem Grund brachte ich diesen Gedanken nicht zu Ende.

Nach verwirrend vielen Kreisverkehren fand ich die kurvenreiche Schnellstraße in Richtung Issoire und kam gegen 15.30 Uhr dort an. Versehentlich kam ich auf die Runde, auf der wir später unser Rennen fahren sollten, und einmal dabei entschied ich mich, die Strecke gleich genauer anzusehen.

Wahrscheinlich war das die schönste Runde, die ein Radrennfahrer sich für ein Kriterium wünschen kann, denn es gab keine einzige echte Kurve, es war eher ein ungefähr zwei Kilometer langes Oval. Als ich dann noch in einer Seitenstraße ein kleines Hotel und eingangs der Zielgeraden ein Radgeschäft sah, war meine Stimmung kaum noch zu toppen.

Ein Doppelzimmer zum Preis eines Einzelzimmers war schnell gebucht. Ich ging zum Auto, lud mein Rad aus und machte mich auf zum Fahrradgeschäft, denn am Vortag hatte ich wegen meiner neuen Kette das Problem, dass diese auf den schon ziemlich mitgenommenen Ritzeln nicht mehr sauber lief und immer durchrutschte und sprang. Thierry Bourguignon hatte mir mit einem Hinterrad ausgeholfen, aber ich wollte doch mit meinen tollen Karbonrädern starten, also beschloss ich, das Geld für einen neuen Kranz zu investieren.

Der Besitzer erkannte mich auf Anhieb, und so war alles Weitere eine Formalität. Er holte einen neuen Kranz aus der Box, und zum Glück fuhr ich auf diesem Rad, das eigentlich mein Trainingsrad war, noch einen Neunfachkranz, denn einen zehnfachen hätte er gar nicht gehabt. Es war zwar nicht die übliche 11-21er Abstufung, sondern irgendetwas mit 13-25, aber das war mir jetzt egal.

Mit dem silbern blinkenden Zahnkranz auf dem Hinterrad trat ich wieder hinaus in die Hitze Zentralfrankreichs, wo ich dann auch Thierry Bourguignon, Christophe Capelle und noch einen ihrer Big Mat-Teamkollegen traf.

Da ich schon ein Hotelzimmer hatte, kamen die drei mit, um sich für das Rennen umzuziehen, und nachdem ich mir den Blaubeerkuchen genehmigt hatte, fuhren wir fix und fertig umgezogen über den Dorfplatz zum Einschreiben, wo ich mir ohne es zu wissen die letzte Startnummer meiner Karriere holen sollte.

Neben dem üblichen Geplänkel mit dem Streckensprecher Daniel Mangeas (der auch »die Stimme der Tour de France« ist), der die Fahrer an der Einschreibkontrolle vorstellte und ein kurzes Interview führte, hatte ich noch Zeit, um mit all denen zu sprechen, die am Vortag nicht dagewesen waren. Die meisten hatte ich seit dem Ruhetag bei der Tour de France in Avignon nicht mehr gesehen. Wann das Rennen genau starten sollte, weiß ich gar nicht mehr, aber ich erinnere mich noch, dass wir alle am Start standen und auf Jackie Durand warteten. Der war mal wieder etwas knapp losgefahren und hatte im Stau gestanden. Bei einem solchen Rennen wird dann halt gewartet, denn schließlich wollen die Franzosen ihre Idole auch sehen, und den meisten Fahrern ist es ohnehin egal, ob das Rennen jetzt um halb acht oder um acht zu Ende ist.

Es war also genug Zeit, viele Autogrammwünsche an der Strecke zu erfüllen. Mit dem französischen Meister Christophe Capelle flachsten wir darüber, wie schön doch die Zwischensprints werden würden, denn bei solch kleinen Rennen sind die natürlich vergleichsweise ohne Risiko und nicht mit denen auf der Tour zu vergleichen, wo auf Biegen und Brechen gefightet wird. Einen schönen Abend erwarteten wir, denn der Kurs war einfach, das Wetter ausgezeichnet und die Zuschauer gut drauf.

Nachdem Jackie Durand unter großem Johlen seiner Arbeitskollegen eingetroffen war, ging es schließlich los. Während der ersten Runden hatte sich eine Gruppe um Christophe Moreau, dem besten Franzosen der Tour 2000, nach vorne abgesetzt. Mein

Festina-Teamkollege Christophe war der Liebling der Fans, denn seine damalige Freundin und heutige Frau kommt aus Issoire.

Die Gruppe wurde bald wieder eingeholt, und dann gab es einen Zwischensprint. Natürlich war Christophe Capelle dabei und auch noch ein anderer Fahrer.

Was dann geschah, weiß ich bis heute nicht genau – und wenn ich ganz ehrlich bin, will ich es im Detail auch gar nicht wissen.

Dass ich gestürzt bin, war mir unmittelbar klar, aber wie es genau dazu kam, was ja heute eigentlich auch völlig unwichtig ist, das ist komplett weg. Ich habe eine vage Erinnerung daran, dass ich mit vielen Menschen um mich herum schreiend auf dem Boden liege, aber alles wie durch eine Milchglasscheibe wahrnehme. Mir ist heiß und kalt zugleich, und das Stimmengewirr hört sich ganz weit weg an ... dann reißt der Film.

Weg, dunkel, gar nichts mehr. Auch keine Schmerzen. Dann, keine Ahnung wie viel später, bin ich mir bewusst, dass ich im Krankenwagen liege und sehe eine Notärztin neben mir sitzen. Aha, alles o.k., schoss es mir durch den Kopf, hinfallen und aufstehen ging diesmal wohl nicht, aber das kennt man ja – eben ins Krankenhaus, einmal durchchecken und weiter geht's. Aber dann waren plötzlich unglaubliche Schmerzen da, im Kopf, hinter dem Auge. Ich versuchte tough zu sein, aber das war unmöglich. Ich fing an zu jammern und zu wimmern, sie solle mir verdammt noch mal etwas gegen die Schmerzen geben, und dann kam meine Ansage: »*Je pense je dois vomir* – Ich glaube, ich muss mich übergeben.« Ich weiß noch ganz genau, wie ich das sagte, nämlich etwa so, als habe ich eine Schlaftablette genommen, irgendwie verlangsamt, aber ihre Reaktion kam prompt.

Das kleine Nierenschälchen, das sie mir auf die Brust stellte, hätte das, was dann kam, höchstens zu einem Viertel auffangen können. Der Blaubeerkuchen mitsamt der Pizza und weiß der Himmel was noch schossen schwallweise aus mir heraus über die Arme der Ärztin, meine Brust und meinen Bauch, und mir war, als würde das nie aufhören. Dann fing ich an zu röcheln, und ein Pfleger kam, um mir zusammen mit der Ärztin einen Schlauch in die Luftröhre zu stecken. Auch das noch, als wenn die anderen Schmerzen nicht schlimm genug waren! Kaum drin, zog ich das kratzende Ding wieder heraus und tat mir dabei noch mal richtig weh.

Als nächstes machten mir die beiden mit Klettverschlüssen die Hände an der Trage fest. Ungefähr zwei Jahre nach dem Unfall tauchte später eine Szene in meiner Erinnerung auf, bei der ich heute noch eine Gänsehaut bekomme. Ich sehe die Ärztin sich über mich beugen. Sie rüttelt an meinen Schultern und schreit mich an: »*Reste-là, ne t'en vas pas, tu dois rester avec moi!*«, während ich nur zurückflüstere, sie solle mich doch bitte schlafen lassen, ich sei so müde. Und wieder: »*T'as pas le droit de t'en aller, reste-là, reste avec moi!* (Du darfst jetzt nicht gehen, bleib da, bleib bei mir!)«

Irgendwann gebe ich nach und frage, was denn los sei, und sie antwortet, es werde alles gut, aber ich müsse unbedingt da bleiben ...

Was passiert wäre, wenn ich nicht »bei ihr« geblieben wäre, weiß ich nicht, aber der panische Ausdruck in ihren Augen und die Vehemenz, mit der sie zur Sache ging, lassen sicher auch die Option offen, dass ich dann dieses Buch nicht mehr hätte schreiben können. An eine Sache glaube ich aber seitdem ganz fest: Sterben an sich tut nicht weh, man bekommt es gar nicht richtig mit. Wenn man so müde ist, wie ich es dort in der Ambulanz war, dann schläft man ein und wacht nicht mehr auf.

Diese viel später erst wieder aufgetauche Erinnerung war wirklich ein Schock, der mich damals ganz unerwartet traf. Sie hat mir aber doch sehr dabei geholfen, die damalige Situation im Nachhinein besser zu begreifen und etwas daraus zu lernen.

Das Nächste, was auf meiner persönlichen Festplatte gespeichert ist, sind die Worte:

»*Vous vous avez fait très mal à l'œil.* (Sie haben sich am Auge sehr wehgetan!)«. Das sagte mir eine Schwester im Krankenhaus, und ich akzeptierte es ohne weitere Nachfrage, schließlich hatte ich mir ja auch schon zweimal am Schlüsselbein »sehr wehgetan«, aber vier Tage später war das dann operativ behoben, und ich konnte wieder Hometrainer fahren.

Dann kam irgendwann meine Frau Heike und stellte mir einen Haufen Fragen. Ob ich wisse, wer sie sei, wie unser Sohn heiße, ob ich wisse, wo wir wohnen und ob ich noch alle meine Fremdsprachen sprechen könne. Ich hatte ja keine Ahnung, wie schlimm die Situation hätte sein können, und beantwortete die Fragen wie aus der Pistole geschossen, aber trotzdem irgendwie von Wolke sieben aus. Bei Schmerzen klingelte ich nach dem Pflegepersonal, und wenige Sekunden, nachdem sie mir über die Kanüle in meiner linken Hand etwas verabreicht hatten, war ich wieder gut drauf. Morphin ist ja gewiss kein unbedenklich zu konsumierendes Zeug, aber ich gehöre doch zu denen, die sagen: Wenn schwere Schmerzen, gerade postoperative Schmerzen im Kopf, vermeidbar sind, weil es Medikamente gibt, die lindern oder gar den Schmerz ganz nehmen, dann ist jedes noch so nebenwirkungsreiche Medikament den Schmerzen vorzuziehen.

Weitere Erinnerungen an den Krankenhausaufenthalt habe ich nur wenige. Als mein Teamkollege Sascha Henrix auf der Anreise zur »Tour du Limousin«, die ich auch hätte fahren sollen, vorbeischaute, meinte ich im Hinblick auf meine weitere Saisonplanung nur: »Die Spanien-Rundfahrt kannst du für mich fahren, nach der Woche Pause, die ich jetzt machen muss, ist das viel zu schwer für mich. Ich fahre die Polen-Rundfahrt, die ist nur eine Woche lang, nicht so bergig und auch nicht so gut besetzt.« Als ich das sagte, hatte ich vermutlich gerade wieder etwas gegen die Schmerzen bekommen ...

Ähnlich war die Konversation mit meinem Sportlichen Leiter Juan Fernandez, der nach der schlechten Nachricht seinen Urlaub in Marbella abgebrochen hatte und zu mir nach Clermont-Ferrand gekommen war.

»Du hast ja 'nen Bart«, lachte ich, und fand das unheimlich komisch. Später erzählte er, es habe ihm sehr weh getan, mich da wie ein Häufchen Elend liegen zu sehen, mit all den Kabeln und Apparaten um mich herum, die ich selbst nie wahrgenommen habe.

Gesehen habe ich während dieser Zeit ohnehin wenig, denn da ich beim Unfall meine Kontaktlinsen trug und die ganze Zeit über leider keine Brille zur Hand war, waren die visuellen Eindrücke mit einem verbundenen Auge und einem mit minus sechs Dioptrien ohne Sehhilfe recht eingeschränkt.

Einige Tage später sollte ich dann nach Köln geflogen werden. Ich wurde aus dem Krankenhaus wieder in eine Ambulanz verfrachtet, und der Krankenschwester, die gerade Dienst hatte, erzählte ich von meinem »Malheur« von wegen Übergeben auf meiner letzten Fahrt. Es kam mir vor, als würden wir nach Köln fahren, so lange waren wir unterwegs. Dann waren wir endlich am Flughafen, und ich wurde in ein Flugzeug verfrachtet, in dem es so warm war, als hätte es schon drei Jahre in der prallen Sonne gestanden. Ich fing an zu schwitzen, und mir war unerträglich heiß. Die Schwester musste mir ein kleines Handtuch geben, mit dem ich mir die Sturzbäche aus dem Gesicht wischte. Klatschnass lag ich auf der Trage. Als wir abhoben, setzte endlich die Klimaanlage ein, mit dem Resultat, dass ich fror und sogar Schüttelfrost bekam. Ich fing an zu fluchen und moserte herum, dass das doch wohl das Allerletzte sei, mich eine Stunde lang in ein Flugzeug zu stecken, das in der prallen Sonne stand, um mich dann zu Tiefkühlkost zu verarbeiten. Und damit hatte ich Recht, das sehe ich heute noch genauso.

Wir kamen in Köln an, und wieder ging es mit einer Ambulanz weiter bis zur Uniklinik. Mir war es so egal, wohin man mich verfrachtete, ich wollte nur endlich wieder meine Ruhe haben und schlafen, am liebsten bei 19 °C und offenen Fenstern.

Was damals hinter den Kulissen alles ablief, und unter welchem enormen Druck meine ganze Familie stand, davon erzählt Heike im Folgenden mit ihren eigenen Worten.

Heikes Bericht

Am 11.8.2000 gegen 19.00 Uhr bekam ich einen Anruf von Joel Chabiron, dem Logistik-Manager des Festina-Teams.

Eigentlich hätte er wissen müssen, dass Marcel nicht zu Hause, sondern in Issoire war, denn er hatte die Verträge für die französischen Kriterien nach der Tour für ihn ausgehandelt. Deshalb hatte ich sofort ein komisches Gefühl in der Magengrube und ahnte nichts Gutes. Als er dann loslegte, bestätigte sich meine böse Vorahnung.

Er erklärte mir ganz vorsichtig, dass es in Issoire einen Unfall gegeben hätte; Marcel sei auf dem Weg ins Krankenhaus. Er sprach von leichten Kopfverletzungen und notwendigen Röntgenaufnahmen. Alles sei nicht so schlimm, versicherte er mir, Marcels Teamkollege Christophe Moreau sei mit ihm auf dem Weg ins Krankenhaus, und es sei vereinbart, dass Christophe mich auf dem Laufenden halten würde.

Erst später sollte ich begreifen, dass dieser fatale Sturz unser Leben komplett verändern würde. Das Rennen wurde wegen der Schwere des Sturzes und der Blutlachen auf der Straße letzten Endes abgebrochen.

Ich war trotz seiner Worte sehr beunruhigt und benachrichtigte meine Nachbarin Irene, denn ich musste mit irgendjemandem über diese schlimmen Neuigkeiten sprechen. Da ich mir selbst noch kein Bild von der Situation machen konnte, entschied ich mich, Marcels Eltern noch nicht mit der schlechten Nachricht zu überfallen.

Gegen 21.00 Uhr rief Christophe endlich an und sagte mir, es sähe nicht gut aus, und man müsse Marcel sofort operieren. Sein rechtes Auge sei schwer verletzt und müsse dringend versorgt werden. Er versprach in der Klinik zu bleiben und mich im Laufe der Nacht weiter zu informieren.

Geschockt wie ich war, rief ich nochmals bei Irene an, die mir während der endlos lang anmutenden Wartezeit zur Seite stand. Zu meiner Rat- und Hilflosigkeit bekam ich nun auch noch Weinkrämpfe. Ich fragte immer wieder: »Warum, warum?«

Im Viertelstundentakt versuchte ich dann Christophe auf dem Handy zu erreichen, denn ich war fast wahnsinnig vor Unruhe. Die bekannte nette Stimme, die ich in diesem Moment an das Ende der Welt wünschte, wies mich jedoch immer wieder darauf hin, dass der Gesprächsteilnehmer »zur Zeit nicht zu erreichen« sei.

Um 2.30 Uhr morgens klingelte endlich wieder das Telefon, und ich hörte Christophes Stimme.

Er erklärte mir, dass die Operation wegen der Schwere der Verletzungen etwas länger gedauert habe, aber trotzdem gehe es Marcel nun gut, und sein Zustand sei stabil. Er gab mir die Telefonnummer der behandelnden Ärztin und sagte, ich solle gegen 7.00 Uhr bei ihr anrufen.

Mir war klar, dass ich jetzt gefordert war und am nächsten Tag funktionieren musste. Deshalb versuchte ich noch etwas Schlaf zu tanken, was mir schließlich auch gelang.

Um 6.00 Uhr war ich wieder wach, rief meine Schwiegereltern an und schilderte die Situation. Innerlich hatte ich mich schon auf einen Flug nach Frankreich vorbereitet und entschieden, dass auch unser damals knapp zwei Jahre alter Sohn Alexander mitkommen würde.

Ich sagte meiner Schwiegermutter, sie müsse ebenfalls ihren Koffer packen, denn ich war auf ihre Unterstützung angewiesen. Als ich um 7.00 Uhr im Krankenhaus anrief, erklärte mir die Ärztin unverblümt, es sei unbedingt notwendig, mich so schnell wie möglich nach Frankreich zu begeben. Gegen Mittag verabschiedete uns mein Schwiegervater unter Tränen am Flughafen Düsseldorf. Wir flogen nach Lyon, und von da ging es mit einem Leihwagen unter Missachtung aller Verkehrsregeln weiter Richtung Clermont-Ferrand.

Die Klinik war leicht zu finden; sofort fragte ich nach Marcels Ärztin. Man schickte uns in die zweite Etage zur Neurologie. Dort bat mich eine Schwester, kurz im Arztzimmer Platz zu nehmen. Alexander und meine Schwiegermutter warteten auf dem Gang.
Kurz darauf kam eine dynamische, nette Ärztin, die mich freundlich begrüßte. Sie klärte mich über die Notwendigkeit der durchgeführten Operation auf und teilte mir mit, welche Frakturen sich Marcel im Kopfbereich zugezogen hatte.
Außerdem war sie bezüglich des Auges sehr direkt. Ich erfuhr, dass Marcels Auge förmlich explodiert war. Sie hatte es in seiner Struktur retten können, für eine minimale Chance der Funktionalität seien nun aber die Spezialisten gefragt. Die Aussichten, dass die Sehfähigkeit dieses Auges zu retten sei, wären aber verschwindend gering. Ich hörte mir ihre Ausführungen an, aber letzten Endes war das einzige, was ich in diesem Moment wirklich wollte, endlich Marcel zu sehen.
Nach diesem kurzen Gespräch schickte sie mich zur »Station réanimation«.
Dort nahm mich ein Arzt in Empfang, der mich vom Aussehen her eher an einen Priester erinnerte. Er führte mich über die Station, und da ich endlich zu Marcel wollte, schaute ich natürlich links und rechts in die Zimmer, um vielleicht schon einen Blick auf ihn zu erhaschen. Der Arzt bat, ich solle meinen Blick bis zum Bett meines Mannes doch geradeaus richten, denn es gäbe hier überall das Warten auf den Tod, und für viele Patienten habe man die Hoffnung schon aufgeben müssen. Das war ein furchtbarer Schock – es hieß doch, es ginge Marcel recht gut, und jetzt so etwas? Ich war völlig verunsichert und wusste überhaupt nicht, was mich an seinem Bett erwarten würde.

Der vorletzte Raum auf der rechten Seite war schließlich sein Zimmer. Ich war erleichtert, ihn halb lachend unter einem riesigen Kopfverband vorzufinden. Tatsächlich sah es so aus, als ginge es ihm einigermaßen gut, und er erkannte mich auch auf Anhieb. Nach einer kurzen, eher zaghaften Begrüßung wollte ich natürlich wissen, ob sein Gehirn auch wirklich funktionierte.
Ich stellte ihm einige Fragen, die er ohne Umschweife richtig beantwortete, und prüfte seine Sprachkenntnisse. Alles in seinem Kopf schien soweit in Ordnung zu sein – und in diesem Moment fühlte ich mich plötzlich innerlich ganz zerrissen. Zum einen war ich sicher einer der glücklichsten Menschen auf dieser Welt, denn Marcel war

guter Dinge und schien tatsächlich nur die Augenverletzung zu haben. Zum anderen sah er mit dem Riesenverband und dem komplett zugepflasterten Auge so angeschlagen aus, dass ich mich ganz stark zusammennehmen musste. Ich wollte nicht weinen, um seine gute Laune nicht zu gefährden. Für mich hieß es jetzt stark sein und weiter funktionieren, denn zur Erleichterung erschien es mir noch viel zu früh.

Wie ich später erfuhr, waren seine lockeren Sprüche und die gute Laune auf die erheblichen Mengen an Medikamenten zurückzuführen, mit denen die Ärzte die Schmerzen zu minimieren versuchten. Das Krankenzimmer an sich war ziemlich hell und freundlich, nur zwei riesige Glasscheiben links und rechts störten das »normale« Krankenhausambiente. Hinter einer dieser Scheiben, mit einer Jalousie verdunkelt, lag ein weiterer Patient, hinter der Scheibe auf der rechten Seite saß die gute Seele, Schwester Stefanie, die Marcel stets mit aller Aufmerksamkeit umsorgte.

Da er einen extrem niedrigen Ruhepuls hat, schlug etwa alle 10 Minuten der entsprechende Alarm an, und ich bekam einen Riesenschreck. Marcel beruhigte mich und sagte, dass ihn das auch nerve, aber man könne die Alarmschwelle des Gerätes nicht anders einstellen. Nachdem ich nun doch sicher sein konnte, dass es Marcel einigermaßen gut ging und er selbst guter Dinge war, wusste ich, wir würden alles Weitere schaffen.

Ich verabschiedete mich zaghaft und ging zurück in den Flur, wo meine Schwiegermutter mit unserem Sohn wartete. Auch seine Mutter wollte Marcel kurz sehen, und so übernahm ich Alexander.

Ein weiteres Gespräch mit der Ärztin folgte, in dem sie mir vorschlug, eine Klinik zu suchen, die bereit war, Marcel weiter zu behandeln. In etwa fünf Tagen sei er transportfähig. Dieser Transport war aber alles andere als einfach zu organisieren. Völlig geschafft machten wir uns auf den Weg zum Hotel. Es hatte kleine Zimmer ohne Klimaanlage, und es war unerträglich heiß ... genau das, was wir jetzt brauchten!

Am späten Abend traf auch Marcels Sportlicher Leiter Juan Fernandez ein, den wir am nächsten Morgen nach einer unruhigen, fast schlaflosen Nacht beim Frühstück trafen. Wir wechselten alle zusammen das Hotel und zogen etwa zwei Kilometer vom Krankenhaus entfernt in einen Holiday Inn ein. Es verfügte über Klimaanlagen, und es gab gegenüber einen Park, in dem wir mit Alexander besser warten konnten als im stickigen Hotel.

Nach dem Umzug fuhr ich zusammen mit Juan in die Klinik. Er war nach einem kurzen Besuch sichtlich ergriffen von Marcels Zustand. Die beiden hatten in den letzten Jahren eine wirklich gute Beziehung zueinander aufgebaut.

Danach bekam ich gegen Quittung Marcels Koffer und einen blauen Sack mit den Sachen, die er beim Unfall getragen hatte. Beim Öffnen sah ich mehr Blut als ich vertragen konnte und beschloss, den Sack so wie er war in den Müll zu werfen. Damit wollte ich mich nicht weiter belasten müssen. Den Rest des Tages verbrachten wir im Park gegenüber dem Hotel, und nun hatte ich endlich Zeit, mein Handy einzuschalten. Eine Flut von Nachrichten und Anrufen brach über mich herein. Viele Freunde, aber auch Journalisten hatten mich zu erreichen versucht, und zeitgleich wurde auch Marcels Vater in Köln nicht von Nachfragen verschont.

Jetzt kamen viele Dinge auf mich zu: Polizeibericht, Unfallhergang, Versicherungsfragen und vieles mehr. Zum Glück halfen mir die Leute von Festina dabei, sodass ich mich um das Wesentliche kümmern konnte. Ich musste eine Klinik in Köln finden. Nach einigen Telefonaten empfahl mir ein Freund die Uniklinik. Bei meiner Nachfrage bestätigte man mir, Marcel könne in wenigen Tagen aufgenommen werden. Ich war erleichtert, nun stand nur noch die Organisation des Rücktransportes an.

Dies erwies sich als noch viel schwieriger als vermutet, denn ich konnte aus rechtlichen Gründen gar keinen Transport veranlassen. Ein Schwerverletztentransport konnte nur durch eine Versicherung geordert werden. Aufgrund eines Feiertages in Frankreich war dies nicht so einfach. Rosa, die Sekretärin, telefonierte stundenlang mit der Unfallversicherung des Festina-Teams.

Am folgenden Tag bestätigte die Ärztin mir bei einem weiteren Gespräch, dass Marcel am Mittwoch abgeholt werden könne – wenn es einen Krankenwagentransport zum Flughafen, einen Lufttransport bis Köln (der dann wiederum Überflug-, Start- und Landegenehmigung benötigte) und wieder einen Krankenwagen zur Uniklinik geben würde. All das zu gewährleisten war mir in diesem Moment nicht möglich. So blieb mir nur die Hoffnung, dass alles, was organisiert werden musste, auch organisiert werden würde. Die Versicherung versuchte erst einen Liegendtransport in einer Linienmaschine durchzusetzen, aber die Ärzte wollten ihn nur dann freigeben, wenn ein Transport inklusive Arzt, Schwester und Herzüberwachung gewährleistet war.

Am Mittwochvormittag sollte der Transport schließlich so stattfinden, wie die Ärzte es forderten. Für mich hieß es jetzt abwarten, ich konnte in diesen Stunden nichts mehr tun.

Am Dienstag verkündete ich Marcel die gute Nachricht. Er war auch froh, dass es endlich nach Köln gehen sollte. Zwar hatte er nach einem Verbandswechsel zum ersten Mal bewusst wahrgenommen, dass er auf dem rechten Auge nicht sehen konnte, aber er beruhigte sich damit, dass in Köln ja noch weitere Operationen anstünden. Fast glücklich fuhr ich zurück ins Hotel, und am Abend machten wir noch einen Spaziergang, um uns noch etwas abzulenken. Unser Rückflug war für den Mittwochabend geplant, und ich informierte mich noch, ob es nicht eventuell möglich war, schon früher nach Köln zu fliegen. Das war tatsächlich möglich.

Am nächsten Morgen checkten wir aus und fuhren zum Krankenhaus, denn sobald der Krankenwagen eintraf wollten wir sofort zum Flughafen fahren, um den früheren Flieger zu bekommen. Als wir in der Klinik ankamen, stand Marcel schon bereit, aber der Transport ließ noch auf sich warten.

Ich telefonierte wieder mit Rosa, die in Erfahrung gebracht hatte, wie der Transport vonstatten gehen sollte, und mir gleichzeitig mitteilte, dass er sich etwas verzögere.

Gegen Mittag erschien dann ein Arzt mit Krankenschwester und medizinisch-technischen Apparaturen. Ich drückte ihm alle medizinischen Unterlagen und die Entlassungspapiere in die Hand und bat ihn, er solle Marcel wohlbehalten nach Köln bringen. Unmittelbar darauf fuhr ich in recht rasantem Stil zum Flughafen, denn wenn ich den Flug um 15.50 Uhr noch erwischen würde, dann konnte ich schon gegen 19.00 Uhr wieder bei Marcel in der Uniklinik sein. Wir schafften es, und auch Marcels Transport verlief so weit ganz gut.

Ich war sehr erleichtert, und alles weitere in meiner gewohnten Umgebung zu organisieren, fiel mir um einiges leichter. Ich konnte nun auf die Unterstützung der gesamten Familie und unserer Freunde zurückgreifen. Das Warten nach den Operationen und die immer wiederkehrende Ungewissheit waren sicher die quälendsten Momente in meinem Leben. Sie sind nun glücklicherweise vorbei. Heute versuchen wir ganz bewusst, unser Leben gemeinsam so positiv wie möglich zu gestalten. In der Klinikzeit wurde mir sehr deutlich, wie gut es uns trotz allen Kummers ging. Der Blick nach unten lässt einen immer das eigene Leid relativieren – und unter Blinden ist der Einäugige eben doch König!

Der lange Weg zurück beginnt

Ich hatte den Transport glücklich überstanden und war gut in der Kölner Universitätsklinik eingetroffen. Alle dort um mich herum waren unglaublich zuvorkommend und hilfsbereit.

Von all dem, was ich während der OP und dann hinterher an Schmerzmitteln und Antibiotika eingenommen hatte, bekam ich fast zwei Wochen lang jede Nacht solche Schweißausbrüche, dass es allein mit Umziehen nicht getan war.

Regelmäßig wurde ich aus dem Bett herausgehoben, das komplett neu bezogen werden musste. Ich bekam frische Sachen angezogen, um dann fröstelnd wieder in die Kiste gelegt zu werden. Mir tat zwar der Rücken vom Liegen weh – und doch war ich jedes Mal froh, endlich wieder im Bett zu liegen und die Augen schließen zu können.

Am ersten Morgen nach meiner Ankunft in Köln wurde alles ziemlich anstrengend. Ich müsse in die Neurochirurgie, per Krankentransport, hieß es. Aha, da holt dich einer ab und schiebt dich im Bett oder auf einer Trage dahin, dachte ich. Aber die Kölner Uniklinik ist groß und die Neurochirurgie war etwa 500 Meter weg. Krankentransport hieß: auf die Trage, herunterfahren, in den Krankenwagen, 500 m fahren, aus dem Krankenwagen heraus, auf die Trage, hochfahren, irgendwo abgestellt werden, warten, Untersuchung – und dann das ganze Prozedere in umgekehrter Reihenfolge zurück aufs Zimmer.

Die Augenklinik war ebenso weit entfernt – also gleicher Ablauf. Das hat mich jedes Mal so viele Körner gekostet, dass ich mich wie nach der Tour de France fühlte.

Dazwischen fanden Gespräche mit verschiedenen Ärztinnen und Ärzten statt. Erst werde man das Auge operieren, wurde mir gesagt. Dann müsse man schauen, ob eine Schädel-Fraktur vorläge. Das macht man, indem man ein radioaktives Mittel in den Liquor-Kanal spritzt. Dann müsse der Patient zwei Tage mit Watte in der Nase und in beiden Ohren liegen, damit man sieht, ob eine Liquor-Fistel vorliegt, d. h. im Klartext: ob denn Hirnwasser aus Nase oder Ohren läuft.

Ich war zu diesem Zeitpunkt gar nicht in der Lage, mir über so etwas Gedanken zu machen. Die sollen einfach machen, und dann wird es schon gut gehen; Hauptsache die Watte kann bald raus, das waren in etwa meine Gedanken dazu.

Die Augenoperation verlief gut, hieß es, und dass man die im Auge noch vorhandenen Strukturen wieder dahin gebracht habe, wo sie hingehörten. Auch die Notoperation der französischen Kollegen sei handwerklich in Ordnung gewesen. Mehr habe man nicht tun können, jetzt müsse man warten. Linse, Iris und Hornhaut hätte ich allerdings nicht mehr, wurde mir eröffnet.

Ich wartete oft und auf viele Dinge. Das Schönste waren immer die Besuche der Familie. Mit Heike und Alexander auf meinem Zimmer ging es mir immer gleich um einiges besser. Allerdings war auch immer die Verstärkung durch Eltern oder Schwiegereltern notwendig, denn mit noch nicht einmal zwei Jahren war es für Alexander natürlich überhaupt nicht nachvollziehbar, warum sein Papa nicht mit ihm toben wollte. Also ging die Verstärkung mit Alexander zum Aquarium, und Heike möbelte mich auf, so gut es ging. Aber wenn Alexander dann mit der Mama zurück nach Hause musste und bei mir auf dem Bauch lag und immer wieder sagte: »Papa nich' mehr Krankehaus, Papa hause komme«, dann brachen alle Dämme, und wir weinten zusammen über diese scheußliche Situation.

Hinterher lag ich dann wieder mit meinen Wattekugeln in Nase und Ohren auf meinem Bett und verfluchte die Lage. Nicht aufstehen, nicht die Toilette benutzen; nicht einmal die Zähne konnte ich mir alleine putzen. Das Schlimmste daran war, dass ich keine Ahnung hatte, wie lange das so weiter gehen würde und wann ich endlich diese bescheuerten Wattekugeln herausnehmen konnte.

Endlich wurden die Wattepfropfen dann »ausgewogen«, d.h. auf Radioaktivität geprüft. Tatsächlich: das rechte Nasenwatteteil zeigte ganz klar, dass die Schädelbasis ein Loch hatte ... nur wo, dass wusste man erst mal nicht.

Als dann abends der Professor aus der Neurochirurgie zusammen mit dem Chef der Mund-, Gesichts- und Kieferchirurgie (dort lag ich auf Station) zu mir kam und mir haarklein erklären wollte, was denn nun mit mir gemacht werden sollte, da hatte ich nach » ... und dann den Schädel öffnen ...« keinen weiteren Bedarf und sagte: »Ich verlasse mich auf Sie, tun Sie Ihr Bestes und erzählen Sie mir hinterher, wie's war.« Man müsse das aber vorher genau erläutern, sagten sie – aber wirklich zugehört habe ich dann nicht mehr ... nur noch eine Schlaftablette genommen und ab ins Bett.

Was am nächsten Tag mit mir geschah, beschreibe ich nun für den Laien (der ich ja auch bin):
Erst habe ich einen Bügelschnitt verpasst bekommen, d. h. die Haut wurde vom linken bis zum rechten Ohr am Haaransatz entlang bis auf die Schädeldecke durchtrennt. Sie wurde heruntergeklappt, die Knochenhaut wurde ebenfalls zur Seite gelegt. Mit einer Art Stichsäge hat man mir dann ein Loch von etwa vier Zentimetern Durchmesser in die Schädeldecke gesägt, und zwar auf der Stirn, einige Zentimeter rechts von der Mitte.

Der Knochendeckel wurde abgenommen, um herauszufinden, wo denn die harte Hirnhaut beschädigt war und die Liquor-Fistel lag. Mit der Knochenhaut vom Schädel und einer Art Kleber wurde das Ganze dann geflickt, wobei ich das Wort »flicken« nicht negativ verstanden wissen will – ich bin halt Radrennfahrer mit Leib und Seele.

Dann wurde der »Deckel« wieder eingesetzt und mit drei Titanschrauben (die man heute noch gut fühlen und ein bisschen unter der Haut sehen kann) befestigt. Die Haut wurde wieder zurückgeklappt – fertig war der Wüst ...

Sollte jemals ein Mediziner dieses Buch lesen, möge er mir diese Darstellung nicht krumm nehmen. Aber so, oder fast so, hat es sich wohl abgespielt. Wenn man aber bedenkt, dass die Operation mehr als sieben Stunden gedauert hat, dann lässt sich vorstellen, dass es vielleicht auch noch etwas mehr zu berichten gäbe. Aber wer – außer den Medizinern – will das denn wirklich wissen? Ich bestimmt nicht.

Die Zeit auf der Intensivstation danach ist mir nicht mehr ganz präsent. Es war ein bisschen wie Schweben, ich bekam zwar alles mit, war aber benebelt und habe das meiste auch ziemlich schnell wieder vergessen. Ich sagte Heike, als sie mich besuchen kam, sie solle auf jeden Fall mal ein Foto machen für den Fall, dass ich mal ein Buch schreiben würde. Leider muss die Kamera gestreikt haben, denn trotz intensiven Suchens in meinem Bilderarchiv konnte ich keines von mir auf der Intensivstation finden.

Natürlich unterlag ich einem strengen Besuchsverbot für alle, die nicht Familie oder engste Freunde waren, aber einer hat es dann doch geschafft.

Damals noch beim Kölner Stadtanzeiger, heute bei der Süddeutschen Zeitung, schaffte es Andreas Burkert (Spitzname »Abu«) zumindest bis zur Intensivstation. Als man mich fragte, ob ich einen Andreas Burkert kenne, sagte ich: »Klar, kenne ich den Abu, lasst den ruhig rein, mir ist sowieso gerade furchtbar langweilig ...«

Also kam Abu, wir redeten über ich weiß nicht was, und als Heike dann wieder zu Besuch kam, räumte er das Feld ... Damals hat er mir sehr angenehm die Zeit verkürzt, und im Krankenhaus gibt es manchmal keinen wertvolleren Dienst als diesen!

Da ich natürlich durch die Erfolge bei der Tour und nun den Sturz mit seinen Folgen in allen Gazetten vertreten war, hatte gerade Heike zu Hause nichts zu lachen. Unterstützt von Festina-Deutschland versuchte sie sich die Informationsjäger vom Leib zu halten, aber immer wieder klingelte das Telefon bei ihr und bei meinen Eltern, und immer abenteuerlicher wurden die Spekulationen, was denn mit mir passieren würde.

Drei Tage nachdem ich wieder auf die normale Station verlegt worden war, beschlossen wir dem Spuk ein Ende zu bereiten. Es gab dann tatsächlich eine Art Pressekonferenz am Krankenbett. Neben den üblichen Verdächtigen der schreibenden Zunft gesellten sich auch diverse Fernsehsender dazu, und mein Zimmer glich einem Irrenhaus.

Fünfzehn Minuten waren vereinbart, gute zwanzig wurden es, aber danach war es erst mal ruhiger. Die Fragen, die allen auf der Zunge brannten, waren: »Wie geht es mit deiner Karriere weiter? Was macht das Auge? Für wann planst du dein Comeback?«

Die Realität sah dagegen ganz anders aus: Ich konnte weder aufstehen noch mich alleine anziehen. Ich träumte davon, mir wieder alleine die Zähne zu putzen und morgens eine normale Toilette zu benutzen. Aber ich war klar im Kopf, würde wieder gesund werden und hatte eine tolle Familie an meiner Seite.

Radrennen fahren? Comeback? Das war alles so irrsinnig weit weg. Es hat schon etwas Merkwürdiges, wenn man über die Fragen: Wie geht es dir? Hast du Schmerzen? Wie sind die Zukunftsaussichten für dein Auge? dann doch sehr bald nach der Karriere gefragt wird. Andererseits ist das natürlich ganz logisch, denn was mich in die Medien katapultiert hatte, das waren sportliche Höchstleistungen gewesen – und nicht die Tatsache, dass ich mir morgens die Zähne putze und selbstständig ein Klo benutze.

Nach dieser Pressekonferenz war ich total am Ende, es fiel mir schwer, mich so lange zu konzentrieren. Aber die Kollegen hatten ihre Infos und Heike etwas mehr Ruhe.

Über die Entwicklung des Auges war ich mir nicht wirklich im Klaren. Man müsse weiter warten, hieß es, aber ich hatte ja Zeit. Dass ich diese Saison nicht mehr fahren würde, war mir schon klar, also war das Warten müssen von daher kein Drama.

Die Schädelbasis machte sich ganz gut, nur die Tatsache, dass ich immer noch unter diesen heftigen Schmerzattacken litt und das Schmerzmittel nur noch in kleinen Dosen über den Tropf oder intramuskulär verabreicht wurde, war die Hölle. Die Schmerzen wurden zwar minimal gelindert, aber auf der Intensivstation waren die jeweils ruckzuck weg gewesen, und jetzt musste ich dann doch einen großen Teil davon aushalten.

Im Gespräch mit dem Arzt vereinbarten wir, es mit einem Morphin-Pflaster zu versuchen. Auf die Schulter geklebt gibt ein solches Pflaster permanent eine gewisse Menge Morphin zur Schmerzlinderung ab – das klang zwar gut, war aber eine ziemlich unschöne Erfahrung. Schließlich blieb es bei Tropfen.

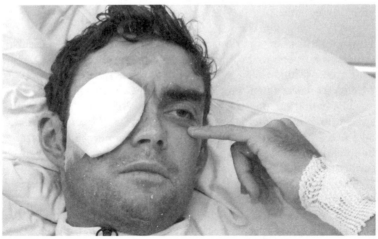

Die ersten klaren Gedanken in der Uniklinik waren keine fröhlichen.

Bald konnte ich dann auch zum ersten Mal aufstehen und mich auf den Stuhl neben dem Bett setzen. Toll, es war zwar noch sehr schwer, aber es ging.

In dieser Zeit bekam ich auch einen Telefonanruf von Miguel Rodriguez, Chef der Uhrenfirma Festina, und damals Sponsor meines Rennstalls. Er erkundigte sich nach meiner Verfassung und sagte dann: »Egal was kommt, ob du im nächsten Jahr für Festina Rad fährst oder nicht, du bist und bleibst ein ›hombre Festina‹ und wir lassen keinen hängen. Mach dir keine Sorgen, was das Finanzielle angeht, Radprofi oder nicht, du bekommst dein Geld für die gesamte Vertragslaufzeit bis Ende 2001.«

Das war natürlich eine Neuigkeit, die einerseits so viel Positives ausstrahlte, dass es mir richtig gut ging. Noch während der Tour 2000 hatte es Teams gegeben, die bei mir anfragten, wie ich denn vertraglich gebunden sei. Auf die Antwort, dass ich noch bis 2001 bei Festina unter Vertrag wäre, kam dann die Rückfrage, ob man denn verhandeln solle, um mich aus diesem Vertrag herauszukaufen. Nein danke, hatte ich gesagt, und Miguels Anruf bestätigte mir, dass ich das Richtige getan hatte.

Auf der anderen Seite beschäftigte ich mich nun, zumindest für fünf Minuten, mit dem Gedanken, was ich denn tun sollte, wenn das Auge wirklich nicht wieder werden würde. Nach diesen fünf Minuten, in denen ich nicht wirklich weiter kam, hielt ich dann wieder an meinem kölschen Motto »Et hätt noch immer joot jejange« fest und verwarf die Gedanken an ein Karriereende ganz schnell.

Danach machte ich dann die ersten Versuche, mich alleine zu bewegen: zwei Meter vom Bett bis zum Bad und wieder zurück. Natürlich wäre es sinnvoll gewesen, diese lockende Freiheit mit jemandem an meiner Seite zu erobern, der im Falle eines Falles hätte helfen können, aber das war mir einfach zu nervig. Schließlich hatte ich inzwischen schon über fast drei Wochen für jeden Pupser die Schwestern antanzen lassen müssen. Die Infusionsflasche war weg, und der riesige Verband war auch einem deutlich kleineren gewichen.

Ich wollte einfach nur alleine bis in dieses verflixte Badezimmer vordringen, um mich dann erst mal von der langen Wegstrecke auf der Toilette sitzend zu erholen. Aber diese neu gewonnene Freiheit – »einfach« aus dem Bett raus und woanders hingehen – war für mich zu dieser Zeit das Größte.

Schwer atmend holte ich mir meine Zahnbürste aus dem Becher, quetschte etwas Zahnpasta darauf und begann mir genüsslich die Zähne zu putzen – ohne Schwestern oder Pfleger vorher anzuklingeln. Das war wie ein Lichtstrahl am Ende eines Tunnels. Er war klein, aber er war da, und der lange beschwerliche Weg, den ich noch vor mir hatte, machte mir keine Angst, sondern motivierte mich noch zusätzlich. Das war doch ein bisschen wie der Formaufbau im Radprofi-Geschäft.

Um meine sportlichen Ziele zu erreichen, hatte ich immer sehr hart arbeiten müssen. Trotz aller Konsequenz waren diese Wege immer so wie der, den ich jetzt vor mir hatte: lang und beschwerlich. Aber so wie mir die Sprintintervalle mit steigender Form leichter fielen, so waren auch die kleinen Fortschritte in meiner Genesung immer vor allem Ansporn für mehr.

Die erste Dusche seit meinem Sturz war das vorläufige Highlight, diese allerdings mit Heike an meiner Seite, denn ich wollte das Schicksal dann doch nicht herausfordern. Gleichzeitig war es auch ein weiterer Schock und ein Signal dafür, wie bescheiden es mir wirklich ging.

Als ich ohne Klamotten und Kompressionsstrümpfe im Bad stand und an mir herunter sah, wusste ich, warum ich mich in den letzten Wochen wie der Tod auf Socken gefühlt hatte: Genau so sah ich aus. Von meinem Formgewicht in Issoire, das ungefähr bei 72 kg lag, war ich fast 10 kg entfernt. Gerade mal 63 kg brachte ich bei einer Größe von gut 180 cm auf die Waage! Nur drei Wochen und alles, was ich an Muskeln gehabt hatte, war weg. Meine von vielen Jahren mit mehr als 30.000 Jahreskilometern immer super fitten Beine waren zu Storchenbeinen verkümmert, die Schulter-, Bauch- und Rückenmuskulatur war total abgemagert. Nur das Gesicht war dick und bleich – Folge der hohen Kortison-Dosen, die es einzunehmen galt, um die Entzündungsgefahr zu bannen.

So vergällte mir mein eigener Anblick zunächst einmal die Freude auf die erste Dusche seit drei Wochen. Die Schürfwunden waren alle so weit verheilt, dass es kein Problem machte, das erfrischende Nass ausführlich und überall zu genießen. Ich saß auf dem Stuhl in meiner Nasszelle und hätte mir die Dusche beinahe auch über den Kopf gehalten, aber das wäre für den Verband und die zwar gut vernähte, aber immer noch nicht völlig geschlossene Wunde sicherlich nicht so prickelnd gewesen.

Danach einen kleinen Spritzer Deo, noch einmal Zähne putzen und wieder in mein Bett, Heike an meiner Seite, dann Alexander auf meinem Bauch. Und wieder der Abschied, der zwar schwer und tränenreich wie immer war, aber das Licht am Ende des Tunnels war doch eindeutig heller geworden!

Es waren vor allem drei Dinge, die mich beschäftigten, nachdem ich wieder eine gewisse Autonomie erreicht hatte.

Da ich keine Schmerzmittel mehr bekam und auch die Antibiotika-Dosen geringer wurden, hatte ich zum einen langsam wieder Appetit, der sich nach einigen Tagen zu permanentem Bärenhunger ausweitete, zum anderen hatte ich zwei neue Probleme: Der rechte Hüftkamm tat höllisch weh, sodass ich beim Gehen, das ich jetzt regelmäßig auf der Station praktizierte, eine Krücke brauchte. Außerdem hatte ich, wenn ich mich länger als eine Minute in der Vertikalen befand, ein ungeheures Echo im Ohr, so als hält man sich die Nase zu, um Druck im Innenohr aufzubauen und versucht dann zu sprechen. In der Horizontalen war das Phänomen sofort wieder weg.

Das bedeutete weitere Untersuchungen.

Beim Röntgen ging es ganz schnell. Rein, rauf, runter, raus – mit der Diagnose: Hüftkamm gebrochen. Aber das würde sich von alleine regeln, ich solle halt mit Krücken gehen; also war meine neu gewonnene Freiheit, alle zwei bis drei Stunden einmal die Station zu umrunden, nicht verloren! Nur wie bekam ich dieses Innenohrechoproblem in den Griff?

Die HNO-Abteilung kannte die Ursache für dieses Phänomen: Wegen des enormen Gewichtsverlustes gab es da eine Klappe, die sich selbstständig öffnete und nur in der Horizontalen immer geschlossen blieb.

Das Krankenhausessen war ja ganz in Ordnung, nur: Wegen der Gesichtsfrakturen hatte ich oft Suppen und all die Dinge, bei denen man kaum etwas zu beißen hat. Als ich dann einmal von zu Hause ein fettes Fleischwurstvollkornbrot orderte, habe ich das zwar mit Wonne verschlungen, aber die darauf folgenden Kopfschmerzen waren mir dann auch eine Lehre.

Also breiig musste es sein. Heike schleppte kiloweise Familienpackungen Milchreis, Grießbrei und dergleichen an, und mein täglicher Verzehr von Eiscreme stieg in bedenkliche Höhen. Ich hatte permanent Hunger. Nachts wachte ich auf, immer noch total verschwitzt, klingelte nach der Nachtschwester, und während mein Bett frisch bezogen wurde, spachtelte ich mindestens eine 400-g-Packung Grießbrei in mich hinein.

Auch alle meine Freunde brachten immer wieder leckere Sachen mit, Möhren konnte meine Schwiegermutter sicher besser kochen als jeder andere. Paolo, ein radsportfanatischer italienischer Kellner und sehr guter Freund, brachte scharfe Nudeln mit, auch mal Salat, und irgendwann wollte ich dann noch mal etwas Bissfestes probieren und orderte bei ihm eine Pizza. Zu meinem Elend konnte ich noch nicht mal ein Stück abbeißen, weil sich mein Kiefer so verschoben hatte, dass die Zähne es nicht wirklich packten ... Also kratzte ich den Belag herunter und schnitt mir winzige Teile Pizzateig ab. Das wird besser werden, versprach ich mir, und glücklicherweise sollte ich damit Recht behalten: Heute esse ich Pizza wie in meinen besten Tagen vor dem Unfall.

Nachdem ich aufstehen und mich wieder etwas bewegen konnte, war meine größte Angst – Thrombose – gebannt. Was denkt sich ein Körper, der normalerweise zwischen 500 und 1100 km pro Woche Rad fährt und plötzlich von 100 auf Null heruntergefahren wird? Schon als ich noch flachlag, hatte ich eine orthopädische Bewegungsschiene im Bett stehen, um einfach das Blut etwas in Wallung zu bekommen. Da ich es nun sogar vom vierzehnten Stock mit dem Aufzug hinunter schaffte und vor der Tür zehn Minuten (mit acht Pausen auf diversen Bänken) durch den Park gehen konnte, war diese Angst schon kleiner geworden.

Immer stärker wurde nun der eine Gedanke: nach Hause, und zwar so schnell wie möglich. Krankenhäuser mögen bis zu einem gewissen Grad gesund machen, langsam aber sicher machten mich das nervige Aufzugfahren mit zehn Stopps für vierzehn Etagen und die vier Wände meines Zimmers aber wieder krank – zumindest mental.

Nachdem dann von der Neurochirurgie und auch von der Augenklinik grünes Licht kam (man könne die weiteren Kontrolluntersuchungen auch ambulant machen), war ich ja fast schon aus dem Tunnel heraus – so dachte ich zumindest.

Ein herber Rückschlag

Es war wie im Märchen: Die eigenen vier Wände um mich herum, wann immer ich wollte, konnte ich ohne die nervigen Aufzugfahrten vor die Tür und frische Luft schnappen oder ganz einfach mal das Zimmer wechseln, wenn mir danach war. Die meiste Zeit verbrachte ich zwar im Schlafzimmer, und die vielen Kanäle, die Astra und Eutelsat ins Haus brachten, verkürzten die Stunden erheblich, aber trotzdem war ich wenigstens viermal am Tag vor der Türe und zog meine Kreise durch die Nachbarschaft.

Ich wohne direkt am Fuße eines steilen Berges, und es war eine Wonne, mit den erschlafften Beinen diesen Berg etwa 300 m hinauf zu gehen oder besser hinauf zu schleichen, um dann von oben auf unser Haus zu schauen und dann mich auf den für die zurückentwickelte Muskulatur noch viel beschwerlicheren Rückweg zu machen. Das Körpergewicht bergab wieder abzufangen, hatten meine sonst so kräftigen Beine verlernt. Am folgenden Tag hatte ich sogar so etwas wie Muskelkater, was meine Stimmung enorm steigerte ... es ging bergauf.

Als ich eines Tages mitsamt Auto- und Haustürschlüssel um den Hals an meinem Van vorbeikam, stieg ich ein und probierte aus, wie sich der Blick durch die Windschutzscheiben mit nur einem Auge anfühlt. Ich setzte mich ans Steuer und schaute geradeaus auf die Straße. O Gott, dachte ich, ich werde nie mehr Auto fahren können! Die sonst so vertraute Straße schien viel zu schmal für meinen Wagen. Auch die Tatsache, dass ich nicht aus dem rechten Augenwinkel mal eben in den Rückspiegel schielen konnte und rechts gar nichts sah, machte mich fertig. Hätte ich an diesem Tag den Zündschlüssel gedreht und den Berg hinauf zu fahren versucht, hätte sich meine Haftpflichtversicherung sicherlich bedankt. Niemals wäre ich, ohne alle weiter oben geparkten Fahrzeuge zu rammen, da hindurchgekommen. Es war schon bedrückend. Gerade waren die ersten Grundbedürfnisse wieder befriedigt, da kamen die nächsten Hürden. Das Autofahren ist ja heutzutage für fast jeden normal ... für mich war es erst einmal wieder in ziemlich weite Ferne gerückt.

Da ich alle drei Tage zu diversen Nachuntersuchungen in die Uniklinik musste und dies mit Fahrzeit, Wartezeit und eben den Untersuchungen immer fast einen halben Tag in Anspruch nahm, waren diese Tage eher kurzweilig. Es ging mir gut genug, die Autofahrten mit Heike zu genießen, und alles, was sich so auf der Straße abspielte, in mich aufzusaugen ... Staus, Straßenbahnen, Frauen mit Kinderwagen, griesgrämige alte Leute und spielende Kinder. All das hatte ich fast einen Monat entbehren müssen, und jetzt war es wieder zum Greifen nahe.

Da man mir in der Augenklinik weiter Hoffnungen machte, dass das alles noch werden könne, schob sich die Frage nach dem Augenlicht immer weiter in den Vordergrund. Wann würde ich wieder sehen können? Wie oft würde ich noch ins Krankenhaus müssen, um die notwendigen Operationen durchführen zu lassen? Darauf hieß es leider immer nur, man müsse noch warten und sehen, wie sich das Auge entwickele. Ziemlich unbefriedigend für jemanden, der sich seit vielen Jahren immer sehr konsequent und vor allem mit einem peniblen Zeitplan auf diverse Saisonhöhepunkte vorbereitet hatte. Der Höhepunkt »wieder sehen können« war aber sehr vage, ungewiss und vor allem noch weit weg.

Die körperliche Ertüchtigung zu Hause tat mir gut, aber natürlich wollte ich langsam mehr. Also stellte ich beim Neurochirurgen die Frage, ob ich mit leichtem Training auf dem Hometrainer beginnen könne. Er war zwar nur mäßig begeistert, hielt es aber in Maßen für vertretbar. Wenn ich Freude daran hätte, solle ich es ruhig tun. Freude war es auch, aber vor allem war es etwas, was noch fehlte, um sagen zu können: Das ist wieder das normale Leben. Wenn man einem Menschen, der seit zwölf Jahren Radprofi ist und tagein, tagaus auf dem Rad sitzt, weil das sein Traumjob ist, das Rad zurückgibt, dann kommt sicherlich mehr als Freude auf!

Der früher so gehasste Turbotrainer, auf dem ich in der aktiven Zeit so ungern meine Trainingseinheiten abgespult hatte, war auf einmal der Schlüssel zum Glück. Etwas ungelenk baute ich meine Rennmaschine ein, denn wenn ich den Kopf zu lange nach unten hielt, ging es mir immer noch nicht wirklich gut. Ich schlich zum Schrank mit den Trainingsklamotten, holte mir eine Radhose heraus und zog sie über meine schneeweißen Storchenbeine. Der Anblick, der sich mir im Spiegel bot, war zwar erbärmlich, aber ab heute sollte sich das ja alles langsam aber sicher in die richtige Richtung verändern.

Als ich das erste Mal auf dem Hometrainer saß und langsam die Pedale bewegte, fühlte ich mich fantastisch. Nach nur fünfzehn Minuten war das erste »Training« zwar beendet, aber nach einer Dusche fühlte ich mich wie ein neuer Mensch. Ich hatte geschwitzt, meine Beine etwas belastet, und es war einfach großartig. Das Schlimmste war vorbei, und das mit dem Auge würde auch noch werden – so waren meine Gedanken.

Dass ich mich fast zeitgleich mit der ersten körperlichen Belastung – wenn man das Drehen der Beine bei Maximalpuls 130 überhaupt so nennen durfte – zum ersten Mal auf die Waage stellte, war Zufall. Das Ergebnis dieses Wiegens haute mich aber doch um: Ich wog nun 73,5 kg. Das waren zwar nur 1,5 kg über meinem »Kampfgewicht«, da ich aber in der letzten Woche sicher keine 10 kg Muskeln hatte aufbauen können, war wohl fast alles reines Fett, in das mein Körper Griesbrei, Speiseeis und die anderen leckeren Dinge zur Gewichtsaufnahme verwandelt hatte.

Das Echo im Ohr war zwar fast weg, aber der noch nie dagewesene Rettungsring, den ich in der Badewanne fühlte, war dann doch ein hoher Preis, den ich eigentlich nicht hatte bezahlen wollen. Aber so lagen nun einmal die Tatsachen: weiße Storchenbeine, 10 kg Fett am Bauch und ohne jede Form. Trotzdem war ich glücklich, denn ich war auf dem Weg nach oben. Dass mir immer wieder die Nase lief, führte ich auf eine vermeintliche Erkältung zurück, die ich mir wohl in der Uniklinik eingefangen hatte. Schließlich war mir nachts, wenn ich durchgeschwitzt aufwachte und mich umziehen musste, immer so kalt gewesen.

Bei der nächsten Untersuchung auf Station brachte ich diese »Erkältung« zur Sprache, und ziemlich schnell war ein Neurochirurg zur Stelle, der eine Probe dessen wollte, was da aus meiner Nase lief.

»Klar«, sagte ich, »holen Sie mal ein Reagenzglas. Wenn ich den Kopf nach unten halte, werden wir schon was bekommen«.

Das Reagenzglas füllte sich schnell mit einer klaren Flüssigkeit, und wie aus der Pistole geschossen sagte der Neurochirurg: »Das ist Liquor.«

Erst mal folgte betretenes Schweigen. Nach etwa zehn Sekunden fragte ich in die mir unheimlich werdende Stille hinein: »Und was heißt das jetzt genau?« Tja, das Loch in der harten Hirnhaut sei wohl noch offen, und man könne nicht mit Sicherheit sagen, wo denn die undichte Stelle sei. Auf den verschiedenen Schädelaufnahmen habe man dergleichen nicht bemerkt, aber jetzt wolle man das alles nochmals checken. Etwas verwirrt fragte ich, wie man denn das Loch zu flicken gedenke. Einen Moment war es still, dann sagte einer der Ärzte vorsichtig, dass man vielleicht noch einmal operieren müsse ...

Ich war fertig. Das war doch schon drei Wochen her! Beweglichkeit und Gefühl im Gesicht kamen nach dem Bügelschnitt gerade erst zurück, ich fing gerade an, wieder normal zu leben – und jetzt das.

Wie war das möglich? Hatten die Ärzte denn von Anfang an auf Verdacht operiert und die undichte Stelle gar nicht gefunden? Würden sie bei einer weiteren Sieben-Stunden-OP die undichte Stelle vielleicht wieder nicht finden? Was ist, wenn man gar nicht operiert und einfach abwartet? Das alles und noch viel mehr ging Heike und mir beim anschließenden Spaziergang im Kölner Stadtwald durch den Kopf. Wir waren so voller Optimismus gewesen. Der Urlaub in Australien war schon geplant, die Flüge gebucht, ich war so sehr auf dem Wege der Besserung.

Natürlich flossen auf unserem Spaziergang auch Tränen, denn es war einfach keine Lösung in Sicht. Noch einmal den Kopf aufschneiden lassen? Nein, das kam nicht in Frage. Dann die Ungewissheit, ob es nicht vielleicht erst durch das für mich mental so wichtige Rollentraining so weit gekommen war. Hatte ich es etwas übertrieben? War ich zu allem Unglück selbst an dieser Situation schuld? Das waren harte Stunden. Wir fuhren nach Hause, und in der Nacht tat ich so gut wie kein Auge zu. Kopfaufsägen, auf Verdacht die Hirnhaut abdichten ... es musste doch noch eine andere Möglichkeit geben!

Ich hoffte auf den Termin am folgenden Tag, denn nach dem Sichten der diversen Kernspintomografien und Röntgenaufnahmen wollten die Ärzte beratschlagen, was zu tun wäre. Ich war trotzig: Dann fahre ich eben mit Loch im Schädel nach Australien, dachte ich. Bei einer Hirnhautentzündung könnte ich ja immer noch ein starkes Antibiotikum nehmen. Die australischen Krankenhäuser sind sicher genauso gut wie die deutschen, legte ich mir zurecht. Dass das alles Humbug war, hätte ich mir damals nie eingestanden.

Der nächste Tag kam, und das Gespräch mit den Ärzten brachte doch wieder Hoffnung. Man wollte eine Liquor-Drainage legen. Neben der Wirbelsäule werde man eine Kanüle in den Liquor-Kanal einführen und so den normalen leichten Überdruck von der Hirnhaut nehmen. Man würde sogar einen Unterdruck erzeugen und darauf hoffen, dass sich die undichte Stelle von alleine wieder »verklebe«. Das klang recht einfach: fünf Tage Krankenhaus, ein bisschen Kopfschmerzen und alles ist gut. Montag sei ein Bett frei, dann würde ich vermutlich das nächste Wochenende wieder zu Hause sein. Ich packte zusammen mit Heike ein paar Dinge ein, darunter auch den Laptop, denn ich wollte anfangen, ein Buch über meine Erfahrungen im Radsport zu schreiben. Aber bis dahin sollte es noch ein weiter Weg werden ...

Am frühen Nachmittag kam der Professor und stach unter örtlicher Betäubung eine starke Kanüle in meine Wirbelsäule, verklebte den daran befindlichen Schlauch und informierte mich, dass es jetzt noch etwa eine Stunde lang in Ordnung sein würde, mich im Zimmer zu bewegen. Danach müsse ich beim Aufstehen mit »schon mal stärkeren« Kopfschmerzen rechnen.

Das kannte ich ja zur Genüge. Also frohen Mutes aufgestanden und den Fernseher eingeschaltet, denn die Kollegen von ARD und ZDF brachten von morgens bis abends, und mitten in der Nacht natürlich auch, Live-Bilder von den Olympischen Spielen in Sydney.

Ich war guter Dinge und hatte vor, mir ein paar gemütliche Fernsehtage zu machen und dann gesund und munter wieder nach Hause zu fahren.

Ich beobachtete die Unterdruckflasche, in die der Schlauch mündete, und staunte, wie alle paar Sekunden ein winzig kleiner Tropfen meiner Hirnflüssigkeit in diese Flasche tropfte.

Die zu erwartenden Kopfschmerzen – hatte man mir erklärt – kämen davon, dass ich weniger Hirnwasser haben würde. Dies sorgt unter anderem dafür, dass das Hirn nicht an den Schädel stößt. Wenn der Wasserstand niedrig sei, wäre das nicht mehr gewährleistet. Und wenn das Gehirn an die Innenseite des Schädels stößt, tut das weh – dass war ja auch für mich als Laien einsichtig.

Nach der TV-Zusammenfassung einiger Ergebnisse aus Sydney wollte ich aufstehen und ganz normal die Toilette benutzen. Ich schwang mich aus dem Bett und kam gerade bis zur Klotür, als mich der Kopfschmerz erwischte. Gerade so bekam ich das Bettgeländer noch zu fassen, hielt mich fest und zog mich, bevor ich zusammenklappen konnte, wieder aufs Bett. Dort verharrte ich für ein paar Minuten regungslos mit dem Kopf am Fußende. Ich lag quer im Bett, den Kopf unten, die Beine auf den Stuhl gehievt und das Wägelchen mit meiner Flasche knapp daneben.

Das war ja wohl wirklich ein Hammer! Ich hätte genauso gut vor Schmerz umfallen und mir noch mal den Schädel brechen können, oder gar das Genick.

Nach vielleicht fünf Minuten begann ich die Situation zu analysieren: Ich hatte seit etwa zwei Stunden eine Kanüle im Rücken und war nicht mehr in der Lage, mich in die Vertikale zu begeben. Das waren Schmerzen, gegen die ich liebend gerne sonst was genommen hätte, und ich stellte mir die Frage, ob das nicht noch schlimmer gewesen war als die Schmerzen nach der Schädeloperation.

Kaum einen halben Tag hier, zwei Stunden an der Kanüle und schon wieder komplett am Ende. Ein Sch...laden war das hier! Ich war schon wieder auf dem Weg der Besserung gewesen, ging schon spazieren, fuhr auf der Rolle – und jetzt lag ich wieder wie ein Häufchen Elend quer im Bett, nur weil die Herrschaften in Weiß bei der ersten OP geschlampt hatten. Heute weiß ich natürlich, dass das grob ungerecht war und überhaupt nicht der Wahrheit entsprach. Aber in genau diesem Moment hätte ich sie alle zum Mond schießen können.

Nach zehn Minuten lag ich wieder so im Bett, wie es sich gehörte, aus der Glotze kam ein Interview mit irgendeinem deutschen Sportler. Aber die Mühe, die es mich gekostet hatte, mich ohne den Kopf anzuheben wieder in diese Position zu bringen, brachte mich vollends zur Verzweiflung. Weg war die Freiheit, eine Toilette ohne fremde Hilfe zu benutzen, alles war wie vor zwei Wochen, ein hilfloses Geschöpf war ich und dazu verdammt, nach der Schwester zu klingeln.

Als der Sportler dann von Motivation und Fokus sprach, setzte auch bei mir wieder ein etwas normaleres Denken ein. Ich würde maximal noch vier Tage hier liegen und dann nach Hause gehen.

Wenn dann das Loch in der Hirnhaut geschlossen war, wäre alles vergessen.

Ich begann auch logisch zu denken und versuchte zu ergründen, warum denn diese Schmerzen so plötzlich durch meinen Kopf gezuckt waren. Ich hatte gelegen und nichts gespürt. Jetzt lag ich wieder, und es ging mir besser. Zwar hätte ich keine Bäume ausreißen wollen, aber immerhin.

Wenige Sekunden nach dem Aufstehen kam dieser Höllenschmerz. Und warum war er jetzt nicht da? Denk mal nach, Marcel: Du hast jetzt weniger Hirnwasser und in waagerechter Lage keine Beschwerden. Wenn du aufstehst, läuft das verbleibende Hirnwasser natürlich der Schwerkraft folgend den Liquor-Kanal in der Wirbelsäule entlang nach unten. So wird oben im Kopf eine Unterversorgung entstehen, Ebbe sozusagen. Wenn das dann unerwartet geschieht und das Hirn an die Schädeldecke dengelt, dann passiert wohl genau das, was du eben erlebt hast ...

Was wäre denn wohl, war mein nächster Gedanke, wenn der Kopf nicht ganz oben wäre, sondern in einer Linie mit dem Rücken. Ich drehte mich auf den Bauch und wartete, ob etwas passieren würde. Tellerflach lag ich in meinem Bett und horchte in meinen Kopf hinein.

Noch war alles in Ordnung. Also ganz langsam die Beine aus dem Bett geschoben, den Oberkörper immer noch flach bäuchlings auf dem Bett. Dann knickte ich in der Hüfte ab und stellte die Füße auf den Boden. Ganz langsam machte ich mich vom Bett frei und stand mit rechtwinklig abgeknicktem Oberkörper in meinem Zimmer. Total groteske Situation, dachte ich mir, aber wenn es so nicht weh tut! Ich blieb vielleicht zwanzig Sekunden so stehen. Als dann immer noch nichts von den Schmerzen zu spüren war, machte ich mich mit der nach vorne abgeknickten Hüfte auf in Richtung Nasszelle. Ich pinkelte im Sitzen mit weit gespreizten Beinen, damit ich den Oberkörper so weit wie möglich nach vorne beugen konnte.

Vielleicht kein schöner Sieg über die Situation, aber immerhin brauchte ich vielleicht doch nicht für jeden Firlefanz nach der Schwester zu klingeln. Dass ich nur ganz flach auf Rücken oder Bauch liegen konnte, machte auch die Nahrungsaufnahme nicht einfacher. Egal was es gab, ich schaute es mir nie richtig an, denn das wäre nur mit zu viel Aufwand und unter Umständen auch Schmerzen zu machen gewesen.

Das Gespräch mit dem Chefarzt am nächsten Morgen war kurz, aber aufschlussreich. Man könne eigentlich erst ungefähr eine Woche nach Abklemmen der Drainage sagen, ob der gewünschte Effekt eingetreten sei. Aha, also noch zehn weitere Tage, bis ich etwas weiß, dachte ich mir, aber es half ja nichts, und ich fügte mich meinem Schicksal.

Den Oberkörper immer in der Horizontalen erledigte ich meine Toilettenbesuche, die ich allerdings so selten wie möglich einzulegen versuchte, sah dem steten Tropfen in der Plastikflasche zu und schlief wenigstens vier Stunden tagsüber und zehn in der Nacht. Es war ein Gefühl, als würde man mir mit dem Liquor auch jede Kraft absaugen. Aber ich hatte viel Ruhe, und bei meinen horizontalen Toilettengängen tropfte auch nichts mehr aus der Nase – das war die beste Nachricht von allen und ließ mich hoffen.

Die Tage waren eintönig und glichen sich wie ein Ei dem anderen, als grüße mich das Murmeltier – und genau wie im Film täglich.

Besucher wollte ich wenig, nur Heike kam einmal am Tag. Alexander war auch mal kurz mit im Zimmer, aber ich konnte so flach auf dem Rücken liegend nicht davon profitieren. Ich sehnte den Freitag herbei.

Der Freitag kam, morgens wurde der Schlauch gezogen. In der Flasche befanden sich fast 400 ml Hirnwasser. Konzentrieren konnte ich mich eigentlich nur noch darauf, beim Aufstehen den Oberkörper in der Horizontalen zu halten und den Ausflug aus dem Krankenbett nicht zu lange dauern zu lassen. Zu etwas anderem war ich nicht in der Lage.

Das Problem des Freitagnachmittags war es, von der 11. Etage der Uniklinik ins Auto zu gelangen. Mit dem Bett wollte ich dann doch nicht gefahren werden.

Es kam ein Krankenpfleger mit einem Rollstuhl, und wir klappten die Lehne so weit zurück wie es ging. Heike packte meine Tasche, ich kam irgendwie in den Rollstuhl, und die Schwerkraft zog mir das Hirnwasser nach unten. Es war die Hölle. Ich versuchte mich so weit es ging nach vorne zu lehnen, aber ganz in die Horizontale kam ich nicht, da meine Beine seitlich nicht ausweichen konnten und dem Oberkörper im Weg waren. Es war eine echte Höllenfahrt. Gang, Aufzug, der gleiche miese Aufzug, der mir meine ersten Gehversuche vor drei Wochen vergällt hatte: immer voller Menschen, die nach Qualm oder sonst etwas stanken, der höchstens viermal weniger anhielt als die Zahl der Etagen, die man zu fahren hatte. Heute also ein Minimum von sieben Stopps. Mir drohte die Birne zu platzen, aber es half nichts, ich musste durch, und bis zum Auto waren es auch nur noch drei Minuten.

Ich hatte es eilig, aus dem Rollstuhl heraus und ins Auto zu kommen. Dort versuchte ich sofort eine Stellung zu finden, die der Horizontalen nahe kam, und nach einigem Arrangieren meiner Krankenhaustasche unter meinem Rücken gelang mir das auch. Die Schmerzen ließen nach.

Natürlich konnte ich die Autofahrt überhaupt nicht genießen. Total verkrampft versuchte ich mich in der Waagerechten zu halten, und als wir nach 20 Minuten (Heike fuhr wie Schumi) zu Hause ankamen, musste ich mich erst mal im Eingang flach auf die Erde legen. Wieder im grünen Bereich lief ich in der für mich inzwischen typischen Haltung mit abgeknicktem Oberkörper die Treppe hinauf und legte mich ins Bett. Endlich wieder zu Hause, jetzt müsste dieses Hirnhautleck noch zu sein, dann hätte ich es geschafft ...

Die Tatsachen, dass ich auf dem rechten Auge immer noch blind war, zu wenig Muskeln und Fitness, dafür aber zu viel Fett und eine ungewisse Zukunft vor mir hatte, waren mir in dem Augenblick, als ich ins Bett sank, völlig egal. So können sich Prioritäten verschieben.

Es geht bergauf – wenn auch langsam

Die Zeit verging langsam, aber die Olympischen Spiele versüßten mir die langen Tage. Ich war immer noch ziemlich schwach, konnte aber, vorausgesetzt der Kopf befand sich auf gleicher Höhe mit der Hüfte, das tägliche Leben einigermaßen meistern.

Der Schlimmste der folgenden Tage war die Übertragung der Abschlussfeier der Spiele. Als Australienfan und -kenner hatte mich ja allein die Tatsache, vom Verband nicht für die Spiele nominiert zu werden, ziemlich von den Socken gehauen. Aber als dann der Bus aus dem australischen Kultfilm Priszilla ins Stadion einfuhr und am Ende auch noch »Waltzing Matilda« gespielt wurde, da war ich fertig. Anstatt – wie ich es meiner Meinung nach verdient gehabt hätte – bei der Abschlussfeier in meinem Traumland mitzujubeln, lag ich zu Hause im Bett und konnte nicht mal sitzen oder normal gehen.

An diesem Tag kamen der ganze Frust und die Traurigkeit über das, was mir passiert war, heraus, und ich heulte wie ein Schlosshund. Heike, die mich ja eigentlich trösten wollte, hielt es dann irgendwann auch nicht mehr aus, und wir hatten die wohl ausgiebigste Heulsession unserer langen Beziehung. Als die Übertragung zu Ende und die Tränen getrocknet waren, ging es uns zwar etwas besser, aber richtig glücklich waren wir nicht.

Alles, was wir jetzt tun konnten, war zu hoffen, dass das Schlimmste nun überstanden wäre und uns auf die Reise nach Australien zu freuen – wenn sie denn stattfinden konnte.

Zehn Tage nach meiner Entlassung aus der Klinik konnte ich das erste Mal morgens am Frühstückstisch sitzen und mich ohne den 90° Hüftknick vom Bett ins Bad begeben. Es war wieder eine Hürde genommen, und es schien jetzt bergauf zu gehen. Allerdings hatte ich aus dem Rückschlag gelernt, dass der kompromisslose Optimismus, den ich eigentlich immer an den Tag gelegt hatte (und auch jetzt wieder praktiziere), nicht nur Vorteile hat. Kommt es anders, als es das kölsche Motto »et hätt noch immer jood jejange« erwarten lässt, dann steht man schon ganz schön blöd da. Der hoffnungslose Pessimist kann ja eigentlich immer nur positiv überrascht werden. Bei mir war es in den vergangenen Wochen genau umgekehrt gewesen. Aber trotzdem war ich felsenfest entschlossen, mir von einem Unfall und den temporären Folgen, seien sie auch noch so schlimm, nicht mein Leben umkrempeln zu lassen. Weiterhin mit Optimismus durch die Welt zu schreiten und wieder der Alte zu werden, das war mein Ziel. Es war machmal sicher ein hartes Stück Arbeit, aber heute kann ich sagen, dass es sich gelohnt hat. Man muss eben immer genauso oft aufstehen, wie man hingefallen ist, sonst ist man irgendwann unten und bleibt auch dort.

Die Tage waren immer noch von der Angst überschattet, dass das Leck vielleicht doch nicht dicht sei und mir irgendwann wieder eine klare Flüssigkeit aus der Nase tropfen würde. Sie blieb trocken, und mit jedem Tag wurde es einfacher, Optimist zu sein.

Die Tatsache, dass ich noch da war und trotz der Schwere der ganzen Gesichts-, Hirn- und Kopfverletzungen voll bei der Sache war, betrachtete ich von Anfang an als ein Geschenk des Himmels. Während der Spanienrundfahrt fragten die Eurosport-Reporter an, ob sie mich während der Übertragung anrufen und mit mir »on air« ein kurzes Interview führen könnten. Natürlich sagte ich zu, und die Leichtigkeit, mit der ich das erste Mal über all das sprach, verwunderte mich selbst. Aber so war halt die Realität. Und mir ging es besser als vielen anderen Menschen, die solche Unfälle gehabt hatten, ich lebte, war geistig gut beieinander und hatte eine ganz klare Sichtweise: Dinge, die man nicht ändern kann – und das, was passiert war, konnte ich einfach nicht mehr ändern – sollte man so schnell und so komplett wie möglich zu akzeptieren versuchen und sich mit den Tatsachen arrangieren. Denn wer mit sich und seiner Situation im Reinen ist, der kann auch wieder etwas vom Leben haben.

Wer mäkelt und klagt, wenn und aber wieder und wieder diskutiert, verschwendet doch nur seine Zeit. Das Leben ist einfach viel zu kurz, um sich über einen Stau, eine nicht fertig gewordene Präsentation oder sonstiges so zu ärgern, dass die Lebensqualität darunter leidet.

Ich war auch vor dem Unfall schon jemand, der ziemlich positiv durchs Leben ging. Wenn wir doch mal ganz ehrlich sind, dann brauchen wir doch wirklich nur drei Dinge im Leben. An Nummer eins steht ganz klar die eigene Gesundheit und die derjenigen, die uns nahe sind. Wenn wir dann noch keinen Hunger leiden müssen und einen warmen und trockenen Platz zum Schlafen haben, sind doch die Grundbedürfnisse schon erfüllt. Dass es natürlich zur heutigen Zivilisation dazugehört, sich etwas gönnen zu können, sich das eine oder andere Extra zu leisten, liegt auf der Hand. Hätte man mir aber in den ganz dunklen Zeiten meines Krankenhausaufenthaltes angeboten, eine Woche unter freiem Himmel schlafen zu müssen und nichts zu essen zu kriegen, um die Schmerzen zu lindern, dann hätte ich sofort zugesagt. Ohne die Gesundheit ist alles nichts, und leider müssen wir wohl erst in eine Situation kommen, in der es uns richtig dreckig geht, um das auch zu verstehen. Einfach so daher gesagt ist es ungefähr so wirkungsvoll wie die Warnung an das kleine Kind, die Herdplatte nicht anzufassen, weil sie heiß sei. Wie heiß sie ist und wie weh das tun kann, das kann man nur ergründen, wenn man diese Herdplatte anfasst. Aber von da an ist diese Information für immer auf der Festplatte Hirn gespeichert.

Mir geht es heute noch so, dass ich jeden Morgen beim Zähneputzen daran denke, dass es eine Zeit gab, in der ich dieser stinknormalen Tätigkeit nicht nachgehen konnte. Das hilft ungemein dabei, nicht zu vergessen, wie gut es einem geht, wenn man gesund ist, auch wenn andere Dinge im Leben vielleicht gerade nicht der Optimallösung entsprechen.

Ich habe leider auch Leute kennen gelernt, die nach ähnlichen Erfahrungen ganz schnell in den normalen Trott zurückgefallen sind, sich so vom ersten ganz schnell zum zweiten Schlaganfall vorgearbeitet haben und jetzt schon auf dem Weg zum dritten sind, in Richtung trauriges Ende.

Am Ende war ich zu diesem Zeitpunkt glücklicherweise nicht, sondern an einem Anfang. Aber der war zunächst mal auch traurig. Ich hatte nach dem enormen Gewichtsverlust ja wieder gut zugenommen, durch die lange Zeit ohne Sport waren das allerdings keine Muskeln. Ich hatte das gleiche Gewicht wie vorher, aber 10 kg Muskelmasse gegen 10 kg Fett (wie man so sagt) getauscht. Dazu noch die weiterhin hohen Dosen Kortison, von denen mir niemand gesagt hatte, ich solle sie reduzieren ... Ich sah aus wie ein Luftballon.

Also startete ich erst einmal mit einer kompletten Umstellung der Ernährung: morgens eine Scheibe Schwarzbrot mit Marmelade, mittags Obst und abends Wok-Gemüse. Da ich noch nicht sonderlich aktiv war, reichte das vollkommen aus, nur dass ich permanent Hunger hatte. Aber da man als Sportler gewohnt ist, auf das eine oder andere zu verzichten, tat ich das ohne zu murren, denn es war mir schon peinlich, eine Plauze zu haben, wo noch nie eine gewesen war.

Ende September ging ich das erste Mal in mein Fitnessstudio um die Ecke und hantierte ein wenig mit Gewichten herum, um mich wieder in die gewohnte Form zu bringen, allerdings langsam, ohne Druck und vor allen Dingen ohne Eile.

Es war auch Ende September, als ich mit Heike das erste Mal wieder Rad fahren ging. Alle zwei Tage 20 Minuten auf der Rolle waren schon in Ordnung, aber an einem schönen Sonnentag nahm ich mein Mountainbike und drehte mit Heike endlich wieder eine Runde. Es war ein zwiespältiges Gefühl. Zum einen war da die Freude, wieder auf dem Rad zu sitzen und sich an der frischen Luft frei zu bewegen, zum anderen war ich ziemlich unsicher. Das eingeschränkte Sehfeld machte mir zu schaffen. Alles war so anders als vor dem Unfall, dass ich dachte, es würde wohl nie mehr so wie es mal war ... Wobei ich mit der Sehkraft des rechten Auges auch recht behalten sollte, alles andere hat sich aber im Laufe der Zeit so entwickelt, dass ich mich perfekt an die Veränderungen gewöhnt habe.

Wieder zu Hause überwog dann aber die Freude, dass ich wieder unter den Lebenden war, denn für mich war sich draußen zu bewegen immer die Definition von Leben gewesen.

Langsam konnten wir sichergehen, dass unserer Australienreise, die wir schon vor dem Unfall gebucht hatten, nichts im Wege stand. Freude kam auf im Hause Wüst!

Ich packte also meine Koffer für unsere Reise nach Australien, und das war, obwohl ich es schon siebenmal vorher getan hatte, etwas ganz Besonderes. Das Beste daran war, dass ich sogar mein Rennrad verpackte, denn es gab jetzt eigentlich nur noch eins, was ich nicht so konnte wie zuvor: Rad fahren. Ich sehnte mich danach, einfach mal wieder das zu tun, was mir viele Jahre so viel Spaß gemacht hatte. Nach einer Trainingsfahrt müde zu sein und schmerzende Muskeln zu spüren – das vermisste ich wirklich. Die Zusage von Festina-Chef Miguel Rodriguez im Rücken, dass ich keine finanzielle Not fürchten müsse, machte die Sache für mich total entspannt.

Für Heike war das alles nicht so entspannt. Sie hatte immer im Hinterkopf, es könnten durch den Druckverlust in der Kabine oder irgendwelche anderen Umstände doch noch Komplikationen auftreten. Aber die einzige wirkliche Komplikation, die es für mich gab, war nicht schlimm. Als während unseres Nachtfluges Heike gerade eingeschlafen war, »entkam« Alexander aus unserer Sitzreihe und »flüchtete« durch den Gang nach hinten, um am Telefon der Stewardessen eine wichtige Durchsage zu machen ... Ich musste also einäugig im Dunkeln hinterher. Sehen konnte ich so gut wie nichts, da ich die Kontaktlinse im linken Auge für den Flug herausgenommen hatte. Die Brille fand ich so schnell nicht. Die Füße, die andere Passagiere in den Gang gestreckt hatten, konnte ich mit einem kurzsichtigen Auge auch nicht richtig sehen, und so schoss ich mich fast ab. Aber bevor Alexander zu sprechen begann, war ich bei ihm und hängte den Interkom-Hörer wieder dahin, wo er hingehörte.

Ansonsten war der Flug völlig unproblematisch. Außer der Tatsache, dass die Autos beim Training auf meiner blinden Seite vorbeikamen, was nicht angenehm war, gab es auch nach der Landung kaum Einschränkungen im Vergleich zu den vorangegangenen Jahren. Logisch, dass das Bodysurfen bei den ganz großen Wellen tabu war, aber es war doch sonst alles (fast) so wie früher.

Anfangs fuhr ich immer mit den »local boys« aus meiner Trainingsgruppe der vergangenen Jahre und manchmal auch mit Heike alleine.

Der größte Tag in diesen sieben Wochen war ein Montagmorgen in Tewantin. Ich war nur mit Heike unterwegs, da die »boys« montags immer Ruhetag hatten. An einer Kreuzung angekommen, wo es links Richtung Heimat ging, sagte ich nur zu ihr: »Ich dreh' noch 'ne Runde, bin in einer Stunde zu Hause«, und bog rechts ab.

Wie Heike mir hinterher erzählte, war sie völlig erschüttert, dass ich ohne jeglichen Begleiter, der mir im Falle eines Falles zur Hilfe hätte kommen können, einfach so abdrehte. Wir sprachen nach meiner Rückkehr natürlich darüber, ob das vielleicht leichtsinnig, unverantwortlich oder sonst was gewesen war. Aber als ich dort ganz alleine über wohlbekannte einsame Straßen durch den australischen Busch fuhr, da ging mir wirklich das Herz auf. Es war so schön wie es immer gewesen war! Ich roch die Eukalyptusbäume, die Sonne brannte, und ich fühlte mich so frei und glücklich wie schon ganz lange nicht mehr. Dieser Moment, in dem ich meine Selbstständigkeit wirklich wieder gefunden hatte, war so enorm wichtig für mich, dass ich heute noch lächeln muss, wenn ich an diese Stunde zurück denke. Ich summte »Fly like an eagle« von der Steve Miller Band vor mich hin und war in diesem Augenblick ganz ohne Zweifel der glücklichste Mensch auf der ganzen Welt.

Ich versuchte mich auch mit anderen Sportarten wieder einigermaßen in Form zu bringen, aber das Joggen konnte ich nach nur 100 Metern knicken. Bei jedem Schritt hatte ich ein komisches Gefühl im Kopf, und ich fühlte mich damit gar nicht wohl. Stattdessen begann ich im fantastischen Pool von Noosa meine Bahnen zu ziehen. Niemals hätte ich mir träumen lassen, dass ich einmal freiwillig zwei Kilometer auf einer 50-m-Bahn auf und ab schwimmen würde, aber nun genoss ich die körperliche Müdigkeit, die aus diesen Schwimmsessions resultierte, in vollen Zügen.

Leider war unser Aufenthalt in Australien diesmal nicht so lang wie in den anderen Jahren, und Anfang Dezember flogen wir zurück nach Deutschland. Es standen diverse Untersuchungen in der Uniklinik an, und wir waren auch zum Galaabend anlässlich der Kür zum »Sportler des Jahres« eingeladen. Ich bin zwar nicht der ideale Galatyp, aber das wollten Heike und ich uns dann doch einmal anschauen. Baden-Baden, tolles Hotel, viele Sportler – darauf freuten wir uns doch ein wenig.

Als wir ankamen, wurden wir freundlich begrüßt, und ich wurde in die Maske gebeten. Das kam mir schon komisch vor. Drinnen wurde mir dann eröffnet, es gäbe neben den Sportlerehrungen auch einen »Prix Malheur«, und den sollte ich bekommen.

Gefreut hab ich mich nicht richtig, denn Voraussetzung für den Preis war ja, dass ich den Unfall hatte, und den hätte ich doch lieber nicht gehabt. Zum anderen hieß das, dass sich die Medien doch mit meinem Fall (im wahrsten Sinne des Wortes) beschäftigt hatten.

Also kam ich auf die Bühne, nahm den Prix Malheur in Empfang und taufte ihn gleich um. Bei mir heißt das Ding die »Shit-Happens-Trophy«, und sie steht irgendwo in meinem Büro im Keller ...

Da man mir in der Uniklinik immer noch Hoffnungen machte, dass sich die Sehkraft des Auges noch verbessern könne, musste ich auch wieder so leben wie ein normaler Radprofi. Irgendwann im Dezember stand eine Blutuntersuchung für den Weltverband an, und ein akkreditiertes Labor war die Sporthochschule in Köln. Zu diesem Termin konnte mich allerdings niemand fahren. Also musste ich selbst, zum ersten Mal überhaupt nach dem Unfall, alleine Auto fahren. In Australien war Heike immer gefahren, aber an diesem Tag war das nicht möglich. Ich stieg also in unseren Fiesta und fuhr wie ein Opa die acht Kilometer zur Sporthochschule und danach wieder zurück. Unfallfrei und auf dem Rückweg auch schon einigermaßen sicher – langsam kam alles wieder in geregelte Bahnen.

2001: Für die ARD bei der Tour de France

Ich war – zumindest theoretisch – in diesem Januar 2001 noch Radprofi, hatte eine Lizenz beim deutschen Verband beantragt und war mit meiner Familie wieder auf Mallorca, wo wir uns zum vierten Mal in Folge auf »unserer« Finca bei Santanyi eingemietet hatten. Ich trainierte wie früher, aber da ich nicht wusste, ob ich auf dem rechten Auge jemals wieder etwas sehen können würde, nicht mit der gleichen Konsequenz wie in den vergangenen Jahren. Beim Festina-Trainingslager auf dem Festland merkte ich dann auch, wie groß der Trainingsrückstand noch war, und ich wartete sehnsüchtig darauf, um die Karnevalszeit in der Uniklinik auf der Matte zu stehen und endlich zu wissen, was Sache ist.

Fast zeitgleich bekam ich einen Telefonanruf, der mich sehr erfreute. Werner Zimmer, Chef des ARD Tour de France-Teams, war auf Mallorca und wollte sich mit mir treffen. Wir vereinbarten, dass ich bei der kommenden Tour für die ARD als Radsportexperte tätig sein und jeweils die Streckenvorstellung übernehmen sollte. Das waren für mich natürlich gute Neuigkeiten, denn das hieß, ich würde auf jeden Fall bei der Tour dabei sein. Im tiefsten Inneren wollte ich natürlich wieder sehen können und die Tour auf dem Rad bestreiten, aber diese Aufgabe war wenigstens eine vernünftige Alternative, wenn es damit doch nicht klappen sollte.

Vor der Untersuchung in Deutschland war ich noch in einer renommierten Augenklinik in Barcelona – nachdem mir der Professor dort sagte, er könne nichts für mich tun, war ich vor dem Besuch in der Uniklinik in Köln nicht wirklich optimistisch.

In Köln traf ich auf einen neuen Chef, der dann auch sofort Klartext mit mir sprach: Ich müsse auf ein Wunder warten, und das würde genau dann eintreten, wenn sich der erste Querschnittsgelähmte aus dem Rollstuhl erheben würde. Voilà, zwar eine schlechte Nachricht, aber wenigstens einmal eine richtige Aussage.

Ein NDR-Kamerateam, das ein Porträt über mich drehte, war dabei, und irgendwie war mir von nun an klar, dass dieser Tag das

Familienidyll unter fünf Augen, im Februar 2001 (Foto: Sport-Bild).

wirkliche Karriereende bedeutete, auch wenn ich beim abschließenden Interview Optimismus zu verbreiten versuchte. Ich fuhr mit Heike nach Hause, und obwohl ich schon lange befürchtet hatte, dass man mir in der Klinik nur die Enttäuschung hatte ersparen wollen und eigentlich von Anfang an ziemlich sicher war, dass das Auge nie mehr sehen können würde, war ich doch ziemlich am Ende. Die Karriere war zu Ende, und ich wusste jetzt, dass es für mich als Radprofi keine Zukunft mehr geben würde.

Trotzdem flogen wir zurück nach Mallorca, denn wir hatten die Finca bis Ende März gebucht, und da auch die Bezüge von Festina weiterliefen, gab es zunächst einmal keinen Grund, nicht auf der Sonneninsel bei schönem Wetter noch einen Monat mit leichtem Radtraining und schönem Leben zu verbringen.

Die Konsequenzen meines Klinikbesuchs teilte ich zunächst auch niemandem mit. Richtig wahrhaben wollte ich das Karriereende dann wohl doch noch nicht, und ich konnte mich nur schwer damit anfreunden, diese schlechten Nachrichten auch noch in die Welt hinauszuposaunen. Ich sagte es so: »Wenn die Tour 2001 ohne mich anfängt, dann ist meine Karriere offiziell beendet.« Dass genau das schon im Februar klar war, das musste ja nicht jeder wissen.

So war es mehr ein langsames aus der Karriere Hinausgleiten als ein abruptes Ende, und damit konnte ich sehr gut leben. Bei der Deutschland-Tour 2002 beispielsweise fuhr ich zusammen mit Sven Teutenberg im Zug zum Start nach Hamburg; mit dem Unterschied, dass er sein Rad dabei hatte und genau wusste, was auf ihn wartete, ich kein Rad dabei hatte und mir zwar ungefähre Vorstellungen gemacht hatte, was ich in dieser Woche machen würde, aber so richtig die Woche durchplanen konnte ich nicht.

Die ersten beiden Tage fungierte ich beim NDR während der Lifeübertragungen als Experte, um dann, was ich auch die ganze Woche durchzog, ins Pressezentrum zu pilgern und den vielen Journalisten Rede und Antwort zu stehen. Mit Vorjahressieger Plaza und einigen anderen waren die Chancen gut, bei dieser Tour gute Ergebnisse zu erzielen. Auch diese Mutation zum Pressesprecher ging schleichend und fiel mir nicht schwer. Schließlich ging es immer um den Radsport, mein Festina-Team oder sonst etwas, wo ich eben Insider war. Parallel dazu schrieb ich noch eine Kolumne für Spiegel-online, die auch großen Spaß machte und als Testballon für meine Tour de France-Kolumne »Etappenhase« gedacht war, die es jetzt schon seit vier Jahren gibt.

Ich fungierte bei einigen anderen Rennen auch als prominenter Interviewpartner, gab Startschüsse und betrieb VIP-Betreuung. All diese neuen Aufgaben machten mir nicht nur großen Spaß, ich machte die Sache (wenn man den Leuten, die mich engagierten, Glauben schenken kann) auch ziemlich gut.
  Dann kam die Tour de France, und ich hatte gleich drei Jobs. Zum einen als ARD-Radsportexperte die Strecken vorzustellen, was bei weitem der größte Aufwand war, dann meinen »Etappenhasen« täglich zur Spiegel-Redaktion nach Hamburg zu schicken, und für einige Radiosender gab ich ebenfalls noch meine Sicht der Dinge zum Besten und versuchte, durch diverse Analysen und Hintergrundinformationen das, was sich gerade in Frankreich abspielte, dem Hörer auch verständlich zu machen.
  Es machte richtig Spaß!
  Diese Entwicklung war so ziemlich das Beste, was mir passieren konnte. Dass ich diese Aufgaben bis heute habe, ist wohl ein Zeichen dafür, dass ich so schlecht nicht sein kann. Vor allem aber ist es ein Geschenk des Himmels, denn nachdem ich dreizehn Jahre lang meinen Kindheitstraum leben konnte und Radprofi sein

durfte, ist es schon ein Privileg, jetzt auch noch einen Job zu haben, in dem man komplett aufgeht und der einem wirklich Spaß macht.

Die erste Tour als Journalist schlauchte ziemlich, aber das war keine Überraschung. Den einen Tag drehten wir die Streckenbilder, dann wurde das Material am nächsten Tag zu einem Zwei-Minuten-Beitrag zusammengeschnitten, ich musste meinen Text schreiben und den Beitrag dann synchronisieren. Das geschah nicht im klimatisierten Tonstudio, sondern in den Schnittmobilen, die im Tourtross mitfuhren, und immer in der »Zone Technique« am Ziel. So mussten wir immer, nachdem wir die Streckenbilder (mit mir auf dem Fahrrad, auch bei Wind und Wetter!!!) aufgenommen hatten, zurück ins Ziel und legten so in den drei Wochen gut 11.000 Kilometer im Auto zurück. Zum anderen gab es in der »Tonkabine« (die manchmal das Führerhaus des Lkws war, auf dem die ganze Technik saß) Temperaturschwankungen von 8 °C bis etwa 50 °C, denn zum Vertonen kann man weder Heizung noch Klimaanlage gebrauchen. Trotz allem machte diese erste Tour einen Riesenspaß, und all die Dinge, die ich dabei gelernt habe, sind auch für meine heutige Medienarbeit von großem Wert.

Außerdem hatte ich aber noch andere Optionen, die ich gerne einmal ausprobiert hätte, und eine hatte indirekt auch etwas mit der Tour de France zu tun.

Es gab in Deutschland zu dieser Zeit ein Team mit dem Namen Coast, ins Leben gerufen vom radsportbegeisterten Chef einer Modekette, die in NRW sehr erfolgreich junge Mode verkaufte. Mit diesem Chef, Günther Dahms aus Essen, traf ich mich eines Abends zusammen mit Festina-Manager Juan Fernandez in Colmar, und wir sprachen über eine eventuelle Fusion seines Teams Coast mit dem so erfolgreichen Festina-Team. Unser Hauptsponsor wollte nach dreizehn Jahren Radsportsponsoring zum Jahreswechsel zumindest das Budget drastisch verringern, wenn nicht sogar komplett aus dem Radsport aussteigen.

Team Coast – oder: Hinterher weiß man mehr

Dieses Kapitel könnte auch mit den Worten »Es war einmal« starten, denn viele Dinge passierten wie im Märchen. Das erste Mal, dass ich von der Marke Coast hörte, war ziemlich kurz nach deren Gründung im Jahre 1984. Das erste Ladengeschäft wurde in meiner Heimatstadt Köln eröffnet, und es sprach sich unter den Jugendlichen schnell herum, dass es da jetzt einen Laden mit Sachen gab, die man sonst nirgends kaufen konnte. Total abgefahrene Skater-Mode aus den USA, hippe Klamotten, die allerdings auch hippe Preise hatten.

Für die damals absolut coolsten Schuhe, schwarz-weiß karierte Vans (ein Leinenslipper mit Gummisohle) bezahlte ich damals schon 159 DM. Aber mit sechzehn oder siebzehn Jahren war mir das die Sache wert, denn der Coolnessfaktor war nicht zu toppen.

In den Läden selbst mussten – wenn Günther Dahms wieder einen Jumbo mit neuen Klamotten, den abgefahrensten Skateboards etc. geordert hatte – die ausgeflippten Teenies zum Teil von Sicherheitspersonal im Zaum gehalten werden. Als Quereinsteiger hatte er es in der Modebranche also weit gebracht. Genauso wollte er es auch im Radsport machen: »Nicht nur anders, sondern auch besser!«

In den späten Neunzigern sponserte dieser inzwischen wohlhabende Radsportfan eine Vereinsmannschaft, war dann Co-Sponsor, und schließlich gründete er ein GS2-Team mit dem Namen Coast, zu dieser Zeit vermutlich das am besten ausgestattete Team dieser Kategorie weltweit.

Die Geschäfte gingen gut, und da es in der Kategorie GS2 nie einfach war, Sponsoren zu finden, die beispielsweise hochklassiges Material oder die komplette Teamkleidung sponsern wollten, wurde das meiste davon eben von Dahms gekauft und an die Fahrer verteilt. Zwanzig nagelneue Colnago Titanio, alle mit Lightweight-Laufrädern ausgestattet, dazu einen schwarzen 400 PS Mercedes AMG mit 19-Zoll-Felgen als Teamfahrzeug, die Freizeitbekleidung von Nike, so ausgestattet kamen die Coasties im Jahr 2000 zur Deutschland-Tour und machten durch dieses Auftreten im gesamten Fahrerfeld von sich reden.

Die Einstellung von Technikfreak Dahms war die, dass er sich niemals über ein verlorenes Rennen ärgern wollte, weil man nicht das beste Material am Start hatte. Als einer der ersten persönlichen Sponsoren von Michael Schumacher hatte er diesen Formel 1-Grundsatz verinnerlicht. Wenn zwei Fahrer exakt gleich stark sind, wird immer der mit dem besseren Equipment gewinnen – und gewinnen war genau das, was ihn (zu Recht!) interessierte.

Er liebte es, seinen Fahrern etwas Gutes zu tun, und die Fahrer fanden die Art und Weise, wie es bei Coast zuging, einsame Spitze.

Er verpflichtete Trainerlegende Wolfram Lindner als Sportdirektor, damit seine Fahrer auch die bestmöglichen Trainingspläne bekamen, und bei Rennen, die für das Team besonders wichtig waren, nahm er an der Teambesprechung teil und kündigte lohnende Cash-Prämien für Top-Ten-Platzierungen an, um seine Jungs zusätzlich zu motivieren. Diese GS2-Zeiten sind heute noch unter den »alten« Coast-Fahrern als »the happy days« bekannt.

Günther Dahms persönlich traf ich Pfingsten 2000 bei einem Rennen in Oberhausen. Für mich war das eines der Rennen, bei denen man Startgeld bekommt, dementsprechend aber auch Leistung zeigen sollte. Startgeld kassieren und dann einfach nur im Feld mitrollen, das gab es bei mir nicht. Nur war das sich Durchsetzen an diesem Tag besonders schwer, denn die Coast-Profis waren mit acht Fahrern angetreten, und im Einkaufszentrum Centro (in Oberhausen) befindet sich heute noch der Vorzeigeladen der Coast-Kette.

Ich wurde Zweiter, nachdem ich mit meinen (wie immer) ausgeleierten Schuhplatten im Sprint aus der Pedale gerutscht war, und es gewann Malte Urban von Coast.

Als alles zum Veranstalter ging, um Startgeld und Prämien abzuholen, lief ich Günther Dahms über den Weg. Er strahlte wie ein Honigkuchenpferd und war mir auf Anhieb sympathisch.

Ich sagte ihm, wie gut ich fände, was er da für den Radsport in NRW und Deutschland tue, und er antwortete nur: »Mein Sohn ist früher selbst gefahren, und jetzt mach ich halt ein Team.« Damit fand ich ihn gleich noch sympathischer, und nachdem ich das tolle

Outfit bei der Freizeitkleidung seiner Jungs erwähnte, öffnete er die Kofferraumklappe des AMG E-Klasse Kombis und stattete mich mit einer Top-Winterjacke und einem Trainingsanzug aus. Ich witzelte, dass sei wohl der Return of Investment von all dem Geld, das ich als Teenager in seinen Läden gelassen hätte. Dann fragte ich ihn, was er sich denn davon verspreche, etwa 1,5 Millionen DM in ein GS2-Team zu buttern. »Nicht viel mehr als Spaß, aber ist das denn nicht genug?«

Im weiteren Gespräch merkte ich aber schon: Es wurmte ihn, dass es in Deutschland, wenn es um den Radsport ging, immer nur Telekom, Ullrich und Zabel hieß. Eigentlich war ich von dieser einseitigen Sichtweise der Medien ja auch betroffen. Eigentlich gäbe es nur zwei Möglichkeiten, sagte ich: »Entweder weiter so und Spaß haben, aber sonst nichts, oder aber es wirklich versuchen und mit einem Budget von 10 Millionen einmal richtig mitmischen.« Das war wahrscheinlich die Aussage, die den Stein ins Rollen brachte.

Ich fuhr danach zur Tour, und nach meinem Etappensieg gehörte Dahms zu den ersten telefonischen Gratulanten, worüber ich mich sehr freute. Wir blieben weiterhin lose in Kontakt, man sah sich natürlich hin und wieder bei Rennen, und nach dem Weltcuprennen in Hamburg rief er mich an und sagte: »Ich mach's: GS1 volle Pulle!« Das waren Neuigkeiten, die wohl niemand in der Radsportwelt erwartet hatte. Da trifft ein Radsportfan am Tag nach einem Weltcuprennen, während er im Begleitfahrzeug durch ein Spalier von über einer Million Zuschauer fährt, die Entscheidung, ein Team der ersten Kategorie auf die Beine zu stellen – und das mit nur neunzehn Läden (alle in NRW) im Hintergrund, die junge Mode verkauften. Noch Jahre später wurde dieser Mann bei Meetings von Marketingleuten komplett für verrückt erklärt, zumindest was Strategie, Sponsoring und Werbung anbetraf. Das Team machte er trotzdem.

Ich gab ihm noch mit auf den Weg, er solle die Fahrer, die er verpflichten wolle, nicht gleich zu teuer einkaufen, denn bei neuen Teams ist es oft so, dass ein Fahrer nur durch viel Geld zur Unterschrift überredet werden kann. »Was du hast, das haste – was du kriegst, das weißte nicht«, ist eine Devise, die gerade in solchen Situationen oft den Ausschlag gegeben hat.

Allerdings hatten die Fahrer, die er letzten Endes verpflichtete, alle gute Manager. So kam es, dass Dahms viel mehr bezahlte als der Markt hergab. Kein anderes Team hätte auch nur 75 % dessen gezahlt, was Coast seinen Fahrern anbot (oder anbieten musste), um die Fahrer davon zu überzeugen, sich diesem neuen Team anzuschließen.

Nur vier Tage nach seinem Anruf hatte ich meinen Unfall, und was ich so bei meinen total verschobenen Prioritäten am Rande noch mitbekam war, dass er und Lindner es tatsächlich schafften, genügend starke Fahrer zu verpflichten. Die Mannschaft gelangte in die GS1-Kategorie und konnte so theoretisch mit einer Toureinladung rechnen.

Im Mai 2001 kam diese Einladung natürlich nicht, denn was die sehr teure, aber wirklich nicht professionell betreute Mannschaft bis dahin so zeigte, war sicher nicht das Geld wert, das Dahms dafür auf den Tisch legte.

Ein weiteres Problem für das neue deutsche Team war es, dass wir in Deutschland sicher nicht genügend Mechaniker und Masseure hatten, die den Radsportzirkus »on the road« kannten, was im Verlauf der Saison schon einmal zu witzigen Situationen führte. Bei einem der ersten Rennen war es sogar passiert, dass die Mechaniker mit dem Team-Lkw nicht etwa direkt ins Hotel gefahren waren, um die Koffer der Fahrer dorthin zu bringen und mit dem zuständigen Masseur die Zimmerbelegung klar zu machen. Da die Jungs auch einmal Radrennen sehen wollten, kamen sie mit dem Lkw zum Start der Etappe – etwas noch nie Dagewesenes in der Radsportwelt.

Alle im Team bemühten sich wirklich und gaben ihr Bestes, aber die mangelnde Erfahrung machte sich bemerkbar, und wenn in einem Team nicht alles hundertprozentig läuft, dann wirkt sich das schnell auf die Moral der Fahrer aus. Wolfram Lindner war zu dieser Zeit so gut wie auf sich alleine gestellt und rackerte jeden Tag sechzehn Stunden und mehr. Eigentlich war es eine Riesenüberraschung, dass Alex Zülle bei Paris–Nizza den ersten Sieg für das junge deutsche Team hereinfuhr. Und er selbst wusste gar nicht, dass er gewonnen hatte; er dachte, es sei noch jemand vor ihm gewesen und fuhr ohne die Arme hochzureißen über die Ziellinie.

Aber auch dieses Ergebnis, genau wie die fantastischen Platzierungen vom spanischen Co-Leader Fernando Escartin, wurden in den deutschen Medien mit kaum einer Zeile gewürdigt.

So kam es, dass Coast, als die Mannschaft dann bei der Tour de France-Wildcard-Vergabe leer ausging, eigentlich das erste Jahr schon verloren hatte.

Zu dieser Zeit war ich bei Festina, und es zeichnete sich immer mehr ab, dass unser langjähriger Sponsor Miguel Rodriguez (Mr. Festina) sein Engagement am Ende des Jahres zumindest reduzieren wollte. Unter uns vermuteten wir sogar, dass er sich nach inzwischen dreizehn langen Jahren komplett aus dem Radsport zurückziehen wollte.

Ich war inzwischen fünf Jahre bei Festina, und das »Ambiente« dort war einfach fantastisch. Es war mehr eine Familie als ein Radteam! Bei Festina gab es genau das, was bei Coast fehlte: Leute mit langjähriger Radsporterfahrung im Profibereich, die genau wussten, wie ein Team erfolgreich wird.

Nachdem ich schon bei den Deutschen Meisterschaften mit Dahms über eine eventuelle Fusion gesprochen hatte und wir uns dann mit ihm noch einmal bei der Tour de France getroffen hatten, saßen der General Manager des Festina-Teams, Juan Fernandez, und ich am 7. August 2001 bei Günther Dahms zu Hause auf der Couch, um eine mögliche gemeinsame Zukunft zu besprechen.

Mit Juan an meiner Seite fühlte ich mich sehr wohl, denn er war es, der Festina nach der unschönen Tour de France 1998 mit dem großen Doping-Skandal wieder neu aufgebaut hatte. Ich schätzte sein kluges und professionelles Auftreten in allen Lebenslagen.

Wir kamen zu dem Schluss, dass ich der neue Manager des Teams werden sollte, mit voller Verantwortung für Sponsoren, Co-Sponsoren, Ausstatter und so weiter, und Juan die Nummer eins der Sportlichen Leiter mit dem letzten Wort, wenn es um sportliche Belange ging.

Die Beträge, die in den Verträgen standen, waren sicher sehr gut, aber Dahms hatte damit auch zwei Leute mit im Boot, die über einen Haufen Erfahrung im Profisport verfügten. Gerade Juan hatte im Management von Rennställen Referenzen vorzuweisen wie kaum ein anderer.

Vor allem kannte er die Summen, die ein erfolgreicher Radteam-Manager verdienen konnte, schließlich hatte er in den vergangenen Jahren wenig anderes gemacht. Da ich ihm blind vertrauen konnte, war er eigentlich derjenige, der die Beträge aushandelte. Günther Dahms hatte allerdings Bedenken, dass Wolfram Lindner, der die

Mit Festina-Teamchef Juan Fernandez.

ganze Aufbauarbeit geleistet hatte, sich über die Neuzugänge nicht freuen und das Ganze möglicherweise als »unfreundliche Übernahme« ansehen würde.

Nach einigen Gesprächen mit Wolfram kamen wir aber zu dem Schluss, dass wir, wenn wir von der Festina- und der Coast-Struktur jeweils das Beste nehmen würden, unter dem Strich ein besseres Ergebnis hätten als das Team Coast 2001, nämlich eine Topmannschaft, die in der Weltrangliste nicht unter ferner liefen zu finden wäre, sonder unter den Top Ten.

Also wechselten zwei Sportliche Leiter, der Teamarzt, drei Masseure, drei Mechaniker, sechs Fahrer und ich am Saisonende von Festina zu Coast.

Ich startete meinen neuen Job mit sehr viel Enthusiasmus. Es war schon ein Ruck durch das Team und die Radsportwelt gegangen, als publik wurde, dass ich als Manager verpflichtet worden war. Als diese Meldung über die Agenturen ging, wurde mein Handy nicht mehr kalt. Viele Journalisten wollten Genaueres wissen, aber auch viele Fahrer der Mannschaft, die sich auf Juan und mich freuten, und darauf, dass jetzt alles professioneller ablaufen würde. Ich hatte auch fest vor, alles zu geben; mit Juans Erfahrung und meiner Vielseitigkeit sollte die Herausforderung Top Ten-Team bewältigt werden. Aber es war ja alles so viel komplizierter, als ich es mir vorgestellt hatte.

Das Büro der Mannschaft lag in Schermbeck, von Köln aus gute 140 Kilometer entfernt durch den Verkehr des Rhein-Ruhr-Gebiets, und für einen Städter wie mich ganz einfach am A. d. W.

Ich wartete in Köln meist die Rushhour ab, und kurz nach neun startete ich in den Norden, war gegen kurz nach zehn da, und meist dauerte es bis 22.00 Uhr, bis ich mich wieder auf den Weg nach Köln machte. Da ich zu Hause auch ein Büro hatte, musste ich diese Fahrten nur zwei- bis dreimal die Woche machen, aber trotzdem schlauchte das ganz schön.

Es waren lange Stunden im Büro, dazu kamen viele Reisen, um weitere Fahrer und andere kompetente Leute für das Team an Bord zu holen, wie etwa den Franzosen Alain Gallopin, der unser Sportlicher Leiter für alle Klassiker wurde und uns auch nicht enttäuschte.

Es folgten auch viele fruchtlose Besuche bei Fahrern. Superstar Peter van Petegem hatte beispielsweise mit Gallopin gesprochen und Interesse bekundet. Auch weitere deutsche Fahrer wollten wir verpflichten ... es nahm kein Ende. Immer länger und aufreibender wurden die Tage, und vor allen Dingen nervte es mich, wenn es nach einem 14-Stunden-Tag kein sichtbares Ergebnis gab. Als Radprofi war das alles viel einfacher gewesen. Nach dem Training war man körperlich müde, und nach einer Woche konnte man schon den Formverlauf nach oben erkennen. Jetzt als Manager war ich aber nicht nur für mich selbst verantwortlich, sondern für Hunderte von Dingen, die sich keineswegs so leicht erledigen ließen, wie ich mir das immer vorgestellt hatte. Irgendwie hatte ich in einer anderen Welt gelebt. Als Radprofi war ich ein völlig unkomplizierter Typ, vielleicht sogar etwas zu blauäugig gewesen.

Aber die Leute, mit denen ich jetzt verhandelte, waren gar nicht so harmlos, wie ich es immer gewesen war. Jeder schaute auf seinen eigenen Vorteil, natürlich, das wurde mir immer deutlicher. Der ungeheure Aufwand an Zeit war mir ebenfalls zuwider. Zeit um Gespräche zu führen war in Ordnung, aber die Entscheidung dann zu verschieben oder gar nicht zu treffen, vielleicht aus Angst, es könne die falsche sein, das ging mir furchtbar auf die Nerven. Natürlich soll man sich eine Entscheidung gründlich überlegen, aber keine zu treffen, ist oft schlimmer, als eine falsche zu treffen, denn zumindest kann man aus der falschen lernen.

Es bewegte sich alles sehr zäh, und wenn ich abends ins Bett ging, war an Schlafen nicht zu denken. Ich grübelte über all die Dinge nach, die ich noch nicht erledigt hatte, und versuchte Strategien zu entwerfen, wie das nun alles schnell und problemlos über die Bühne gehen konnte. Am nächsten Abend war ich dann umso nervöser, weil alle diese Strategien eben nicht funktioniert hatten und von den zehn alten Aufgaben nur zwei gelöst, aber zehn neue hinzugekommen waren. Natürlich fehlte auch die Zeit, um Sport zu treiben, wie ich es gewohnt war. Statt bei schönem Wetter mit dem Rad drei bis fünf Stunden durch die Eifel zu fahren, saß ich jetzt den größten Teil des Tages in meinem Auto oder in einem Büro, und das fast immer mit einem Telefonhörer am Ohr.

Ende August, bei einem Besuch der Friedrichshafener Fahrradmesse Eurobike, wo ich so viele Ausstatter und Sponsoren wie möglich besuchen wollte, geriet mein Glaube an das, was ich tat, das erste Mal etwas ins Wanken.

Günther Dahms und ich besuchten den Stand des amerikanischen Fahrradherstellers Specialized, der in den vorangegangenen Jahren Festina mit Top-Rädern ausgestattet hatte.

Coast war in diesem Jahr mit Colnago-Rädern unterwegs gewesen, und Herr Dahms war sehr zufrieden damit, dass »wir nicht einen Pfennig für all die Räder bezahlen mussten und die sogar nach der Saison noch behalten konnten.«

Ich sagte ihm, für eine Mannschaft mit den Rennfahrern, die er vorzuweisen hätte, müsse ein Radhersteller schon etwas mehr auf

Spanien-Rundfahrt 2001 – 15. Etappe Valencia–Alto de Aitana – Bereits bei der Arbeit: Coast-Team-Manager Marcel Wüst.

die Beine stellen als nur die Fahrräder. Da müsse eine sechsstellige Dollarsumme fließen, und keine mit einer 1 vorne.

Nachdem ich mit Mike Sinyard, dem Präsidenten von Specialized, eine grundsätzliche Vereinbarung getroffen hatte und wir uns alle die Hand darauf gaben, war der Deal für mich gemacht. Umso überraschter war ich, als Günther Dahms draußen zu mir sagte: »Jetzt gehen wir mal zu Colnago und gucken, was die so bieten. Ich finde Carbonräder ohnehin besser.«

Von diesem Moment an war mir ziemlich unbehaglich zumute. In der Modebranche mag es ja üblich sein, das Business so zu betreiben, aber im Radsport ist es eigentlich üblich, dass ein Wort ein Wort ist.

Ich hatte zu dieser Zeit aber auch noch nicht die Erfahrung und Souveränität, an dieser Stelle klar zu sagen: Ich bin verantwortlich für dein Team, du bist »nur« der Sponsor. Die Entscheidungen, die das Team betreffen, sind meine alleinige Verantwortung, wie es in allen anderen Radteams der Welt auch ist.

Wir gingen also zu Colnago. Dort redeten wir dann aber nur umeinander herum, ohne auf den Punkt zu kommen.

Bei den Bekleidungsherstellern war es ähnlich. Ich wollte die Dinge hinter mich bringen, um dann mit all den anderen Aufgaben weitermachen zu können, die ein Manager sonst noch zu tun hat. Es musste ein Fahrzeugsponsor gefunden werden, dann die für dieses Fahrzeug passenden Dachgepäckträger angefertigt werden. Co-Sponsoren von Zusatzernährung und Helmen über Freizeitbekleidung mit Größenschlüssel für 50 Leute zu Koffern, Radsäcken, Sporttaschen und, und, und. Trikotdesign, Autobeschriftung, Ankauf eines neuen Team-Lkws (dem von Festina) – das alles lag noch vor mir, deshalb wollte ich, wenn es ein gutes Angebot gab, nicht immer noch auf ein vielleicht noch besseres warten.

Da ich aber keine Verträge unterschreiben konnte, war ich darauf angewiesen, dass der Geschäftsführer der Betreibergesellschaft der Mannschaft die Sponsorenverträge unterschrieb.

Um ein Radteam beim Weltverband anzumelden, braucht man eine Betreibergesellschaft, die zum einen Einkünfte aus Sponsorenverträgen und zum andern die Fahrer und Betreuer unter Vertrag hat und diese aus den Einkünften bezahlt. Auch um das Engagement steuerrechtlich geltend machen zu können, ist es nicht möglich, dass Sponsor und Betreibergesellschaft identisch sind.

Als nach einigen Wochen Mike aus Kalifornien anrief und fragte, warum der Vertrag noch nicht unterschrieben sei, fragte ich den Geschäftsführer, was los sei. Seine Antwort war genau die, die ich erwartet hatte: »Ich unterschreibe nicht, bevor Günther Dahms mir nicht das O.K. gibt.«
Der Vertrag mit Bekleidungshersteller Biemme lag ebenfalls dort und ging nicht zurück nach Italien. Als Manager machte ich also zwar Dinge klar, hatte aber keine Chance, diese auch rechtlich unter Dach und Fach zu bringen – das war nicht so, wie ich mir die Aufteilung vorgestellt hatte.

Ich rief Günther Dahms an und bat ihn um ein Gespräch. Wenn er so viel Freude daran habe, neben seinen Bekleidungsgeschäften noch ein Team zu managen, dann solle er das tun, aber es könne nicht sein, dass ich Zusagen als Manager machte, die dann nicht eingehalten würden. Wir einigten uns darauf, dass ich als prominentester Deutscher seines Teams in Zukunft die Medien und die in- und externe Kommunikation des Teams in die Hand nehmen solle, und dass bei all meinen Fernsehauftritten sein Coast-Logo auf meiner Kleidung erscheinen solle. Das sollte meine Gegenleistung zu den Honorarzahlungen sein, und wir einigten uns darauf per Handschlag. Eine Vertragsänderung hat es nie gegeben, und da ich mich in solchen Belangen immer auf sein Wort verlassen konnte, war diese auch nicht nötig.

Was an diesem Tag allerdings nicht beschlossen wurde, war die Frage, wer denn jetzt für das Management verantwortlich sei. Ich war es nicht mehr, doch alle Leute, die mit Coast etwas zu tun haben wollten, riefen weiter bei mir an. So ging langsam jede Struktur verloren. Ein bisschen machte ich, Wolfram machte auch etwas, und wo es ging organisierte Juan in Spanien das eine oder andere dazu.

Eine andere Tatsache, die mich für viele zum Ansprechpartner machte, waren meine Sprachkenntnisse. Wenn ein Spanier irgendetwas von uns wollte, dann rief er bei mir an, damit ich es Wolfram oder der Geschäftsführung weiterleitete. Umgekehrt war es genauso, und gerade bei den Fahrern war ich der Ansprechpartner Nummer eins. Schließlich wussten die alle, dass ich die Probleme mit Flugtickets, Gehaltszahlungen oder weiß der Teufel was aus eigener Erfahrung kannte. Ich war der Tausendsassa in Sachen Radsport – trotzdem aber froh, dass ich nicht mehr der Manager des Teams war, auch wenn es nach außen so zu sein schien.

Ich hatte vor, Ende Oktober für einige Zeit nach Australien zu verschwinden. Meine Presse- und Medienarbeit konnte ich von dort aus am Laptop machen. Außerdem hatte mein eigentlicher Arbeitsvertrag noch gar nicht begonnen – der sollte erst am 1.1.2002 starten.

Bevor ich mich verabschiedete, hatten Günther Dahms, Juan Fernandez und ich noch einen wichtigen Termin in Barcelona. Da der Vueltasieger Angel Casero noch kein Team gefunden hatte, Festina-Boss Miguel Rodriguez aber versprochen hatte, ihm dabei behilflich zu sein, kam ein Treffen zwischen Mr. Coast und Mr. Festina zustande. Es ging um viele wichtige Dinge, vor allem aber um einen Haufen Geld. Da ich Miguels Vorliebe für Meetings kannte (sie gingen meist bis zum frühen Morgen), kam ich ausgeschlafen und guter Dinge im Hotel an.

Wir zerschnitten Coast- und Festina-Trikots und kreierten so ein Coast-Festina-Trikot, für das Miguel eine faire Summe zu zahlen bereit war. Dann ging es darum, welche der beiden Betreibergesellschaften denn übernommen werden sollte. Wäre es die von Festina gewesen, wäre der Tourstart für 2002 gesichert gewesen. Das hätte aber ein gewaltiges administratives Problem bedeutet, da alle Coast-Fahrer mit der deutschen Betreibergesellschaft gültige Verträge hatten. Da Miguel als Zeitmessungssponsor bei der Tour de France ohnehin im Boot war, konnte er sich eine Fusion ohne gesicherte Tourteilnahme des Teams nicht vorstellen. Seine Kontakte zur Tour sowie die Qualität unseres Teams (zu dem Casero zu diesem Zeitpunkt noch nicht gehörte) ließen aber eine Teilnahme in greifbare Nähe rücken.

Als wir uns nach sehr viel Übersetzungsarbeit von mir um viertel vor sechs morgens voneinander verabschiedeten, waren wir allerdings so weit im Reinen, dass Miguel mit im Boot war. Er wollte nur noch auf einen Vorschlag bezüglich der Gestaltung des Trikots und auf die Nachricht warten, dass wir mit der Verpflichtung Caseros zu einem angemessenen Preis zu Potte gekommen wären.

Als ich kurz vor Sonnenaufgang zurück ins Hotelzimmer kam, wurde Heike wach. Ich murmelte nur: »Die haben sie nicht alle ...« Ich konnte nicht verstehen, wie man sich freiwillig die Nächte mit solchen Meetings um die Ohren hauen konnte. Natürlich war ich von allen am meisten gerädert, denn acht Stunden simultan zu übersetzen, zu verhandeln und für alle Seiten das Beste herauszuholen war ich einfach nicht gewohnt. Immerhin sah es so aus, als hätten wir es tatsächlich geschafft. Aber eins war mir ganz klar: Sollte ich mal so viel auf der hohen Kante haben wie Günther oder Miguel, dann würde ich sicher nicht nächtelang über irgendwelche Verträge verhandeln oder mich über den ganzen Ärger, den mir mein Business bringt, beklagen. Ich würde mich darauf beschränken gut zu rechnen, um nicht irgendwann in die Altersarmut abzurutschen. Sich mit ganz viel Geld auch noch Ärger und schlaflose Nächte zu kaufen, das käme mir nie in den Sinn.

Wieder in Deutschland verfasste ich eine Liste von all den Dingen, die nun andere zu erledigen hatten, und verabschiedete mich nach Australien – nicht ohne täglichen Kontakt zum Team per E-Mail oder Telefon. Eigentlich war ich ja nur für die Medien verantwortlich, aber was half mir das? Ich war der Einzige, mit dem jeder im Team die eigene Sprache sprechen konnte.

Nach drei Wochen kam ich zurück nach Europa, denn wir hatten unser erstes Trainingslager in Spanien. Zu diesem Zeitpunkt war bei Festina immer noch kein akzeptabler Trikotentwurf eingegangen, und auf meinen Anruf bei Miguel, ob er denn noch »part of it« sei, meinte er knapp, er sei das ewige Hin und Her müde. Drei Wochen auf etwas zu warten habe er nicht nötig. Wir sollten sehen, wie wir das alleine durchziehen könnten.

Während des Trainingslagers in Spanien Ende November, zu dem ich extra aus Australien zurückkam, traf zum ersten Mal fast die gesamte Mannschaft aufeinander. Eigentlich war das gesamte spanische Personal noch bei Festina beschäftigt, aber trotzdem waren alle da, außer Javi Manero, dessen Frau in genau diesen Tagen ein Kind erwartete. Von den deutschen Masseuren und Mechanikern war nur jeweils einer da, die anderen waren bei Sechstagerennen unterwegs, um noch ein paar Mark dazu zu verdienen – was dem Teamgeist von Anfang an nicht förderlich war. Auch die Sprachbarrieren waren groß. Wir waren ein deutsches Team, doch ein Großteil der Leute sprach diese Sprache nicht, dazu auch kein gutes Englisch und nur etwas Französisch. Wir waren ein internationales Team mit internationalen Fahrern, aber damit allein konnte man in den deutschen Medien keinen Blumenpott gewinnen. Ich tat alles, was ich konnte, um die Neuigkeiten zu verbreiten, vor allem, als wir Anfang Dezember bei einer Pressekonferenz in Valencia die Verpflichtung von Angel Casero bekannt gaben.

Das Interesse war zwar da, aber nicht so, wie man sich das bei einer Mannschaft mit so einem großen Fahrerpotenzial erhofft hätte.

Die Vorbereitungen auf die erste Teampräsentation in Essen liefen auf Hochtouren, und ich versuchte bei diesem ersten von mir alleine organisierten Event an alles zu denken. Die Räumlichkeiten hatte Günther Dahms vorgeschlagen: ein altes Schlösschen und ein ausreichend großer Saal mit einem behaglichen Ambiente. Die Pressemappe hatte ich in Australien am Laptop erstellt und zu einer Agentur nach Köln geschickt, die sie drucken und binden lassen sollte. Es musste noch ein Präsent für die Journalisten her, und ich hatte die grandiose Idee, dass es etwas Nützliches sein sollte: Die Pressemappen würde ich zusammen mit einem Coast-Portemonnaie in einen coolen Coast-Rucksack stecken ...

Ich denke, die Filialen verfluchten meine Idee, denn es mussten jetzt alle Rucksäcke aus den Filialen wieder zurück ins Lager, denn dort waren nicht mehr genug vorhanden. Das Schöne daran ist, dass selbst Jahre später noch ARD-Kollegen mit dem Coast-Rucksack zur Tour reisten, als es die Mannschaft schon lange nicht mehr gab. Die Häppchen waren fantastisch, allerdings auch ihr Preis, aber irgendetwas mussten wir den Presseleuten ja anbieten. Die Dekoration übernahm ich selbst und hängte mithilfe eines Mitarbeiters zwei Banden auf, aber das war es dann auch schon. Ich hatte sogar daran gedacht, dass die Fotografen die Fahrer natürlich im Trikot sehen wollten, und wir hatten einen Nebenraum angemietet, wo die Jungs nach der Präsentation abgelichtet werden konnten.

Alles war soweit fertig, bis auf das Wichtigste: die Pressemappe. Die war noch nicht gedruckt, geschweige denn gebunden, aber als ich nach meinem Bürotag zur Agentur nach Köln fuhr, lief der Drucker, und um 22.30 Uhr war die letzte Pressemappe gebunden und verpackt. Ich war heilfroh. Jetzt konnte nichts mehr passieren, nahm ich an.

Der nächste Morgen begann um 5.30 Uhr, denn ich wollte vor dem Verkehrschaos, das jeden Morgen um Köln herum ausbricht, nach Essen fahren, um vor Ort noch einen Soundcheck durchzuführen und letzte Einzelheiten zu besprechen.

Präsentation des Team Coast 2002.

Sascha Henrix, einer der Fahrer, kam zu mir und brachte sein Rad mit, denn was ist die Präsentation eines Profiteams ohne Fahrrad. Ich verstaute das Rad und die Pressemappen in meinem Van, und da ich keine Lust hatte, im Anzug die Scheiben freizukratzen, startete ich fünf Minuten vor der geplanten Abfahrt den Motor. Als die Tür zuschlug, hatte ich augenblicklich ein ganz mieses Gefühl: Hatte ich den Zentralverriegelungsknopf gedrückt und somit abgeschlossen? Ich hatte, und der sonst so geliebte Knopf war mir zum Verhängnis geworden. Auto zu, Pressemappen und Schlüssel drin.

Ich wusste genau, wo der zweite Schlüssel war: Bei unseren Freunden in Köln-Nippes, die unser Auto benutzt hatten, während wir in Australien waren. Das war um diese Uhrzeit genau so nah oder fern wie Florida.

Ich versuchte das hintere Fenster auszuhebeln, da ich aber an allen hinteren Fenstern eine dunkle Scheibenfolie hatte, wollte ich dann doch keines von denen demolieren.

Welche Möglichkeiten hatte ich? Die Uhr tickte, der Verkehr wurde mit jeder Minute mehr, und eine Teampräsentation ohne Pressesprecher/Übersetzer/Co-Moderator und Pressemappen wäre ein Fiasko.

»Hammer keinen Hammer, ja wo hammern dann ...« heißt es in einem Lied der kölschen Gruppe Bläck Föös ... Ich hatte ihn erst im

Keller, dann in der Hand und dann im Seitenfenster meines Ford Windstar.

Ich fluchte an diesem Morgen ohne Ende, schwitzte trotz Frost, packte all den Krempel in meinen eigentlich dafür viel zu kleinen Fiesta und heizte los. Jetzt konnte aber wirklich nichts mehr passieren, und zum Glück hatte ich diesmal Recht.

Vor Ort packten mein Kollege Markus Henning und ich die Pressemappen in die Rucksäcke, und wir hatten sogar einige Ex-Festinas sowie die Geschäftsführerin der Kölner Coast-Filiale dabei, die alle gut Spanisch sprachen, um mich etwas zu entlasten.

Unserer Einladung zur Mannschaftspräsentation ins Schloss Hugenpoet bei Essen folgten viele Journalisten, denn wir waren für das Jahr 2002 wirklich hervorragend aufgestellt. Casero, Zülle, Escartin; dazu noch Plaza und Perez für die Rundfahrten; dann Guidi, Michaelsen und Hoj für die Klassiker, und die Sprintergarde mit Radochla, Wilhelms und Teutenberg. Auf dem Papier waren wir eines der besten Teams der Welt – und das Schöne war, dass die Fahrer das von Beginn der Straßensaison an in die Realität umzusetzen vermochten.

Zuerst gewann Thorsten Wilhelms zwei Etappen und die Gesamtwertung in Quatar, Alex Zülle siegte im Zeitfahren und in der Gesamtwertung der Valencia-Rundfahrt und Frank Hoj wurde Zweiter bei Het Volk, dem Klassikerauftakt in Belgien. Das Team war »rockin' an' rollin'«, und in der ersten veröffentlichten Weltrangliste des Jahres kamen wir auf Platz vier.

Danach kam alles nur noch besser: drei Fahrer in der ersten Gruppe bei Paris–Roubaix und hinter Mapei Zweiter in der Weltcuptageswertung, Zülles Heimsieg bei der Tour de Suisse und der Mannschaftssieg in Katalonien mit den Gesamträngen 2, 3, 5 und 8 von vier Teammitgliedern bedeuteten weiterhin Platz vier eine Woche vor dem Start der Tour de France.

Das Problem war nur, dass die Tour ohne uns startete, und das war sicherlich die bis dahin größte Enttäuschung für Günther Dahms und alle anderen, die an den Erfolgen der Mannschaft beteiligt waren. Wir hatten es wirklich verdient, eine Wildcard zu bekommen, aber sie wurde uns verweigert, und es wurden zweitklassige französische Teams bevorzugt.

Während der Tour wurde unser Verlangen, in der Rangliste weiter oben zu bleiben, natürlich größer, und nach einem tollen Saisonfinale bei der Spanienrundfahrt waren wir am Ende des Jahres die Nummer fünf in der Welt. Das hatte es im Radsport noch nie vorher gegeben: Ein neu gegründetes Team war nach Abschluss seiner zweiten Saison unter den Top Five der Welt. Den größten Anteil an diesem Erfolg hatte sicher Günther Dahms, denn wenn er nicht mit all seinem Enthusiasmus das Risiko einer solchen Investition auf sich genommen hätte, dann wäre Coast eben immer noch in der GS2. So aber hatte Deutschland auf einmal drei große Teams – und wer hätte je gedacht, dass Telekom einmal von Coast und Gerolsteiner auf Platz drei in der innerdeutschen Weltranglistenwertung verwiesen werden könnte?

Dass natürlich auch jeder einzelne Fahrer, Masseur, Mechaniker und Sportliche Leiter daran seinen Verdienst hatte, ist ganz klar, vor allem, weil es auch schon in diesem Jahr Unstimmigkeiten wegen angeblicher Gehaltsansprüche gegeben hatte, die das eine oder andere Mal für Unruhe sorgten. Die leistungsbezogenen Zweijahresverträge aus der Gründerzeit, die ich immer als »Altlasten« bezeichnet hatte, sorgten wegen unterschiedlicher Interpretationen für Ärger. Und das war erst der Anfang.

Nach Saisonende verdichteten sich dann die einzelnen dunklen Wolken mehr und mehr.
    Anscheinend war während des gesamten Jahres eine Steuerschlamperei passiert, und man hatte den ausländischen Unternehmern (als solche wurden die Fahrer geführt) die in Deutschland einzubehaltenden Steuern ausgezahlt, was allerdings nach deutschem Gesetz nicht zulässig ist. Daraufhin wurden diese »Überzahlungen« dann mit den noch ausstehenden Honoraren verrechnet, was dazu führte, dass im November gar kein Geld kam und im Dezember nur ganz wenig. Es kam natürlich immer mehr Unruhe auf, in die ich dann auch noch miteinbezogen wurde, denn schließlich hatte ich diese Verträge den Fahrern vorgelegt und außerdem war ich ja derjenige, der alle Sprachen sprach. Am Ende fühlte ich mich wie Hiob und war bei vielen das schwarze Schaf.

Zu dieser Zeit wehte aber ein frischer Wind bei Coast, ein gewisser Willi Steinberg räumte mit all den Steuerpannen auf und schmiss den Laden. Wenn es um Radsport ging, hatte er absolut keine Ahnung, aber ich konnte mich endlich um meine Pressearbeit kümmern, und die ganzen Gespräche mit Anwälten und unzufriedenen Fahrern waren nicht länger meine Baustelle. Mir konnte das alles im Moment ohnehin egal sein, denn seit Jan Ullrich bekannt gegeben hatte, er werde nicht mehr bei Telekom fahren, hatte Günther Dahms eine weitere »grandiose« Idee: »Wie wäre es denn, wenn wir den Ullrich holen?«, fragte er mich am Telefon etwa zehn Minuten, nachdem die dpa-Meldung heraus war.

Ich gab ihm wieder mal einen Ratschlag: »Wenn du ihn alleine finanzieren kannst, wäre das das Beste, was uns allen passieren kann. Er ist der Einzige, der die Tour gewinnen kann, solange Armstrong fährt, und unser Team ist stärker als USPostal. Wenn du einen Co-Sponsor brauchst, um ihn zu finanzieren, dann verpflichte ihn NICHT in der Hoffnung, dass dieser Co-Sponsor dann schon auftaucht, nur weil du Ullrich hast.«

Es war wieder Oktober geworden, und meine übliche australische Auszeit nahte. Es fanden Gespräche mit Jan und seinem Management statt, aber die führte Günther Dahms zusammen mit Willi Steinberg; und ich harrte der Dinge, die da kommen sollten.

Australien ist zwar weit weg, aber über die Buschtrommel bekam ich dann doch Wind davon, dass Jan auch seinen Sportlichen Leiter Rudy Pevenage mitbringen würde. Als ich Günther Dahms diesbezüglich anrief, war er zunächst mal von den Socken. Ich sagte ihm, er solle sich bei allen Entscheidungen, die er treffe, darauf besinnen, wer sein Team im letzten Jahr zur Nummer 5 in der Welt gemacht habe. »Wenn Ullrich nur mit Pevenage kommen will – o.k., aber vergiss nicht, wer im vergangenen Jahr die Leistung gebracht hat.«

Das Coast-Angebot war anscheinend so verlockend, dass alle mit Dollarzeichen in den Augen zum Vertragsabschluss drängten. Die wirtschaftliche Lage der Firma war aber bei weitem nicht mehr so gut wie noch zwei Jahre zuvor, das schien niemand zu bemerken. Aber das sollte auch nicht mehr mein Problem sein. Ich hatte, als ich Anfang Dezember für fünf (!) Tage zurück nach Deutschland geflogen war, mit Günther Dahms einen neuen Vertrag ausgehandelt. Ich wollte mehr Freiheiten, auch mal andere Dinge zu tun, wie beispielsweise meinen Expertenjob bei der ARD während der Tour de France. Mein Vertrag wurde dementsprechend angepasst.

Jan Ullrich kam schließlich, und ein ganzer Schwarm von Leuten kam mit ihm. Was von dem Tag an über mich hereinbrach, das war wirklich nicht mehr lustig. Es war, als gebe es in Deutschland niemanden, der nicht etwas Exklusives, Spezielles oder Tolles mit Ullrich veranstalten wollte. Interviews, Fotoshootings, TV-Shows – alle riefen bei mir an. Und die am häufigsten gestellte Frage auf der Pressekonferenz war: »Wie bezahlt der Dahms das alles?« Im tiefsten Inneren stellte ich mir diese Frage auch. Es waren zwar einige Verträge ausgelaufen und somit etwas Geld freigeworden (z. B. Karriereende von Escartin, Weggang von Hoj, Michaelsen und Gianetti), aber trotzdem merkte ich, dass es manchmal an allen Ecken und Enden klemmte. Dazu kam noch, dass die Mannschaft von der UCI die Auflage bekommen hatte, am 5. jedes Monats die Ausführung der Zahlungen an alle Teammitglieder nachzuweisen.

Das gelang wegen der immer noch zu verrechnenden Umsatzsteuer aus 2002 im März nicht, und das Jan Ullrich-Team – wie es überall genannt wurde – musste auf Paris–Nizza verzichten und die geforderten Unterlagen nachreichen. Das Komische daran war in diesem Fall, dass nicht ein einziger Euro mehr bezahlt wurde als bis zum 5. März, die Anwälte jetzt allerdings die Rechtslage überzeugend dargelegt hatten und Coast wieder fahren durfte.

Das nächste dicke Ding, welches das Team zu stemmen hatte, war die Bankbürgschaft für drei Monatshonorare von Jan Ullrich. Jan wollte beim Cirquit de la Sarthe in Frankreich sein Comeback starten, allerdings fehlte noch die Bankbürgschaft und damit das grüne Licht. Ich rief Rudy Pevenage an, ob ich denn losfahren solle. Er antwortete: »Wir sitzen hier am Airport, und wenn das nichts gibt, dann sind wir weg!«

Ich wartete also in Köln auf grünes Licht, denn ich wollte nicht schon bis hinter Paris gefahren sein, um dann zu hören, dass Jan doch nicht führe. Der Anruf kam dann erst um sechs Uhr abends, aber es sah wohl nun alles danach aus, als könne Ullrich fahren.

Ich startete meinen Renault und machte mich auf den Weg nach Nantes. Die Kleinigkeit von 1050 Kilometern lag vor mir, aber ich hätte mich in den Hintern gebissen, wenn ich auf halbem Weg wieder hätte kehrtmachen müssen. Denn eines war klar: Wenn Jan Ullrich nicht gestartet wäre, dann hätte es wahrscheinlich keinen

Fortbestand der Mannschaft gegeben. Inzwischen, so schien es, hatten auch Pevenage und Jans Management mit Wolfgang Strohband mitbekommen, dass es mit der Gesamtfinanzierung der Mannschaft nicht so rosig aussah, wie es anscheinend von Günther Dahms vor dem Vertragsabschluss glaubhaft versichert worden war.

Es tat sich einiges im Hintergrund, und eines Tages sah ich Rudy Pevenage mit Jacques Haanegraaf – einem Ex-Radprofi, der inzwischen im Sportmanagement seine Kreise zog – bei Günther Dahms im Büro sitzen.

Zu dieser Zeit, das muss ich ehrlich sagen, war in mir das Feuer für dieses Team bereits erloschen. Ich machte meinen Job, der oft genug darin bestand, aus Hühnermist einen Geflügelsalat zu machen. Ich versuchte bei den Fahrern, die von der Einbehaltung der Steuer betroffen waren, zu schlichten und die Ursachen zu erklären – was letzten Endes dazu führte, dass mich einige von ihnen gar nicht mehr grüßten. Manchmal hatte ich sogar das Gefühl, dass auch die Leute, die mit mir von Festina gekommen waren, den Glauben an mich verloren hatten. Da wir aber einen so guten Draht zueinander hatten, fragte ich sie ganz einfach. Glücklicherweise versicherte mir das gesamte Personal, sie wüssten ganz genau, wie ich unter der Situation leide und ich solle mir keine Sorgen machen. Danach war mir schon wieder etwas wohler.

Gerade in der Anfangsphase der Saison 2002 war ich oft kurz davor, das Handtuch zu schmeißen. Aber die Verantwortung, die ich für »meine« Jungs empfand, und der Ausspruch von Juan, dem ich damals sagte, wie ich mich fühlte, hielten mich dann doch davon ab: »Du kannst uns doch jetzt nicht alleine lassen, ohne dich geht das alles den Bach runter.«

Ich kümmerte mich um meine Pressearbeit, die mir wegen all dem anderen Mist oft genug über den Kopf wuchs, und harrte weiter der Dinge, die da kommen sollten. Als am 3. April das März-Honorar auf meinem Konto einging, war ich erleichtert. Unter diesen Umständen konzentriert Radrennen zu fahren, wäre mir sicher unmöglich gewesen, und so ging es auch unseren Fahrern.

Jans Comeback war von einer Journalistenflut aus Deutschland begleitet, wie sie sonst nur bei der Tour de France zu sehen ist. Er fuhr gut, natürlich noch nicht überragend, und auf einer kleinen

Pressekonferenz stellte er sich den vielen Fragen der Journalisten mit erstaunlicher Gelassenheit. Dass Radsport in Deutschland und Jan Ullrich für die Öffentlichkeit zu dieser Zeit ein und dasselbe waren, wurde mir bewusst, als ich im Pressezentrum den deutschen Kollegen fast live den Sieg von Andreas Klier beim Klassiker Gent–Wevelgem kommentierte: Es interessierte keinen Menschen, dass ein junger Deutscher einen Klassiker gewann; einzig Jan Ullrichs achtzehnter Etappenplatz war wichtig.

Aber als am Tag nach Jans gelungenem Comeback Jaques Haanegraaf auftauchte, konnte ich mir denken, dass es um Co-Sponsoren ging, die die Mannschaft inzwischen dringend brauchte.

Am Ostermontag gewann Jan Ullrich vor 1.000.000 Zuschauern den deutschen Klassiker »Rund um Köln«, WDR-Liveberichterstattung inklusive. Jans Kommentar: »Jetzt hat er wenigstens keine Entschuldigung mehr, wenn es um Co-Sponsoren geht«. Gemeint war natürlich Dahms, und Recht hatte Jan allemal, denn danach wusste jeder: Jan Ullrich is back.

Der Rest des Aprils dümpelte so dahin, allerdings mit einigen guten Ergebnissen der Fahrer, die schon mit dem Team abgeschlossen hatten. Beltran sagte mir: »Natürlich muss ich jetzt erst recht gut fahren. Wenn das Team den Bach runter geht, will mich ja keiner, wenn ich mich jetzt hängen lasse.« Recht hatte er, denn er wechselte zu Armstrongs Team und sein Leader gewann die Tour 2003 – mit seiner Hilfe.

Es hatte eine Weile den Anschein, als würde dennoch alles gut werden. Pevenage hatte mit Ausstatter Bianchi einen Termin vereinbart. Günther Dahms, der an allen Fronten mit verschiedenen Agenturen nach Sponsoren suchte, schaffte es allerdings tatsächlich, den Flieger nach Mailand zu verpassen.

Am 5. Mai war noch niemand bezahlt worden, und ein Meeting mit einem potenziellen Sponsor stand an. Dahms nahm mich mit dorthin, und es sah eigentlich recht gut aus, denn der Weltverband hatte uns einen Aufschub gegeben. Trotzdem kam dann am 7. Mai per Fax das Aus vom Weltverband UCI. Es war ein Dreizeiler, in dem sinngemäß stand: »... wegen nicht gezahlter Honorare erneut suspendiert ...« Das war das Ende.

Warum nicht gezahlt wurde, dazu gibt es verschiedene Versionen. Laut Günther Dahms hat Ausstatter Bianchi die im Vertrag vorgesehene Summe, die am 30. April fällig gewesen wäre, nicht bezahlt. Er war angeblich auf diese Summe angewiesen, um den Monatsetat aufzubringen. Da Bianchi aber in Wirklichkeit an einer Übernahme des Teams interessiert gewesen sei, wäre diese Zahlung mutwillig zurückgehalten worden. Einige andere Stimmen meinten dagegen, Coast sei kurz vor der Pleite gewesen und Dahms hätte das Geld für seine Firma gebraucht.

Wie auch immer die Sachlage gewesen sein mag: Der Tag, an dem die Meldung heraus kam, war hammerhart. Mein Handy lief heiß, und ich stand jedem Rede und Antwort, soweit ich konnte. »Ja, wir sind wegen nicht gezahlter Honorare suspendiert; nein, ich weiß nicht wie es weitergeht; ob ich Geld bekommen habe oder nicht, das geht nur mich etwas an ...« und so weiter.

Dann ging alles ziemlich schnell. Bianchi wurde als Retter präsentiert, mit der Auflage, allen, die im Team waren, ein Angebot machen zu müssen. Dass diese Angebote bis zu 60 % niedriger waren als die bisherigen Verträge, führte zunächst dazu, dass es einiges an Unzufriedenheit gab. Besonders der spanische Teil des Personals fühlte sich hereingelegt. Da lizenzierte der Weltverband mitten in der Saison eine neue Mannschaft – und gerade die Leute, die das Team im Jahr davor nach vorne gebracht hatten, die sollten nun die größten Einbußen hinnehmen. Für die Hälfte oder weniger hätte wahrscheinlich auch Günther Dahms die Mannschaft weiter betreiben können. So blieben dann alle, die sich (zu Recht!) an der Nase herumgeführt sahen, auf der Strecke und ohne Job.

Ich nahm zweimal Kontakt mit dem neuen Manager Haanegraaf auf, aber da es so viel Dinge zu erledigen gab, insistierte ich nicht, und wir verblieben mit der knappen Absprache, erst wenn die Mannschaft wieder »on the road« sei über meine Zukunft im Team zu sprechen.

Allen Fahrern, die übernommen wurden, kürzte man, wo es nur ging, die Bezüge, allerdings mit dem Versprechen, das Team mithilfe von Co-Sponsoren über die nächsten drei Jahre weiter zu betreiben.

Heute ist bekannt, dass Haanegraafs Betreiberfirma Jan Ullrich ab August 2003 nicht mehr bezahlte, und dass es die Mannschaft nach nur sieben Monaten, davon zweieinhalb ohne Rennbetrieb, nicht mehr gab. Viele Fahrer haben ihren Job verloren, ganz zu schweigen vom Personal. Für mich war es rückblickend ein Glücksfall, dass ich nicht weitermachte, aber unter dem Strich betrachtet war es das für Bianchi auch: Man reduziert die monatlichen Kosten eines Teams um fast die Hälfte und muss dann nur sieben Monate lang zahlen, weil Coast ja für die ersten fünf verantwortlich gewesen war und die Grundinvestition mit Aufbau der Infrastruktur, Teamfahrzeugen und so weiter bereits eingebracht hatte.

Das gibt unter dem Strich inklusive Tourteilnahme und zweitem Platz von Jan Ullrich eine fantastische Publicity für verhältnismäßig wenig Geld. Dass andererseits jemand, der in gut zwei Jahren über zehn Millionen Euro an Grundinvestitionen geleistet hat, so kurz vor dem großen Ziel, mit seiner Mannschaft zur Tour zu fahren, auf die Nase fällt, war einigen da wohl ziemlich egal. Wenn bei aller Professionalität die Menschlichkeit derart auf der Strecke bleibt, finde ich das ganz schön übel! Ich persönlich wünsche Günther Dahms jedenfalls eine glücklichere Hand für alles, was er noch vorhat.

Die ARD und der freischaffende Tausendsassa in Sachen Radsport

Ende Mai war klar, dass ich bei der neuen Mannschaft nicht als Pressesprecher gewünscht war, und eigentlich war mir das auch ganz recht. So würde mir beispielsweise niemand während der Tour de France-Berichterstattung unterstellen können, ich sei pro Bianchi oder contra Gerolsteiner. Ich wahrte also meine journalistische Neutralität. Andererseits nach fast fünfzehn Jahren nicht mehr regelmäßig am Monatsende über eine im Vorfeld verhandelte Summe X zu verfügen – das machte mich schon etwas nervös.

Ich hatte zwar gerade zu dieser Zeit einige Angebote, aber diese beschränkten sich auf diverse kurzfristige Events. Eine der Optionen nach dem Untergang von Coast kam von einem der vormaligen Co-Sponsoren des Teams, der Coca Cola-Tochter Powerade. Man hatte gerade ein mobiles Event-Konzept verwirklicht, um sich bei der Deutschland-Tour zu präsentieren.

Es gab eine Powerzone, in der zwei Leute gegeneinander auf festinstallierten Rädern Rennen fahren konnten, eine Mediazone mit großer Leinwand für Live-Rennbilder, eine Kidszone mit Videospielen plus einen Stand, an dem es die üblichen PR-Dinge zu kaufen gab. Kurzum: eine große Sache, aber jetzt hatte man nicht mal mehr ein Team, das das Rennen mitfuhr. Also musste ein prominenter Moderator her, der in diesem Areal die Leute entertainen und mit Fachwissen versorgen konnte.

Die Eventagentur rief mich an und fragte, ob ich Zeit und Lust hätte. Für mich war es ja auch wichtig gerade jetzt, da es bei Bianchi ohne mich weiter ging, im Radsportgeschäft zu bleiben. Eine Präsenz bei der Deutschland-Tour, wie auch immer sie geartet war, kam mir da gerade recht. Ich sagte zu und fuhr zum Start nach Dresden, in einem eilig von Renault besorgten Laguna, da mein Pressesprecher-Fahrzeug vom Insolvenzverwalter der Betreiberfirma des Coast-Teams zurückgefordert wurde.

Ich fuhr also über fast leere, perfekt ausgebaute Autobahnen zum Radrennen, wohnte im Hilton, und es war fast wie früher. Ich war am Start, sprach mit vielen Journalisten und Fahrern der verschiedensten Mannschaften, bis die Nachricht wie eine Bombe einschlug, dass ein junger französischer Fahrer in der Nacht im Hotelzimmer verstorben war. Sein Team reiste sofort ab. Es war eine erschütternde Situation für alle, die sich dort zum Start der Rundfahrt versammelt hatten.

Als ich (nachdem das Peloton auf die Strecke gegangen war) zum Ziel fuhr, wo ich meinen Moderationsjob antreten sollte, hörte ich auf der Autobahn in irgendeinem miesen Provinzsender einen Radiobeitrag, der mich zum Kochen brachte. Er bestand von vorn bis hinten aus Spekulationen, das Wort Doping fiel mindestens fünfmal. Anstatt ein wenig Respekt vor dem traurigen Ereignis und den Hinterbliebenen der Familie zu haben, wurde das Ding so brutal ausgeschlachtet, dass es mir übel wurde. Ich war seit dem Festina-Skandal 1998 ja schon so weit, nur noch die Hälfte von dem zu glauben, was in der Zeitung oder sonstwie medial kommuniziert wurde, aber dies war freche Meinungsmache auf Kosten eines toten jungen Rennfahrers. So etwas hätte es im öffentlich-rechtlichen Rundfunk nicht gegeben, und das ist wirklich gut so.

In der Etappenstadt angekommen war ich nicht besonders motiviert, das Mikro in die Hand zu nehmen. Es war kochend heiß, und ein junger Mann, mit den gleichen sportlichen Zielen wie ich sie einmal hatte, war tot. Aber »the show must go on« war das zweifelhafte, aber passende Motto, und ich begann meinen Arbeitstag.

Die Woche auf der Deutschland-Tour war in zweierlei Hinsicht wichtig. Zum einen hatte ich von Coast seit dem Honorar für März kein Geld mehr bekommen, und es war inzwischen Juni geworden. Die Hypothek fürs Haus lief weiter, und die Kosten für Krankenversicherung und all die anderen Dinge, die sich so angehäuft hatten, mussten auch getragen werden. Von daher war das Powerade-Engagement schon wichtig, um wieder einmal durchzuatmen. Zum anderen war ich auch fast jeden Morgen im Pressezentrum und sprach mit Journalisten über all die Dinge, die ich so in- und auswendig kannte: Taktiken, Möglichkeiten, Rennverläufe. Ich hatte immer ein gutes Gefühl dabei, denn obwohl ich nicht mehr Pressesprecher war, war ich doch noch mittendrin im Geschehen.

Einen Tag setzte ich als Moderator aus, um für die ARD die Pressekonferenz von Lance Armstrong zu besuchen, da alle ARD-

Mitarbeiter bei der Deutschland-Tour voll eingebunden waren. Es war zwar viel Fahrerei, aber nach zwei Nächten mit wenig Schlaf kam ich zur Schlussetappe nach Saarbrücken mit dem Material unter dem Arm und guter Laune aus Grenoble zurück.

Den letzten Tag als Moderator genoss ich besonders, denn ich hatte gemerkt, dass es selbst für mich, der eigentlich stundenlang ohne Unterlass quatschen kann, bei einer Moderatorentätigkeit auch auf andere Sachen ankommt, als nur da zu stehen und zu sülzen. Ich hatte mich im Laufe der Woche warm geredet und wieder etwas dazu gelernt, das war doch schon etwas.

Ich traf mich Mitte Juni nochmals mit Werner Zimmer, dem Tour-Teamchef der ARD, der mich 2001 auf Mallorca angesprochen hatte, und der Programmchefin Gabi Bohr.

Vor allem wollte ich wissen, wie denn meine Einsätze bei der Tour aussehen sollten, denn ich hatte im Winter 2002/3 – begleitet von einem erfahrenen Redakteur – die ersten Erfahrungen mit eigenen Beiträgen gemacht. Ich porträtierte damals die Australier Robby McEwen und Stuart O'Grady sowie meinen Ex-Zimmerkollegen Joseba Beloki, und die Sache machte mir einen Riesenspaß. Sogar die Tage, an denen ich den Text schrieb, ihn dann noch mit meinem Redakteur überarbeitete und danach vertonte, waren eine tolle Erfahrung. Solche Dinge in Zukunft öfter zu machen, das schwebte mir vor. Und dann hatte ich da noch eine Anfrage eines Sponsors wegen eines Logos auf meinem Hemd. Es war einer der Sponsoren, der mich schon seit mehr als zehn Jahren begleitete. Obwohl es nicht um Riesensummen ging, war die Sache interessant für mich.

Wir vereinbarten, dass ein dezentes Logo in Ordnung sei, und die Porträts wollten wir nach der Tour besprechen – was später auch passierte und positiv verabschiedet wurde.

Während es in Richtung Tour ging, stieg natürlich schon die Spannung. Ich beobachtete alle Resultate im Vorfeld, denn als Experte muss man auf dem Laufenden sein, sonst sieht man schnell alt aus. Alle Welt rief mich an mit der Bitte um Expertentipps, Hintergrundgespräche und solche Dinge, und da es trotz der vielen Anrufe noch immer viel ruhiger war als zu den Pressesprecherzeiten, stand ich allen, die es wollten, Rede und Antwort. Ich war weiterhin gefragt und froh darüber. Bei der Tour im erfah-

Ab 2002 hatte ich häufig ein ARD-Mikrofon in der Hand ...

renen ARD-Team dabei zu sein, das war schon fast ein Privileg. Hatte ich als kleiner Junge gebannt den Stimmen von Herbert Watterott und Jürgen Emig gelauscht, so waren wir jetzt ein Team. Mit dabei war auch Hagen Boßdorf, mit dem ich mich stundenlang über alle Themen dieser Welt unterhalten konnte. Ebenso Rudi Altig, der mir einen Einblick in die Zeit gewährte, in der ich noch nicht einmal wusste, dass es eine Tour de France gab. Wenn es dann um das gemeinsame Fachsimpeln ging, stellte sich heraus, dass es im Radsport immer noch auf die gleichen Dinge ankommt wie vor 40 Jahren. Wie ich es gelernt hatte: Essen, Schlafen, Trainieren.

Während der Tour, das wusste ich aus den vergangenen Jahren, war ich immer unter Strom. Neben der Expertentätigkeit für die ARD schrieb ich seit drei Jahren eine tägliche Kolumne für Spiegel-online, die ich nicht etwa einem Redakteur im Gespräch in die Feder diktierte, sondern die ich tatsächlich täglich selbst in die Tasten haute. Manchmal geschah das in den Pausen der Live-Übertragungen, aber manchmal, wenn das Tagesgeschehen es so verlangt hatte, erst nach der Etappe. Bei Bergetappen kamen wir manchmal erst nach langem Transfer mitten in der Nacht im Hotel an – dann packte ich den Laptop aus, schrieb so gut ich konnte, aber manchmal war es schon schwer, die Leser nicht zu enttäuschen. Ich gab immer mein Bestes, und das war wohl auch immer gut genug. Dazu war ich der Radioexperte für einige Morgensendungen, die fast immer dann frühmorgens ein Telefoninterview benötigten, wenn die Nacht vorher schon kurz genug war. Aber das ist die Tour, da muss man durch. Letzten Endes hatte ich schon in der Bundeswehrzeit gelernt, dass man sich an alles gewöhnen kann, auch an weniger Schlaf.

Die Zeit war komplett ausgefüllt, und ich musste als selbstständiger Geschäftsmann auch zusehen, dass ich während der Tour nicht vergaß, die im August und September anstehenden Termine abzuchecken und klar zu machen.

Das Tolle an dieser Tour war, dass es bis zum Ende spannend blieb. Die in den beiden vorangegangenen Jahren gesammelten Erfahrungen, die man auch auf der anderen Seite der Absperrgitter braucht, erleichterten es mir, viele Dinge zu koordinieren. Ich schaffte es sogar, viermal Rad zu fahren.

So hatte ich geplant, den Anstieg nach Alpe d'Huez mit dem Rad zu nehmen – vor allem, weil ich zwei Jahre zuvor die Abfahrt mit dem Auto verflucht hatte. Da wir mit der ARD auf Sendung waren, hatten wir bis etwa halb sieben dort oben ausgeharrt, und als es dann zu Tal ging, waren wir mitten in einem wilden Gemenge aus Lieferwagen und angetrunkenen Fans und brauchten fast drei Stunden für die dreizehn Kilometer bis ins Tal. Diesmal wollte ich meinen Rucksack mit dem Nötigsten packen und mich per Velo in den 1860 m hoch gelegenen Wintersportort begeben.

Am Vortag dieser Aktion kam es dann noch besser. Unsere Programmchefin wollte einen kleinen Beitrag über den Anstieg daraus machen, und so kamen ein Redakteur und ein Kamerateam gleich mit, und ich musste den Rucksack mit Laptop und so weiter nicht schleppen.

Wir machten die Bilder, und am nächsten Morgen vertonte ich die geschnittene Fassung. Nachdem der Beitrag nachmittags gelaufen war und wir um 17.43 Uhr vom Sender gingen, war ich ruckzuck auf meinem Rad und folgte einigen Polizeimotorrädern von der Schwerkraft beschleunigt hinab ins Tal.

Mein Auto stand auf einem kleinen Parkplatz etwa zwei Kilometer vom Beginn der Steigung entfernt, und ich freute mich darauf, diesen Abend früh ins Bett zu kommen. Nur Hunger hatte ich wie ein Wolf, und zu essen war nichts in Reichweite.

Ich lud mein Rad in meinen Espace, der Teil einer Sponsorenvereinbarung mit Renault war und auf dem groß »Marcel Wüst on Tour« stand. Zu Hause in Köln fand ich das wegen meiner manchmal nicht ganz korrekten Fahrweise besonders im Stadtverkehr nicht besonders prickelnd. Heute aber erwies sich die Beschriftung als Glücksfall. Eine deutsche Familie stand mit ihrem Wohnmobil direkt neben dem Wagen, und bevor ich einstieg, wollten sie noch ein Foto mit mir machen. Das war ja ganz in Ordnung, und ganz ohne Hintergedanken quatschten wir ein wenig über den Tourverlauf, Jan Ullrich und das übliche Zeug. Ob ich etwas trinken wolle, wurde ich gefragt ... Nein, aber ob man mir vielleicht ein Brot mit Schinken und Käse machen könne – so lautete meine Gegenfrage. In kaum zwei Minuten hatte ich ein leckeres Sandwich in der Hand, und mit vielen guten Wünschen machte ich mich auf nach Gap ins Hotel, wo die folgende Etappe starten sollte.

Auf der Fahrt über den Col d'Ornan war ich dann so glücklich wie lange nicht mehr. Manchmal packen mich diese Glücksgefühle von einer Minute auf die andere. Ich fuhr durch grandiose Gebirgslandschaften in einen traumhaften Sonnenuntergang hinein, die Fenster waren weit offen, die kühle Brise roch frisch und unverbraucht. Es war ein Geschenk des Himmels, dass ich überhaupt da war. Auf dieser Fahrt, die schließlich über Straßen führen sollte, über die ich 30 Jahre zuvor mit meinen Eltern in unserer Ente zur »Barrage de Serre Ponçon« gefahren war, kam die Erinnerung an den 11.8.2000 wieder einmal zurück. Ich hatte überlebt. Ich genoss das Hochgefühl zu leben und mich am Leben zu freuen. Ich fuhr langsam und saugte das gigantische Panorama förmlich in mich auf. Vor 30 Jahren mit der Ente, heute im Renault, und ich war an diesem 12.7. genau so unbeschwert wie als Fünfjähriger, als ich zwischen Gaskocher und Zelt durch das offene Dach unseres Citroen 2CV in den damals schon genauso blauen Himmel geschaut hatte. An diesem lauen Sommerabend war alles um mich herum perfekt. Und das Schönste war, dass ich es erkannte und zu schätzen wusste.

Ich kam natürlich als Erster des ARD-Teams im Hotel an, schrieb meine Kolumne und legte mich in die Badewanne. Als auch Kameramann Frank und Tonassistent Andreas dann endlich eintrafen, beschlossen wir kurzfristig noch eine Käseplatte zu essen und eine Flasche Wein zu trinken. Im Gartenrestaurant trafen wir noch einige deutsche Journalisten, und unter dem freien Himmel der Seealpen wurde das ein fantastisch lockerer Abend ... Die Tage waren zwar manchmal ganz schön hart, aber abends fühlte man sich (wenn man nicht im Auto saß!) oft wie auf Urlaub.

Am folgenden Tag musste ich dann Bilder kommentieren, die mir gar nicht passten. Mein Freund und ehemaliger Zimmerkollege Joseba Beloki war schwer gestürzt, hatte sich mehrere Knochenbrüche zugezogen und war vom Herausforderer zur tragischen Figur geworden. Auch hier wurde mir wieder klar, wie schnell sich Prioritäten verschieben können. Drei Minuten vor dem Sturz waren der Angriff auf Armstrong und der eventuelle Toursieg von höchster Bedeutung. Jetzt war es wichtig, die Schmerzen zu lindern und einen Rücktransport ins Heimatkrankenhaus zu organisieren. Und was war nun mit dem Fortgang der Karriere? Sport ist manchmal grausam. Abwärts geht es da ganz schnell, der Weg zurück zur Spitze ist dafür lang, beschwerlich und manchmal sogar unmöglich.

Ein persönliches Highlight für mich war eine Trainingsfahrt in den Pyrenäen an einem sendefreien Tag. Ich war schon für die folgende Etappe vor Ort und fuhr über den Col du Peyresourde, an dem schon unglaublich viele Fans den folgenden Tag erwarteten.

Viele der baskischen Fans erkannten mich auf dem Weg hinauf in meinem Festina-Outfit und es war ein bisschen wie in alten Zeiten bei der Vuelta: »*Venga Marcel, aupa animo ...*« kamen die Anfeuerungsrufe. Es tat mir einfach gut, dass ich bei den Radsportfans noch präsent war. Oben auf der Passhöhe stand ein Fernseher, und der war von Hunderten von Radsportfans umlagert. Die Tour war wie immer das Radsportspektakel schlechthin. Alles schaute hin, jeder berichtete darüber und die Fahrer, die Großes leisteten, waren Helden ... so wie auch ich es in der ersten Tourwoche vor drei Jahren fast geschafft hatte, nach dem Coup mit dem Bergtrikot, dem Etappensieg, zwei Tage im Grünen Trikot – und dann ging es so schnell abwärts. Das fraß an diesem Tag an mir, obwohl mir gleichzeitig klar war, dass diese Etappe heute mich ohne jegliches Erfolgerlebnis am Ende des Tages körperlich total zugrunde gerichtet hätte. So kurz nach den Glücksgefühlen, meinen Sturz überlebt zu haben und mich so gut im Leben nach der Sportlerkarriere zurechtzufinden, kam an diesem Tag die Ent-

täuschung darüber, dass es ein so abruptes und viel zu frühes Ende hatte nehmen müssen.
Der Gedanke, dass ich wenn überhaupt ein Tourheld, dann höchstens ein tragischer war, ging mir auf den letzten 20 Kilometern zurück zu meinem Hotel immer wieder durch den Kopf. Dass diese 20 Kilometer die Strecke nach Superbagnières waren und nur steil bergauf führten, das half zumindest am Ende dieser Trainingsfahrt ein bisschen. Ich war nach zwei Pässen völlig erschöpft und hatte eine Hungermacke, die sich gewaschen hatte. Die letzten Kilometer fuhr ich wie in Trance und verfluchte mein hohes Anfangstempo. Aber genau so hätte ich mich heute nach der Etappe gefühlt, und dass ich jetzt nur für einen Tag so platt sein würde, brachte mich dann mit der Tatsache, kein Radprofi mehr zu sein, wieder etwas ins Reine. Manchmal braucht es nicht viel, um eine Situation mit völlig anderen Augen zu sehen. Heute war es beispielsweise dieser Hungerast. Die Schinderei hatte jetzt ein Ende, und wenn ich mich einmal völlig platt fahren wollte, dann konnte ich das tun, ohne am nächsten Tag weitermachen zu müssen.

Zum Ende der Tour stieg mit der Spannung auch die Einschaltquote. Über 58 % in der Spitze vermeldete die ARD beim letzten Zeitfahren, das in strömendem Regen stattfand.
Jan Ullrich sollte diese Tour wieder als Zweiter beenden, aber nach seinem verkorksten Jahr 2002 war das sicher mehr, als alle noch im Frühjahr erwartet hatten. Ein gewisser Günther Dahms hatte schon vorher daran geglaubt, dass Jan es wieder bis ganz nach oben schaffen würde, aber dessen Coast-Logo war bei dieser Tour nicht zu sehen.
Ich war froh, dass Heike und Alexander am letzten Tag in Paris waren. Am Vortag hatte ich die erforderlichen Akkreditierungen beim Sportlichen Leiter eines italienischen Teams besorgt. So hatten wir alle Zutritt zu den Tribünen, und der letzte Tourtag war gerade für Alexander ein tolles Erlebnis. Ich schrieb meine Kolumne noch während der Etappe, und als mein Gastspiel als Studiogast beim Australischen Sender SBS zu Ende war, war die Tour auch vorbei. Gegen Mitternacht lag ich endlich wieder in meinem eigenen Bett.
Es tat gut, zu Hause aufzuwachen, in Ruhe zu frühstücken und erst einmal nichts zu tun zu haben. Im Laufe des Tages kamen dann

noch einige Anfragen für einen Kommentar zum Tourverlauf für diverse Zeitungen und Radiosender – meine Expertisen waren weiterhin gefragt, und das war ja für meine Zukunft auch nicht so ganz unwichtig.

Da ich während der letzten drei Wochen oft genug auf den Bildschirmen der Republik zu sehen gewesen war, kam es auch immer häufiger vor, dass mich Leute auf der Straße erkannten, und da der Rheinländer ja an sich ein offener Mensch ist, bekam ich manche spontanen Komplimente zur Tourberichterstattung. Ich freute mich darüber und ging genauso offen mit dieser Nach-Tour-Popularität um, wie in den vergangenen Jahren.

Am folgenden Wochenende fuhr ich in gleicher Mission nach Rhede. Ich moderierte, interviewte und nahm an einem Einlagerennen mit einigen Big Brother-»Stars« teil. Während der Rennen lief mir dann Günther Dahms über den Weg. Ich fand es zunächst einmal toll, dass er überhaupt da war. In seiner Situation hätten sich bestimmt viele nie mehr auf einem Radrennen blicken lassen. Er dagegen sagte, dazu hätte er gar keinen Grund, und wer schlecht über ihn reden wolle, der könne das ruhig tun. Seine Einstellung beeindruckte mich, und ich nahm mir an diesem Abend vor, das in Zukunft genauso zu halten.

Es sollte in dieser Zeit aber nicht bei Auftritten als prominenter Experte bei diversen Radrennen bleiben. Meine lockere und manchmal etwas unüberlegte Art holte mich ein. Ein gewisser Siggi meldete sich per Telefon. Wer zum Donner, fragte ich mich, war Siggi? Joe Fernando, ein Sänger, der mit bürgerlichem Namen Siggi heiße – so rief er sich mir ins Gedächtnis zurück. Der Text sei fertig, fügte er an.

Ach du jemine ... hatte ich da nicht im April einmal etwas gesagt? Jetzt fiel es mir siedend heiß wieder ein. Joe Fernando war der Interpret des »Rund um Köln«-Songs. Bei diesem Traditionsrennen in meiner Heimatstadt fungierte ich neben meiner Fernsehexpertentätigkeit noch als Sportdirektor und nahm daher an allen Pressekonferenzen teil. Und Siggi »Joe« Fernando hatte einen Song geschrieben, den ich von Sound und Rhythmus her recht gut fand, der aber den großen Nachteil hatte, dass er in der Domstadt von einem Westfalen auf Hochdeutsch gesungen wurde. Nach dem gelungenen letztjährigen Rennen, durch Jan Ullrichs Sieg noch mehr in Hochstimmung versetzt (schließlich war ich zu dieser Zeit noch Coast-Pressesprecher), hatte ich im VIP-Bereich nach dem vierten Kölsch diesem Siggi meine Meinung dazu gesagt. Der Song sei gut, aber es müsse einen kölschen Text geben, denn Kölle sei nun mal Kölle. Er könne aber nicht kölsch singen, antwortete Siggi. »Ist doch egal, dann mach' ich das eben«, war meine Antwort. »Gute Idee«, sagte er und prostete mir zu.

Damit war die Sache für mich aus der Welt und vergessen – bis zu seinem Anruf. Kneifen kam aber nicht in Frage. Die Zeit konnte ich mir nehmen, und für jemanden, der in seinem nächsten Leben Rockstar werden wollte, konnte das doch auch eine interessante Erfahrung werden.

Wir trafen uns bei Rennorganisator Arthur Tabat. Ich bekam den kölschen Text und eine CD mit der Instrumentalversion. Zwei Wochen später wollten wir im Studio dann testen, wie es so laufen würde. Da hatte ich also mal wieder etwas ganz Neues an der Backe, und ich hatte nicht nur eine Riesenfreude daran, sondern nahm mir vor, richtig gut zu sein. Fast alle längeren Autofahrten nutzte ich, um meine Einsätze zu üben und den Text zu verinnerlichen. Ich kam mir schon wie ein halber Rockstar vor. Ich sang Stunden lang den Rund-öm-Kölle-Song, ob im Stau oder bei 160 km/h. Nur wenn ich mit Heike und Alexander fuhr, wurde ich von beiden ermahnt, doch das Radio anzumachen ...

Beim ersten Soundcheck waren die Anwesenden schon ganz zufrieden. Ich aber nicht. Ich wollte komplette Ehrlichkeit. Im Studio zu singen und dann abzumischen, sei ja ganz schön, sagte ich. Wenn schon, dann wolle ich aber auch die totale Nummer, mit Live-Performance auf der Bühne beim Rennen zu Ostern. Doch auch das sei möglich, hieß es rundum.

Wir vereinbarten einen Termin in der darauf folgenden Woche, um den Song einzusingen. Da (wie schon im Vorjahr) ein Teil der Erlöse einem guten Zweck zugingen, fand ich, dass meine Popularität im Rheinland bei der Promotion vielleicht etwas helfen könnte. Und das klappte erstaunlich gut.

Das Ganze war zwar anstrengend, aber es war eine Mordsgaudi ... abzuwarten war jetzt nur noch das Endprodukt. Die CD, als sie einmal aufgenommen und abgemischt war, gefiel mit gut, und bei Freunden, denen ich ein Exemplar zukommen ließ, war der Song der Renner im Kinderzimmer. Die Kids lieben den Song noch heute, allerdings reichte es nicht zu einer »Goldenen Schallplatte«, aber das hatte ja auch niemand erwartet.

Mein Live-Auftritt auf der Eventbühne im Zielbereich war da schon ein anderer Tobak. Ich war total nervös, und das miese Gefühl in der Magengrube wollte sich während der ganzen Performance nicht legen. Bei allem, was ich bisher getan hatte, sagte ich hinterher meist: »Gerne wieder ...«, ob das Rafting oder Bungeespringen war ... aber live singen? Nein, Danke!

Autor, Fernsehberichterstatter, Sänger, Kolumnist, ich war ein rechter Tausendsassa, aber natürlich war es mir auch wichtig zu sehen, wie ich bei Dingen klarkam, die mit dem Sport an sich weniger zu tun hatten.

Die Radsaison neigte sich langsam dem Ende, und es waren nur noch zwei Monate, ehe ich mit meiner Familie wieder nach Australien verschwinden wollte.

Während meiner aktiven Zeit war das ja alles legitim. Ich war in Australien immer noch ein zehntägiges Etappenrennen gefahren, und danach gönnte ich meinem Körper die wohlverdiente Ruhe nach einer Saison mit meist weit über 30 000 Kilometern.

Seit meinem Unfall war ich aber kein Radprofi mehr. War diese Reise denn überhaupt gerechtfertigt? Meine Antwort war ja, und die Entscheidung der ARD, Baden Cooke (Etappensieger und Gewinner des Grünen Trikots) und Brad McGee (Träger des ersten Gelben Trikots und Prologsieger der vergangenen Tour) in ihrer Heimat durch mich porträtieren zu lassen, unterstützte mich.

Ich hatte auch wieder sportliche Ziele. In unserer australischen Wahlheimat Noosa findet alljährlich ein großes Multisportfestival statt (bei dem es auch ein Kriterium gibt, das ich 1999 gewinnen konnte – das stand jetzt aber völlig außer Frage). Ich beschloss, den dabei veranstalteten Triathlon zu versuchen. Ich war zwar nur ein bescheidener Schwimmer, aber Rad fahren konnte ich noch – und Laufen auch, zwar nicht schnell, aber ich konnte es.

Wie meistens kommunizierte ich meinen Entschluss ziemlich schnell. Alle Freunde wussten es, auch manche, die nur müde lächelten und dachten, ich würde nach spätestens 500 m untergehen. Über solche Pläne zu sprechen ist ein alter Trick von mir, um dann auch wirklich ran zu müssen. Ich wollte das ja für mich tun, aber wenn niemand davon wusste, dann war es doch zu leicht, den Entschluss rückgängig zu machen. Über die olympische Distanz wollte ich bar jeder Erfahrung 2:22:22 unterbieten; eine lustige Zahlenkombination war es allemal.

Ich begann schon vor unserer Abreise regelmäßiger zu laufen, etwa dreimal die Woche für 45 Minuten, aber ein Schwimmtraining konnte ich mir nicht vorstellen. Einmal schwamm ich im Pool die geforderte Distanz von 1,5 km in knapp 30 Minuten, aber da ich dabei fast vor Langeweile ertrunken wäre, schraubte ich das Schwimmen auf ein Minimum zurück. Außerdem war ich ja kein professioneller Athlet mehr, sondern einfach ein Hobbysportler mit einem Ziel. Spaß war angesagt, und so ging ich auch an die ganze Sache heran.

Im Vorfeld des Triathlons, der immer das abschließende Highlight dieses Sportfestivals war, gab es einen Duathlon am Strand mit 1,5 km Laufen, 750 m Schwimmen und noch einmal 15 km Laufen sowie einen »Ocean-Swim« über 1000 m.

Ich wollte beide mitmachen, um die Wettkämpfe als Training zu nutzen. Da ich läuferisch gut drauf war, hatte ich beim Duathlon gute Chancen, mit den Ersten ins Wasser zu gehen. Ich beeindruckte einige der Zuschauer, als ich unter den Top Ten ins Wasser ging, aber ich war noch nie mit einem Puls von mehr als 180 ins bewegte Wasser des Pazifiks gesprungen. In der ersten Welle schluckte ich eine riesige Ladung Salzwasser. Danach war ich so außer Atem, dass ich fast alles im Rückenstil zurücklegte. Zu allem Überfluss schien die tief stehende Sonne in die beschlagene Schwimmbrille, und ich konnte von den Bojen gar nichts erkennen.

Trotzdem kam ich durch und bei weitem nicht als Letzter. Der Muskelkater am folgenden Tag bestätigte mir allerdings, dass ich es beim Laufen doch besser langsamer hätte angehen sollen – ich konnte mich kaum bewegen.

Der »Ocean-Swim« fand zwei Tage später statt, und ich kam nach 18 Minuten zwar 7 Minuten hinter dem Sieger ins Ziel, aber das war schon viel besser – und ich hatte auch nur halb so viel Wasser geschluckt wie beim ersten Event.

Samstags fand das Kriterium statt. Ich fungierte wie schon in den vergangenen drei Jahren als Co-Kommentator und vertonte abends in gleicher Funktion den Fernsehbeitrag über dieses Event.

Am nächsten Morgen stand dann mein persönliches Highlight an. Ich war mit 4000 anderen Startern in der Wechselzone und bemühte mich darum, so auszusehen als kenne ich mich aus. In Wirklichkeit schaute ich nur wie die anderen das machten. Wo wurden Helm und Brille positioniert, um nach dem Schwimmen schnell aufs Rad zu kommen, wo das Handtuch, wo die Laufschuhe – alles war ganz neu für mich. Ich genoss es, einer von Vielen zu sein, auch wenn die regionale Zeitung eine ganze Seite über das Debüt des Ex-Radprofis in einer für ihn ganz neuen Sportart brachte.

Als meine Altersgruppe startete, war ich nicht mal nervös. Ich würde heute eine neue persönliche Bestleistung aufstellen, egal was ich tat. Ich schwamm bei etwa 80 % meiner Möglichkeiten, aus dem einfachen Grund, weil ich mich gerade in offenen Gewässern eher unwohl fühle. Ich muss da für den Fall der Fälle noch eine gewisse Überlebensreserve haben. Was ist, wenn der Hai unter den 4000 Leuten gerade mich beißen will? Oder wenn ich von einer Feuerqualle gestreift werde? Das ist natürlich Humbug, aber selbst im Pool konnte ich nie längere Zeit am Leistungslimit schwimmen, im Noosa River schon gar nicht. In einem der höher liegenden Seen hatte man einmal in einer Nacht über 100 Haie gefangen, »kleine« zwar – nur so um 1,5 Meter (!) – aber trotzdem, ein gewisses Unbehagen blieb.

Die 25 Minuten waren ganz in Ordnung dafür, dass ich in den vier Wochen vor dem Triathlon insgesamt nur vier Kilometer geschwommen war.

In der Wechselzone verkam ich dann erst mal zur Lachnummer. Ich setzte mich hin, spülte meine Füße mit Süßwasser ab, zog Socken an, dann die Radschuhe, dann das Band für die Pulsuhr und zu allem Überfluss bekam ich das Leibchen nicht über den nassen Körper gezogen, zum Glück half mir mein Nebenmann. Helm und Brille aufzusetzen ging dann aber ziemlich schnell, und endlich saß ich auf dem Rad. Dass die gesamte Wechselzeit (nach dem Schwimmen und vor dem Laufen) auf die Radzeit aufgeschlagen wurde, änderte nichts an der Tatsache, dass ich in meiner Altersklasse mit Abstand die schnellste Radzeit hatte. Ich fühlte mich grandios. Die Pulsuhr war der Drehzahlmesser, und ich wollte (da meine allgemeine Fitness Lichtjahre vom als Radprofi Gewohnten entfernt war) nicht über 160 Schläge gehen, denn schließlich musste ich nach den 40 km auf dem Rad noch 10 km laufen. Trotzdem flog ich an vielen Teilnehmern förmlich vorbei und muss gut 500 Fahrer überholt haben. Die Radzeit war gut; jetzt noch ein ordentlicher Lauf, und ich hatte mein Ziel unter 2:22:22 zu bleiben pulverisiert. Auch hier war Puls 160 die Grenze, die ich genau einhielt. Nach 41 Minuten war der Lauf zu Ende. 2:07:27, na bitte. Und ich war nicht so kaputt wie nach einem vierstündigen Intervalltraining zur Profizeit, geschweige denn wie nach einer Bergetappe. Als ich die Fernsehbilder vom Wechsel des Siegers Craig Walton sah, der vom Schwimmen aufs Rad etwa 15 Sekunden brauchte und etwa 7 Sekunden um sein Rad wegzuhängen, die Schuhe anzuziehen und loszulaufen, da regte sich plötzlich ein sportlicher Ehrgeiz in mir, den ich so lange nicht mehr verspürt hatte. Ohne diese Sockennummer und die Pulsgurtgeschichte konnte ich allein beim Wechseln sicher 2:30 Minuten einsparen.

Wenn ich dann noch einen Monat lang dreimal die Woche eine Stunde schwimmen und so fit werden würde, dass ich den Puls ohne einzubrechen bei 168 halten konnte, dann müsste die Zwei-Stunden-Grenze drin sein. Beim Blick ins Ergebnis sah ich, dass ich auf Anhieb 185. geworden war und in meiner Altergruppe nur zwei Teilnehmer die drei Disziplinen unter zwei Stunden geschafft hatten. Sieh mal an, so schlecht war ich also gar nicht davor.

Und so gibt es unversehens auch wieder sportliche Ziele in meinem Leben, auch wenn es keine professionellen sind. Aber darum geht es ja auch gar nicht. Meine berufliche Tätigkeit als Experte und Promoter des Radsports füllt mich voll und ganz aus – und vor allem macht sie mir Spaß! Mich sportlich zu betätigen gibt mir heute ebenfalls wieder viel Freude, Entspannung und Bestätigung. Das hat weniger mit besonderen Erfolgen zu tun als mit dem tollen Gefühl, das Herz klopfen und die Muskeln arbeiten zu spüren und abends müde, aber durch und durch zufrieden die Beine hochlegen zu können. Sport – wahrscheinlich in jeder Form – ist einfach eine wunderbare Möglichkeit, Freude am eigenen Dasein zu haben! Und wenn bei mir das Fahrrad dabei immer eine wichtige Rolle spielt, wird dies wohl niemanden besonders überraschen ...

Es ist wichtig, mit dem was man tut im Reinen zu sein und seine Prioritäten so setzen zu können, wie es einem wirklich entspricht. Die wichtigsten Bereiche in meinem Leben sind heute meine Familie, meine Freunde und meine Gesundheit. Diese Prioritäten mit meiner Arbeit für den Radsport zu verbinden, sehe ich als meine persönliche Aufgabe in der näheren und vielleicht auch weiteren Zukunft an. Eine reizvolle Aufgabe, finde ich.

Epilog

Es ist manchmal erstaunlich, wie sich persönliche Dinge überraschend in neuer Bedeutung darstellen können, wenn sich auf einmal Kreise schließen, die vorher vielleicht gar nicht als solche zu erkennen gewesen waren. Mir ist das vor einigen Tagen ganz unverhofft widerfahren, und bevor sich der letzte dieser Kreise geschlossen hatte, waren mir die anderen noch gar nicht richtig bewusst gewesen.

Vor der Tour de France 2004 machte ich mit Heike und Alexander eine Radtour, die uns auch an der Stätte meines allerersten Trainings mit dem PSV Köln 1978 vorbeiführte. Nach einem kurzen Stopp radelten wir weiter. Das war an sich nichts Besonderes für mich, denn schließlich komme ich dort häufiger vorbei, wenn ich mal eine Runde mit dem Rad drehe.

Während der Tour 2004 übernachtete ich dann im Département Loir-et-Cher und fuhr von dort weiter zum nächsten Hotel, nach Rennes – beides Orte, an denen ich 1988 den Grundstein für meine Profikarriere gelegt hatte. Die Fahrt dorthin führte vorbei an Vitré, wo ich am 5. Juli 2000 meinen Traum vom Tour-Etappensieg verwirklichen konnte.

Aber auch diese Begegnungen mit meiner Vergangenheit hatten nicht die Wirkung, die mir dann die Hoteldisposition der ARD am 13.7.2004 bescherte. Nach der Etappe stand ein langer Transfer an, und schon morgens wusste ich, dass meine Fahrt über exakt die Straßen führen würde, die ich am 11.8.2000, dem Tag meines Unfalls, auch gefahren war. An Issoire, wo der Unfall geschehen war, musste ich ebenfalls vorbei!

Während unserer ARD-Sendung bekam ich dann regelrechte Bauchschmerzen. Lag es daran, dass ich mir vorgenommen hatte, nicht an Issoire vorbei, sondern durch den Ort hindurch zu fahren? Ich wollte der Stelle, an der meine Karriere ein so jähes Ende fand, einen Besuch abstatten. Als ich nach der Sendung gegen 18.30 Uhr losfuhr, über meine ganz persönliche Straße des Schicksals, hörte ich Musik von Otis Redding, wie schon 47 Monate zuvor.

Mit jedem Kilometer, den ich mich Issoire näherte, stieg meine Nervosität. Ich war sehr unsicher, wie ich mich dort fühlen würde. Natürlich war meine allgemeine Situation rundherum gefestigt, aber das kaum zu beschreibende Kribbeln und Rumpeln im Bauch machte mir schon zu schaffen. In Issoire angekommen, parkte ich mein Auto, holte mein Rad heraus und fuhr zu der Stelle, an der sich der Unfall ereignet hatte. Ich wollte diesem Ort so entgegentreten, wie ich ihn in Erinnerung hatte, auf dem Rad sitzend.

Die wenigen Erinnerungsfetzen, die mir davon geblieben sind, dass ich vor Schmerzen schreiend auf der Erde lag, machten diesen Versuch ziemlich zunichte. Immer wieder versuchte ich, meine Gedanken zu ordnen, aber zwischendurch blitzten diese Bilder ein ums andere Mal auf, ohne dass ich etwas dagegen tun konnte. Es war mir ein Bedürfnis gewesen, mich in diese Situation zu begeben und mich der unmittelbaren Erinnerung an den Unfall zu stellen. Aber nun lief diese Begegnung viel emotionaler ab, als ich es mir vorgestellt hatte. Ich hatte mit dem Unfall und seinen Folgen doch abgeschlossen, die Weichen in meinem Leben waren neu gestellt, und alles lief gut bis sehr gut.

Als ich mich dann keine zwanzig Meter vom Unfallort entfernt auf eine Treppe setzte, um die Situation und meine Gefühle zu verarbeiten, befand ich mich auf einer emotionalen Achterbahnfahrt. Die Klöße im Hals wurden immer dicker, und sie herunter zu schlucken, gelang mir nicht. Die Tränen, die ich unter meiner Sonnenbrille wegwischte, waren aber weniger Tränen des Kummers und der Verzweiflung, sondern eher die Art von Tränen, in denen sich die Erinnerung an vergangene Schmerzen schließlich langsam auflösen kann.

Nach diesem sehr bewegenden Besuch in Issoire machte ich mich auf den Weg zu meinem Hotel. Als ich dann in der langsam hereinbrechenden Abenddämmerung an einem riesigen Sonnenblumenfeld vorbei kam, spürte ich, dass dieser Abstecher jeden Gedanken an das Vergangene, jede vergossene Träne wert gewesen war. Die Sonne – und stellvertretend für sie die Sonnenblume – steht für das Leben! Ich lebe, und bei aller Traurigkeit, die mich am Ort des unglücklichen Geschehens noch einmal überkommen hat: Ich bin nicht auf der Strecke geblieben, sondern noch immer da, für meine Familie und meine Freunde und alles, was das Leben mir noch bringen wird. Ich bin bei der Tour de France dabei, genieße beste Gesundheit und habe Freude an meinem Leben!

Mit diesem positiven Fazit schlief ich fast vier Jahre nach meinem Unfall in einem Himmelbett ein. Als ich dort in Issoire gesessen und Tränen vergossen habe, hat sich ein wichtiger Kreis meines Lebens geschlossen. Das Schöne ist, dass ich in diesem Kreis nicht gefangen bin, sondern in gewisser Weise hinaus treten konnte. Wenn ich will, kann ich mich umdrehen und hineinschauen. Wenn ich aber nicht will, dann drehe ich ihm einfach den Rücken zu und schaue mit Optimismus nach vorne – zwar nur noch mit einem Auge, aber nach vorne. Wichtig ist die Richtung!

Abbildungsnachweis

Die in diesem Buch verwendeten Fotos stammen aus folgenden Quellen:

- Privates Archiv Marcel Wüst:
  S. 12, 13, 15, 16, 25, 26, 27, 28, 31, 34, 39, 48, 73, 75, 76, 90, 119, 127, 150, 176, 191 sowie die beiden Motive auf der ersten Seite des Farbteils – mit Dank an die jeweiligen »Auslöserdrücker«

- »Hennes« Hans A. Roth:
  S. 36, 37, 220, 228, 284, 286, 292, 304 sowie die Motive auf den Seiten 3 bis 16 des Farbteils

- Bongarts-Sportfotografie:
  Seite 2 des Farbteils (Foto: Henning-Bangen)

- Archiv DPA:
  S. 254 (Foto: Breloer)

- Sport-Bild:
  S. 276

Marcel Wüst

geboren am 6. August 1967 in Köln

Seine Teams:
- PSV Köln
- RMO
- Novémail-Histor
- Le Groupement
- Castellblanch
- MX-Onda
- Festina

Seine Erfolge:
- 110 Siege, darunter eine Etappe der Tour de France
  eine Etappe des Giro d`Italia
- 12 Etappen der Vuelta a España

Karriereende nach schwerem Sturz am 11.8.2000

Ab 2001:
- Mitarbeit im Management des Festina-Teams
- nach dessen Auflösung Wechsel zu Coast als Verantwortlicher für Medien und Kommunikation
- außerdem journalistische Tätigkeiten
- Moderation von Radsportveranstaltungen
- Zusammenarbeit mit der ARD
- heute als Experte und Co-Kommentator beim ARD-Fernsehen

Die Stimme der Tour

HERBERT WATTEROTT
Tour de France live!
Vierzig Jahre Reportagen vom berühmtesten Radrennen der Welt

ISBN 3-7688-5236-9

Die schönsten, dramatischsten und spannendsten Momente aus vierzig Jahren Tour de France hautnah miterleben: Herbert Watterott, über Jahrzehnte die Radsportstimme der ARD, erzählt vom packenden Geschehen auf französischen Landstraßen, von Fahrern, Teamchefs und Reporterkollegen, die heute schon zu den Legenden zählen.
Watterott kennt ihre Qualitäten wie kaum ein anderer, sein »Zettelkasten« erlangte als das Gedächtnis des Straßenradsportes Berühmtheit.
Ein mal heiteres, mal ernstes Buch über vierzig Sommer voller Begeisterung.

Erhältlich im Buch- und Fachhandel
oder unter www.delius-klasing.de/shop